U0456146

讀史方輿紀要

（九）

〔清〕顧祖禹 撰

團結出版社

目　录

读史方舆纪要卷一百十六 ················· 4687

　　云南四　楚雄府 姚安军民府 武定军民府 景东府

　　　　镇沅府 ···················· 4687

读史方舆纪要卷一百十七 ················· 4710

　　云南五　大理府 鹤庆军民府 丽江军民府

　　　　永宁府 北胜州澜沧卫附 ········· 4710

读史方舆纪要卷一百十八 ················· 4738

　　云南六　永昌军民府 蒙化府 顺宁府 云州 ········· 4738

读史方舆纪要卷一百十九 ················· 4758

　　云南七　车里等各羁縻土司附 ········· 4758

贵州方舆纪要序 ······················· 4781

读史方舆纪要卷一百二十 ···················· 4784

　　贵州一 封域 山川险要 ···················· 4784

读史方舆纪要卷一百二十一 ···················· 4792

　　贵州二 贵阳军民府 安顺军民府

　　　　都匀府 平越军民府 黎平府各卫附 ·········· 4792

读史方舆纪要卷一百二十二 ···················· 4842

　　贵州三 思南府 思州府 镇远府

　　　　铜仁府 石阡府各卫附 ···················· 4842

读史方舆纪要卷一百二十三 ···················· 4870

　　贵州四 龙里军民等卫 ···················· 4870

川渎异同序 ·································· 4891

读史方舆纪要卷一百二十四 ···················· 4893

　　川渎一 《禹贡》山川 ···················· 4893

读史方舆纪要卷一百二十五 ···················· 4912

　　川渎二 大河上 ···························· 4912

读史方舆纪要卷一百二十六 ···················· 4936

　　川渎三 大河下 ···························· 4936

读史方舆纪要卷一百二十七 ···················· 4958

　　川渎四 淮水 汉水 ························ 4958

读史方舆纪要卷一百二十八 ···················· 4970

川渎五 大江 盘江 ·············· 4970

读史方舆纪要卷一百二十九 ·············· 4986

川渎六 漕河 海道 ·············· 4986

分野叙 ·············· 5026

读史方舆纪要卷一百三十 ·············· 5027

分 野 ·············· 5027

舆图要览 ·············· 5039

卷 一

舆地总图 ·············· 5041

京师第一 ·············· 5048

南直第二 ·············· 5081

山东第三 ·············· 5121

山西第四 ·············· 5152

陕西第五 ·············· 5177

河南第六 ·············· 5225

河南舆图 ·············· 5229

浙江第七 ·············· 5253

读史方舆纪要卷一百十六

云南四 楚雄府 姚安军民府
武定军民府 景东府 镇沅府

○楚雄府，东至云南府禄丰县一百八十里，南至元江军民府三百里，西至景东府四百里，西北至大理府四百二十里，北至姚安军民府百九十里。自府治至布政司六百里，至江南江宁府七千五百七十里，至京师一万一千五十里。

《禹贡》：梁州徼外地。汉属益州郡，后为杂蛮耕牧地，《一统志》：晋咸康中，尝于此分置安州，寻罢入宁州。据《宋志》：晋成帝咸康四年，分牂牁、夜郎、朱提、越巂四郡为安州。安州未尝置此也。夷名峨碌。后爨酋威楚筑城峨碌睒居之，因名威楚城。唐贞观末，诸蛮内附，此为傍、望、览、丘、求等州地。《唐史》：贞观二十三年，遣将击西爨，开蜻蛉、弄栋为县，其西徙莫祗蛮、俭望蛮皆内属。以其地置傍、望、览、求、丘五州，隶郎州都督。《滇志》五州惟求州在澂江新兴州境内，余俱在府境。天宝末，没于南诏，属银生节度，寻改置银生府于此。大理时，以银生属姚州，此为当筋睑，又改白鹿部，后改威楚郡。元初内附，置威楚万户府。至元八年，改为威楚路。后又置威楚开南等路宣抚司于此。明初，改为楚雄府，近郭有罗婺诸蛮。领州二、县五。今因之。

府当四达之冲，东卫滇郡，西连大理，南控交趾，北接姚安。山川清秀，土壤肥饶。盐井之利，商民走集，称为大郡。

〇楚雄县，附郭。南诏时为安州威楚县，后为爨蛮所据。大理时，属于姚州。元初置千户所。至元十五年，改置威州。二十一年，降为威楚县。明初，改今名。县丞杨氏世袭，编户十里。

德江城，在府城西北二里。《志》云：威楚在蒙诏时，为银生黑嘴之乡，因置银生节度。至段氏中叶，高昇泰执国柄，封其侄高量成于威楚，筑外城，号德江城。传至其裔高长寿，附于元。今府西北二里有德江村，或云即故城处也。今城明初洪武十六年征蛮都督袁义所筑。义以南山高峻，逼近城郭，倘寇据以临城，是资敌也。因绘城山图以献，报可。义遂改筑石城，缘山为险，岁久渐圮，隆庆四年改筑。万历二十八年，东南城圮于水，寻复修筑。四面有濠，城周八里有奇，有门六。

富民废县，在府东。元至元中置，寻省入威楚县。今为富民乡。又有净乐县，亦元置，后省，今为净乐乡。

南山，在府治南。旧名雁塔，山亦名金矿山。其麓有武侯祠，相传孔明曾营于此。又慈乌山，在府治东，城跨其上。〇鸣凤山，在城西，亦名卧龙冈。《志》云：冈在府西十里，以孔明曾过此而名。又城北青峰坡有峨碌山，古峨碌城之名本此。今有峨归驿。《志》云：城北五里，又有锦囊山，形如锦囊布地，因名。

薇溪山，城西二十五里。山高千仞，峰峦百余，而溪箐如之。每溪皆有泉，分流三十里。乃合而注卧龙江，又西五里有紫溪山。

龙川江，在府城北。源出镇南州平夷川，东南流经府城西，合诸水至青峰下而为峨碌川。又东会诸水，经定远县境而入武定府界。〇平山河，在府东三里。源出南安州山中，流经府北而入龙川江，跨河有平山桥。

波罗涧，在府西八里。《志》云：其麓有夜合榆，榆下有卤水。元
至正间设官开井，煎盐输课，今废。又捣练溪，在府西三里，水宜酿酒。
又凤泉在城东，四时不竭。

城南堰，在府南三里，可灌田千余亩。《志》云：府东三十五里，有
梁王堰。元梁王把匝剌瓦尔密所筑也。

吕阁驿。府西四十里。古名合关滩。元至正末梁王孛罗败明玉珍
将万胜于关滩。既而玉珍入云南，大理段功进兵至吕阁，败玉珍兵于关
滩江，焚其众于古田寺。又追败之于回蹬关，又追至七星关，是也。《舆
程记》：今吕合驿即吕阁也。又吕合巡司北至姚安百五十里，西至镇南
州沙桥驿六十五里。旁有合襟水，因改名吕合云。古田寺，在吕阁东七星
关，见贵州重险。

○广通县，在府东七十里。东至云南府禄丰县百三十里，北至姚
安府百六十里。蛮名古路睒。元初，置路睒千户。至元十二年，改为广通
县，隶南安州。明初，改今属，编户四里。

东山，在县治东。势若鱼跃。又东三里，曰高登山。元时有盐井，建
盐司于此，今废，亦名盐仓山。又鹤薵山在县东北十里。山形如鹤，环绕
县治。其相近者又有蟠龙山，山形蜿蜒，中有龙泉，甚甘冽。或曰即九盘
山也。回旋险峻，道路九盘，立关其中。又东为涧林山，高插霄汉，登之
则禄丰、定边诸境一览在目，为楚雄众山之长。

和茶山，县南十五里。清水河源出焉。其东有阿纳香山，一溪河出
焉。二山相连，高耸峭拔，延亘二百余里。○凤山，在县西一里，又里许
有营盘山，相传山下为武侯屯营地。又《图经》云：青峰即峨碌山，其支
在广通之南者，名阿浮炼山，是县之主山也。

回蹬山，县西十八里。相传南诏阁罗凤攻云南柘东城，至此山，以
雷雨回兵而名。一云阁罗凤叛唐，唐师讨之，不克，返辔于此，故名也。

有回蹬关，为趣府之道。元末明玉珍将兵三万来攻鄯阐，大理段功赴救，败其兵，追至回蹬关。又有泉出山之东，为观山河。○翠屏山，在县西北四十里，有汤团箐。相传诸葛武侯出师时遗迹。又西十里为罗苴甸山，一邑物产，此出大半。稍东为卧象山，地名罗苴村。其东南又有卧狮山，相对拱峙，山麓俱产银矿。

阿陋雄山，县东北十五里。高逾千仞，有泉出山西，为罗申河。出山南，为阿陋河。○龙街山，在县北七十里，有龙街洞，为县之胜。

舍资河，县东五十里。源出武定府，东流入南安州界，至元江府境，下流入交趾河。今有铺，有堡，有巡司，有驿，有村，皆以舍资为名。巡司之前有陡涧桥，跨舍资河上。《志》云：舍资巡司在县东七十里。

立龙河，县西一里，源出马鞍山，下流经城西，又北会于大河。大河在县北三十里，自府境流入，汇县境群流而西北出，流入定远县境之龙川江。又罗绳河，在县西南三十里，流经定远县之黑井，亦入于龙川江。

蒙七塔溪，县东二十里。有翠微桥跨其上，其后即蒙七塔铺。《志》云：县东三里，有清风河。发源于县东北之赵普关，流至枯木村，有清风桥跨其上。又城东北十里有雕龙河，源出阿陋雄山。又有龙泉，出县东北之蟠龙山。山势蜿蜒，出泉甘冽，环绕县治，交会于大河。

阿陋井，在舍资村中。又有猴井，俱产盐。置盐课大使，属黑盐井提举司。《志》云：县产盐之井凡四十七区，俱环盐课司四旁。或以人名，或以地名，今多淹没，总以奇兴大井为名。

回蹬关，在回蹬山上，有巡司戍守。又九盘关在九盘山上，二关为县境东西之险。○沙矣旧箐，在县东北七十里，有巡司戍守，司南三十里，即舍资驿也。

舍资驿。县东四十里，有巡司戍守。《滇程记》：自云南府禄丰县七亭而畸达舍资驿，中途有窝石炮、南平坡、六里箐、响水桥、响水铺诸境，自舍资驿四程而达县，为路甸驿。有十八湾坡、清川桥之胜。

○**定远县**，府西北百二十里。西北至大理府赵州云南县百二十里。地名曰直睒，杂蛮所居。唐为姚州地。一云：本髳州地，天宝中，没于南诏，使爨酋筑新城于此，曰耐笼，后入于段氏。元初，曰牟州，置牟州千户，牟与髳同音也。至元十二年，改置定远州，后降为县，属威楚路。明属楚雄府，主簿李氏世袭。城周一里有奇。编户五里。

南宁城，在县南，地名黄蓬窜。《滇二志》：宋绍圣中，段氏臣高昇泰专国政，命云南些麽酋徙民三百户于黄蓬窜。元初，立黄蓬窜百户。至元十二年，改为南宁县，寻省入定远，今为南宁乡。

赤石山，县西二十里。《图经》云：定远镇山曰赤石昧山，即楚雄之峨碌山也，亦曰赤土山。多赭石，林木幽翳，延亘二百余里。其东有泉，下流为零川。其相近者又有云龙山。山势峭拔，起伏非一。亦名伏虎箐。

会基山，县南四十里。高三千仞，连亘数百里。有五十余峰，群山之脉皆起于此。上有会基关，设兵戍守。《志》云：县之清和乡有木剌答村，山多巉岩怪石。又有马蹄石，一路峻崖，凡七里许。崖畔有石池，方广各丈余。泉香而甘，石上有马蹄痕数处。又紫甸乡有自久山，方广四十里。明初，有土酋名自久者，据为寨，因名。

玉璧山，县东六十里，高千仞。旭日照之如玉璧然。东有凤羽山，南有易者山，北有绝顶峰，皆丹崖壁立，高出群山之表。又诸葛山，亦在县东六十里，一名独立山。世传孔明过此，令掘断山冈左右以厌胜，亦名破军山。山畔有井，旧出卤水，下有白石泉。

龙川江，在县东。自府境流入，又东北入武定府元谋县界，而为西溪河。

黄莲池，县东南五里，广二里许。池常产黄花如莲。又龙马池，在县西南五里，方广四里。相传有龙马现池中。《志》云：近城有浪溪，产盐泉。

黑盐井，县东七十里。有釜盐。设提举司。其产盐之井曰复隆井，旧名岩泉。又有大井、东井，凡三井。其东又有琅井，亦产盐。元李源道记云：滇池西走六驿，有郡曰威楚。东北五舍，沿浪山入长谷，有醝井，取雄于一方。井西里许有山曰万春，墙立壁峙，束龙江之水，踞虎岭之麓，为最胜处。又环黑井上者曰金榜山，近琅井者曰笔架山。今为黑盐井及琅井两盐课提举司。又有黑盐井、琅井二巡司。《志》云：琅井提举司本名安宁，在云南府安宁州治西。明天启三年，移置于县界，改曰琅井。

罗平关，县西南三十里，有巡司戍守。或讹为罗那关。元至大二年，梁王老的与大理构隙，引兵至罗那关，以计杀其守将高蓬。盖关为大理之界云。又会基关，在会基山上，与广通县接界，有会基巡司。亦曰会溪关。○诸葛营，在县西十里，相传武侯讨南中，过日直晬北，傍山下筑营。夷称望子洞，基址尚存。《志》云：营在县境者有三：一在磨盘山，一在羊牟山，一在光法山。

自久寨。在县东紫甸乡。明永乐初，蛮酋自久据险犯顺处。

○**定边县**，府西三百十里。西南至景东府一百七十里。地名南涧，为濮落蛮所居。元至元二十二年，置定边县，隶镇南州。二十四年，省县入州。明初，复置今县，改属府。县丞阿氏世袭，编户五里。

苍山，在县北。《图经》云：青峰山在定边之北者名曰苍山，盖一山高大，分为五县之镇也。《志》以县治后真武坐台山为镇山云。○涌翠山，在治北十里，有刀思郎遗垒。又北有螺盘山。山顶盘旋，形如螺髻，故名。明初西平侯沐英与刁思郎战于此。山之西产青绿石矿，上有自普关。又陶罗山，《一统志》云：在县治西，高可千仞。

无量山，在县西五十里。《志》云：山高万仞，为西南天堑。俗传孔明南征至此乏粮，亦名无粮山。即景东府之蒙乐山矣。

定边河，在县南。其上流一自大理府赵州流入，即礼社江也。一自蒙化府罗丘场流入，即阳江也。合流经县之利木村。五六月间，涨水汹涌，人不敢渡。县东又有环川，县西又有牟苴河，一名零川。相近又有刺崩川，下流俱合于定边河，入元江府界。

自普关，在县北螺盘山上，为控扼之地。○武侯台，在县东五里刘昇村，相传武侯屯兵处，遗址尚存。

定边驿。在县治西。又北百里即大理府赵州之定西驿矣。又有新田驿，在县南。石洞哨，在县南六十里。

○碣㟧嘉县，府南四百五十里。东至临安府新兴州百里。本蛮獠地，曰虚初。元至元中，置碣嘉千户，后改为县，属威楚路。明属楚雄府，编户二里。县今省。

黑初山，在县治西。高千余仞，五峰耸列，连亘百里。《志》云：蒙古灭段氏而赦段兴智，兴智于黑初山设寨自守。时有星殒，化为黑石，以为祥，因名碣嘉寨云。○卧象山，在县治东，形如蹲象，上有元碣嘉千户所旧址，泰定间所建，属景东路。

卜门山，县东北三十里。高可千仞，最为险峻。《志》云：即楚雄峨碌之支也。高耸入云，其泉下绕，为卜门河。自县入郡，路必经此。凡三十六折，乃至其巅，亦曰北门山。又罗甸山，在县西南二十里。○丙龙岩，在县北十里，岩高数丈，下有水自景东府流入境，下流亦入于卜门河。

卜门河，在卜门山下。县西四里，有马鹿塘河，流合焉。二河合流之处，有西龙桥跨其上，在县北十里，又东北入于马龙江。

马龙江。在县北。自镇南州流入境，又东入新化州界，又有上江河，在县西五十里，与南安州分界。

○南安州，府东南五十里。东至云南府易门县二百里，东南至新化州四百七十里，西南至镇沅府三百里。

古蛮夷地，黑爨蛮居此，寨名摩刍。元初，置摩刍千户，属威楚万户。至元十二年，改置南安州，隶威楚路。明属楚雄府。编户五里。今仍曰南安州。

州山岭稠叠，林麓四周，为险固之地。

南安城，古摩刍寨也。元筑土城，明初因之，城周一里有奇。

健林苍山，州东五里。今讹为阿姑娘山。山半有泉，昔黑爨祖瓦晟吴立栅居其上。子孙渐盛，不属他部。至大理时，高氏封威楚，始隶焉。盖蛮酋据险处也。○紫石山，在县东一里。又里许为乌笼山，树木丛密，望之郁苍，泉出下注，为黑龙潭。

表罗山，州西南四十里。中产银矿。俗名老场。滇中银场以此为最。○安龙堡山，或云在州东南。山高险，贼蛮潜伏于此。明嘉靖间，有奚德、奚本者，倡众为乱。知州苟诜出奇设伏，躬入巢穴，率师格杀，仍立哨于要地，民用以安。

黑龙潭。在州东七里。水深莫测。州东三里，又有白沙泉，土人资以灌溉。又石井，在县东北二里，其泉涌出，随取随满。

○镇南州，府西北七十里。北至姚安府一百二十里，西至大理府赵州二百八十五里。

古蛮夷地，濮落蛮所居，川名欠舍，亦曰沙却。中有城，曰鸡和。唐上元中，蒙氏置俗富郡于此，后属于段氏。元初，置欠舍千户。至元二十二年，改为镇南州，属威楚路。明属楚雄府。编户四里，州同杨氏，州判陈氏世袭。今因之。

州山川环带，舟车往来，走集之郊也。

和子城，州东二里。唐上元中，南诏阁罗凤击东爨，侵峨碌，取和子城，即此也。元始筑土城为州治。明初废，弘治间改筑，嘉靖中圮。四十年，因旧址筑。万历四十三年，易以砖，周三里有奇，门四。

石鼓城，州东三十里。旧名鸡和城，阁罗凤侵东爨，取鸡和城，置石鼓县，段氏因之。元初置石鼓百户。至元二十二年，改为县。二十四年，省县入州，为石鼓乡。

石吠山，州东南二十里，产煤炭。相传上有石如犬，凶年则吠。又金鸡山，在州东五里，高出群峰，每日出则先照其上。《一统志》：州治西北有鹦鹉山，平地突出，甚高耸，鹦鹉产焉。○十八盘山在州北十五里，登之者迂回山冈，十八折乃至其巅。

石鼓山，州东三十里。上有石，行列如鼓，旧石鼓县以此名。又五楼山，亦在州东三十里太乙村后。嵯岩峭拔，最为幽胜。《一统志》：州东十里有会逢山，峭拔耸空，草木丛茂。

马龙江，州西南百八十里。其上流即定边河也。自定边县流入境，东南流经碍嘉县东，又东南入元江。

平夷川，州西三十里。源出众山中，经州城西，东南流至府城，西而入龙川江。《志》云：州西四十里有苴力桥，州西三十里有白塔桥，州西十里有平夷桥，俱跨平夷川上。

南堰。在州南。又州西有西堰，可溉田二千余亩。○子甸溪，在州东北，亦溉田至数千亩。

○英武关，州西七十里，有巡司戍守，亦曰鹦鹉关。《志》云：英武关蹑山脊，越峻阪，箐莽阴翳，行者寒心，为郡境之险。又有阿雄关，在州西北，亦有巡司戍守。《志》云：州境又有镇南关巡司。

沙桥驿。州西三十里。又有铺，有堡，有巡司，俱以沙桥名，皆在州西三十里。又西七十五里为普淜驿。《滇程记》：自州三亭而畸达沙桥，有鸳鸯、白塔二坡，自兹徂西山确道，修凡八亭而遥达普淜。土人称坂堰为淜也。途经小孤山、鹦鹉关、七里坡、普昌关、麦地哨，道列巨箐危石，为险厄之所。

附见：

楚雄卫。在府治东。洪武十五年，废征缅招讨司，置卫。又定远千户所，在定远县治东。洪武二十一年置，隶楚雄卫。

○姚安军民府，东至武定军民府元谋县三百二十里，南至楚雄府百九十里，西至大理府三百七十里，北至北胜州五百二十里，东北至四川威龙长官司四百八十里。自府治至布政司七百里，至江南江宁府七千七百六十五里，至京师一万一千二百十里。

古滇国地，属楚。汉属益州郡。后汉因之。蜀汉属云南郡，晋初因之。东晋咸康初，析置兴宁郡治梇栋县。宋齐因之。梁末，没于群蛮。唐武德中，置姚州。初为姚州总管府。贞观四年，改置都督府于戎州。《通典》：姚州，麟德元年置，其人多姚姓，因名。刘昫曰：武德四年，安抚大使李英奏置姚州。麟德元年，始自云南移于梇栋川也。又咸亨三年，永昌蛮叛，寇姚州。调露二年，永昌蛮复寇姚州，败州兵。于是废姚州。垂拱四年复置，仍为都督府，督羁縻诸州。天宝初曰云南郡。既而蒙氏据其地，天宝七载，州为南诏蛮所陷。十二载，复置戍守于此，寻为蛮所陷。改置梇栋府。又置梇栋节度于此，为六节度之一。宋时段氏改为统矢逻，又改为姚州，亦曰姚府。欧阳玄曰：段氏以姚州为姚府，居八府之一。《滇志》：段思平改梇栋府为统矢逻。段政严时，封高太明之子明清为演习官，世有其地。元宪宗三年，内附。七年，立统矢千户所。至元十二年，改置姚州，属大理路。天历初，升为姚安路。明初，改路为府，寻又改姚安军民府。府州佐皆高姓，高明清之后也。明清七世孙曰泰祥。宋理宗二十二年，蒙古攻略至境，泰祥悉力拒守，被执不屈，见杀。忽必烈因官其子伸，至今不易。所属蛮曰散摩都猡猡，强悍好斗。领州一、县一。今仍曰姚安府。

府通道越巂，络绎滇洱，为南北之要会。诸葛武侯平南中，渡泸水而南，隋史万岁略西洱，亦自青蛉、弄栋而入。唐永徽三年，赵孝祖平青蛉、弄栋西白水蛮，遂请略定西裔。孝祖上言：贞观中，讨昆州乌蛮，始开青蛉、弄栋为州县。弄栋之西有小勃弄、大勃弄二州。勃弄以西与黄瓜、叶榆、西洱河相接，人众殷富，多于蜀川，请因破白水蛮之兵，随使西讨。从之，遂略定大小勃弄之地。麟德初，武陵县主簿石子仁建言：姚州在永昌之北，越巂之南，此地有崇山修谷，平畴广川，东有金沙江之利，西接云南州之胜。距威楚，瞰点苍，最为险要。请置都督府于昆明之弄栋川，屯兵镇守，以治叶榆、弥河诸蛮。则群蛮不敢横，而中国长有盐贝之利矣。从之，因置府于弄栋川。咸亨以后，南中渐多事。姚州废置不恒。神功二年，蜀州刺史张柬之表言：姚州绝域荒外，山高水深。诸葛破南中，使其渠帅统之，不置汉官。国家既置姚州，叛乱屡见。延载中，司马成琛更置泸南七镇，戍以蜀兵。自是蜀中骚扰，乞罢姚州，隶巂府，并废泸南诸镇，于泸北置关。禁止中国百姓不得与蛮无故交通往来，以防乱萌。不纳。景云中，姚州蛮叛，引吐蕃攻陷姚州，于是姚巂路绝。开元二年，姚巂蛮复来寇，州军讨之，为所败。天宝以后遂没于南诏，恒以重兵守之，闭塞汉人南入之道。贞元中，西川帅韦皋复通南诏，自清溪关出邛部，经姚州清溪见四川重险清溪关，邛部见四川建昌行都司，入云南，谓之南路。盖自姚安而北，则度金沙，入越嶲。自姚安而西，则指叶榆，趣大理。自姚安而南，则出威楚，向昆明。郡为全滇之要会。西南有事，争于滇蜀间者，自古恒在姚州也。

姚州，附郭。汉为弄栋县，属益州郡。蜀汉属云南郡，晋因之。东晋成帝析置兴宁郡于此。宋、齐因之。梁末没于蛮。唐置姚城县，为姚州治。天宝末，没于南诏，为弄栋府治。大理段氏仍置姚州。元为姚安路治。今因之，编户四里。

弄栋废县，今州治。《志》云：州北有旧城，汉弄栋故县也。县境有蛮曰栋蚕。王莽时，益州郡蛮栋蚕、若豆等起兵杀郡守。后汉建武十八年，栋蚕与姑复、叶榆、弄栋、连然诸种叛，杀长吏，寻击平之。自晋至梁，皆为晋宁郡治。唐贞观二十二年，平西爨，开青蛉、弄栋为县。既而以弄栋地改置姚城、泸南等县。景云初，御史李知古改筑姚州城。蒙氏为弄栋府治，大理至元皆因故址。明初易以砖石，周二里有奇。嘉靖七年，筑月城于南门外。三十九年，复于城南增筑土城，四关皆缭以土垣。万历四十六年，复增拓旧城，创设敌楼以壮形胜。今城周六里有奇，门四。

泸南废县，在府东北。唐置。《新唐书》：武后垂拱初，置长城县，属姚州。天宝初，更名泸南县，以地在泸水南也。天宝十载，剑南节度使鲜于仲通讨南诏蛮，大败于泸南，即此。又废长明县，亦在州境，唐置，属姚州。天宝以后，没于南诏，与泸南俱废。

澄川城，在府东。杜佑曰：澄川守捉在云南郡东六百里，唐开元中置，属剑南节度。即此城也。《新唐书》：姚州有澄川、南江二守捉城。〇废于、异州，在府境。《唐史》：武德四年，置姚州都督府，并置于、异、五陵、袖、和往、舍利、范邓、野共、洪郎、日南、眉邓、遒备、洛诺共十三州隶焉。《会要》：麟德初，姚州都督府管五十七州，盖皆羁縻蛮地云。

龟祥山，府治西。一名赤石山，以山石皆赤也。山顶有泉，亦曰龟祥泉，旁有万花谷。又西五里曰金秀山，阳派河出焉。其相接者为龙马山。〇白马山，在府东十五里，又东五里曰燕子山，形如燕垒。又府西七十里有稽肃山，泉流入于阳派河。

东山，府东十里，一名饱堙萝山。其西有武侯塔，相传诸葛武侯南征驻兵于此。后人建塔其上。山之南又有古城。《志》云：唐天宝初，云南太守张乾陀所筑，以防南诏。又寨子山在府东八里。明洪武末，土酋自久叛，结寨于此，官军讨之，败贼于东山箐，即此山也。有泉流入乌鲁溯。〇笔架山，在府南二十里，有三峰并峙，上有井，云出即雨。又三窠山，在府南六十里，青蛉河出焉。

九鼎钟山，府东北二十里。峰峦凡九，状若悬钟，一名华山，以春时多花木也。又仙景山在府西北十五里，一名西山，亦名石云山。山麓有赤甲、西岭二泉。〇矣保山，在府北十五里。又北五里曰龙凤山，山有白塔。石晋天福间建，高十五丈。一名白塔山。

宝关山，在府北百二十里。东去盐井提举司一里，山高百仞，以通盐要路，因名。又司东一里曰回龙山，司南一里曰北极山，司北一里曰象岭山，俱以形似名。〇绿萝山，亦在府北百二十里，一名盘曲山，其相接者曰黎武山。

金沙江，府东北百四十里。从北胜州流入界，府境之水皆流入焉。又东入武定军民府界，详见大川金沙江。

青蛉河，在府南。旧名三窠戍江。源出三窠山，流至府南四十里，潴为右池溯。周广三百余亩，分为东泅溪、西泅溪，灌溉田亩。至府城北复合流，至大姚县南合于大姚河。又东入于金沙江。〇阳派河，在府西。自金秀山发源，东流汇为阳派湖，入西泅溪而合于青蛉河。

连水，府西十三里。源出楚雄府镇南州北之磨盘山，流经此，亦曰连场河。西北流七十余里，入大姚县之龙蛟江。又香水河，源出府北黎武村，与白盐井提举司之观音箐步水合流，亦入龙蛟江，而注于金沙江。

七溯，在府城西南，土人称陂堰为溯。凡七，皆前代所筑，潴水灌田，民皆赖之。○金龟井，在府西十里，水甚清冽，土人皆汲于此。

白盐井，府北百二十里，本大姚县地。有盐课提举司，旁有九井：曰观音，曰旧，曰界，曰中，曰灰，曰尾，曰白石谷，曰阿拜，曰小。皆产盐，为公私之利。《滇略》：羝羊石在司西里许，蒙氏时有羝饩土，驱之不去，掘地得卤泉，因名。白羊井，后讹为白盐云。明初土酋自久作乱，官军败之于白盐井。遂进，败贼于东山箐，今有白盐井巡司。

三窠关，在府南三窠山上，为南面之险，有巡司戍守。○诸葛垒，在府东十五里，又府北十二里有孔明遗垒，盖武侯渡泸南征道出于此。

普溯驿。府西南百五十里。西至大理府云南县六十里，南至楚雄府镇南州百里，为往来必经之道。兼设巡司戍守于此。《滇纪》：姚安有白石村，官军败贼自久于此。又戮贼于马哈山、芦头山，皆在府境。

○大姚县，府北三十里。汉青蛉县地，属越嶲郡。蜀汉属云南郡，晋因之。咸康中，改属兴宁郡。梁末废。唐武德四年，置西濮州。贞观十一年，改曰髳州，治濮水县，后没于南诏。大理段氏时，属姚州，蛮名大姚堡。元初，置大姚堡千户所。至元中，改置大姚县，属姚州。明初，改属府，今编户四里。

青蛉废县，在县北，汉县盖治此。常璩曰：青蛉县有盐官。是也。亦曰青蛉川。隋开皇十七年，史万岁击南宁叛蛮，自青蛉川入，至南中。唐贞观四年，击西爨，开青蛉、弄栋。二十三年，复遣将击西爨蛮，开青蛉、弄栋，皆为县，寻以青蛉县属髳州。天宝中，没于南诏。又有岐星、铜山二县，亦唐髳州属县也，俱天宝中为南诏所废。

杨波废县，在县东。唐武德四年置哀州，领杨波、强乐二县，后废。又废靡州，在州西北，唐武德四年，置西豫州。贞观三年，改曰靡州，领靡豫、七部二县。又靡州之西曰废徽州。唐武德四年，置利州。贞观十一年，改徽州，领深利、十部二县。后俱废。

马邑废县，在县北。《唐志》：武德四年，置尹州，治马邑县，兼领天池、盐泉、甘泉、涌泉四县，其地与㭕州接。是也。后俱废。《志》云：县东北马鞍山麓，有武侯土城。

四奇山，在县南七里，有四峰高耸。又有几山，在县治东南一里。东隅有石穴，一名石壁洞，俗名纱帽山。〇文笔山，在县西一里。《志》云：山之后曰凤凰山，左曰观音山，相去约二里。县西北三里，又有玉屏山。

马家山，县北十里。高出群山，林木深郁。又北二十里有方山。《汉志》青蛉县禺同山有金马、碧鸡，或以为即方山也。〇书案山，以县东北百五十里。山形如几案，大姚河出焉。

赤石崖，在县西北，与大理府十二关长官司接界。明嘉靖二十三年，增设姚安府督捕通判，驻赤石崖。万历中省。盖北渡金沙，东出武定，此为要地也。又柴丘岭在县东二十里，上有古寨。

大姚河，在县北。源出书案山，流经县西北，合铁索箐之水。又南流至县西南，合姚州小桥村之水。又东流绕县南，复东北会于青蛉河。或以为即《汉志》所称仆水也。

龙蛟江，县西北百二十里。源出铁索箐，合姚州连场、香水二河，东北注于金沙江。俗名茸泡江，音讹也。水产金。

铁索箐。在县西北，逶迤千里。山阿水隈，溪径深险。蛮人每聚于此，恃险出没，剽掠几百余年。明万历初，铁索箐力些蛮畔，抚臣邹应龙讨之。七十二村悉平，因置戍守此，四境乃安。

附见：

守御姚安千户所。在府城北。明洪武二十八年建。又姚安中屯千户所，在大姚县东二里，旧为土城，亦洪武二十八年筑。永乐初，易以砖石，周一里有奇。

〇武定军民府，东至云南府富民县百里，东南至云南府百里，西南至楚雄府四百三十里，西北至姚安府五百四十里，东北至四川建昌行都司会川卫四百五十里。自府治至布政司见上，至江南江宁府七千三百九十里，至京师一万八百二十里。

《禹贡》梁州南境，后为滇国地。汉属益州郡。蜀汉属建宁郡。晋以后因之。隋为昆州地。唐为宋州地，属戎州都督府。天宝以后，没于南诏。宋时，大理段氏使乌蛮阿𠛬治此，《元史》：昔狢鹿等蛮所居。段氏使阿𠛬治纳洟肥尼共笼城。又于共甸筑城，名曰易笼。其后裔孙法瓦寝盛，称罗婺部。《志》云：以其远祖罗婺为部名。元宪宗四年内附，寻置罗婺万户府。至元八年，更置北路总管府。十二年，更为武定路，《元志》：至元八年，并仁德、于矢二部入北路总管府。十二年，复分二部，更置武定路。明初改为武定军民府《通考》：府为南诏二十七部之一。明初以阿𠛬裔孙弄积妻商胜者归附，世袭知府。正德中，弄积三世孙阿英改姓凤，畜异谋，死。子朝文嗣。嘉靖六年叛附寻甸土舍安铨，犯会城，死。子幼，妾瞿氏抚之守土，久之复死。朝文养子继祖谋夺嫡。四十五年，作乱。官军讨平之。隆庆初，遂革土官，改设流官。领州二、县一。今仍曰武定府。

府四维千里，削壁悬岩，水甘草茂，宜于畜牧，亦蛮服之雄也。且北渡金沙，接壤戎僰。蜀境之险，府实共之，而地接昆明，旦暮可达。府境有变，祸必中于会城，明嘉靖六年，凤朝文助寻甸之乱，直犯会城。四十二年，凤继祖复构衅，掠富民、罗次，纠东川蛮酋攻曲靖、寻甸，所至骚动。万历三十五年，土酋阿克等复作乱，直抵会城。城外坊市悉被焚劫，还攻元谋、和曲诸城，未及一月，陷一府、三州、四县。寻甸叛目亦应之，陷嵩明，逼杨林。官军拒却之。还攻寻甸，陷禄丰。官军四面合击，追至东川，尽擒其党。绸缪之虑，乌可略哉？

和曲州，附郭。旧治在府城西南三十里，蛮名叵篢甸，僰、玀诸种蛮所居。蒙氏时，白蛮据此。段氏改属乌蛮，因并吞诸种聚落三十余处，统于罗婆部，初改叵篢甸曰和曲。至元中，升为和曲州。明初因之。嘉靖末，改筑府城，移入郭内。今编户十一里。

南甸废县，旧在郭内。蛮名渍陬笼，又名瀼甸，讹曰南甸。元至元中，置南甸县，为武定路治。明初，改属和曲州。嘉靖末，县废，寻又改筑土城，移和曲州入郭内。隆庆三年，复移建石城于狮山之麓，即今府治也。万历四十六年、崇祯十三年，屡经修筑，周六里有奇，门四。

宗居废县，在府西北。唐武德四年，置西宋州。贞观十一年，止称宋州，治宗居县，兼领石塔、河西二县，后废。○诸葛城，在府东二里。《志》云：武侯初过大渡河，驻节于此，今故城遗址犹存。

狮子山，城西五里。高千余仞，顶平旷，有石岩，状如狮子。中藏深谷，可容万人。又有泉自山岩喷出，潴为小池，郡郭群山错立，此为最胜。又三台山，在府西北六里，高可千仞，叠起如台。明隆庆初，土官凤继祖叛，筑寨于此，为拒守处。○五峰山，在府东三里，攒列郡前。又府南二十里有天马山，其相接者曰笔架山，连峰并峙，为南境之胜。

佐丘山，府西北二十五里。中平坦，有泽，广五亩，水泉无盈，洞名洗马池。分流东注，一为勒溪湨，一为东波湨。又雄轴笼山，在府西北八十里，形势峭峻，林麓茂密。○猗朵山，在和曲旧治西北。有泉，下流为南甸河。又铺哇山，在府西南五十里，山势险隘，有悬瀑千馀丈，下注成池。夷名舖哇湨。

红崖峡，府东北四十里。东枕溪流，险峻难涉。明弘治中，土知府凤英始筑路以便行者。又武陵洞，在府北八十里夹甸西山，洞深不测，内有流泉。其西又有三石塔洞，泉石甚幽胜。

金沙江，府北三百八十里，自姚安府流入界。又东达四川会川卫界之废黎溪州，有金沙江巡司戍守。杨士云曰：自府境金沙江渡而北，达会川卫，不过七十余里。蒙氏四渎之一也。详大川金沙江。

乌龙河，在府北五里。源出禄劝州之乌蒙山，绕流经此，溉田数百顷。下流入于金沙江。又西溪河，在府西北，即楚雄府之龙川江也。自定远县北流入界，又西北至元谋县，西而入于金沙江。又勒溪湨，在府东北，出佐丘山与东波湨皆分流而东北出，注于金沙江。

惠嫋湖，在府西北八十里。湖方五里，茂林掩映，水色清碧，深不可测。○广翅塘，亦在府西北。《志》云：安宁州螳螂川经富民县境，又北入武定府界，为普度河。汇于广翅塘，入于金沙江。

只旧盐井，《志》云：距州百六十里。又草起盐井，距州二百里，俱产盐，以为民利。

虎市桥，府东北一里。相近又有龙潭桥，两崖石壁，峭立相对。跨以木桥，下临龙潭，渊深莫测。又仙人桥，在府西北三十里，地名龙三藏洞。出崖壑间，洞边有石，两隅拥出，相接而成梁。

虚仁驿。在府北。《图经》：府北有勒站及虚仁、环州、姜驿等站，达于四川会川卫境，自昔往来通道也。○利浪驿，在府南八十里。《舆程记》：又东南七十里，即云南府城矣。

○元谋县，府西北百九十里。北至四川会川卫界九十里，西至姚安府三百二十里。蛮名华竹，一名环川。元至元中，置县，属和曲州。明初因之。土官吾姓。嘉靖中，改流官，编户五里。

马头山，在县南。连亘四十里，地势最高。东望寻甸，南见楚雄，北眺黎溪，西瞻大理，县境之镇山也。○吾梁山，在县北三十里，孤圆秀拔，登临最胜。相近者曰雷应山，高三十余里，绵远深秀，顶有古刹。应元溪经其下。又西北四十里为盘龙山。《志》云：县西北又有火焰山。

住雄山，县西北十里。壁立万仞，顶摩苍空，西枕樊陋甸，东连诸山，环于县境。一名法灵山，俗名环州山。○竹沙雄山，在县西北二百里，四面卓立，高出群山。竹木丛密，人迹罕至。

金沙江，在县北百八十里。自姚安府东流经此，县境群川悉流入焉。○西溪河，在县西，其上流为龙川江。自府境北流经县境，又东北流入于金沙江。

应元溪。在县南。《志》云：自和曲州之虚仁驿流经马头山下，合于纪宝溪。○纪宝溪，出楚雄府定远县界之苴宁山，北流入县境，合于应元溪，居民多引以灌溉。下流皆注金沙江。

○禄劝州，府东北二十里。东至寻甸军民府界二百三十里，东南至云南府富民县九十里。

唐羁縻宋州地，蛮名洪农碌券甸，杂蛮所居。元至元中，置禄劝州，属武定路。明属武定府，编户七里。今仍旧。

州接壤嶲、蜀，控扼群蛮，山川险固，称为要地。

石旧废县，州东五里。旧有四甸：曰掌鸠，曰法块，曰抹捻，曰曲蔽。后讹掌鸠为石旧。元至元中，置石旧县，属禄劝州。明初因之。正德中，废入州。《志》云：今州城，旧系土垣，不及一里。万历七年，改筑今城，周一里有奇。

易笼废县，州北百八十里，地名倍场。有二水相合，绕城而东。蛮谓水为溇，城为笼，又讹溇曰易，故曰易笼也。昔为罗婺大酋所居，群酋会集于此。元至元中，置易笼县，属禄劝州。明初，省入州。

法块山，州北二十五里。四面削立，惟东南有一径，可容单骑，旁有哀阿龙山。又哇匿歪山，在法块山西。巅凹而平，可容万家。○幸丘山，在故易笼县东北。四面陡绝，顶有三峰，可容数万家。昔为罗婆寨，有天生城，牢不可破。

乌蒙山，在州东北二百八十里。一名江云露松外龙山。与四川东川府接境，山北临金沙江。山有十二峰，耸秀为一州诸山之冠。八九月间，其上常有雪。又顶有乌龙泉，下流为乌龙河。蒙氏封此山为东岳，今附见前名山玉龙。

乌龙河，在州北。源出乌蒙山下，流入于金沙江。○普渡河，在废石旧县东南，北流入于乌龙河。普渡河巡司置于此。又撒里巡司，在州治南二百里。

掌鸠水。在石旧废县，绕县三面凡数十渡。东南流，合普渡河。其合处形如狮子，一名狮子口。

○景东府，东至楚雄府四百里，南至威远州界四百里，西至顺宁府云州界三百六十里，东北至楚雄府定边县百八十里。自府治至布政司一千一百八十里，至江南江宁府八千一百八十里，至京师一万一千六百里。

古荒外地，名曰柘南，蛮名猛谷，一名裙南川，分十二甸，昔朴、和泥蛮所居。汉、唐未通中国。南诏蒙氏立银生府于此，为六节度之一。寻为金齿白蛮所陷，移府治于威楚。白蛮遂据其地，历大理段氏莫能复。元中统三年平之，以所部隶威楚万户。至元中，置开南州，仍隶威楚路。明洪武中，改为景东府。编户八里。土知府陶姓，土知事姜姓。

府山川环绕，群蛮错列，亦控扼之所也。洪武二十年，沐英自楚雄至景东，每百里置一营，率兵屯种，以备蛮寇。盖州与群蛮迫近。

景东城，《志》云：府旧无城池，治北有卫城。洪武二十三年建，周二里有奇。又别为小城，在卫城之西，据景董山之顶，周三十余丈，开东北门以望远，名玉笔城。万历三年及十八年，相继增修，而府治则在卫城南门外之东。

景董山，在府治西。昔为酋寨，明洪武中，建卫城于山上。其城西据山巅，又有小城，亦据山顶，形如偃月，谓之月城。

邦泰山，在府治东。高耸延长，有险可恃。土官世居其麓，曰陶猛田。○锦屏山，在府南一里。其相接者又有孟沼山。《郡志》：东有邦泰之秀，南有孟沼之雄。是也。又鹤笼山，在府北三十里，一峰突兀，绝顶盘圆。

蒙乐山，府北九十里，与者乐甸长官司接界。一名无量山。高不可跻，连亘三百余里，中有石洞，深不可测。一峰突出，状若崆峒。其南有泉，流为通华河。北有泉，流为清水河。俱东流入于大河。山上又有毒泉，人畜饮之，皆毙。蒙氏封此山为南岳。《志》云：城西景董山，即此山之支陇也。余附见名山玉龙。

澜沧江，府西南二百里。自云州流入境，又东南入镇沅府界。详见大川澜沧江。

大河，在府东。其上流即定边河也。自楚雄府定边县南之阿笠村流入府境，有三岔河流合焉。又引而东，蒙乐山之清水河、通华河俱流合焉。又东入楚雄府镇南州境，流入于马龙江。

笕泉，在府北卫城内。明洪武中，建卫城，中无井泉，指挥袁贤以竹笕引蒙乐山泉入城，凿池潴之，上覆以亭，取汲于此，因曰笕泉。又府有土井，产盐。

母瓜关，府南百里。又府北一百五十里有安定关，又府东南百二十里有景阑关，皆控御处也。

板桥驿，府东北六十里。又北六十里为定边县界之新田驿，又六十里即定边驿矣。○保甸，在府西北百里。有巡司戍守，宣德中置。又有三岔河巡司，在府东。明弘治中置，辖一碗水、九窑坡二哨，地多盗。

兰津桥。《滇纪》云：旧在府西南，跨澜沧江上，后汉永平初所建。永乐初修，高广千仞，两岸峭壁林立，飞泉急峡，复磴危峰，森罗上下，熔铁为柱，以铁索系南北为桥。自古称为巨险。○大河桥，在府东二里，跨大河上。上覆瓦屋四十九楹。

附见：

景东卫。在府北卫城中，洪武二十三年建。

○镇沅府，东至者乐甸长官司界二百里，南至威远州界三十里，西至景东府界三十里，东北至楚雄府南安州界三百里。自府治至布政司一千五十里，至江南江宁府八千六百里，至京师一万二千四百五十里。

古荒外地，濮洛杂蛮所居。《元史》作昔朴、和泥二蛮。唐天宝以后，南诏蒙氏为银生府之地。后金齿僰夷侵夺其地，大理段氏不能复。元初内附，属威远州。后置案板寨，属元江路。洪武末，改置镇沅州。《志》云：州境有刁猛混及孟婆、遗定、案板等寨。洪武末，元官土官刁平剿平之。因置州，以平典州事。永乐四年，升为府。府无城池，编户五里，土知府刁氏世袭，领长官司一。府今省入沅江府。

府群山环峙，介于群蛮，亦控扼地也。

案板山，在府治北。高百余仞，形如几案，元以此名寨。○鸟连山，在府东北。山高林茂，群鸟常集，因名。又府治东有石山，以嵌岖少土而名。

波弄山，在府治西。山势起伏，形如波浪。山之上下有盐井六所。土人掘地为坑，深三尺许，纳薪其中，焚之，俟成灰，取井中之卤浇灰上，明日皆化为盐。盐色黑白相杂而味苦，俗呼为白鸡粪盐，用以交易。

杉木江，在府治南。源出者乐甸，流经府境，下流入威远州界，合于谷宝江。江岸多杉木，因名。

者章硬寨，在府西南。明正统五年，麓川叛酋思任发屯孟罗，大掠，据者章硬寨，沐昂督兵进克之，贼宵遁威远州。

者达寨，在府境。又有石崖等寨。《滇纪》：永乐初攻石崖、者达寨，外夷整线来降。又有六谷等三十三寨，亦近府境。

禄谷寨长官司，府东北二百五十里，永乐十五年置。

马容山，司北八十里，高千余丈，盘亘数百里。石路隘狭，仅容一马。又石罗山，在司南百里。又司东百里有小不旧山。

纳罗山，司西百里。山深险，中多虎豹。土人呼藏为纳，虎为罗。南浪江出于此。

南浪江。在司南。源出纳罗山，下流经司治南，又西南流，合于杉木江。○马涌江，在司东，源出临安府纳楼茶甸长官司，流入司境，又西南合于南浪江。

读史方舆纪要卷一百十七

云南五 大理府 鹤庆军民府 丽江军民府
永宁府 北胜州 澜沧卫附

　　○大理府，东至姚安军民府三百七十里，东南至楚雄府四百二十里，南至蒙化府一百七十里，西南至永昌军民府腾越州六百三十里，北至鹤庆军民府二百五十里。自府治至布政司八百九十里，至江南江宁府八千里，至京师一万一千四百五十里。

　　《禹贡》梁州南境。汉武开西南夷，此为益州郡地。后汉时，属永昌郡。蜀汉属云南郡。晋初因之。永嘉中，又分置东河阳郡。沈约《宋志》: 晋永嘉五年, 宁州刺史王逊分永昌、云南, 立东河阳郡, 领东河阳、楪榆二县。宋齐因之。梁末, 没于群蛮。唐武德七年, 为羁縻南云州地。亦谓之昆弥。唐武德四年, 昆弥遣使内附。《唐书》: 昆弥即汉之昆明, 在爨蛮西, 以西洱河为境。贞观三年, 改为匡州。天宝以后, 没于南诏。南诏伪建都邑于此, 亦谓之西京, 后又改为中都。五代时，郑买嗣、赵善政、杨干贞相继据之，后段思平代有其地，称大理国。元宪宗三年，收附。六年，立上下二万户府。至元七年，改置大理路。明朝洪武十五年，改为大理府，领州四、县三、长官司一。今仍旧。

府西倚点苍，东环洱水，山川形胜，雄于南服。昔武侯南征，规固其地，于是收资储以益军实，选劲卒以增武备，遂能用巴蜀之众，屡争中原。唐之中叶，蒙氏负嵎于此，乘间抵隙，常为蜀肘腋患。段氏承之，抚有城邑，保其险塞，雄长群蛮者，亦三百余年。蒙古取其地，益成包并东南之势。盖地虽僻远，而封壤延袤，关山襟带，西南都会，滇洱其竞胜者矣。

〇太和县，附郭。汉叶榆县地，属益州郡。后汉为楪榆县，属永昌郡。晋属云南郡。永嘉以后，属东河阳郡。宋、齐仍为楪榆县。梁末，废于蛮。唐为羁縻匡州地。开元二十六年，南诏皮罗阁逐洱河蛮，取太和城。城盖蛮所置也。其后遂据其地，段氏因之。元立太和上中下三千户所。至元中，改置理州及河东县。后省州，改县曰太和，属大理路。今编户六十六里。

太和故城，在府南十五里。今城本羊苴咩城也。唐开元末，皮罗阁取太和城，遂徙居之。其城周十余里。蛮语以坡陀为和，和在城中，尊之曰太，城因以名。阁罗凤亦窃据于此。天宝十三载，剑南留后李宓击南诏，深入至太和城，以粮尽引还，为蛮所覆。贞元中，异牟寻寇西川，败还，惧，筑羊苴咩城。延袤十五里，徙居之，改号曰大理。自是太和别为一城。段氏时，故城渐废。太和之名，遂移于羊苴咩城。今故城犹谓之太和村。《云南记》：羊苴咩城在点苍中峰下，即古楪榆城也。蛮语讹为羊苴咩，亦曰阳咀咩城。南去太和城十余里，北去成都二千四百里，去云南城三百里。由泸州南渡泸水，行六百三十里，即至羊苴咩城。贾耽云：自羊苴咩城西至永昌故郡三百里，又西渡怒江，至诸葛亮城二百里。此由安南通天竺之道也。贞元初，异牟寻筑此城。七年，西川帅韦皋遣判官崔佐时至羊苴咩城，说异牟寻，使归唐。宋时段氏据此，亦谓之大理城。元郭松年《行记》：大理城，一名紫城，方圆五里。西倚点苍，东扼洱水。龙首关于邓川之南，龙尾关于赵睑之北，称山水大都。是也。明朝洪武十七年，复因故城修筑，砖表石里。二十五年，复展筑东南面，方三里，周十二里。南门曰承恩，东门曰通海，西门曰苍山，北门曰安远。

楪榆废县，在府东北。汉县治此，本曰叶榆。境内又有姑缯夷。始元初，益州廉头、姑缯民反，杀长吏。后三岁，姑缯、叶榆复反。后汉建武十八年，叶榆、弄栋诸种叛，杀长吏，寻讨平之。元初六年，永昌诸郡蛮复叛，益州刺史张乔遣从事杨竦将兵至叶榆，败蛮酋封离等，尽平其党。晋亦曰楪榆县。宋、齐因之，后废。又东河阳废县，亦在府东。晋永嘉中置，属东河阳郡。宋齐因之。梁末，郡县俱废于蛮。

勃弄废县，在府东百里，亦曰勃弄州。隋开皇十七年，史万岁击南宁叛爨，入自青蛉川，经弄栋，次小勃弄、大勃弄，至南中，渡西洱海。唐永徽初，青蛉、弄栋西白水蛮与大小勃弄蛮酋相诱为乱，遣赵孝祖为郎州道行军总管，将兵讨破白水蛮。孝祖言：小勃弄、大勃弄常诱弄栋为乱，请遂西讨。诏可。明年西入小勃弄，酋长殁盛屯白旗城，破斩之。进至大勃弄，获其酋长杨丞颠，悉破降其众，始改云南县为匡州。《唐史》：弄栋西有大勃弄、小勃弄二州蛮，其西与黄瓜、叶榆、西洱河接。武德七年，置南云州。贞观三年，改为匡州，领勃弄、匡川二县，后没于蛮，州县俱废。

史城，府北四十里。隋开皇中南宁夷爨玩既降复叛，史万岁讨之。入南中，过诸葛武侯记功碑，度西洱河，此其驻师处也。唐大历十四年，异牟寻立，初迁史城。贞元初，引吐蕃寇蜀，败还。四年，始改筑羊睑苴咩城，徙居之，称曰东王。《滇纪》：史城，即太和县喜睑村，元初，尝置喜州，旋废。盖讹史为喜也。○九重城，在府境。九重，犹言九座。《志》云：南诏境内有九重城，皆备吐蕃而设。一在河尾里，一在关邑里，一在太和村，一在北国，一在蟠溪里，一在塔桥，一在摩用。其二城则羊苴咩城、史城也。又有金刚城，在点苍山佛顶峰麓，亦南诏所筑。

点苍山，在府城西。巍峨秀丽，为南中奇胜。顶有高河泉，深不可测。分为十九峰。又有瀑布诸泉，流为锦浪十八川，环绕于群峰间。南诏尝封此山为中岳。今详见名山点苍。

玉案山，在府西南，叶榆河之东。相传汉元封初，司马迁使昆明，尝至此，观西洱河。或云：司马相如奉使时，亦尝至焉。山形方整，亦谓之玉几岛，与青巅、罗筌相映带，共为西洱河之胜，详附见大川西洱河。

鸡足山，府东北百里，与宾、邓二州接界。前有三距，后起一支，形若鸡足，因名。《志》云：山峰攒簇如莲花然，盘折九曲，松杉郁葱。其崖、壑、台、洞、泉、涧之属以数百计，上有石门，号华首门，俨如城阙，人莫能通。佛寺环列，金碧辉映。绝顶五更见日出之光，游人经旬乃尽其胜。杨慎云：自府城至鸡足山，由海则径，由路则迂。大约出府城六里至海神祠，登舟约二十里至摅摆山。又二十余里至下仓，又二十里至白梅桥，又二三里至洗心桥，过盘磴者九又两之，凡十八湾而至大龙潭。又数里至山绝顶，亦名九曲岩。又鸡额山，在府北七十里。《滇略》云：自上关放舟而南，有飞崖出水面者，曰鸡额山。石磴盘旋，可三百武，削壁卷阿，正向点苍。十九溪峰尽在几席。又南为铁雨崖，崖面如蜂房蚁穴。又南即赤文岛矣。

西洱河，在府城东，亦曰叶榆水。源出浪穹县罢谷山，流经府西北而至城东点苍山，十八川之水皆会于此。又西南流会于样备江。杨士云曰：大理之境，峰峦万叠，如列屏十九曲，峙于后者，点苍山也。波涛千顷，横练蓄黛，如月生五日。潴于前者，叶榆水也。今详见大川西洱河。

样备江，在府西。源出鹤庆府剑川州之剑川湖，流经浪穹县，过点苍山后，会西洱海，出天桥而入赵州界。详附见大川澜沧江。

喜洲，在府北五十里。其地名何矣城村。《白古通》曰：点苍山脚插入洱河，其最深长者惟城东一支与喜洲一支云。

龙首关，府北七十里。亦曰石门关，又谓之上关城，有四门。府南三十里为龙尾关，亦曰下关城，有三门。皆控点苍、洱海之险，为拒守要地。详见前重险石门。

天桥，府西南三十五里。一名石马桥。下断上连，绝壑深险，洱河之水从此泄而南注，郡境无泛溢之患。《志》云：天桥石梁横亘，凭虚凌空，渡者仄足而过，称为绝险。

五华楼，在府治西。唐大中十年，南诏晟丰祐所建，以会西南夷十六国君长。楼方广五里，高百尺，上可容万人。蒙古忽必烈入大理，驻兵楼前。至元三年，赐金修治，今故址犹存。亦曰五华台。○祭天台，在府城西，其地有武侯祠。后有山冈，台在其下。今坛壝之址犹存，相传武侯祭天画卦处也。一名画卦台。

三塔。在府城北。中高四百余尺，凡十六级，旁二座差小。相传唐贞观六年，尉迟敬德监造。开元初重修，其寺曰崇圣。城南有塔一，高二十丈，级十六，其寺曰弘圣，在玉局峰东一里。

○赵州，府东南六十里。东南至景东府三百三十里，西南至蒙化府九十里，东北至宾川州九十里。

汉叶榆县地，后为罗落蛮所居。唐为昆州地。蒙氏为赵川睑。《滇志》：蒙氏使赵康居此，因以名睑。蛮语州为睑也，读若简，见前元江府。寻改赵郡，又为赵州。段氏时，曰天水郡。元初为赵睑千户。至元中，改为赵州，属大理路。明因之。编户八里，领县一。

州当往来之孔道，控苍洱之要冲。山川回抱，原隰沃衍。郭松年云：赵睑之山，四周回抱，川源平衍。神庄江贯其中，溉田千顷，民多富庶。蒙古取大理，先下赵州。明初，大军入赵州，遂经营两关，谓上下两关也。进薄大理。盖攻取之先资矣。

赵睑城，今州治。《志》云：州初无城郭。明初迁州治于三耳山，或以为即古勃弄州治也。弘治二年，始筑州城，周七里有奇，引水为垣，屹然险固，有门四。

白崖城，州东南九十里。《滇略》云：即古彩云城也。汉元狩初，命王然於、柏始昌、吕越人间出西南夷至滇，指求身毒国。是岁彩云见于白崖。蜀汉建兴中，丞相亮南征，斩雍闿于白崖川。师还，命龙祐那为酋长。祐那始于白崖西山下筑彩云城。一名文案洞城，其后谓之白崖城。唐时蒙氏曰白崖睑，为境内十睑之一。贞元十年，异牟寻大破吐蕃于铁桥，并破施、顺二蛮，虏其王，置白崖城，是也。《唐书》：自我州开边县南行，至白崖城，三千里而近。宋淳祐十二年，蒙古忽必烈攻大理，至白崖，筑垒于白崖东南七里，寻置白崖千户所。至元中，改置建宁县，属赵州，寻省。郭松年云：自赵州山行六十里，至白岩甸，甸形南北袤，与云南品甸相埒，居民凑集，禾麻遍野。西山石祐斩绝，其色如雪，因名白崖。明嘉靖二年，增置大理府督捕通判驻此。四十三年，筑土城为扞卫。万历末，裁通判不复设，而居民殷阜，俨若城邑云。铁桥，见丽江府巨津州。开边废县，见四川叙州府。

安东城，州东二里。《滇略》云：蒙氏安东将军李专珠所筑，城东一里有九龙池，山上有诸葛武侯营垒遗址。○唐城，在州南十九里。唐天宝中，李宓征云南时筑。今州西二十五里，有万人冢，垒土如山，即鲜于仲通及宓丧师处也。

三耳山，在州治西里许。有三峰，高耸如耳。一名凤仪山，以一支两翼如凤来仪也。其东为龙伯山，与凤仪相对，俱点苍之南支矣。○宿龙山，在州北十五里，顶有浮图，唐镇南将军韦仁寿所建。或曰山在龙伯之南，又州南有五佛山。山下出泉，不竭不溢，谓之圣泉。

九龙顶山，在州南五十里。九峰相聚，望之如龙，与云南县接界。○西山，在白崖川西，有毕钵罗窟，一名宾波罗窟。岩壑耸拔千余丈，有独木桥十余所，樵子最猏捷者乃能履之而过，谓之仙桥。《志》云：毕钵罗窟山在州东六十里，北去宾川州二十里。

定西岭，州南四十里。本名昆弥山。明初平西侯沐英过此，更今名。岭高千余仞，设关其上，波罗江出焉。又岭东南七里有故垒，蒙氏灭大理时屯兵处也。俗谓之胡营。

样备江，在州西南。自太和县流入界，又南流入蒙化府境。○波罗江，在州治东南，有二源：一出九龙顶山，一出定西岭，合流而北，经州治。又西北流入西洱河，一名大江。

白崖睑江，在州东南。《志》云：出白崖西山之毕钵罗窟，流经楚雄府定边县，为礼社江之上源。亦曰白崖川。又赤水江，在州南四十里，源出定西岭。东南流，亦入定边县界，合于礼社江。又毗雌江，在州西南六十里，源出蒙化府之巍山，流入州境，合于赤水、白崖二江。

迷渡市，在州南九十里，有巡司。相传诸葛武侯曾筑城于此，名诸葛城。又州东有乾海子，多沙无水，亦设巡司于此。《志》云：州境又有赤壁岭巡司。

定西驿。在定西岭上。为往来必由之道，置关戍守，兼设巡司于此。其在州治旁者，曰德胜关驿。又有样备驿，在州西八十里。南趣蒙化，西达永平之孔道也。

○**云南县**，州东南百里。东南至楚雄府定远县一百二十里。汉元封初，置云南县，隶益州郡。后汉改属永昌郡。蜀汉建兴二年，置云南郡治焉。晋、宋至梁，皆因之。唐为匡州匡川县地。后张仁果据之，号白子国。蒙氏改为云南州，段氏因之。元初，曰品甸千户所。至元中，复曰云南州，寻降为县，属大理路。明初，改隶赵州，土知县、县丞俱杨姓，主薄张姓，编户十五里。

云南故城，在县南。《滇略》：汉武时，彩云见于白崖，县在其南，故曰云南。蜀汉因置云南郡。《水经注》：云南郡本云山县地，云山疑亦云南之讹矣。《唐志》：自戎州开边县而南七十里至曲州，又二千五百里至云南城。即此城也。后迁今治。《志》云：今县东南又有废城，即唐时匡川县治，后废。

云平废县，在县东。本云南县地。晋咸宁五年，析置云平县，属云南郡。《晋志》：郡初治云平县，后还治云南。宋、齐俱为云平县，梁末废。〇镜州城，《一统志》云：在县治东，唐置，领夷郎等六县，后废。今名云南，土城遗址尚存。考《唐志》，不载镜州也。《滇略》云：镜州城在今县治西南。郭松年云：自镇南州过雌岭，即大理界。山行七十里，有甸焉。川原坦衍，山势回合，周二百余里，乃云南州也。州西北十余里，山麓间有石如镜，光可鉴。旧名镜州，以此。镜州，盖即云南州之别名矣。

青华山，县南八里。下有洞，阔十丈。山仅培塿，洞中甚深，邃不可穷。旁有石窍漏光，若天窗然。《滇纪》：自洱海卫城西行，通蒙化岐，左有青华洞，中极宽衍。是也。〇水目山，在县南二十里，一名宝华山。山巅有泉，深不可测。又南二十里曰南华山，一名天花山。

宝泉山，在县西北十五里。九峰相并，望之簇如青莲，石穴空洞，盘折而升，一名九鼎山。又龙兴和山在县西二十五里，亦高耸。又有梁王山，在县北三十里，蒙氏时有酋长王氏屯据于此。

安南坡，在县东南。《滇程记》：自镇南州普溯驿六亭而达云南县界，所经有桃树坡、金鸡庙、孟获箐、安南坡。坡有巡司，下坡地复坦夷，相传古云南郡治此。土人称为小云南，以别于云南治城云。

叶镜湖，县南三十里。中有石如镜，因名。又清湖在县西南一里，湖水恒浊。永乐七年，黄河清，此水亦清。自是不复浊，因名清湖。

青海子，县东南二十里。其地有金龙山，水出其下，一名青龙海子。又有周官些海子，在县东北十五里，一名蒙舍海。旧引宝泉山水蓄于周官、品甸二陂，以备农事，即周官陂也。

品甸陂，在县西三十余里。《志》云：唐初尝置陂州于此。其地川原饶沃，亦名清子川甸。中有池，亦曰清湖，灌溉甚溥。又品甸湾在县东北十里，相传蒙氏尝置品甸县于此，元千户所以此名。〇溪沟，在县西三里，源出宝泉山，东流入定边县界。夹溪十里多花卉，亦名万花溪。

云南驿。在县东。其相近有古城村，或以为古云南郡城也。自驿而西，又八亭达于赵州之定西岭。〇力士营，在县南九里，相传诸葛武侯驻兵之地。

〇邓川州，府北七十里。北至鹤庆军民府百九十里，东南至宾川州百五十里，西南至云龙州百五十里。

汉益州郡叶榆县地。唐初，为遵备州，隶姚州都督府，后为遵睒诏所据。南诏并之，置邓川睒，后改为德源城。段氏因之。元初，立德源千户所。至元十一年，改邓川州，隶大理路。明属大理府，土知州阿姓。隆庆三年，改设流官，编户十二里。领县一。今因之。

州峭山深堑，控据边陲，号为险要。

德源城，在州治东。亦曰大釐城。唐时遵备州治此。开元二十六年，皮罗阁取太和城，又取大釐城，是也。后为德源城。元因置德源千户所。《志》云：州水患频仍，迁徙靡定。旧无城郭，明崇祯十三年，迁治邓川驿，始建土城，周六里有奇。未竟，复为山水决坏。

宁北城，州北三十里，唐时蒙氏所置。《滇纪》：唐贞元十五年，异牟寻谋击吐蕃，以邆川、宁北等城当寇路，乃峭山深堑，修战备，为北面之固。是也。段氏时城废。

废曾州，在州东境。或曰即汉时姑缯夷之地，唐武德四年置曾州，治曾县，兼领三部、神泉、龙亭、长和四县，后废。《旧唐书》：曾州西接匡州，是也。

鼎胜山，州东南十里。孤峰特耸，洱水为襟。登山一望，波光万顷，最为奇胜。《志》云：州治旁有象山，其南为伏虎山，东北曰卧牛山，俱以形似名。又东山在州东十里，山麓崖下有泉注为池，深不可测，谓之星鲤泉。又东为狮舌山，以山形如狮吐舌也。下有龙潭，与鼎胜山皆环峙州治，并为形胜。

钟山，州北十五里。《滇纪》云：唐开元中，邆睒诏酋咩罗皮据大釐，为南诏所攻，率其部据钟山之险以自守。即此山也。

豪猪洞，州东二十里，山顶有石墙遗址，下有龙潭。《滇志》：孔明纵孟获于白崖，获引所部至银坑。坑一名豪猪洞，险绝，非人力可到。孔明出奇策擒之。是也。洞南有诸葛寨，相传武侯驻兵处。《滇纪》云：寨在州东三十里。

普陀江，在州北，其上源即浪穹县之宁河。东流经州，北折而南，流入于西洱河。一名弥苴佉江。或谓之葡萄江，即普陀之讹也。上洱池州南十五里，即普陀江之旁出者。又南五里有油鱼穴，皆流达于西洱河。○南诏潭，在州西南二十里，广十余亩，三山环匝，其一面峻壁如石墙。潭深莫测，昔人尝避兵其中。

佛光寨，在州北三十里，与浪穹县佛光山相接。《滇志》：初，孟获自豪猪洞被擒，丞相亮复纵之。获走佛光寨，据险坚守。汉兵不得进，乃由漾濞江而北出寨后，遂破之。明初，傅友德等既平大理，余孽普颜笃复叛，据佛光寨，先不华据邓川。友德自七星关回军大理，平邓川，破佛光寨。遂过金沙江，下北胜、丽江巨津之境，是也。

阿至店，州东八十里，接北胜、宾川州界。又州东南有青索鼻巡司。《志》云：司南十五里，地名乾海子。

○浪穹县，州西十五里。北至剑川州百里，汉叶榆县地，蛮名弥次，即浪穹诏所居。唐武后永昌初，浪穹州蛮傍时昔等二十五部先附吐蕃，至是来降。诏以傍时昔为浪穹州刺史，统其众。开元初，其王铎罗望与南诏战，不胜，移保剑川，更称浪剑。贞元中，为南诏所破，亦置浪穹州于此，统浪穹、旋浪、邓睒之地，段氏因之。元初改置浪穹千户所。至元十一年，改为县，属邓川州。土知县、典史俱王姓，编户三十五里。

凤羽废县，县西南四十里。蒙氏所置，以凤羽山为名。或曰元时亦尝置县，属邓川州。旋废。今为凤羽乡，有巡司戍守。《志》云：凤羽巡司西二十里，有罗坪关，北五里至阊江门哨。

安宁城，在县北。唐天宝八载，巂州都督何履光以兵定南诏安宁城及五盐井，复立马援铜柱，是也。《滇纪》：县西北有石和城，唐开元末施浪酋长分兵据此，以拒南诏。南诏袭败之，遂取其地。

宁山，在县西。形如凤翼，一名凤翼山。又灵应山在县东二十里，峻拔高耸，上有石岩。

佛光山，县东北二十五里。山盘亘回远，接邓川鹤庆之界，佛光寨以此名。其南崭然险绝，山半有洞，可容万人。山后尤为崄巇，仄径仅容一人，名曰一女关。山下又有九石窍，泉出其中，名曰九龙泉，流入宁河。

莲花山，在县东北四十里，形如莲花。三面陡绝，惟一面仅容单马。其相连者曰蒙次和山，三面绝险，一面临河。六诏时，施浪诏居此。两山下亦曰蒙次和村。唐开元末，为南诏所并，设三营以守之。蒙古忽必烈自石门入，取大理，见二山为襟喉之所，乃留达军三百户镇之，亦分为三营。《志》云：三营在莲花山下，是也。

罢谷山，县北二十里。《水经注》：罢谷之山，洱水出焉。其山空洞，泉涌起如珠树，乃澜沧江之伏流也。○凤羽山，在县西南三十里，郭义恭《广志》所云吊鸟山也。《后汉志》《水经注》皆云楪榆县西北八十里有吊鸟山。俗言凤凰死此，众鸟来吊云。《滇志》云：山旧名罗坪山，或作罗浮山，蒙氏改为凤羽山。

普陀崆，县东南十五里。为往来要隘之地，有巡司戍守。其南有龙马洞，深不可测，石壁上马迹犹存。《志》云：普陀崆巡司东十里曰下山口，南二十里曰闷江门，西三十里曰大树关，北三十里曰观音山。

样备江，在县西百里。自剑川州流入县境，有上下江嘴。又南流入太和县界，亦曰漾濞江，或谓之漾、濞二水，盖同流而异名也。唐景龙初，吐蕃及姚州蛮寇蜀，使唐九证为姚州道讨击使击之，蛮以铁縆梁漾、濞二水通西洱蛮，筑城戍之。九证自巂入永昌，累战皆捷，尽刊其城垒，毁縆焚桥，勒石于剑川，建铁柱于滇池，俘其魁帅而还。吐蕃渡处盖在县境。《志》云：县有上下江嘴二巡司，上江嘴东去罗坪山麓五里，下江嘴东去罗坪山二十里。

宁河，县西北五里。《通志》：罢谷之水，注于宁河，亦曰明河，又为宁湖，下流即葡萄江也。《一统志》：明河宁湖周回五十里，水色如镜。○鱼子淜，在县西。水色青碧，流合于宁河，一名龙池。

五盐井，在县西北三百里。即唐天宝中何履光收复之地。明朝洪武十六年，建五井盐课提举司于此。《志》云：五井一曰洛马井，一曰石缝井，一曰河边井，一曰石门井，一曰山井，俱在县界及云龙州之境，亦曰上五井，兼置巡司于此。又有顺荡井巡司、师井巡司、十二关巡司，俱在县境。

三营，在县东北莲花山下。南诏时，设营于此。蒙古取大理，复设三营万户以守之。洪武十五年，云南平蓝玉遣兵攻拔三营万户寨，是也。《志》云：县西南有箭杆场巡司，司南八十里为马鞍山干海子，接永平县界。

凤凰台。县治北。旧传施望欠诏所筑。台下有白沙井，泉味甘冽，亦施望欠所凿也。又县东二里有九气台，台凡九窍，下有温泉。其气从窍而升，台因以名。

○宾川州，府东一百里。东至姚安府二百五十里，东南至楚雄府二百四十里，西南至赵州九十里。

汉益州郡地。后汉属永昌郡。晋属云南郡。唐为匡州地。蒙氏为太和楚场地，段氏因之。元亦为太和县地。明弘治七年，建宾川州，割太和县九里、赵州一里、云南县二里置。属大理府。编户一十二里。今因之。

州控姚安之肘腋，蔽大理之肩背，襟带山川，东西联络，屹为形要。

诸葛城，在州西二里虎踞居山上。相传为武侯驻兵处。明朝改建今州，筑城为州治，周一里有奇。

钟英山，在州东。基垂百里，产竹箭，饶鸟兽毛革之利。○翠屏山，在州西北四十里，形方顶平，苍翠横列，如倚屏然。又乌龙山，在州西南四十里，岩壑玲珑，东麓有白塔，又有乌龙池，积水下迸，诸堰皆仰给焉。

鸡足山，州西四十里，与太和县及邓州川接界。亦名九曲山。《一统志》：山在洱河东百余里，峰峦攒簇，状若莲花，九盘而上，亦曰九重岩。其南有上仓湖，最为幽胜，今详见太和县。○毕钵罗窟山，《志》云：在州南二十里，即白崖西山也。今详见赵州。

金沙江，州东北百五十里。自北胜州东南流经此，入姚安府境，有巡司戍守。《志》云：金沙江东北有汉遂久废县，古称白门，谓入白果国之门也。白果即白崖矣。

金龙湫，在州西百里洱河东。《通志》：大理之龙潭有三：在赵州乾海子哨者曰乾龙潭，在邓川州钟山寺鸡足石侧者曰大龙潭，在宾川州西龟山东者曰红雀龙潭。今引潭为新渠，东注杨梅谷，灌田万顷。

赤石崖镇。在州东。今有巡司戍守。《志》云：州境东接姚安，南接赵州。嘉靖以前，夷蛮剽劫，往往出没于此，因置戍于赤石崖诸处，与姚安、云南、十二关互为形援。又有宾居巡司，本名蔓神寨。又有神摩洞巡司、白羊市巡司，俱在州界。

○云龙州，在府西六百里。西至永昌府永平县一百五十里，北至鹤庆军民府剑川州一百七十里。

汉益州郡地。后汉永昌郡地。晋为西河郡地，宋、齐至梁因之。唐初，为匡州西境。蒙氏谓之云龙甸，段氏因之。元至元末，立云龙甸军民府。明初改为云龙州，属大理府。土知州段氏。万历四十八年，改流官，又裁五井提举司，以盐课归州。编户二里。今因之。

州藩卫大理，襟带永昌，密迩生蕃，为西垂要地。

嶲唐废县，在州南。汉县，属益州郡。后汉属永昌郡。《古今注》：永平十年，置益州西部都尉，治嶲唐，镇慰哀牢、楪榆蛮是也。晋仍属永昌郡，后废。南诏为云龙甸地。元始为军民府治。明改建为州。万历三十三年始筑土城，周一里有奇。

比苏废县，在州西。汉县，属益州郡。后汉属永昌郡，晋初因之。咸和中，分东河阳郡置西河郡，治比苏县，宋、齐因之。梁末废。

三峰山，在州西五里。一名三崇山，壁立万仞，人迹罕至。或以为即古之三危，黑水所经，误也。山后有野蛮，距郡五百里。

澜沧江，州东二里。自丽江府南流入州境，复折而西南，入永昌府境。详见大川澜沧江。

苏溪，在州西北，与浪穹县五井盐课司接界。下流入于澜沧江。

诺邓井，州西北三十五里，盐井也。置盐课大使于此，所辖又有石门一井。又大井，在州东南三十五里，产盐。所辖又有山井及天耳井。又师井在州西北百三十里，顺荡井在州西北二百五十里，俱有盐课大使，旧属五井提举司。万历末，废提举司，改属州。其井新旧互异，仍与浪穹境内洛马盐课使统为五井云。

云龙甸。州东北七十里。甸广衍，宜畜牧，有巡司戍此。

○十二关长官司，府东三百里。本云南县楚场地。元至正间，因僻险始置十二关防送千户所。明初，改为长官司，土司李氏。

归山，在司西。峰峦耸峙，为境之望。《志》云：司北百二十里，有赤石崖、大山箐，西三十里为干海子山箐。东六十里曰楚场山箐，南四里即你甸也。

一泡江。在司南，波流湍急，自归山而东，历司城南，东北流入姚安府界，注于金沙江。

附见：

大理卫，在府治南，洪武十七年建。

洱海卫，在云南县治西，洪武二十二年建。

大罗卫。在宾川州治东钟英山下。州境旧为荒原，弘治中，置州及卫，得古碑曰大罗城，因以名卫。杨慎曰：云南诸城西上永昌，经途所届，旁多寇巢，曰金鸡庙、赤石崖、螳螂龟山、铁索箐。其诸蛮皆以盗掠为雄。弘治中，始州宾川而卫大罗，城迷渡而戍普淜，冀以弭盗，竟不克。

嘉靖初,巨魁就擒,道路始宁息云。金鸡庙,《志》云:在云南县境。

〇鹤庆军民府,东至北胜州二百十里,南至大理府二百五十里,西北至丽江府界七十里,北至丽江军民府宝山州二百里。自府治至布政司一千一百六十里,至江南江宁府八千二百四十里,至京师一万一千六百九十里。

《禹贡》:梁州徼外地。汉属益州郡。东汉分隶永昌郡西北境。唐为越析诏地。地名鹤川,又名样共川。天宝中,属于南诏。太和中,置谋统郡。蒙氏劝丰祐于样共川置。又南诏徙羊苴咩城,近龙尾、鹤拓即此。宋时段氏因之。元初,置鹤州,寻改置二千户,仍称谋统。属大理万户府。至元十一年,复为鹤州。二十三年,升为鹤庆府,后又改为路。明朝洪武十五年,复为鹤庆府,旋改为军民府。编户十三里。《通考》:鹤庆四十八村,乌蛮、猡猡、西海子等尤为犷悷云,领州二。今为鹤庆府。

府山川明秀,内固大理,外控番戎,险阻足据,平原可耕,亦要地也。

鹤州城,今府治。宋时大理所筑。元置鹤州于此,明初废。洪武十五年,因旧址列栅为守。永乐初,甃以砖石。嘉靖十九年,复拓旧址,改筑,号曰新城,惟北门月城尚因旧垣。万历二十八年,复修城浚濠。今城周四里有奇,门四。

废副州,在府境。《一统志》:废木按州,亦在府境。二州皆元置,属鹤庆府,明初省。

覆釜山,府西五里,为郡镇山。形如覆釜而最秀,南北诸山皆拱翼之。下有龙潭。又有金灯山,在覆釜下,亦名秀台山,其相抱者曰仰止山。〇金凤山,在府西二十五里。又府北三十五里曰逢密山,有三峰入云,山腰有洞，颇幽胜，谓之青玄洞。

　　峰顶山，城东七里。峰峦起伏，南接龙珠山，北抵丽江界。下有五泉，可以溉田。〇龙珠山，在府南二十里，前耸后平，下有石穴，样共江之水过此穴而流入于金沙江。或谓之象眠山。志云：象眠山，在城东南二十五里，山势逶迤，如象眠然。

　　拱面山，在府西北五里。山高百仞，一峰拱向郡治。林峦环映，阴晴异态。又府西南十里为朝霞山，山半有风洞。又西南二十里曰垂珠洞，又西二十里曰金斗陂，下有银泉。

　　方丈山，城南百二十里。《志》云：南诏名山凡十七，此其一也。南接点苍，巍峨峻拔，山半有洞，曰太极洞。中有池曰金龙潭，深不可测。一名观音山，南去浪穹县仅四十里。又半子山，亦在城南百二十里，产矿山也。山北有涌泉，伏流二里许，始泄为三派，居人赖之。又南五里为豸角山，以形似得名。桃树江出山下，流入南山岩穴中。

　　大成坡，府东南七十里。顶有泉，深广仅尺许，不溢不涸，行人资焉，谓之一碗水。又府东南百三十里有炼场岩，下有温泉。岩石层垒，可数千仞。又大孟岩，在府东南百八十里，石壁屹立，其形如城。

　　松桂台，在城南六十里。明初傅友德征佛光寨尝屯兵于此。又城北八里有象跪石，相传忽必烈自丽江石门关乘象至此，象跪不前，因名。

　　漾共江，在府治东南，即鹤川也。阔十余丈。源出丽江界，流入境，至象眠山麓。群山环合，水无所泄，潴而为湖。入城东五里之石穴，复出，名为腰江。东与金沙江合流。〇落钟河，在城南五里，源出朝霞山之龙湫，截官道而东入于漾共江，昔尝坠钟于此，因名。又长康河，亦在府南五里，源出府西黑龙潭，东流注于漾共江。

　　白龙潭，府北七里。潭之上，山数十重。最高一峰名金顶，下为白鹭山。势若骞凤。泉源甚远，至白龙祠下，有泉百派，汇而为潭。又西龙潭在府西七里，源出覆釜山，东流溉诸村田，亦名上潭。其东北有龙宝潭，一名下潭，周五百丈，堤曰万年堤。石闸之下有会济池，东分一小闸，为波流山，亦金灯山脉也。《志》曰：府境龙潭凡十五，流入漾共江者十三：曰黑龙，曰青龙，曰白龙，曰西龙，曰龙宝，曰吸钟，曰石朵，曰香米，曰北洟，曰柳树，曰小柳南，曰赤土和，曰宣化。其流入金沙江者曰龙公，而停蓄极深者曰大龙。

诸葛泉，在府南百四十里罗陋村。相传武侯驻师之地。泉均二流，甚为民利。○温泉，有二：一在观音驿南二里，一在驿南十里。

宣化关。在府东北，有巡司。又观音山驿，在府南百二十里，亦有巡司戍守。又南七十里至大理府邓川州之邓川驿。

○**剑川州**，府西九十里。南至大理府云龙州一百七十里，北至丽江府七十里。

古蛮夷地。唐时，为义罗鲁城，一名剑川。《志》云：唐显庆初，浪穹诏与南诏战不胜，走保剑川，更称浪剑。贞元初，南诏击破之，尽夺剑、共诸川地，其酋徙居剑睒西北四百里，号剑羌云。**南诏置剑川节度**。宋时大理改为义督睒。或谓之波州。元初，置义督千户所。至元十一年，改为剑川县，属鹤庆路。明朝洪武十七年，升为州。编户十八里。州控厄西番，藩屏内地，亦称形胜。

望德城，在州南三里，周五百丈，段氏所筑。今为民居，名水寨村。《志》云：州治旧无城，明崇祯末始筑土城云。○罗鲁城，在州南十五里，唐所筑，今为瓦窑村址。罗鲁，西夷云海也。《志》云：州东北六十里有达子城，即蒙古入大理驻师处。一云，在州南百三十里。

金华山，州治西一里。自西番界罗均山盘折而来，延亘二十余里。

山顶常有紫色如金，故名。西麓为西湖，秋水时，与东湖相连。至冬水落，民始播种。又州治南有金山、银渡两山并峙。一赤如金，一白如银，因名。〇剑和山，在州西四里，以卓立如剑而名。又州东十五里有青崖山，山产青石如列翠屏。又州南二十里有夜合山，剑湖绕山麓而出。

石宝山，州西南二十里。层崖峭壁，上有石坪方数十亩，岩洞泉壑，往往奇胜，南中之名山也。又南一里为中山，岩壁峭立，亦称奇胜。〇石罗摩山，在州东北七十里，峰高百余丈，屹立如巨人状，亦名将军山。

剑川湖，州南五里。湖广六十里，尾绕罗鲁城。南流为漾濞江，俗呼为海子。每岁办渔课于州。《一统志》：湖在州西北七十里，山顶有泉，广可半亩，流经州东而为此湖。又剑川在州南十五里，即剑湖之尾。曲流三折，形如川字。

弥沙浪河，在州南百里白水场，与剑湖水汇而南流。〇大桥头河，在州东二里，古名合惠尾江，下流入剑川湖。每遇洪潦，辄泛溢害稼。又桃羌河，在州南三十里，东南流入于漾濞江。

诸葛池，州北四里，相传武侯饮马处。《志》云：州有龙潭凡九：曰老君，曰易堤坪，曰仙女炼，曰隔渼，曰建和，曰白难陀，俱流入剑湖。曰花丛，曰白龙，曰清龙，俱流入湖尾。

弥沙盐井。在州西南百五十里弥沙乡。有盐课司大使，辖产盐井二：曰大井、小井。亦设弥沙井巡司。

〇**顺州**，府东一百二十里。东至北胜州界一百里，北至沧浪卫百五十里。

古蛮夷地。唐时地名牛睒，南诏徙诸浪人居之，与罗落蛮杂处。《元志》：顺蛮种本居剑川。唐贞元间，南诏异牟寻破之，徙居铁桥、大婆、小婆、三探览等川，其酋成斗族渐盛，自为一部，徙居牛睒。至十三世孙自瞠犹隶大理。元初内附。至元十五年，改为顺州，属丽江路。又改属北胜府。明初，仍曰顺州，改属鹤庆府。土州同时氏，今编户三里。州今省。

州山川列峙，亦称险厄。

顺州城，今州治。元置州于此，未有城垣。明万历二十八年，筑土城，周三里，环城有池。

公山，在州治北七里，危峦耸拔，数峰融结。其并峙者曰漕峰山，一名母山。《志》云：漕峰山在州治北一里。○杨保山，在州东北八里，下有池，中多蒲草，凫鹜之薮也。又乌铺山，在州西南十里，有乌铺桥，跨乌铺山溪涧上。

牛甸湖。州东二里，其下流合于河头溪。《志》云：溪在州东二十里，出石岩下，周八十余丈。又有浴海浦，在州东二十余里，水中分界。西畔属顺州鱼课，入剑川州河泊所。东畔属北胜州，广可三十里。

○丽江军民府，东至澜沧卫蒗蕖州界一百八十里，西至西番浪沧江二百里，南至鹤庆府界七十里，北至永宁府革甸长官司界三百二十里。自府治至布政司一千二百四十里，至江南江宁府八千三百里，至京师一万一千七百六十里。

《禹贡》梁州南徼地，为荒服之地。汉为越巂、益州二郡地，后汉兼属永昌郡。或曰：即古白狼地。后汉永平十七年，白狼王唐菆作诗三章，诵汉功德，即此。隋属巂州，唐因之。后没于蛮，为越析诏。贞元以后，属于南诏，置丽水节度。宋时，麽些蛮据此，大理不能有。元初击降之，《元史》：丽江路自汉至隋唐皆为越巂郡西徼地，麽蛮、些蛮居此，为越析诏。二部皆乌蛮种也。居铁桥，后归南诏。宋时复据此。宪宗三年，征大理，从金沙济江，麽些负固不服。四年春，平之。置茶罕章管民官。至元八年，改为宣慰司。十三年，改置丽江路军民总管府。二十二年, 府罢, 更立宣抚司。于通安、巨津间置。明朝洪武十五年, 改丽江府。既又改为军民府。土知府木姓。《志》云: 府治及所属四州, 俱未设城垣。领州四。今为丽江府。

府南屏大理, 北拒吐蕃, 为西北之冲要。南诏与吐蕃相持, 恒角逐于此。蒙古忽必烈降摩荻。一名摩沙, 即摩些之讹也。进取大理, 即其道也。《明史》: 万历三十一年, 税监杨恭责丽江土官木增退地, 听开采, 按臣宋兴祖言: 丽江木氏世有其地, 守石门以绝西域, 守铁桥以断吐蕃, 不宜自撤藩篱, 贻误封疆。不报。

○通安州, 附郭, 在今府治东偏。古筰国, 地名三赕, 蛮云漾渠头。汉为定筰县地, 属越巂郡。唐改定筰曰昆明, 属巂州, 又升为昆明军, 此为昆明地。天宝后, 为越析麽些诏所据, 后并于南诏。宋时仆繖蛮居之, 后复为麽些蛮所据。元初, 置三赕管民官。至元十四年, 改为通安州。明因之。土州同高姓, 编户十三里。

象山, 府西北五里, 形如伏象。山下有泉, 曰象泉。又东山, 在州东二十里, 一名吴烈山。峰峦起伏, 环拱郡治。

雪山, 府西北三十余里, 即玉龙山也。蒙氏封为北岳。详见名山玉龙。

珊碧外笼山, 府西南二十里。孤峰嶙峃, 多产箭竹。又马左墅山, 在府南三十五里, 土人常牧氂牛其中, 一名马左墅他郎场山。

金沙江, 一名丽江, 从巨津州流入界, 环府境三面流入宝山州界。详见大川金沙江。

清溪。在府城东南。其源有二: 一出东山, 一出雪山。至府东东圆里而合流, 绕府城之前, 灌溉甚溥。今城东五里有东圆桥, 跨青溪之上。○龙潭, 在府西南十里, 阔数十亩, 深不可测。《志》云: 府治西有在城驿, 明洪武十六年建。

　　○宝山州, 府东二百四十五里, 东至永宁府界七百里, 南至鹤庆府百三十里。

　　汉益州郡邪龙县地, 后汉属永昌郡。唐为麽、些蛮所据。元初, 内附, 名其寨曰察罕忽鲁罕。至元十四年, 置保山县。十六年, 升为州。属丽江路。明朝因之。土知州罗姓, 编户六里。

　　州雪山西峙, 丽水环流, 居然雄胜。

　　阿那山, 州西南十五里, 上有阿那和故寨。又珊兰阁山, 在州北八十里。

　　金沙江, 在州南。《元史》: 州在雪山之东, 金沙江西来, 环其三面, 是也。

　　大匮寨。在州界。唐时麽些蛮兄弟七人分据七寨: 曰大匮, 曰罗邦、曰罗寺、曰碍场, 曰卞头场, 曰当波罗场, 曰当将郎。蒙古忽必烈征大理, 自卞头济江, 由罗邦至罗寺, 围大匮等寨, 其酋内附。名其寨曰察罕忽鲁罕, 是也。

　　○兰州, 府西南三百六十里。北至巨津州一百六十里。

　　东汉永昌郡博南县地。唐时, 属于南诏, 为㺜蛮所居,《元志》作卢鹿蛮部。地名罗眉川。宋时, 大理段氏置澜沧郡于此。《一统志》: 段氏使董庆治此, 后有周姓者强盛, 遂与董分为二郡, 以江为限。元初, 皆内附。元至元十二年, 置兰州。属丽江路。明初因之, 仍曰兰州。土知州罗姓, 编户四里。州今省。

　　州密迩番戎, 屏翼内郡。

　　雪盘山, 州南十里。四时常积雪, 下有白石溪。○福源山, 在州北十里, 延亘而东南, 凡五十余里。又有老君山, 在州西北二十里, 古名如刺均山，顶有深渊五所。一名牧牛山，土人常牧氂牛于其上。

澜沧江。州西北三十里。源出吐蕃，流入境，又南入大理府云龙州界。○白石溪，在州治南，中多白石，下流入澜沧江。

○巨津州，府西北三百里。南至兰州百六十里。

古西番地。唐时，为罗婆九睒、濮猡二蛮所居，后麽些蛮夺其地。南诏又并之，属丽水节度。元初内附。至元十四年，于九睒立巨津州，属丽江路。明初因之，亦曰巨津州。编户六里。

州迫邻吐蕃，当西北陬之要害，神川之险，守御所资也。

临西废县，在州西北。《志》云：县在府西北四百六十里，为大理极边险僻地。麽些二种蛮居此，夷名罗哀间。元至元十四年，以其西临吐蕃，置临西县，属巨津州。洪武十五年，改属府。正统二年，为蕃人所居，仅存一寨，后亦革去。《滇略》：临西亦称剌缥郡，今为他照和村。

华马山，州东南百五十里。崖壁有石如马而色班烂，因名。昔麽些诏自名其国为花马国。忽必烈南灭大理时，三睒土酋麦良内附，并破铁桥之华马国，以功授职，即此。又州东北二十里，有金马山。有石如马而色黄，因名。

汉薮山，州西北二百八十里，高可万仞，上有三湖，各宽五亩，深不可测。○果铺山，在废临西县治西，今入蕃界。

金沙江，在州北，亦谓之神川。唐贞元五年，南诏异牟寻破吐蕃于神川，遂断铁桥，吐蕃溺死者万计。十年，异牟寻复击吐蕃于神川，大破之，取铁桥十六城是也。《元志》：江为南诏、吐蕃交会之大津渡，故以巨津名州。

雪山关，在州东北。亦曰雪山门，旧名越灭根关。当吐蕃、麽些之界，极为险峻。○石门关，一云在州西百里，有巡司。所云铁桥以限吐蕃，石门以绝西域者也。唐贞元九年，韦皋遣崔佐时由石门趣云南，复通石门南道，盖谓此。

铁桥，在州北百三十余里，跨金沙江上。或云隋史万岁及苏荣所建，或云南诏阁罗凤与吐蕃结好时建，或云吐蕃尝置铁桥节度使，是其所建。《唐史》：天宝初，南诏谋叛唐，于麽些、九睑地置铁桥，跨金沙江，以通吐蕃往来之道。贞元十年，异牟寻归唐，袭破吐蕃于神川，取其铁桥十六城。十五年，吐蕃复袭南诏，分军屯铁桥。南诏毒其水，人畜多死，乃徙屯纳川。《志》云：时吐蕃置铁桥城于此，为十六城之一，今有遗址。其桥所跨处，皆穴石熔铁为之，冬月水清，犹见铁环在水底。又旧《志》：铁桥在施蛮东南。一云：施蛮在铁桥西北，居大施睑、敛睑、寻睑，又顺蛮在敛睑西北四百里。《新唐书》异牟寻大破吐蕃于神川，并破施顺二蛮，虏其王，置白崖城，是也。又《元志》：汉裳蛮本汉人部种，依铁桥而居。今有古宗蛮在铁桥之北，一名西番，一名细腰番云。明初裂吐番二十三支分属郡邑，以土官辖之。丽江控制古宗，余州郡各有所辖，盖驭戎之善策也。

白马寨。在州南二里。《唐书》云：姐羌、白马氏之裔居此，因名。州境又有宁番巡司及清水、澜沧二驿。

○永宁府，东至四川盐井卫二百里，西至丽江军民府宝山州界一百三十里，南至澜沧卫蒗蕖州二百十里，北至西番界三百三十里。自府治至布政司一千四百五十里，至江南江宁府八千六百六十里，至京师一万一千一百里。

《禹贡》梁州徼外。汉越巂郡西境地。旧名楼头睑，与吐蕃接界。又名答蓝，后为麽些蛮所据。麽些蛮酋祖泥月乌者，逐出吐蕃而居其地。唐时，属南诏。宋时，属大理段氏。蒙古忽必烈南侵大理，至其地。《元史》：世祖驻军日月和，即此地也。至元十一年，置答蓝管民官。十六年，改置永宁州，属丽江路。明朝洪武十五年，改属鹤庆府。二十九年，改属澜沧卫。永乐四年，升为永宁府。府无城，领编户四里。土知府阿姓，正统以后，为盐井诸酋所侵。土官不能制，乃请设流官，寄治澜沧卫，遥领郡事。领长官司四。今仍曰永宁府。

府襟江带湖，山川险阻，人习战斗，为边徼之藩蔽。

干木山，府东南十五里，高八十余丈，根盘百余里。一名狮头山，亦名孤山。又有甲毋山，在府东，岩峦苍翠，耸入霄汉。

泸沽湖，府东三十里。湖周三百余里，中有三岛，高可百丈。又鲁窟海子，在干木山下，周回一百里，中有小山，名水寨。或曰即泸沽河也。土官筑水寨于岛上云。又有海门桥，在府治西。鲁窟海子之水流经此，通四川打冲河，达川江桥外，入盐井界。

勒汲河，在府治北。源出西番，流入境，东流入四川盐井卫界。又有勒汲墩，盖府地密迩吐蕃，居人与番杂居，常被凌扰，筑此墩于河上以为界云。○罗易江，在府南，自澜沧卫蒗渠州北流过府境，入于泸沽湖。

瓦都寨。府东北六十五里，与四川盐井卫接界。旧为番部戍守处，旁有温泉。

○刺次和长官司，府东北二百四十里。永乐三年置，土官阿姓。下同。

六捏山。在司治西北，盘亘四里，为司之胜。

○革甸长官司，府西北百二十里。

幹如山。在司治北。司凭以为险。

○香罗甸长官司，府北百五十里。

卜兀山。在司治西，高耸数百丈。

〇瓦鲁之长官司，府北二百八十里。

刺不山。司东北三十里。《志》云：司之胜，刺不山峙其东，金沙江绕其西。

〇北胜州，东至四川盐井卫马刺长官司界二百五十里，东南至武定府元谋县百里，西至鹤庆军民府顺州界五十里，南至大理府宾川州界一百里，北至永宁府三百五十里。自州治至布政司一千二十五里，至江南江宁府八千三百里，至京师一万一千七百五十里。

古蛮夷地。唐贞元中，南诏异牟寻始开置，名北方睑，《滇纪》：贞元十一年，异牟寻开北方睑，徙洱河、白蛮、罗落、麽些、冬门、寻丁、娥昌七种蛮以实其地。亦号成偈睑，《元史》：铁桥西北有施蛮者，贞元中为异牟寻所并，迁其种居之，号剑羌，名其地曰成偈睑。又改名善巨郡。宋时，大理段氏改为成纪镇。元初内附。至元十五年，置施州。十七年，改为北胜州。二十年，升为府。属丽江路。明朝洪武十五年，改为州，属鹤庆军民府。十九年，属澜沧卫。今州与卫同城。正统六年，改隶云南布政司。土州同高姓，判官章姓，编户十五里。今仍旧。

州东出建昌，南卫大理，山川险厄，称为要区。

北胜城，今州治。明洪武二十九年，筑甃以石，通水濠。正德中，地震圮，寻复修筑。城周五里有奇。〇崀峨故城，在州南五十里崀峨村，蒙氏所筑。其趾犹存。又州东南三十五里有崀峨海。

澜沧山，在城西南二里，高二百余丈。卫与驿皆曰澜沧，以此。又乌洞山，在州西二里，上列五峰。下有洞，广仅丈余，深不可测。又州西三里曰三刀山，山径险窄，相传武侯征南时所开。〇乌鸦山，在州南十里，形如削玉，为州之胜。

东山，州东三里。亦曰观音箐。山之西麓接香炉峰，有三山鼎立。又三泉山在州东南三里，上有石崖，涌出三泉，民资以灌溉。

甸头山，州北三十五里。群峰耸列，林木森蔚，土人于此牧羊，又名牧羊坪。《志》云：州西北三里有红石岩，亦曰赤石崖。崖有泉，味如醴，下流入于金沙江。

九龙山，州南百里。山有九顶，一名九头山，高万余丈，四顾可千里。又州东南百里有大坡难岭，高二万余丈，巅有龙湫。又老虎山，在州南百三十里，山势雄峙，望之如伏虎。

金沙江，在州治西。自丽江鹤庆府流入境，由西而东，环绕州治，一名丽江。明朝洪武十六年，傅友德自邓川州过金沙江，攻北胜府，擒伪平章高生，复平丽江、巨津等州，是也。详见大川金沙江。

陈海，州南四十里，周八十里。相传昔本陆地，有陈姓者居此。一夕沉为海。或作程海。又程湖，在州南五十里，溉田可千亩。又州东南三十五里曰浪峨海。下流俱入于金沙江。

桑园河，在州西南。源出大理府云南县。流经州西南百五十里之桑园村，下流入金沙江。又有五浪河，在州西五十里，自蒗渠州流入界。又三渡河，在州南百四十里，其水旋绕三围，下流俱入于金沙江。

九龙潭，州西十五里。有泉九眼，溉田可万余亩。其下流亦入金沙江。又大龙潭，在州南百四十里。又南九十里曰小龙潭。居民俱引以灌溉。

小吉都寨。在州东五里。《志》云：元时土酋高斌祥屯兵于此。又州治东二百里有宁番巡司。

○澜沧卫军民指挥使司，与北胜州同城。

本北胜州地。明洪武二十九年，于州治南筑蒗城置卫，城周五里有奇，开四门。北胜州治旧在拱极门北五里。弘治九年，始迁于城内西南隅。初领北胜、蒗蕖、永宁三州。永乐四年，升永宁为府。正统六年，升北胜为直隶州。今卫领州一，隶云南都指挥使司。城邑、山川，详上北胜州。

〇蒗蕖州，卫北百八十里。东至四川盐井卫界二百里，北至永宁府界一百五十里。

古蛮夷地。唐时地名罗共睒，罗落、麼、些三种蛮居之。元至元九年内附。十六年，置蒗渠州。属丽江路，后改属北胜州。明朝洪武十五年，州属鹤庆军民府。二十九年，改属澜沧卫。土知州阿姓，属蛮有数种，曰猡猡、麼些、冬门、寻丁、峨昌也。今俱省。

州山川峭险，为北胜、永宁腰膂之地。

白角山，在州西北白角乡。又绵绵山，在州西南绵绵乡。两山皆高峻，为州之望。

罗易江。在州东，合数溪流入永宁府界。又白角河，源出绵绵乡，经白角乡，而入西番界。

读史方舆纪要卷一百十八

云南六 永昌军民府 蒙化府 顺宁府 云州

○永昌军民府，东至蒙化府三百九十里，南至湾甸州三百里，西至麻里长官司七百二十里，北至大理府云龙州二十里。自府治至布政司一千二百里，至江南江宁府八千三百六十五里，至京师一万一千八百十里。

《禹贡》梁州西南徼外地。古为哀牢国，九隆氏居之。汉武帝置不韦县，属益州郡。后汉永平初，置澜沧郡。《滇纪》：汉武置不韦县，其后复叛。建武末，酋长贤栗请降。永平初，复叛。太守张翕讨平之，立澜沧郡。寻改永昌郡。治不韦县。《志》云：后汉建武二十七年，哀牢王贤栗始诣越巂太守郑鸿降，求内属。永平十二年，哀牢王柳貌遣子率众人内属，因置哀牢、博南二县，割益州郡西部都尉所领六县，合为永昌郡。蜀汉迄晋因之。唐属姚州都督府，《唐史》：武后延载初，永昌蛮酋董期等率部落内附。后为蒙氏所据，历段氏、高氏，皆称永昌府。元初，立千户所，隶大理万户府。至元十一年，立永昌州。十五年，升为府。仍隶大理路。二十三年，又置金齿等处宣抚司于此。《志》云：元初，置明义军万户所，在今府治东。后为左千户所。又置四川军万户府，在今城南七里。又有蒙古军千户所，在城东五里。回回军千户所，在今城内，后为中左千户所。又有爨棘军千户所，亦在城内。后为右千户所，军营俱明初废。明朝洪武十五年，仍置永昌府，又立金齿卫。二十三年，省府，以金齿卫为军民指挥使司。嘉靖元年，改为永昌军民府。仍置永昌卫。领州一、县二、安抚司一、长官司二。今仍为永昌府。

府藩屏边索，控驭蛮夷。自汉开西南夷，始通中国。《华阳国志》：武帝通博南山，度澜沧水，取哀牢地置不韦县。是也。东汉建武中，西南夷栋蚕叛，诏刘尚讨之。尚追破之于不韦，斩栋蚕帅，西南夷悉平。永平十二年，哀牢内附，置永昌郡，西南益少事。及晋末，而群蛮窜居其间，遂与中国绝。南诏异牟寻破群蛮，虏其人以实内地。及大理时，白蛮复炽，渐复故地。元征白夷，复归版图。明初，克大理，沐英等遂分兵取鹤庆，略丽江，破石门，下金齿，以为西陲保障。正统初，麓川乱，金齿实扼其冲。征集军粮，悉会于此，以渐克平。盖诚必争之地矣。

○保山县，附郭。汉不韦县地。元为永昌府治。明为永昌、金齿二千户所，属金齿卫。正德十四年，改设新安千户所。嘉靖元年，始改置今县，取大保山为名，编户九里。

永昌城，今府治，旧系土城。唐天宝中，南诏皮罗阁所筑。西倚大保山麓，段氏因之。元至元间，复修筑。明洪武十五年，又因旧址重修，寻废。十八年，改筑甃以砖石。又于大保山绝巘为子城，设兵以守。二十八年，复辟城西罗大保山于城内，设八门。其南门曰镇南，东北曰拱北。外皆有子城，辟二小门。嘉靖二十八年，复增筑西城，浚濠为固。万历二十八年，复修浚焉。今城周十四里有奇。

不韦废县，在府东北，汉置。《华阳国志》：武帝通博南山，置不韦县，徙南越相吕嘉宗族以实之，名曰不韦，彰其先人恶行也。本属益州郡。后汉建武二十一年，刘尚讨栋蚕叛蛮，破之，追至不韦，诸夷悉平。永平中，置永昌郡，治此。晋初因之，宋齐仍为永昌郡治，梁未废。《史记正义》：不韦县北去叶榆六百里。

哀牢废县，在府西南。故哀牢王国。后汉永平中，哀牢王柳貌内附，以其地置哀牢、博南二县。刘昭曰：哀牢在牢山绝域，西南去洛阳七千里。《通志》云：府治东即汉哀牢县故址，元为永昌府治。明初，改为中千户所。

金齿城，今府城也。百蛮之俗，以金裹两齿者曰金齿蛮，漆其齿者曰漆齿蛮，文其面者曰绣面蛮，刺其足者曰花脚蛮，以彩绳撮髻曰花角蛮。又或以铜圈穿其鼻，坠其耳，总曰哀牢蛮。谓之金齿，因其俗也。《元志》：金齿之地，在大理西南。澜沧江界其东，缅地接其西。土蛮凡八种：曰金齿，曰白夷，曰峩，曰峩昌，曰骠，曰𤪌，曰渠罗，曰比苏。金齿蛮本名芒施蛮，自异牟寻破诸蛮，金齿种衰。其后浸盛，元因置金齿等处安抚司，又改为宣抚司。杨廷和曰：元务远略，创立金齿等司于银生崖甸，其地去今府千余里。后以远不可守，移其名于永昌府，其实非金齿故地也。《志》云：元时城中有爨㬎千户所，今改为右所军营。明义万户府，今改为左所军营，回回千户所，今改为中左所军营。又城西南门曰龙泉门，东南门曰镇南门，西北门曰永镇门，东北门曰仁寿门。

密堵城，在府南境。明万历十五年，缅酋入寇，陷密堵、速松二城，官军击走之。或曰：速松城亦在境南。

大保山，在城内正西。嵯峨东向，高千余丈。横冈数里，山巅平衍，可习骑射。周遭林木苍翠，称为奇胜。诸葛武侯尝掘山脚以防蛮叛，深可三丈余，铁物间之。〇宝盖山，在城西北永镇门外，以形似名。山势峻嶒，为众山之冠。右曰梯山，左曰玉壶山，山麓有石窦，流泉甚清。〇灵鹫山，在城北八里，高如宝盖，延袤七里余。山巅有报恩寺，俗呼为大寺山。

九隆山，城西南七里。山势起伏凡九，分为九岭，一名九坡岭。其麓有泉，自地涌出，凡九窦，土人甃石为池承之。其下汇为大池，可三十亩。名曰九龙池，或谓之易罗池。相传蛮妇沙壹者浣絮池中，感沉木而生九隆，种类遂繁，世居山下。诸葛武侯南征时，尝凿断山脉以泄其气，有迹存焉。○法宝山，在城南十里，势邻九龙而沙河限之。又南五里为卧狮山，高百丈，袤二里。○官市山，在城南二十里，下有芭蕉湖，最幽胜。其北为官市堰，沙河水所经也。

哀牢山，府东二十里。本名安乐。蛮语讹为哀牢。孤峰秀耸，高三百余丈，雄峙西陲，延袤三十里许。山下有石如鼻，二孔出泉，一温一凉，号为玉泉，因亦名玉泉山。又有诸葛井，在巨石间，可饮千人。○凤溪山，在府东三十里，上有吕公台。《志》云：不韦废县在其麓。又笔架山，在府东南三十里，有五峰如指。

虎嶂山，城西北二十里，有温泉，可浴。其相近者曰云壶山，以山多白石而名。又五里曰云岩山，山高二百丈，盘回三里许。昔人尝因岩石凿为卧佛，因名卧佛山。

峡口山，府东南四十里，下有石洞，广二丈，高半之一。郡之水俱泄于此。阴流地中，达于施甸枯柯，下澜沧江。洞多鱼，亦名鱼洞。○天井山，在城东北三十里，冈陵四绕，中有平地可居，亦谓之石洞山。

罗岷山，在城东北八十五里澜沧江西岸。高千余仞，延袤四十余里。《志》云：府北十里又有白龙山。○屋床山，在府南七十里。《滇程记》：由永昌过蒲缥驿，经屋床山，箐险路狭，马不得并行。过山至潞江之外，为高黎贡山，是也。

玛瑙山，在城西百里。山产玛瑙石，哀牢山之支脉也。又有风洞山，在府西八十五里。风自洞出，因名。○龙王岩，在城西十五里。山中断，两崖壁立，如斧劈然。

澜沧江，在城东北八十五里罗岷山下。广二十六丈，其深莫测。《滇程记》：自沙木和十亭而畸至永昌，途经澜沧江，江流介二山之趾。两崖壁峙，截若墉垣，因为桥基。缆铁梯木，县跨千尺。束马以渡。又西为江坡，有径路新辟。爰建一亭。《志》云：跨澜沧江者为霁虹桥。守永昌者往往扼江为险，桥其重地也。余见大川澜沧江。

潞江，在府南百里，旧名怒江。源出吐蕃界，经潞江安抚司北，又东南经府境，复南流入孟定府境。两岸陡绝，夏秋间瘴疠尤甚。详见大川潞江。

上水河，在城内。又有下水河，源出九龙池及宝盖山箐。合流入城，贯穿委港而达于东河。东河亦曰郎义河。源出龙泉，流经郎义村，合清水河，南入峡口洞。○沙河，在城南七里，源出九隆山，南流入于峡口，洞有众安桥跨其上。

清水河，城北二十里。《志》云：河有二源：一出府北阿隆村，一出甘松坡下，合流至潞江城东北。折而东合凤溪、郎义河。又经府城东南，合沙河诸水，入峡口洞。今府北二十里有北津桥，为屋其上。又东十里有东津桥，皆跨清水河。

沙木河，在城东北百十里。自顺宁府流入，合铅山涧水，汇流三十里入澜沧江，有凤鸣桥跨其上。

青华海，在府东五里，汇诸流为池。又九龙山麓有九龙池，泉有九窦，亦曰易罗池。又响水湾，在府北六十里。泉如瀑布，声若鸣金，即澜沧江回折处也。

龙泉，有二：一在司城北郎义村，折为三派；一在石丛村，皆有灌溉之利。刘寅《记》：永昌之城，右倚巍山。下有泉汪然涌出，停畜为池，周环数百步,渐而东南。灌田千余顷,谓之龙泉,或曰即九龙池也。

大诸葛堰,在城南十五里。其东有东岳堰及小诸葛堰,皆有灌溉之利。〇甸尾堰,在城南二十里,周广二里。

清水关,在城西北卧佛山之西,扼清水河之要。元时建,今设清水驿,亦设巡司于此。〇山达关,在城东北七十五里。其处又有阿章寨。

天马关,在府南境,又有汉龙关,万历二十一年缅蛮入寇,抚臣陈用宾击走之,遂成天马、汉龙二关是也。《志》云:保山境内有甸头、水眼关二土巡司,俱万历中裁。

诸葛营,在城南七里。一名诸葛村。旧《记》:孔明既擒孟获,移师永昌,即金齿也。城南八里西山下,武侯尝屯兵其间。师还,民构祠祀之,因名。《志》云:元时有四川军万户府,在诸葛营后,土人居于营前。小海子内有土阜一区,周遭三十三丈,高六尺,随水高下,巨潦不没。相传为孔明竖标台。《一统志》:武侯旗台在东岳堰内。〇金鸡村,或云在城东五里,有金鸡泉,一温一凉,四时可浴。泉北有将台,高丈余,广倍之。相传蜀汉时永昌掾吕凯筑此,以拒雍闿。村后有蒙古千户所废址,土人居之。

沙木和驿,在府东北沙木河侧。巡司亦设于此。《滇程记》:自永平县七亭而崎达沙木和。土人谓坡为和也。途经铁场坡、花桥哨、蒲蛮哨、丁当叮山关,皆高险。蒲蛮者,孟获遗种也。今城南六十里,有蒲缥驿。《土夷考》:蒲蛮居澜沧江以西,一名朴子蛮,性勇为盗,以采猎为业云。

霁虹桥。府北八十里,跨澜沧江。武侯南征,孟获架桥济师,后以索为之,修废不一。元至元中,也先不花重修,名曰霁虹。明初镇抚华岳置二铁柱于两岸以维舟,时遭覆溺。后架木为桥,又为火所焚。弘治十四年,备兵使者王槐构屋于上,贯以铁绳,行者若履平地。南北往来,此为孔道,亦曰澜沧桥。

　　○永平县,府东北百七十里,东至赵州界百七十里。本汉博南县地。晋因之,后改永平县。唐时,蒙氏改为胜乡郡,后段氏因之。元初,废郡,立永平千户所,后复为永平县,属永昌郡。今因之。城周三里有奇,编户七里。

　　博南废县,在县南。东汉永平中所置县也。《哀牢传》:章帝建初二年,哀牢王类牢反,攻越巂。永昌太守王寻奔楪榆,哀牢夷遂攻博南,焚烧民舍。明年诏发夷汉兵进讨。邪龙人卤承等应募,率诸郡兵大破类牢于博南,斩之。即此。今其地名江东村。

　　永平守御城,在县治东北。城周五百九十丈有奇,洪武十五年建。内有金齿前前、右右二千户所。《志》云:洪武十九年,县城立木为栅,跨银龙江上。三十六年,易以砖石。周三里有奇。万历二十八年,议者以江流贯城南,小关洞开,每值水涸,窃盗辄乘以出入。乃浚东西两濠,引江水分流城外,会于城南,砌塞水洞为城垣云。

　　博南山,县西南四十里。汉武通博南山,即此。一名金浪颠山,俗讹为丁当丁山。极险隘,为蒲蛮出没之所。北麓有泉,流为花桥河。《华阳国志》:博南县西山,高三十里,赵之得兰仓水。有金沙,洗取融为金。《滇南略》云:博南山高二十里,上有铁柱,为西陲要道。

　　和丘山,县西三十里,高千余仞,云合即雨。东麓一潭,四时澄彻,流为木里场河。西麓有泉,流为曲洞河。○花桥山,《志》云:在县西南二十五里,上有铁矿。又县西南五里有髑髅山,县北八里有罗木山。

　　羊街山,县北四十里。山半涌泉,周围五尺,名曰一碗水,行者咸掬饮之,地名碗水哨。○罗武山,在县东北百十里,高百五十丈,山半有泉,胜备江发源于此。

　　横岭山,县东北百三十五里。山极陡峻,驿路经其上。其西有泉,下流为九渡河。○宝藏山，在县东七十里，一名观音山。相传武侯南征，至此迷道，遇一老妪，呼犬从绝径中出，始得路。兵旋，建庙祀之，俗名娘娘叫狗山。

银龙江，在县治东半里，守御城跨其上。源自县西上甸里，合木里场河，又南合曲涧河，又东南过萨佑河、花桥河，又东南入澜沧江。《志》云：银龙江每孟冬时，近晓有白气横江，盘旋如龙，因名。一名太平江。有昌平桥跨之，长四十丈，高二丈五尺，广二丈，瓦亭十有二。亦曰太平桥。其东北又有安定、通市二桥。《志》云：曲涧河在县西三十里。县西四里有桃源河，皆注于银龙江。

胜备江，在县东北百里。出罗武山，引流而东南。合九渡、双桥二河，至蒙化府，合漾备江。《志》云：九渡河在县东北五十里，出横岭山。沿水绕流，上跨九桥，故名。

花桥河，在县西南三十里。源出博南山，下流入于银龙江。《滇程记》：出下关石桥，至碗水哨。又西为四十里桥，又西为响水涧桥。循涧行，巨石峭碍，鸣若轰霆，类嘉陵散关。近关有花桥，桥皆架木飞梯，横楮耆悬度，行人战栗，所谓花桥河也。

丁当丁山关，在博南山。山路峻险，置哨守于此。○上甸关，在县北二十里，有上甸定夷关巡司戍守。

花桥关，在县西南四十里，下有花桥河，控扼险厄之处也。今改曰玉龙关。

诸葛寨，县北三里。相传武侯驻兵处。○关索寨，在县东北五里，周回二里。俗传蜀汉将关索所筑，寨下有洞，首尾相通。樵牧过之，尝闻洞中有戈戟声。

永平驿。在县治东五里。又东九十里为打牛坪驿，兼设巡司于此。又六十里为蒙化府之样备驿。《滇程记》：自样备驿九亭而达打牛坪，途径横岭。其高傍云，梯箐以升。又西为云龙桥。又西为大斗坡，而后至坪。相传武侯南征，驻师兹坪。辰值立春，鞭土牛以训蛮耕，遂以名驿。又自打牛坪十亭而畸达永平县，有毕胜桥，观音叫狗山，谚名娘娘叫狗山。其间有九转十八湾之险。

〇腾越州，府西南二百七十五里。南至南甸司界二十里，西至麻里长官司界三百里，北至茶山长官司界二百四十里。

汉永昌郡西境越睒地，有僰、骠、峨昌三种蛮居之。晋属宁州。唐为羁縻州地。贞元中，南诏异牟寻逐诸蛮，置软化府。后白蛮徙居之，改腾冲府。大理因之。元宪宗三年，府酋高救内附。至元十一年，改腾越州，又置腾越县。十四年，复改腾越府，仍治腾越县。二十五年，县废而府如故。隶大理路。明初因之。洪武末，改腾冲守御千户所，隶金齿军民指挥使司。正统九年，升所为军民指挥使司，隶云南都司。嘉靖二年，改置腾越州，编户八里。属永昌府。今因之。

州山川险厄，为诸蛮出入要害之地。洪武中，麓川夷入寇，自腾冲屠永昌，沐英讨平之。正统初，麓川酋思任发作乱，搅南甸，突干崖，径犯腾越，屠其城栅。守潞江督臣王骥等进讨，复腾冲，然后直捣贼巢。盖西南有事，州实当其冲也。《志》云：州与孟养、缅甸诸蛮接境，出州之镇夷关，即南甸、干崖二宣抚司。渡金沙江，则大小孟艮之地。其为控扼之要也，允矣。

腾越废县，即今州治。元至元中置县，腾冲府治焉，后废。《志》云：州旧无城。明正统十四年，再征麓川，大兵驻此，因筑土城。十五年，甃以砖石，周八里有奇。嘉靖二十九年，复筑濠为固，城周七里云。今城西北有土城遗址。〇越甸废县，在州东北。元置此县于越甸，寻省入府。

又古涌废县,在州西百里。元置此县于古勇甸,寻废。

顺江州城,在州南。元至元十一年置。至正七年,酋长乐孙求内附,立宣抚司,寻废入腾冲府。○罗密城,在州北三十里,旧为蛮酋所居,今濠堑犹存。又州西山平原中二里有西源城遗址,相传段氏所置城也。

来凤山,城南四里,亦名龙凤山。又南三里曰飞凤山。南去里许曰团山,形如龟,林峦相接,多修竹名材。○球牟山,在城东五里,下峻上平,可居以避寇。山顶有池,池旁有穴,下注为伽和池。明正统间,麓川贼寇边,守御官军据此立寨,军民潜避其上,亦名梗寨山。○宝峰山,在州西十里,一名长洞山。又南五里,有水尾山。

下干峨山,州北十五里。下有池,亦名下干峨。又上干峨山,在州西北二十五里。下有池,名清河,亦名上干峨,周五百余丈。亦曰澄镜湖。又北有金塔坡。○土山,亦在州北十五里,上有龙池,周五十余丈。下亦有龙池,居民祈雨于此,境内无旱灾。

罗生山,州东南二十里。峰峦千仞,条冈百里,林木森茂,腾冲之名山也。○龙嶝山,在州北三十里。山极高峻,云合即雨。○赤土山,在州东三十里。又州西三十五里,有缅箐山,皆高峻。

罗左冲山,州南六十里。上有镇夷关,山后即南甸宣抚司。悬岩峭壁,足为华戎之限。《滇略》谓之半个山,界限华戎,北寒南暑,迥然各天。

高黎共山,州东北百二十里。一名磨盘山。与保山县接界。山极高峻,中外之限也。详见名山高黎共。○明光山,在州西北一百二十里,上有银矿铜矿。

马峰山,州东十五里,又州东六十里有橄榄坡,产橄榄。今橄榄坡驿置于此。○擂鼓山,在州西南十里,相传孔明尝驻兵于此。

大盈江,在州西。又名大车江,出吐蕃界,流入州境。州西之水有三：一出赤土山，流为马邑河。一出龙嵷山，流为高河。一出罗生山，流为罗生场河，环绕州城，自东而北而西，并注于大盈江。南入南甸、干崖之境。详附见大川潞江。

龙川江，源出峨昌蛮地七藏甸，绕越甸界，经高黎共山北，下流注南甸、干崖及陇川境，合于大盈江。其渡口有桥，旧编藤铺板以渡，名曰藤桥，在州东七十五里。《一统志》：藤桥有三：一在龙川关，一在尾甸，一在回石，俱跨龙川江上。盖江水湍急，难以木石施工，编藤为桥，繁于岸树，以通人马。或曰：龙川即麓川江之别名也。

叠水河，在州西南，大盈江之支派也。山麓有石崖，断陷百尺，水势奔飞，吐珠喷沫，观者毛发为竦。

大车湖，在州南团坡下。湖面广阔，中有小山若浮。○温泉，有四：一在城北马邑村，一在城东南大洞村，一在城南罗左冲山村，一在城西缅箐山村。水沸如汤，人多浴者。

龙川江关，在州东七十里。江之西岸有龙川桥，江上旧编藤铺板，名曰藤桥。明弘治中，备兵使者赵炯始缆铁为桥。嘉靖中，潘润复修之，为往来要道，置巡司及驿丞。○古勇关，在州西百里古勇甸。又镇夷关，在州南罗左冲山，有巡司戍此。

夹象石。在州东龙川江东岸。渡江而西，即高黎共山麓也。明正统三年，麓川思任发叛，都督方政及别将高远渡江而南，逼贼于上江。上江，贼重地也。深入力惫，求救于沐晟。晟以少兵往，至夹象石，不进。政等渡江，追至空泥，贼伏四起，我师覆焉。七年，王骥等以大军征麓川。八年，自夹象石下江径抵上江贼巢，而大军亦自夹象石下江通高黎共山道至腾冲云。

○潞江安抚司，府西南百三十五里。西北至腾越州百五十里。

汉永昌郡地。旧名怒江甸，讹为潞江。元至元十三年，置柔远路军民总管府治怒江甸，隶金齿等处宣抚司，后为麓川宣慰司所据。《元史·志》：其地一名潞江，一名普坪睑，一名申睑䍧寨，一名乌摩坪。䍧蛮，即《通典》所谓黑爨也。中统初，蛮酋阿八思入朝。至元中，始置柔远路云。明朝洪武十五年，改为柔远府。二十三年，改为潞江长官司。永乐九年，升安抚司。土官线氏世袭。《职方考》：潞江安抚司而外，有镇道安抚司、杨塘安抚司与茶山长官司四司，并属永昌卫。

司东蔽永昌，西援腾越，南接群蛮，为襟带要地。

镇姚所城，《志》云：在司西老姚凤山之麓，土筑。周四里有奇，砖甃四门，覆城瓦屋八百十八间，明万历十三年建。

和场山，司东三十余里。又司南三十里，有掌亢山，司东八十里有雷弄山。

潞江，在司北三十里。本名怒江，以江流汹涌不平也。源出吐蕃，流入司境，南流经司城东，又南经孟定、芒市而入缅界，下流入于南海。蒙氏封为四渎之一。江之两岸皆陡绝，瘴疠甚毒。夏秋之间，人不敢渡。今详见大川潞江。

潞江关，在潞江东岸。《滇附录》云：金齿西上一程曰蒲缥，地犹稍平。过蒲缥驿，经打板箐而下潞江，若降深阱。四序皆燠，赤地生烟，瘴气腾空，触人鼻如花气。渡龙川江，其炎瘴亦然。○细甸，在司东南。明正统中，麓川首思任发叛，督臣王骥言：江北细甸昔剌等处系贼左臂，恐乘虚窃发，侵犯金齿，阻绝粮道。今分军二路，别将冉保从细甸直取孟定，合木邦、车里之兵为东路，而大军由东路至腾冲与保会，使贼腹背受敌云。

全胜关，在司西。《志》云：在镇姚所南，有偃草坡。明万历十一年，参将邓子龙败缅军于此。时缅人崩溃而下，至今草生不能上指。又松坡营在镇姚所西南。营南一里,有战士冢。又所城东南亦有之。

景罕寨,在司西南境。明洪武末,平缅诸蛮刁幹孟叛,何福讨破之于南甸。还兵击景罕寨,蛮乘高据险,坚守不下。福粮垂尽,沐春驰至。径渡怒江,驰蹑寨下。蛮出不意,遂降。乘胜复击崆峒寨,贼溃走。崆峒寨盖亦在司境。又正统三年,方政破麓川贼于潞江西岸。贼走景罕寨,官军复败之。《滇纪》云:景永城在陇川宣抚司宅后,砖甃,万历六年建。或以为即故景罕寨,恐误。

阿坡寨。在司南。隆庆六年,金腾兵备许高征蒲蛮阿坡寨,擒其将蒋裕,于是桑科等二十八寨皆畏服。又有潞江、乌色、平戛三寨蛮亦来附。

○凤溪长官司,府东二十五里。本元永昌府地,洪武二十三年置司。

凤溪山。在司治东。有东西二泉,合流为凤溪山。去府东北三十里,与哀牢山并峙。或云:汉不韦故县在凤溪山下。山有吕公台,以吕嘉子孙迁此而名。又有木鼓山,在凤溪山之右,高七里,衮如之。

○施甸长官司,在府南百里。唐时蒙氏为银生府北境。宋时段氏置广夷州。元至元十一年,置石甸长官司,后讹今名。明初因之。《志》云:司东接顺宁,南接湾甸州境。万历十一年,湾甸酋景宗真导缅入姚关,焚掠施甸,官军败缅,复收其地。

秀岩山,司东南二里。岩下出泉,注于小罗窑河,北流经峡口洞而入澜沧江。又摩苍山,在司东二里,一名施甸山。孤峰耸秀。又司西十里有石栅山。○当归山,在司西北二十五里,产当归。又甸头山,在司西南三十里,其南有碧霞山。又司西北四十里有新栅山。

坪市河,在司西。有二源:一出甸头山,一出石甸寨,合流经司西,又南合蒲缥寨洞水,经新栅山口,斗崖飞下,下流入于怒江。

蒲关，在司南莽田寨。《滇略》云：蒲人散居山谷无定所。永昌凤溪、施甸二长官司及十五哨、二十八寨皆其种也。元时为可蒲寨。至元十六年，广西宣抚使讨平和泥蛮，遂徇金齿甸七十城。越麻甸，抵可蒲，皆下之。又有小白夷，熟夷也。环居于永昌西南境。

猛淋寨。在司东南。万历十年，缅蛮寇顺宁，遂破施甸、猛淋、盏达诸寨。官军击走之。盏达寨，或云亦在司境。○镇安所城，志云：在猛淋寨，旧潞江安抚司属部，于万历十三年建。

附见：

永昌卫，在府城内。嘉靖中建。

腾冲卫。在腾越州城内。本军民指挥使司，嘉靖二年改置。

○蒙化府，东北至大理府赵州界六十里，东南至楚雄府定边县界六十里，南至景东府二百五十里，西至顺宁府界一百五十里，北至大理府太和县界九十里。自府治至布政司八百六十里，至江南江宁府七千九百七十里，至京师一万一千四百一十里。

汉为益州郡地，后汉永昌郡地。唐属姚州都督府，初天竺张仁果据此，号白国。传至乐进求，逊位于蒙氏，称南诏。号阳瓜州。《志》云：初罗罗摩及㶇蛮居此，后蒙氏细奴逻等城居之，号蒙舍诏，即南诏也。后徙居太和城，以蒙舍为旧都云。宋时，段氏改为开南县。元初，为蒙舍千户所。至元十一年，为蒙化府。十四年，升为路。二十年，降为州。隶大理路。明初因之，属大理府。正统间，升为蒙化府。土官左氏世袭，编户三十里。《通考》：近郡有摩察夷，黑爨之别种也。今仍旧。

府南接楚雄，北距大理，四山环堵，屹然险固。

蒙舍城，在府北十里。唐永泰中，为阳瓜州。天宝间，凤伽异为州刺史，即此。今遗址尚存，地名古城村。元改置蒙化州于此。今府城旧系土城。明洪武二十三年，始建砖城，周四里有奇。门四。〇箐口新城，在府东北，有四门，以界赵州、白崖川一带，即所谓蒙化箐口也。

斗斛山，城北三里，亦名覆屋山，亦曰棋盘山。又城东有天台山，望见百里外。又有玄珠山，上有白浮图。相传武侯建以镇蒙者。〇甸尾山，在府南十里，下有温泉。旧有甸尾巡司戍守。又城东北十五里，有伏虎山。

巍山，府东南二十里。峰峦高耸，冠于群山，亦名巍宝山。蒙氏之初，尝耕牧于山之麓。《志》云：昆㴴江出于此，东北流入赵州界，合于礼社江。

龙玗图山，城西北三十五里。初蒙氏龙伽独者，以唐贞观间将其子细奴逻自哀牢而东迁居其上。部众日盛。高宗时细奴逻入朝，授巍州刺史。筑城高三丈，周四百余丈，居之。自称奇王，号蒙舍诏。今有浮图在山上，亦曰巄玗山，亦谓之龙玗图城。其相接者，又有天马、御笔诸山。又金牛山，在府西北四十里，亦名寨子山。

石母山，城北七十里。出石黄及雄黄。有泉，流为赕中溪，南入罗盘江。又天耳山与石母山相接，即甸头山也。旧有甸头巡司戍此。《志》云：府西南二百里有凤凰山，亦名鸟吊山，盖传讹耳。

阳江，在城西。源出甸头山花判涧，南流至甸尾巡司，又东南流九十里，入楚雄府定边县界。又有锦溪在城东一里，西北流，达于阳江。

样备江，府西百五十里。一名神庄江。自大理府赵州西境，流经永昌府永平县之打牛坪驿。又经府西北百二十里之样备驿。有样备桥跨其上，为蒙化、永平之界。又南流入顺宁府而会于澜沧江，本名样濞江，讹为样备云。

澜沧江，在府西南百五十里。自永昌府流入府境，又东南入顺宁府界。江之南岸有马耳渡。○蔡阳河，在城南，源出东山，流入阳河。又教场河在府北二里，又北二里为寄马椿河。又有五道河，在府南七里，俱流注于阳江。

样备驿。在府西北百二十里。《舆程记》：自赵州德胜驿西至样备驿八十里，又有四十里桥。《志》云：蒙舍至赵州界四十里，桥因以名。为龙尾关、样备驿之中路。又开南驿，亦在府境。○迷渡镇，在府东，与大理府赵州接界。嘉靖初，筑城于此，控制白崖等要路。

附见：

蒙化卫。在府治东，洪武三十三年建。

○顺宁府，东至蒙化府界一百八十里，西至湾甸州界二百八十里，南至孟定府界四百七十里，北至永昌府永平县界四百二十里。自府治至布政司一千一百五十里，至江南江宁府八千一百八十里，至京师一万一千六百二十里。

古蛮夷地，地名庆甸。《滇纪》：孟获为孔明所纵，南走庆甸，即此，蒲蛮居之。一云即古濮人也，后讹为蒲。自宋以前不通中国，蒙氏段氏皆不能制。元泰定间始内附。天历元年置今府，并置宝通州及庆甸县。明初洪武十五年，仍置府，而以州县省入焉。编户二里。土知府猛氏。万历二十四年，猛庭瑞叛，讨平之，改为流官。今属州一。今仍曰顺宁府。

府众山环绕于西南，二江襟带于东北。地虽弹丸，有建瓴之势。至于三甸鼎足，形如犄角，南鄙藩篱，备未可略矣。

宝通废州，或云：与庆甸县俱在府城内，元置，明初省。《志》云：庆甸废县在府东八里。

顺宁城，今府治。《志》云：城在凤山之中。万历二十八年建，甃以砖石，周五里有奇。又有旧城，为猛氏世居，去府城一里，旧有土垣，今废。

右甸城，在府西南二百里。《志》云：在矣渚十三寨之中，右甸川之西山麓。万历三十年砖筑，周三里有奇，为郡城藩蔽，今倾圮过半。

凤山，在府治东。治西亦有此山。两山夹峙如双凤然，亦名交凤山。泻泉流于治北，有桥跨其上，曰掬春桥。桥有瓦屋扶阑，居然幽胜。○东山，在府东二里。又府城北有鼓山，城西有旗山，皆近郊之胜也。

乐平山，府西北十五里，为郡之镇山。山下有塘，周围里许，知府猛寅所凿，以备灌溉。又府西十五里，有中阿山，亦幽胜。○玄玉山，在府西南十五里，一名契山，重冈叠巘，苍翠如画。又西南五里曰郁密山，千岩万壑，如群星拱斗，上有太平寺。○九层楼山，在府西八九十里，重岩复岭，盘折九层，山椒有聚落。

把边山，城南四十三里。上有把边关，两山对立如门。一径中通，崎岖厄塞，实称险隘。○半山，在府东南一百二十里，亦曰泮山，山陡绝，下即澜沧、黑惠合流之处，号为泮江，山又因江以名也。

阿鲁使泥山，府北百八十里。中有洞，深十余步，上积华盖，层层如楼阁。尝有白气出入其中，名曰霞洞。两山迥绝，中为磴路，可百余步，平直如坻，径之旁皆细草蒙茸，俗呼观音接路。○赤龟山，在府北二百三十五里，以形似名。黑惠江如长蛇盘绕其下，山阿有聚落，行旅往来，多宿于此。

铎山，府西南二百里。山势百盘，林深谷奥，下临绝涧，渡以藤桥，土人呼为阿铎五山。山水急迅，流为阿铎河，土人构藤以渡。○西奥山，亦在府西南二百里，层峰削壁，下有洞豁然，谓之琼英洞。形肖城阙，广约十余丈，嵌空奇崛，深邃莫穷。

蜢濮者山，府北二百四十里，土少石多，高峻骨立，宛如鬼工削成。下有聚落，俗呼蜢濮者。《滇略》云：顺宁境内沿澜沧江而居者，曰普蛮。一名扑子蛮是也。

澜沧江，府东北七十里。自金齿东南流入府境，与黑惠江合。南过景东、元江、交址，乃入南海。石齿嶙峋，波涛汹涌，实为险阻。有澜沧浮桥，编竹为之，长十五丈，广五丈，人马经之，如卧虹然。《府志》云：澜沧江中有宝峰山，奇胜处也。江干又有三台山，至为险峻。余详大川澜沧。

黑惠江，即样备江也。亦曰漾濞江，又名墨惠江。在府东北百十里，自蒙化府流入境，东南混流百里，至泮山下，合于澜沧江。详见大川样备江。

顺宁河，在府城东。源出甸头村山箐内。流入云州孟祐河，为府之带水。又瓮磉河，在府南一里，源出南山，流合于顺宁河。又腊门河，在府北十里，亦南流，合于顺宁河。〇虎墟河，在府北百九十里阿城旧村之南，以河傍旧有虎穴而名。其水流入黑惠江。又龙湫，在府治南山之麓，方一亩，林木蓊郁，相传有龙居其中。

把边关，在把边山上，为府之险厄。〇牛街驿，在府北百八十里漾濞江上，路通蒙化，有渡，深险不测。飞涛乱石，不容巨舟。旧刳木为舫，如竹半破，渡者畏沮。近时建桥以度，行者便之。《志》云：府境旧有顺宁、观音、水井、牛街、锡铅、右甸、枯河六驿，皆土驿丞司之。

矣堵寨。在府西南。万历二十八年，矣堵十三寨莽亢等复叛，官军讨平之。顺宁云州复定。〇猛淋寨，在府境。万历十一年，湾甸酋景宗真导缅入姚关，寇施甸，焚掠顺宁，破猛淋寨。即此。《志》云：府境有锡铅寨巡司，又有董瓮寨、亦壁岭、蟒水寨、锡腊四巡司，万历中裁。

〇云州，西北至顺宁府百五十里，东至景东府界九十里，南至镇康州界七十里，西至湾甸州界百二十里。

古蛮夷地，蛮名孟祐，白夷所居。元中统初，内附，属麓川路。明洪武二十四年，置大候长官司。正统三年，改为大候御夷州。万历二十五年，改为云州，编户四里。先是，土官奉氏世袭。是时，顺宁府土酋猛庭瑞叛，大候土酋奉敕叛应之。事平，改设流官。属顺宁府。今为直隶州。

州控澜沧之险，为诸蛮襟要。西出则顺宁、永昌震，东顾而景东、威远危，亦必争之地矣。

云州城，今州治。旧有土城，在州南十里。万历三十一年移建于大栗榆镇西山下，甃以砖石，周四里有奇。

无量山，在州东北六十里，即景东府之蒙乐山也。《志》云：上有孟获故寨。

镇西山，在州治北。州南曰永宁山，其相对者曰平头山。〇昔弥山，在州东六十里。又蛮赖山，在州西六十里，山多竹。又八剌山，在州北八十里。

蛮弥山，州南二百五十里。林木阴森，石崖壁立，山东南麓即澜沧江。〇阿轮山，在州西南三百里，连峰叠巘，四时苍翠。

澜沧江，在州南。自顺宁府流入界，又东入景东府界。

孟佑河。在州治东。顺宁府境诸水汇流于此，入于澜沧江。又州南八十里有孟赖河。〇南看河，在州东。自顺宁河分流，入州境。州西又有南缪河，合流于南看河，其下流俱注于澜沧江。

〇孟缅长官司，在州西南。旧隶布政司。又有猛猛、猛撒二土巡司。万历二十五年，改隶云州。《滇略》云：州境有三猛蛮，即猛缅、猛猛、猛撒也。猛猛最强，部落万人，时与二猛为难。其地田少箐多，射猎为生。猛缅地虽广衍，而民柔怯。猛撒最弱，近折而入耿马矣。

　　梳头山，在猛缅蛮西南，高六十里。其相近者又有美水山，多古柏。其东曰天台山，高耸插天，山多雪。又孟缅境内有邦凤山，上有诸葛碑云。〇邦偏山，在猛猛南，高六十里。又猢狲山，在猛撒北，高二十五里，最险隘。其南有大河，北入山穴中。

　　金水河。在猛缅境内。又有大河，北流入于猛赖河。〇猎逊江，在猛猛境南。《志》云：猛猛有大河，南流入于猎逊江。

读史方舆纪要卷一百十九

云南七 车里等各羁縻土司_附

〇车里军民宣慰使司，东至落恐蛮界，南至波勒蛮界，西至八百大甸宣慰使司界，北至元江军民府界。自司治西北至布政司三十四程，转达于京师。

古西南夷地，蛮名车里。《志》云：古产里也。《吕览》：伊尹四方献令曰：产里以象齿、短狗献，后周公作指南车，导之归，故名车里。后为倭泥、貉㺜、蒲剌、黑角诸蛮杂居，不通中国。宋宝祐中，蒙古主蒙哥遣将兀良合台伐交趾，经其所部，悉降之。元大德中，置彻里军民总管府。《元史》：大德中，云南省言：大彻里与八百媳妇犬牙相错，今大彻里酋胡念已降，小彻里复控扼地利，多相杀掠，乞别立宣抚司，择通习夷情者为之帅，招其来附。乃立彻里军民总管府。又府统六甸，后又置耿冻路及耿当、孟弄二州。明朝洪武十七年，改置车里军民府。十九年，改宣慰使司。宣慰刁姓。司今省，下同。

小彻里，在司东，车里之别部也。《志》云：大彻里部旧在司西南，东北至者乐甸千里，下临九龙江，有诸葛营垒。

九龙山，在司治后。《志》云：司治在九龙山，下临大江，江亦名九龙。《志》以为黑水末流也。〇孟永山，在司境，山高险，为境内之名山。

普洱山，在司北。《滇程记》：自景东府行百里至者乐甸，又一日至镇沅，又二日达车里界，又行二日至普洱山。旁有一山涌秀，谓之光山，有车里头目居之。蜀汉孔明营垒址在焉。

大川原，亦在司北。《滇程志》：自光山行二日至大川原，广可千里，蛮人豢象于此。旁有山，亦曰孔明寄箭处。旁有古碑，蛮人亦谓之孔明碑。又行四日，始至宣慰司治，由车里司西南行八日，则八百媳妇宣慰司也。

澜沧江，在司东北，自元江府流入界，下流经交趾而入于南海。《志》云：澜沧江在司境，经九龙山下，亦谓之九龙江。又沙木江，在司南，其水流入澜沧江。

孟累箐。在司西，又东南为孟远箐，皆车里部落也。又有慢法箐，亦在司西北。○孟洼，在司北，又北为普滕，渐近边内矣。

○缅甸军民宣慰使司，东至木邦宣慰使司界，南至南海，西至戞里界，北至陇川宣抚司界。自司治东北至布政司三十八程，转达于京师。

古西南夷，汉之掸国也。掸，读坛。《后汉纪》：永元九年，徼外蛮及掸国王雍由调遣使重译朝贡。永宁初，复遣使朝贺，献新乐及幻人。应劭曰：掸国在永昌徼外，其使者自言海西人，盖其地近海西，与大秦为邻国。大秦，今西域拂林国也。在唐谓之骠国。《唐书》：骠，古朱波也。在永昌南二千里，去京师万四千里。南滨海，北南诏。至德初，与寻传蛮皆降于南诏。贞元十八年，自南诏入贡，骠国王雍羌遣其弟悉利移来朝。元和初，复至。太和六年，南诏掠骠民，迁之拓东。咸通三年，复遣使来贡。《通鉴》：骠国在南诏西南六千八百里。至宋始谓之缅。崇宁四年，缅、波斯、昆仑俱入贡。明年，蒲甘入贡。绍兴中，缅复来贡。

元至元中，屡讨之。至元五年，命爱鲁等击缅。自是缅屡入寇，辄兴师击之。后于蒲甘缅城置邦牙等处宣慰使司。至元二十年，破缅，置宣慰司，缅降。大德初封缅酋为缅国王。四年，复叛，寻谕降之。明朝洪武二十一年，缅叛，沐英讨败之。二十七年，始置缅甸军民宣慰使司。《通考》：洪武二十六年，缅酋南速来朝贡。明年，置司于此。授其酋普剌浪，自是屡来朝贡。土司皆莽姓。嘉靖初，缅为孟养酋思伦所破，杀宣慰莽纪岁，遂与木邦酋瓜分其地。三十三年，纪岁子瑞体长，以计夺大古喇地，寻复入缅，并孟密，掠孟养，残孟乃，侵车里、木邦、老挝、八百之境。隆庆二年，木邦酋罕拔叛附于缅。六年，陇川叛目岳凤亦附，缅蛮莫酋思哲亦附焉。万历初，罕拔、岳凤等导缅兵入陇川。三年，复陷干崖。七年，遂尽据孟养之地。十年，并据有干崖地。是年，瑞体死。十一年，瑞体子应里并木邦地。湾甸酋亦叛附焉。遂寇顺宁以北，官军破走之，复收湾甸、耿马诸境。别将率兵出陇川、猛密，至缅境。于是木邦、孟养诸酋皆降。师还，缅复炽，数侵邻境。十六年，复夺孟密。十八年，又夺孟养及孟拱、孟广之地。二十一年，入蛮莫，寇陇川。官军击却之。寻复寇蛮莫，寇孟养。三十二年，猛养陷。自是以后，五宣慰渐为蛮所并。遂倔强于云南西南境云。

江头城，在司北。东北去永昌府腾越州十五日程。元至元十九年，遣诸王相答吾儿击缅，分道攻之，拔其江头城。又以建都、太公城乃其巢穴，进军拔之。于是建都王乌蒙金齿与西南夷十二部俱降。《志》云：太公城北去江头城凡十五日程。○马来城，在司境。《志》云：北至太公城八日程，又南五日程为安正国城。

蒲甘缅城，在司西南。《志》云：城东北去安正国城凡五日程，去大理五十余程，与江头诸城为缅中五城。元至元十三年，以缅酋数侵永昌，遣速剌丁伐缅，降其寨三百余。明年，缅寇蒲甘，复侵金齿。行省丞相赛典赤遣万户忽都等迎战于金齿南甸，缅酋败走。十五年，复入寇，又败去。十九年，命大兵击缅，造船于阿若、阿禾两江，得二百艘，进破江头城及太公等城。明年破缅，始置邦牙宣慰司于蒲甘城，命云南王也先帖木儿移镇缅。二十五年，复还，镇大理。《一统志》作蒲江缅王城，或以为即缅国故都云。阿若、阿禾两江，即金沙江之随地易名者。

阿瓦城，在司东北。旁有阿瓦河，因名。万历四年，缅酋瑞体寇孟养，孟养酋思个潜发兵至阿瓦河，绝其饷道，据险待之，缅大困。十一年，王师讨叛缅，别将刘綎出陇川、孟密，直抵阿瓦。阿瓦酋莽灼与猛密蛮莫诸酋俱诸降。师还，缅复攻阿瓦，莽灼内奔，至曩朴寨，病死。缅酋复守阿瓦，以拒王师。〇洞武城，陆氏《滇纪》云：在缅东千五百里，近时为缅境东偏要地。尝以子弟帅重兵戍此。

金沙江，在司北江头城下。其上流即大盈江也。《志》云：缅有金沙大江，阔五里余，水势甚盛，缅人恃以为险。自孟养境内流经司界，下流注于南海。详附见大川潞江。

阿瓦河，在司北。自孟养流入境，下流入于金沙江，为司境北面之险。

普坎，《志》云：在缅甸司西三百里，旁通蒲甘。《滇纪》：诸葛丞相六擒孟获，复纵使去。获携重赂入缅夷、木鹿等国，借安都鲁兵来战，大败，复就擒。自是不复反。武侯乃于普坎立碑纪绩，遂班师。按三国时无缅夷之名，恐未可据。

江桥，在司北，跨金沙江上。又有孟坝，亦在司北，皆自司境北出之道也。

洞伯村。在司东八十里，又司东南百十里，地名象腿，皆缅近郊也。又有马得狼、井角等村，皆近江滨。〇者梗，在司东。其相近者又有井梗。《志》云：者梗竹城茅舍，仅同村落。自蛮莫入缅界，抵金沙江，舟行至井梗，陆行则至者梗。者梗在阿瓦河北，与阿瓦城甚近。从井梗至者梗，数十里而近耳。

○木邦军民宣慰使司，东至八百大甸宣慰使司界，南至速克剌蛮界，西至缅甸宣慰使司界，北至芒布长官司界。自司治东北至布政司三十五程，转达于京师。

古蛮夷地，本名孟都，又名孟邦。元至元二十六年，立木邦路军民总管府领三甸。明朝洪武十五年，改为木邦府。永乐初，改为宣慰使司。土司罕姓。《通考》：司于六宣慰中分地最多。永乐、正统间，数以从征军功益地。隆庆二年，土舍罕拔叛附缅，屡寇陷邻境。万历十年，为缅所侵夺。明年，官军讨却之，立罕钦守其地。钦死，其叔罕褴约暹罗攻缅。缅恨之。三十三年，缅围木邦，陷其城。伪立孟密思礼领其地。官军未能讨。

废蒙怜路，在司北。元至元二十七年，从云南行省请，以蒙怜甸为蒙怜路军民总管府，蒙莱甸为蒙莱路军民总管府，后废。其地皆在今司境。

慕义山，在司北。万历三十二年，陇川孟卯酋多淹叛附缅，负嵎于木邦境内慕义山。时抚臣陈用宾议于木邦、天马、汉龙之地，置关以拒缅，淹袭杀其工役。木邦酋罕钦奉檄擒淹，淹觉，欲奔古喇。钦追及之于雷耸茂，诛之。缅失淹，于是东路寇掠稍缓。雷耸茂亦在司西北境。

喳里江，在司西，即潞江也。自芒布流入境，又西南入缅甸界。

孟炎甸，在司北。万历十一年，官军讨缅。缅酋莽应里西会诸路兵于孟卯东，会车里、八百、孟艮、木邦兵于孟炎，合犯姚关，寻败还，是也。姚关，见后湾甸州。孟卯，见陇川宣抚司。

天马关。在司北。万历二十一年，缅入寇。抚臣陈用宾击却之，遂城天马及汉龙关以拒缅,是也。

○八百大甸军民宣慰使司,东至老挝宣慰使司界,南至波勒蛮界,西至木邦宣慰使司界,北至孟艮府界。自司治北至布政司三十八程,转达于京师。

古蛮夷地。世传其土酋有妻八百,各领一寨,因名八百媳妇。元大德初,遣兵击之,道路不通而还。后遣使招附。元统初,置八百等处宣慰司。明朝洪武二十四年,其酋来贡。乃立八百大甸军民宣慰使司。土司刁姓。

南格剌山。在司东北,为车里、八百之界。上有洞,南属八百,北属车里。

○孟养军民宣慰使司,东至金沙江,南至缅甸宣慰使司界,西至大古剌宣慰使司界,北至干崖宣抚司界。自司治东北至布政司三十七程,转达于京师。

汉永昌西徼地,地名香柏城。元元贞二年,置云远路军民总管府。明朝洪武十五年,改为云远府。十七年,又改置孟养军民宣慰使司。土司刁姓。正统后,属于思氏。《通考》:宣德中,夺麓川酋思暗地授孟养酋刀宾王,宾王懦,麓川孽思任发复拥众据麓川,并略取孟养地。宾王走死永昌。正统六年,王骥等平麓川,思任发走缅。十年,以孟养地与缅,购任发,诛之。于是以缅酋卜剌浪子银起莽居守。而思发子思机、思卜亦皆遁居孟养,招诱部众,复图为乱。十三年,王骥等复帅大兵入孟养,讨麓川余孽,屡破蛮兵。思机等竟不可得。师还,部落复拥任发少子思禄为乱,逐银起莽,据孟养地。骥知贼不可灭,乃许为土目,立誓而还。于是孟养在废除之数。嘉靖初,孟养酋思伦纠木邦诸部击缅,破之,杀其酋莽纪岁,遂与木邦瓜分缅地。既而纪岁子瑞体长,复有缅地。

隆庆中，数侵孟养。万历七年，为缅所并。十一年，官军败缅，孟养酋思义来归。十三年，始立孟养为长官司。十八年，缅复并孟养。二十四年，孟养酋思轰弃缅来归。二十七年，缅攻孟养，抚臣檄各土司赴救，缅溃还。三十二年，缅复攻孟养。孟养酋思轰败死。酋长思华代据其地，遂服属于缅。

密堵城，在司南。又有速送城，皆距孟养十余程，为别部所居。其地濒金沙江，近缅甸之阿瓦城。万历初，为缅所据。十二年，官军败缅，孟养来归。移兵至二城，二城皆迎降。十四年，缅复攻陷之。既而孟养酋思威纠土兵图复二城，求援于官兵。官兵至遮浪，缅兵溃，复取二城，后仍没于缅。

鬼窟山，在司东，极险厄。夷人据为硬寨，或讹为鬼哭山。正统十三年，督臣王骥复征麓川余孽思机等于孟养，败其兵于金沙江。贼于鬼哭山立三大栅，骥与总兵张轨亲冒矢石，战一日，而栅寨悉拔，即此。〇芒崖山，亦在司东。王骥破思机于鬼窟山，又攻芒崖山等寨，拔之，是也。

金沙江，在司东界，即大盈江之下流也。正统十一年，麓川余孽思机据孟养，诏沐斌等调缅甸、木邦等兵征之。至金沙江，遣使招谕，许赦其罪，竟不出。缅、木二蛮兵亦不敢渡江，遂还。十三年，王骥复征之。抵金沙江。贼据西岸，立栅坚守。骥造浮梁亘数千尺，遂渡江攻拔贼栅，乘胜至孟养，进至孟卯。孟养在金沙江西，去麓川千余里，诸部皆震怖。曰：自古汉人无度金沙者，王师至此，真天威也。今详见大川潞江。

戛撒，在司南。道出缅甸，至为险隘。万历四年，缅人来寇，孟养酋思箇潜遣军至阿瓦河，绝缅粮道。而督大兵伏于戛撒，诱缅深入。思箇不战，但塞险隘，断归路。亟请援于官军，欲腹背歼之。缅大困。久之，援不至，陇川叛目岳凤集兵援缅，导之由间道逸去，缅自是复炽。

孟伦，在司西。隆庆中，缅酋莽瑞体屡侵孟养。孟养酋思箇退保孟伦，与缅相持处也。又孟矿寨在司西南。弘治中，思禄尝据此为巢穴。或曰，即孟巩也。又讹为孟拱。《志》云：近缅诸部有景迈、猛巩、猛别诸部。万历四年，与官军期共击缅。既而官军援孟养者久不至，皆为缅所并。又十八年，叛缅莽应里复掠孟养，破孟拱。孟养酋思远奔盏西。盖西，在南甸境内。

戛里。在司西南，孟养别部也。又有哈喇杜诸蛮，皆近孟养、缅甸之境。《志》云：司北又有阿昌诸蛮。○猛别，在司西南，近缅界。万历十一年，官军败缅酋应里，追至境。既而缅酋还守阿瓦，又遣亲信分守洞吾、猛别、雍会诸地。猛别，盖与雍会相接，近大古喇境。

○**老挝军民宣慰使司**，东至交趾水尾州界，南亦至交趾界，西至宁远界，北至车里宣慰使司界。自司治西北至布政司六十八程，转达于京师。

古蛮夷地，俗呼曰挝家。累代不通中国。明永乐三年来贡，置老挝军民宣慰使司。《通考》：老挝土司无姓，酋长有三等：大曰招木弄，次曰招木牛，又次曰招化。而袭宣慰者则招木弄也。其地在八百媳妇西南二千余里。又西千余里则西洋海。自车里至老挝，所谓六宣慰也。成化十五年，安南攻老挝，杀其宣慰，并攻八百。车里来告急，抚臣吴诚请降敕切责安南国王黎灏，使退兵，于是老挝复定。

三关。在司东南，老挝与安南拒守之界也。永乐中，征交趾叛人陈季扩。季扩败走老挝。张辅遣将蹑之，进克老挝三关。蛮人惧，弃季扩于南麽，遂擒之。

附见：

大古喇宣慰使司，在孟养西南。《滇略》：永乐四年，遣官招谕云南西南夷，大古喇、小古喇等部落，皆愿内属。置宣慰司二、长官司五。

《通考》：永乐初，大古喇、底马撒、靖定与平缅、木邦、孟养、缅甸、八百、车里、老挝，共为西南十宣慰司。而大古喇亦曰摆古。自缅甸度大江，不过两日程，即至大古喇之境。其地滨南海，与暹罗邻，亦近佛狼机诸国，善用火器。嘉靖三十三年，以兄弟争国，缅酋瑞体和解之。德瑞体，割马革地奉焉。瑞体寻以计灭其国云。

底马撒，在大古喇东南。永乐初，尝置宣慰司。后与靖定等司俱废，其地亦为缅所并。

洞吾，在大古喇之北，有土酋据此。嘉靖三十三年，缅酋莽瑞体寄居洞吾母家。既长，遂据其地。又诈杀大古喇酋排来等，而并其境。《滇程志》：自缅甸行十日至洞吾，又十日至摆古，为莽酋所居。旧《志》云：自老挝宣慰西行十五六日，至西洋海岸，即摆古莽酋地。

得楞。在大古喇西南，古喇别部也。亦曰古喇得楞，与暹罗相近。万历三十八年，暹罗与得楞合攻缅甸，杀莽应里子机挝，摆古为之残破云。

○南甸宣抚司，东至永昌府潞江安抚司界，南至陇川宣抚司界，西至干崖宣抚司界，北至永昌府腾越州界。自司治东北至布政司二十二程，转达于京师。

汉永昌徼外地，曰南宋甸。元至元二十六年，置南甸路军民总管府。领三甸。明初洪武十五年，改南甸府。永乐十二年，改南甸州。正统八年，升宣抚司。土司正宣抚刁氏，副刘氏。《通考》：司幅员甚广，为三宣最。万历十一年，为叛缅所残破，既而官兵败缅，复收其地。

半个山，在司北。《志》云：司置于腾越南半个山下。其山巅北恒有霜雪，南则炎瘴如蒸，盖天限华夷也。○蛮干山，在司东十五里，土酋恃其险阻，世居其上。又丙弄山，在司东十里。○温泉山，在司东二十五里，层峦叠嶂，绵亘二十余里。林木阴森，下有温泉。

沙木笼山，司南十里。上有关，立木为栅，周围一里，正统六年，时麓川思任发叛，督臣王骥等自腾冲进讨，取道南甸，至罗卜思庄。前军哨至沙木笼山，贼党率众二万余，据高山中，立硬寨。又于左右山巅连环为七营，官军攻破之。

南牙山，司西八十里。山甚高峻，如建牙然，延袤百余里，官道经其上。树木阴森，石栈重叠，蛮人据以为险。又有清泉下注，与小梁河合，名南牙江。正统八年，督臣王骥等再征麓川，遣别将陈仪开南牙山，断贼走路，是也。

大盈江，在司西。自腾越州流入境，经干崖芒市又南流入孟养、缅甸界，谓之金沙江。

小梁河，司东北三十里。源有二：一出腾越州赤土山麓，一出州之缅箐山麓，至此合为一。西南流经南牙山下，曰南牙江。又南入干崖，为安乐河，而合于大盈江。

孟乃河，司东南百七十里，即腾越州之龙川江也。流入境，为孟乃河。又南入干崖境。

黄连坡关，司南三十五里。《志》云：自腾越西南行二百里，逾黄连关，即至干崖境。又有小龙川关，在司东北八十里。

罗卜思庄。在司南七十里。正统七年，王骥讨麓川贼，自腾冲出南甸，进至罗卜思庄。又万历三年，木邦酋率拔导缅兵，又合陇川叛目岳凤兵袭陷干崖。干崖守备李腾霄退守罗卜思庄口。《志》云：司所辖有罗布思庄与小陇川，皆百夫长分地。又有知事谢氏居囊宋，闷氏居盏西，皆在司西南境。万历三十一年，抚臣陈用宾议建关置堡于司西北，今废。〇孟村，在司西南，北去腾越百二十里。自是而南，渐为羁縻荒外地。

〇干崖宣抚司，东至南甸宣抚司界，南至陇川宣抚司界，西北俱至南甸界。自司治东北至布政司二十三程，转达于京师。

汉永昌郡徼外地。其地旧名干赖睒，亦曰渠澜睒，白夷居之。元中统初，内附。至元十三年，置镇西路军民总管府。领二甸。明朝洪武十五年，改镇西府。永乐中，改为干崖长官司。正统八年，升宣抚司。土司宣抚刁氏，副刘氏，土经历廖氏。《通考》：万历十年，干崖为缅所并。十一年，官军复收其地。

废南睒，在司西北。其地有阿赛睒、牛真睒，为白夷峨昌所居。元初内附。至元十五年，置南睒，隶金齿宣抚司。《志》云：元金齿领六路一睒，六路：柔远、茫施、镇康、镇西、平缅、麓川也。一睒即南睒也。明初废。

云晃山，司南十五里。有瀑布泉，注为云晃河。又云笼山在司东二十五里。

白莲山，司北六十里。中有一峰，状若簪笏，土官居其麓，下有白莲池。又剌朋山，在司西百余里，林木阴森，四时苍翠。

布岭，在司西。旧尝开边筑堡于此。万历中，以兵废。《滇附录》：出腾冲至南甸、干崖，其地虽冬月衣葛，汗犹如雨。又西为布岭，稍凉，如腾冲。又西为雷弄，又西为揭阳，又西为孟乃，又西为火岗，其炎毒益甚矣。

大盈江，在司西。自南甸流入境，又南有槟榔江流合焉。《志》云：槟榔江在司西百五十里，源出吐蕃，绕金齿僰夷界，经干崖、阿昔甸，下流至比苏蛮界，合大盈江入于缅。或曰：比苏即汉益州郡属县，恐误。

安乐河，在司东云笼山下。一名云笼河，即南甸小梁河也。流至司治北，折而西百五十里入槟榔江，至比苏蛮境注金沙江于缅中。○云晃河，在司治南，源出云晃山，下流与云笼河合。灌田千余顷。又司东北三十里有正西河，源出云笼山，流十五里合云笼河。

雷弄，在司西，干崖别部也。《滇纪》：司有蛮洒冈，旧为同知刘氏所居，其雷弄洞则经历廖氏所居。后即其地为回龙营。又知事管氏居猛语冈，三姓皆华人，以功授。万历三年，雷弄洞土目廖元相为木邦叛酋罕拔所劫，附于缅。十一年，官军破缅，仍来归。

盏达。在司西，亦干崖别部也。副宣慰刁氏世居其地。万历十一年，为叛缅莽应里所陷，土酋刁思廷被擒，民物皆一空。官军破缅，复收其地。

○陇川宣抚司，东至芒市长官司界，南至木邦宣慰司界，西至干崖宣抚司界，北至南甸宣抚司界。自司治东北至布政司六十六程，转达于京师。

汉永昌徼外地。其地曰大布茫，曰睒头附赛，曰睒中弹吉，曰睒尾福禄塘，皆白夷所居。元中统初内附。至元十三年，置麓川路军民总管府。明洪武十七年，置麓川平缅军民宣慰使司。《通考》：元至正初，麓川酋思可法数侵邻境，屡遣将讨之，不克。可法并吞旁路，兵力益强。明洪武十五年，平滇南。明年，麓川酋思伦发陷永昌，既而傅友德等谕降之。于是置宣慰司，授思伦发。十八年，叛，寇景东。二十一年，侵并孟定、孟艮、孟养、戞里，威胁缅甸、木邦、南甸、干崖，他出郎甸入寇，官军败之。既又悉发其众，寇楚雄、定边，为沐英所败。二十二年，复内附。三十年，平缅诸蛮乱，逐思伦发，命沐春讨定之。思伦发复还。再传至思暗，与木邦相仇杀，因而失官，以孟养刁氏代之。刁氏弱，伦发次子思任发遂拥众麓川，略孟养地。故酋刁宾王走死，任发于是益骄恣。正统三年，土酋思任发叛。六年，讨平之，遂革宣慰司。十一年，复置司于陇川之地，改曰陇川宣抚司。《通考》：正统三年，刁思任侵扰孟定、湾甸、南甸、潞江诸处，进陷腾冲，云南震动。命沐晟等率兵讨之。前锋度潞江而前，深入至上江，遇伏败绩。贼遂犯景东、孟定，残大侯州，破孟赖寨，胁降孟琏等长官司。乃复命沐晟等讨之，渡潞江直抵陇把，复败却。六年，发大兵讨之。议者初欲自湾甸、芒市、腾冲三道俱进，不果。至是枢臣王骥督兵至金齿誓众，仍分三道：一军出镇康，由湾甸趣孟定，会木邦、车里之师。大军由中路出腾冲，而别军自下江夹象石渡，径抵上江贼寨。因风纵火，焚其上江寨。贼大败，上江平。大军自腾冲出南甸，进抵麓川，合军攻之，焚其栅，贼从间道渡江走缅。骥等班师。明年，思任发复自缅窥麓川，仍命蒋贵、王骥等进讨。自金齿至腾冲，分遣沐晟等仍自东路出，径捣麓川，而驰谕缅献任发。缅请奉命，会骥等疑阻，遂不果。东路兵克孟养诸寨，任发子仍潜窜孟养，不能得。十年，遂以孟养地购任发于缅，任发至，诛之。而思机等寻窃孟养地，与缅相终始矣。明年，改麓川为陇川，设宣抚司于陇把，以旧目恭项为宣抚，与南甸、干崖合为三宣。十二年，恭项以不法废徙，以多氏代。自是多氏世有其地。隆庆末，陇川酋多士宰死，子幼，土目岳凤谋据其地，导缅酋瑞体入犯。阳集兵于麓川东岸，声言捍缅，实迎之也。万历初，缅兵至。岳凤约木邦酋罕拔及缅兵袭入陇川，尽杀多氏族属而窃其地，附于缅。十一年，官军败缅，岳凤降，以多思顺为宣抚，管陇川事。自是数为缅所侵，土酋往往叛附缅云。

麓川城，在司南，近木邦界。旧麓川宣慰司治此。正统初，思任发以麓川叛，官军讨之，久无成功。云南镇将沐昂言：麓川地方险远，夷情谲诈。宜会集大兵，由湾甸、腾冲、芒市三道并进，直捣巢穴。六年，王骥等讨麓川，自腾冲、南甸直抵贼巢。其处山冈峻险，周围余三十里，栅坚堑广，不可骤越。东南一面，傍江壁立。骥等相度攻取。贼伏兵泥沟箐，驱象阵突起，官军击败之。既而大兵四面云集，分攻其西中、西北及西南、江上二门，又攻东北门及东北出象门，克之。贼从间道渡江，由孟养遁入缅甸。骥等毁其城栅，班师而还。《志》云：平麓城即故麓川旧址，亦曰孟卯。在三宣之外，为诸蛮要冲。正统十三年，王骥讨麓川余孽于孟养，渡金沙江，逾孟养，还至孟卯。万历十一年，官军讨叛缅，缅酋莽应里西会缅甸、孟养、猛密、蛮莫、陇川兵于孟卯，东会车里、八百、木邦兵于孟炎，复并其众，入犯姚关。官军败却之。二十一年，缅贼夺蛮莫，寇陇川。陇川酋多思顺奔孟卯。明年，孟卯叛目多淹导缅兵由孟卯袭遮放，官兵败却之。二十四年，孟卯酋多亨复勾缅构乱，木邦酋罕钦奉抚臣陈用宾檄灭之。用宾以孟卯阡陌膏腴，宜耕屯，因筑平麓城于孟卯，大兴屯田。时又檄筑四关堡于陇川，以为捍卫，于是境内稍定。

遮放城，在司东南，近芒市，亦陇川之别部也。万历十一年，叛目岳凤执遮故头目刁落恩送缅。明年，官兵平凤，以多思顺为陇川宣抚，又以多淹为同知，居孟卯。多恭为副使，管遮放，即此。

废平缅路，在司东北。其地曰骠睒，曰罗必四庄，曰小沙摩弄，曰骠睒头，白夷居之。元中统初，内附。至元十三年，立平缅路军民总管府，与麓川等路并属金齿宣抚司。明洪武十七年，并入麓川宣慰司。三十年，平缅诸蛮刁幹孟作乱，遂麓川酋，思伦发赴京陈诉。明年官军击平缅，擒刁幹孟，平缅悉定。是也。

废通西府，在司西南。《元志》：大德初，蒙阳甸首领缅吉纳款，遣其弟阿不剌入贡，请置郡县驿传，遂立通西军民府是也。明初废。

马鞍山，在司北，山高险。正统七年，王骥讨麓川叛贼，进至马鞍山，破蛮象陈，军势大振。径攻贼巢。贼使别军自永毛摩泥寨至马鞍山，潜出我军后，别将方瑛复击败之，于是贼势益窘。《志》云：马鞍山石罅中流温泉成河，热如沸汤。

罗木山，在司境，极高大。夷人恃以为险。又有摩梨山，亦险峻。〇寄箭山，《滇略》云：司有诸葛武侯寄箭山，过此尽平地，一望数千里，绝无山溪，亦无果树。

麓川江，在司东南。或曰即龙川江也。自腾越州流入南甸境，为孟乃河,下流至此,经芒市西界,而合于金沙江。《志》云:司南有西峨渡,为麓川达木邦之路。正统六年,王骥征麓川,遣兵守西峨渡,以阻贼奔窜之径,且通木邦之道,即此。

金沙江,在司西北。自干崖东南流入司境,又南流入孟养界。正统八年,王骥复征麓川,檄缅酋,缚献思任发。缅邀大臣往议,郭登请往。自金沙江入缅,酋从命,遂缚任发以献。会有嫉登功者,骥调登以他任。缅至,不见登,迟回不敢献。骥亦疑缅有变,密令蒋贵率师匝金沙江而下,大战,焚缅舟数百。缅仍以任发逸去,官兵追之,为缅所败。

沙坝,在司境,亦设险处。正统八年,王骥再征麓川,使郭登守沙坝。又有栗柴坝,在司西南。万历二十年,叛缅复侵陇川,酋多思任奔孟卯,会官军大战于栗柴坝,逐缅出境,是也。

曩扑寨。在司境,自缅甸北出之道也。又有雅益、工回等寨,皆近司西,与孟艮之孟爱等部相接。

○孟定御夷府,东至威远州界,南至孟琏长官司界,西至陇川宣抚司界,北至镇康州界。自府治东北至布政司一十八程,转达于京师。

古蛮夷地,本名景麻甸。元至元十六年,立孟定路军民总管府。领二甸。明洪武十五年,改置孟定府。万历十三年,兼领安抚司一。编户五里,土知府刁姓,正统以后罕姓。《通考》:正统中,麓川叛侵孟定,知府刁禄孟弃地远窜。木邦舍目罕葛从征麓川有功,因代领其地。嘉靖中,木邦酋罕烈夺据之。令舍人罕庆管治,是为耿马。万历十年,耿马舍人罕虔叛附缅。明年,官军破缅,收其地。于是复立罕葛之后罕合知府事。府今省。

废谋粘路,在府东南。元至元中,置谋粘路军民府于此,后废。○景杳土城,在府境。《志》云:其相近有马援营。

喳哩江,在府东北。自潞江安抚司流入境,又南入芒市界,为府境之险要。

孟赖寨，在府东南。正统二年，麓川思任发叛，犯景东、孟定，破孟赖寨，降孟琏等长官司。寨盖孟定之别部也。

孟缠甸。在府东北，一作孟罗。正统五年，思任发自麓川屯孟罗，进据镇沅府之者章硬寨，为沐晟所败。

○耿马安抚司，府北百里。土司罕姓。《通考》司与孟定同川，隔喳哩江而居。孟定居南，耿马居北。嘉靖间，木邦兼孟定，以罕庆食其地。庆死，其族舍罕虔附缅，夺据之。万历十一年，从缅克木邦，逐罕进忠，破施甸，又勾缅犯姚关，为官军所败，擒斩虔父子。十二年，奏设安抚司，仍以庆子罕们领司事。

三尖山，在司西。方历中，罕虔党罕老聚众负固于此，官军讨平之。有马养山，亦在司境。

喳哩江。在司南，与孟定分界处也。

○孟艮御夷府，东至车里宣慰司界，南至八百大甸界，西至木邦界，北至孟琏长官司界。自府治北至布政司三十八程，转达于京师。

古蛮夷地，名孟指，自昔未通中国。永乐四年，始来归附，置孟艮府。《通考》：酋无姓，号怕诏。怕诏者，蛮之尊称也。其地沃野千里。《滇程附录》云：自干崖之火冈度金沙江，又百里入小孟贡，渡小孟贡江，入大孟艮云。府今省。

废木朵路，在府东二百里。元至元三十年，以金齿木朵甸置木朵路军民总管府，后寻废。

废孟爱路。在府东北百七十里。元至元二十一年，金齿新附，孟爱甸来朝，即其地，立军民总管府，是也。

○威远御夷州，东至新化州界，南至孟琏长官司界，西至孟定府界，北至景东府界。自州治东北至布政司一十九程，转达于京师。

古蛮夷地。唐为南诏银生府地。本濮落杂蛮所居。大理时，为僰蛮所有。蒙古中统三年，击降之。至元十三年，立威远州。隶威楚路。明初，仍为威远州，土知州刁姓，编户四里。直隶布政司。州今省。

蒙乐山，在州北，与景东府接界。详附见名山玉龙山。

谷宝江，在州境。自遮遇甸流至州，下流合澜沧江，亦谓之威远江。正统五年，麓川叛酋思任发自镇沅之者章硬寨，败遁威远州，知州刁盖扼之于威远江，败之，即此。又南堆江，亦在州境。○莫家寨河，在州境，汲其水浇炭火上炼之，即成盐，居人恃以为利。

猛列村。州东八十里。《滇纪》：威远之地，东八十里至猛列村界，南八十里至车里，所辖三圈江界，西百里至猛猛达笨江界，北六十里至景东府蛮折哨界，又东至元江府及新化州界。

○湾甸御夷州，东至云州界，南至镇康州界，西至永昌施甸长官司界，北至顺宁府界。自州治东北至布政司二十程，转达于京师。

古蛮夷地，蛮名细睒。蒙古中统初，内附，属镇康路。明洪武十七年，置湾甸州。编户五里，土知州景姓。《通考》：州山高水迅，每至六月，瘴疠甚行。万历十年，土酋景宗真叛附缅，引缅入寇。官军败缅，斩宗真，复收其地。州今省。

高黎共山，在司西北。山左右有平川，即湾甸界也。《志》云：高黎共山之麓，厥土肥，草卉贯四时不凋，瘴气最恶。详见名山高黎共。○孟通山，在司境，产茶，名湾甸茶，味殊胜。

黑泉，《志》云：州瘴疠不可居，水不可涉。有黑泉，水溢时，飞鸟过辄堕。蛮以竿挂布浸而瀑之，以拭盘盂，人食立死。

姚关。州北七十里，东北接顺宁府界。万历十一年，缅陷木邦。湾甸酋景宗真复导缅寇姚关，焚掠顺宁。明年，官军进讨，缅酋复合东西诸路兵进寇姚关。参将邓子龙大破之于攀枝花，其地在姚关南也。十三年，添设姚关守备于此。《滇程记》：自姚关西南渡喳哩江，二十程至木邦，自姚关南行八日，入孟定府境。

○镇康御夷州，东至孟琏长官司界，南至孟定府界，西至永昌府潞江安抚司界，北至云州界。自州治东北至布政司二十三程，转达于京师。

古蛮夷地，蛮名石睒。黑爨所居。蒙古中统初，内附。至元十三年，立镇康路军民总管府。领三甸，隶金齿宣抚司。明洪武十五年，改为镇康府。十七年，改为州。编户四里，土知州初名刁闷光。永乐以后，遂以闷为姓。《通考》：州土田瘠狭，民性趫乔健。今省。

无量山，在州西，即蒙乐山也。《志》云：州南六十里无量山接耿马界，即此山矣。详附见名山玉龙。○乌木龙山，在州西南。与无量山俱产大药，味甘美，山当木邦之要路。

潞江，州西七十里，亦曰喳哩江，与潞江安抚司接界处也。天启二年，木邦兵据喳哩江，镇康酋闷枳奔姚关。姚关守备遣官抚之，木邦乃退，即此。

昔剌寨，在州南境。正统六年，大军讨麓川，至金齿，镇康酋闷孟乞降，王骥命别将冉保分兵据其城，因其兵破昔剌寨，移攻孟琏，是也。

控尾寨。在州西南。万历三十三年，木邦酋罕思礼诱镇康酋闷枳归缅，枳不从。遂令其党海庆袭控尾据之。又欲取猛合拜，猛合拜亦州境别部也。

○孟密宣抚司，东至木邦宣慰使司界，西至缅甸宣慰司界，北至蛮莫安抚司界。自司治东北至布政司三十三程，转达于京师。

汉永昌西南夷地，后为群蛮所居。明初，为木邦宣慰司部落。成化十九年，始析置孟密安抚司，属湾甸州。万历十三年，改为宣抚司，直隶布政司。土司思氏。《通考》：木邦界有宝井。天顺中，宣慰司罕楪使其陶猛思歪领之，陶猛犹言头目也。既以女囊罕弄妻之，罕弄据有宝井，常蔑其父。成化中，罕楪死，孙罕宼嗣。罕弄阴叛之，会镇守内臣需索宝石，听其开采。遂略木邦地以自广，内臣疏其罪请征之。或导以重宝赂时相，不惟罢兵，且可授官，比于木邦。思歪用其策，于是廷遣都御史程宗往抚，罕弄遂慢视朝使，不肯出迎。宗与期会于南甸之南牙山，悉以所略木邦地界之。为奏设安抚司。思歪之子孙得世袭。于是尽夺木邦地，罕宼出奔，四邻诸番不平，往往藉口弄兵。后副使林俊稍令割故地，还木邦，然竟仇杀未已。《滇略》云：孟密在腾越南千余里，其地宝井产金矿，估客云集。山高田少，米谷腾贵。南距缅仅十程，常苦侵暴。嘉靖三十七年，附缅。万历十一年，官军败缅，始内属。十三年，升为宣抚司，授其酋思忠。思忠复投缅。十六年，为缅所并，寻复羁属于中国云。

孟乃，在司北，孟密别部也。嘉靖三十九年，缅酋瑞体入孟密，残孟乃，擒其酋思混。又猛哈部，亦孟密别部也。有土目守其地。万历十三年，以孟哈土目思化为宣抚司同知。十六年，为缅所并。○孟广部，在司东北，亦孟密别部，近陇川界。万历十八年，为叛缅所陷。

宝井。在司西南。《滇程记》：由陇川十日至孟密，又二日至宝井，又十日至缅甸。是也。

○蛮莫安抚司，南至孟密安抚司，西至孟养宣慰使司。自司治东北至布政司三十一程，转达于京师。

本孟密分地。万历十三年，析置安抚司，土司思姓。《通考》：蛮莫在腾越西蛮哈山下，山如象鼻，行者累足。弘治中，孟养叛酋思禄乘木邦之乱，攻孟密，取蛮莫十七寨。后复请入十寨以赎罪，即此地也。隆庆三年，蛮莫头目思哲叛附缅。万历十一年，官军败缅，复收其地。十三年，置安抚司，授土目思顺。顺复走归缅，其子代领司事。十六年，缅攻孟密，陷之。猛哈酋思化等奔蛮莫，遂据其地。十九年，缅率旁部兵围蛮莫，官兵赴援，缅始却。二十一年，缅复据蛮莫，仍分道内犯。一入遮放、芒市，一入腊撒、蛮颡，一入杉木笼，并寇陇川。明年，官军讨之，复取蛮莫，兼设蛮哈守备于此。二十四年，缅复来寇，官军救却之。二十九年，思化子思正袭职，侵扰陇川。明年，旁部共攻思正，正奔腾越，诛之，改立酋长，抚定其地。

等练城，在司东北。万历二十一年，缅酋入蛮莫，破等练城。明年，抚臣陈用宾以缅贼大入等练、陇川，遣将王一麟夺等练，卢承爵出雷哈，钱中选等出蛮哈，张胤开道由海墨出打线，合击缅贼，复收蛮莫，是也。雷哈等地皆在司境。

练山，在司北。万历二十年，叛缅遣兵来犯，蛮莫酋思化奔练山，参将邓子龙提兵营等练，缅兵屯遮遨。子龙发兵击之，大战于控哈。缅稍却，屯沙洲。官兵无船，不得渡，相持弥月，缅退去。

孟木寨。在司西。弘治中，孟养叛酋思禄过金沙江，夺据孟木、章贡、蛮莫诸村寨，即此。

○钮兀御夷长官司，东至元江府界，南至车里宣慰司界，西至威远州界，北至临安府思陀甸长官司界。自司治北至布政司一十六程，转达于京师。

古蛮夷地，蛮名也兀。民皆倮泥、蒲类蛮。自昔未通中国。宣德七年，始来归附，置钮兀长官司。

○芒市御夷长官司，东至镇康州界，西、南俱至陇川宣抚司界，北至永昌府潞江安抚司界。自司治东北至布政司二十三程，转达于京师。

古蛮夷地，旧曰怒谋，曰大柘睒、小柘睒，即唐时茫施蛮也。在永昌西南四百里。《滇纪》：唐贞元十一年，南诏异牟寻破芒蛮，即此。元中统初，内附。至元十三年，立茫施路军民总管府。领二甸，属金齿宣抚司。明洪武十五年，置茫施府。正统九年，改置芒市长官司。土司放氏。《通考》：万历初，芒市土酋放福导缅入寇，讨斩之。立舍目放纬领司事，辖于陇把。其地原川旷远，田土肥美，又饶银矿，最称殷富。

青石山，在司西南。峭拔千仞，奇诡万端。又有永昌、幹孟契二山，皆高广陡绝。夷酋立寨居之，恃为险要。下有芒市河。

麓川江，在司西，与陇川宣抚司接界。下流至缅地，合于大盈江。

大盈江。亦曰金沙江。自干崖折而东南流，至司西南青石山下，又南流入孟养界，亦谓之大车江。《志》云：司有金沙江，出青石山，流入大盈江，出金。误矣。

○孟琏长官司，东至车里宣慰司界，南至孟艮府界，西至木邦宣慰司界，北至威远州界。自司治东北至布政司二十三程，转达于京师。

古蛮夷地，蛮名哈瓦。正统间，平麓川，始来归附，置孟琏长官司。《通考》：部内有莫乃场矿，蛮酋世专其利，以致殷富。

废木末府，在司东南。《元史》：至元二十九年，云南省言：新附金齿适当忙兀秃儿迷失出征军马之冲，资其刍粮，拟立为木末路。于是置木末军民府，寻废。

亦保寨，在司境。正统六年，讨麓川，分军从东路会合木邦诸军，元江府同知杜凯率车里大侯诸蛮招降孟琏长官司亦保等寨,攻破其乌木弄、戛邦等寨,余党悉诣军门降附,是也。

景线村,在司东。道通车里,出普洱、元江,可达交岗。又有路通老挝,可达交趾。《滇纪》:自景线渡江出猛乌,又越黑江走沙仁孟乃,更渡江,便可达交岗,入交趾。交岗,见临安府阿迷州。沙仁孟乃,盖近元江府西南。

○茶山长官司。

古蛮地,后为孟养部落。永乐三年,置茶山长官司。《通考》云:地在腾越州西北五百里。据高黎共山。地瘴土寒,不生五谷。土酋早姓。本属孟养。永乐三年,孟养叛,茶山不从,自诣阙下,授长官司。其地僻远,常为野人杀掳。今奔入内地阿幸栖住。《职方考》:茶山司属永昌卫。

○麻里长官司。

古蛮夷地,亦孟养部落。永乐初,置麻里长官司。《通考》:麻里地与茶山接壤,亦以拒孟养功,授长官司。土酋刁姓,副早姓。所辖皆峨昌夷地。其地近亦为野人所夺,奔入赤石坪栖住。野人者在二长官司界外,赤发黄睛,树皮为衣,夜宿树上,丑恶凶悍。逢人即杀,无酋长约束。○外此又有八寨长官司、瓦甸长官司、麻沙长官司、沙勒长官司,俱在腾越徼外,皆羁縻蛮族也。

附考:

敦忍乙国,在缅甸西境。后汉永元六年,永昌徼外敦忍乙王莫延慕义遣使译献犀牛、大象。九年,徼外蛮及掸国王遣重译入贡。永初元年,徼外僬侥种夷陆类等举众内附。永宁初,掸国王雍由调复遣使诣阙朝贺。敦忍僬侥盖皆缅甸旁国矣。○寻传国,旧《记》:在永昌徼外,生蛮属也。唐至德初,附于南诏。《滇纪》:寻传畴壤沃饶,人物殷凑。南通勃海，西近大秦，自古未通中国。唐上元初，南诏刊木通道，直抵其国，谕降之。又弥臣国，在缅甸西。《唐会要》：骠国，在云南西，与天竺国相近。其西别有弥臣国。《滇史》：贞元十二年，骠国王雍羌遣使同南诏入献，诏封雍羌为弥臣国王。是弥臣即骠国之别名矣。

贵州方舆纪要序

贵州，蕞尔之地也。其形势有可言者乎？曰：孙子言，兵无常势，水无常形。即地之形势，亦安有常哉？今夫函关、剑阁，天下之险也。一旦武关入，阴平逾，所谓函关、剑阁者，曾不能如门阈之限焉。一成足以兴夏矣，三户可以亡秦矣。此一成三户者，岂有金城汤池之固哉？有志者得而用之，天下不能与抗也。其可以贵州为蕞尔而少之哉？尝考贵州之地，虽偏隅逼窄，然驿道所经，自平溪、清浪而西，回环达于西北，几千六百余里。崇祯四年，督臣朱燮元讨安位，位降，使位通上下六卫，并清平偏镇四卫，设亭障，置游徼，纪里道之数千六百余里。贵阳犹人之有胸腹也。东西诸府卫，犹人之两臂然。守偏桥、铜鼓以当沅、靖之冲，则沅、靖未敢争也。据普安、乌撒以临滇、粤之郊，则滇、粤不能难也。扼平越、永宁以拒川蜀之师，则川蜀未敢争也。所谓以守则固矣。命一军出露益，以压云南之口，而以一军东指辰、沅，声言下湖南而卷甲以趋湖北，武陵、澧阳不知其所守。膺击荆南，垂头襄阳，而天下之腰膂已为吾所制矣。一军北出思、黔，下重庆，敌疑我之有意成都，而不疑我之飙驰葭萌也。问途沔北，顾盼长安，而天下之噤吭，且为我所搤矣。所谓以攻则强矣。如是而曰贵州蕞尔之地也，其然乎哉？客怫然起曰：子之言亦诞矣。夫贵州者，山箐蓊郁，蛮左侏离。自设省以迄今兹，苗种猜狷，时或为患。及大军四集，则草薙而禽狝之矣。未闻其能为中国病也。且东出沅辰，则五溪结曲为之限；北趋巴蜀，则重江汗漫为之防。子又何言之易矣？余曰：如客之言，所谓知其常而不知其变者也。贵州之地，自唐、宋以来通于中国者，不过什之一二，元人始起而疆理之。然大抵同于羁縻异域，未能革其草昧之习也。夫风气日开，人才亦渐出，今中国衣冠固多流寓其间者，且英雄俊伟之士，亦何地不生？而谓贵州终于狂獠之俗也，吾不信也。彼苗顽者，贪残性生，争夺无厌，见利而逐，自取翦屠，固其宜矣。然安邦彦亦不过水西支孽耳。一旦披猖肆恶，结乌撒以攻霑益，而云南为之震惊；诱诸苗以袭偏沅，而湖广为之奔命，帅其党类，围迫贵阳、龙里、新添以东，所在焚劫，而川粤之师，回翔而不敢进。其为患亦剧矣。赖邦彦亦止苗夷故智，无深识远图耳，犹且兴五省之甲，仅而克之。西南半壁，驿骚殆遍，尚谓不能为中国患乎？客曰：诚如子言。以水西一族，而贵州全力且不能御之，又何有于纵横天下哉？余曰：此非贵州之不足恃也。用兵者不知其方也。王三善统川、贵之师，当贵阳就围，逡巡途次，自平越至龙里，计程百三十里耳。积四日而后达，贼自畏葸，解围引去耳。使三善于顿兵平越之时，分遣精锐，从遵义而进，直指大方，覆其巢穴，贼必溃散。扼其要害，至则歼之，贼可旦夕平矣。计不出此，使贼展转出没，逞其恣睢，动涉旬时，易三大帅，王三善、闵梦得、朱燮元。扰半天下而后底平，谓用兵者犹有人乎哉? 故曰非贵州之不足恃也。

客曰: 然则贵州诚为险要之区, 英雄当从而争之矣。余曰: 是又不然。天下有创起之地焉, 有根本之地焉。创起云者, 惟其所在不择地而皆可以有为者也。根本云者, 得之则兴, 失之则亡, 当竭智尽能以图之, 竭智尽能以保之者也。汉高创起于泗上, 而以关中为根本; 光武创起于南阳, 而以河北为根本。泗上、南阳, 非无形势可取, 而苟无与天下之要会, 英雄亦以邮传视之矣。项羽恋恋于彭城, 李密拳拳于巩、洛, 狼戾无成, 千古同叹。皆不知创起之地非根本之地者也。夫不知创起之地而以根本视之, 不知根本之地而以创起置之, 其敝皆足以至于亡。客曰: 贵州之较泗上、南阳又何如哉? 余曰: 子姑置之, □□贵州在秦汉之交亦未入版图。彼二君者, 亦幸不生于其地耳。使贵州而为今日之贵州, 二君生于其地。而适当亡秦乱新之际, 二君者, 其竟以匹夫老乎哉?

读史方舆纪要卷一百二十

贵州一　封域　山川险要

　　《禹贡》荆、梁二州荒裔。自春秋以来，皆为蛮夷地。其在天文，或曰参、井之分野也。汉时，亦为牂牁南境。三国时相传诸葛武侯封牂牁蛮酋济火为罗甸王，国于此。唐时罗罗鬼主居之。罗罗本罗甸之卢鹿部，后讹为罗罗。宋时为罗施鬼国地。或曰：州境即殷时鬼方也。《易》曰：高宗伐鬼方。《诗》曰：覃及鬼方。考今犹有罗鬼之名。元于此置八番、顺元等处军民宣慰使司都元帅府，八番，程番、韦番、方番、洪番、龙番、金石番、罗番、卢番也。龙番又有卧龙、小龙、大龙三番，而实与龙番同种。故云八番。《元志》：至元十六年，西南诸番归附者凡三千四百八十七寨。隶四川行省。至元二十八年，改隶湖广行省。明初以其地分隶湖广、四川、云南三布政司。洪武十五年，设贵州都指挥使司。永乐十一年，始建贵州等处承宣布政使司，领府十、属州九、县十三、宣慰司一、安抚司二、长官司七十一，而都司所领卫十八、直隶所一、守御所十、长官司六。总为里七十有九，夏秋二税约三万七百石有奇。盖府卫参设焉。今仍为贵州布政使司，领府十二、州十一、县十九，而卫所亦错列其中。

○贵阳军民府，属州三，安抚司一，县二，长官司十七。

新贵县，附郭。　贵定县。附郭。

定番州，领长官司十七。

程番，附州。　小程番，　韦番，　方番，　洪番，　卢番，　上马桥，　卧龙番，　小龙番，　大龙番，　金石番，罗番，　卢山。以上皆长官司，又木官等里附见。

开州，

广顺州，

金筑安抚司，领长官司三。

木瓜，　麻向，　大华。

○贵州宣慰使司，与府同城，属长官司九。

水东，　中曹蛮夷，　青山，　劄佐，　龙里，　白纳，底寨，　乖西蛮夷，　养龙坑。

○贵州卫，与府同城。

○贵州前卫，与府同城。

○安顺军民府，属州三，长官司六。

宁谷　西堡

镇宁州，领长官司二。

十二营，　康佐。

永宁州，领长官司二。

慕役，　顶营。

普安州。

○普安卫，与州同城，属所四。

乐民，　平夷，　安南，　安笼。

○都匀府, 属州二, 县一, 长官司八。

清平县，　都匀，　邦水，　平浪，　平州六洞。

麻哈州, 领长官司二。

乐平，　平定。

独山州, 领长官司二。

合江洲陈蒙烂土，　丰宁。

○都匀卫, 与府同城。

○平越军民府, 属卫二, 州一, 县三, 安抚司一, 长官司一。

清平卫,

兴隆卫,

黄平州, 领县三。

余庆县，　瓮安县，　湄潭县。

凯里安抚司, 领长官司一。

杨义。

○平越卫, 与府同城。

○黎平府, 属县一, 长官司十三。

永从县，　潭溪，　八舟，　洪州泊里，　曹滴洞，　古州，　西山阳洞，　湖耳，　亮寨，　欧阳，　新化，　中林验洞，　赤溪湳洞，　龙里。潭溪以下, 俱蛮夷长官司。

○五开卫, 与府同城, 属所五, 隶湖广都司。

黎平，　中潮，　新化亮寨，　龙里，　新化屯。

○铜鼓卫, 隶湖广都司。

○思南府, 属县三, 长官司四。

安化县, 附郭。　永德江, 附郭。　蛮夷, 附郭。　婺川县,

印江县,　沿河祐溪,　朗溪。

○思州府, 属长官司四。

都坪峨异溪,　都素,　施溪,　黄道溪。

○平溪卫, 隶湖广都司。

○镇远府, 属县二, 长官司二。

镇远县, 附郭。　施秉县,　偏桥,　邛水十五洞。

○镇远卫, 与府同城, 属长官司一, 隶湖广都司。

臻剖六洞横坡等处。

○偏桥卫, 隶湖广都司。

○清浪卫, 同上。

○铜仁府, 属县一, 长官司五。

铜仁县, 附郭。　省溪,　提溪,　大万山,　乌罗,　平

头著可。

○石阡府, 属县一, 长官司三。

石阡, 附郭。　龙泉县,　苗民。

葛彰葛商。

○龙里军民卫, 属长官司一。

大平伐。

○新添军民卫, 属长官司五。

新添, 附郭。　小平伐,　把平寨,　丹平,　丹行。

○威清卫,

平坝卫,

普定军民卫,

安庄卫, 属所一。

关索岭。

○安南卫,

毕节卫, 属所一。

七星关,

○赤水卫, 属所四。

赤水前, 摩尼, 阿落密, 白撒。

○乌撒卫,

乌撒后,

永宁卫,

普市所。

东连五溪,

思州、镇远、铜仁、黎平, 皆五溪地, 与湖广之辰、沅、靖州相错杂。苗蛮环伺, 乘间抵隙, 每烦扑灭焉。

南接西粤,

广西柳州府之西北境, 庆远府及南丹州之北境, 皆与都匀、贵阳、安顺接界, 而泗城州密迩普安。滇、黔有警, 应援相近, 故师旅相寻, 必议以一军出泗州, 为后劲之势。

西通滇服,

自普安而西七十里, 为亦资孔驿。驿, 滇、黔分界处也。自驿而东，地气蒸湿，雨潦不时。自驿而西，山川开朗，风景晴和。黔土在藩服之间，固为最劣哉！

北屏川南。

川南亦蛮夷渊薮也。西起乌撒，东抵平茶，回环不啻千里，跳梁之祸往往而起。万历以降，遵义、永宁之乱，其尤剧者也。而贵州诸境，与川南皆犬牙相错，不特平越掣遵义之肘，毕节掎永宁之足也。故出奇制胜，从事于贵州者，什恒居其五六。

其大川，则有乌江，

乌江，在贵阳府北二百里，出水西境，内与四川遵义府分界。湍流汹悍，其渡处有乌江关。两境恃以为险。东北流经平越府余庆县及瓮安县西，又北经石阡府西，又北入思南府界。经府西北，流入四川重庆府彭水县界，而为涪陵江。经县西，又东北经武隆县治南，复折而西北，经涪州城东而入于大江。盖贵州东北境之大川也。

盘江。

盘江，在贵州境者为北盘江，出四川乌撒府西北五十里。《一统志》：盘江有二：源北流曰北盘江，南流曰南盘江。环绕诸部，各流千余里，至平伐横山寨而合焉。曲靖府霑益州正据南北二江之间。盖盘江之源流，诸《志》皆未备。《一统志》虽言有二源，而源所从出者既不详，其言合于平伐横山寨，亦殊荒略。罗氏云源出陆凉州，亦非也。今详见广西大川右江。东南流至乌撒南九十里，谓之可度河。又东南为七星关河，折而南经云南霑益州界，入贵州境。经安南卫东，又南经永宁州西境、普安州东境，盘回曲折于山箐间，阴翳蒙密，夏秋多瘴。《安南志》：盘江两岸，崖壁厄束，林木深阻，江流阔狭无时，隐见不一，藏垢伏秽，蒸为瘴疠。流经慕悦长官司东南，而南盘江流合焉。又东南入广西泗城州境，而谓之左江。陶弼云：左江即盘江，盘江即牂牁江也。汉武帝时，唐蒙欲浮船牂牁以制越，武帝遂使驰义侯发夜郎兵，下牂牁江会番禺。诸葛武侯南征，亦至盘江。此贵州西南境之大川也。今详见川渎异同。

其重险，则有七星关，

七星关，在乌撒卫东南百七十里、毕节卫西九十里。其地有七星山。山有七峰，置关其上。杨慎云：孔明祸牙之地也。关下为七星河，两崖壁立，迤逦而东。鸟道崇冈，屹然天险。水经其中，奔腾澎湃，险不可犯。初立铁柱，系铁縆以渡。后为浮梁，架以七舟，名曰应星桥。然泛涨时辄至漂坏，易舟以济，则横流冲激，尤多覆溺。嘉靖间，道士黄一中者，始创为七星桥。经营相度，纠工聚材。其徒继之，功始集。公私便利。今从云南霑益州而北，道乌撒，越七星关，趋毕节，而后臻赤水、永宁。关当云、贵、川三省之交，为喉吭之要矣。元末，大理段功追败明玉珍于七星关。明洪武十四年，傅友德自曲靖引兵捣乌撒，寻大破蛮兵，得七星关以通毕节，进至可度河，即盘江。见四川乌撒府。而东川、乌蒙、芒部诸蛮皆下。关盖必争之所也。今有官军戍守。

偏桥。

偏桥，在镇远府西五十里。自湖广沅州而西，四百四十里而至偏桥。自贵阳府而东，三百六十里而至偏桥。盖辰沅之指臂，贵阳之噤喉。偏桥警而东西隔绝，粮援中断矣。明时幅员滇洱，置驿四川,不如取途湖广为径。云南、湖广之间,惟恃贵阳一线。有云南不得不重贵阳,重贵阳不得不急偏桥,必至之势也。元人开置黔壤,即有偏桥中寨及德胜寨、偏桥、四甲等处诸长官司。明洪武四年,设偏桥长官司。二十五年,置卫,地在贵州,而军属湖广,可以知控制之势矣。嗣后苗蛮有警,必急扼偏桥,而不轨之徒,亦复眈眈于此。杨应龙跋扈于前,袭偏桥而楚黔中梗;安邦彦跳梁于后,犯偏桥而黔贵几危。后乃于湖南建节,而以偏沅为称者,盖偏桥在三省之交,苗蛮环错,四顾皆急,其在贵阳,尤为上游之形胜也。

按贵州自元以来,草昧渐辟,而山箐峭深,地瘠寡利,苗蛮盘绕,迄今犹然。惟是滇南北上,必假道兹土。故疆理制置,不容不急焉。又其地界川、湖夷峒之间,师旅之费,大都仰给二省,时称匮诎,若寄生然。至于水西、普安、凯里诸酋,旧以富甲他夷,奸萌日稔。自万历以来,播、蔺二凶,构祸于外;水西狂孽,继乱于中。劳师动众,骚驿已甚。而贼亦大创,不逞之志,渐屏息矣。夫中原制驭蛮夷,贵图之于豫。逮其乱作,而草薙禽狝之,亦岂善策也哉?

读史方舆纪要卷一百二十一

贵州二 贵阳军民府 安顺军民府
都匀府 平越军民府 黎平府各卫附

〇贵阳军民府，东至龙里卫六十里，西至威清卫六十里，南至广西泗城州界三百五十里，北至四川遵义府界三百五十里，西北至毕节卫四百五十里。自府治至江南江宁府四千二百五十里，至京师七千六百七十里。

《禹贡》荆、梁二州南裔。后为西南夷地。汉唐时皆未入中国。宋为羁縻蛮地。《志》云：开宝中，蛮酋普贵内附，置大万谷乐总管府授之。嘉定中，移府于今治。元至元二十年，置顺元等路军民安抚司。《通志》：元初为罗甸鬼国。寻改罗甸军民安抚司。至元十六年，改顺元军民安抚司。二十年，于司治北增置亦奚不薛总管府。二十四年，复增置顺元路，并贵州于司治内，以统降附者。《元志》皆不载。属八番、顺元等处军民宣慰司。明洪武四年，置贵州宣抚司。六年，升宣慰使司，隶四川行省。时酋长密定等举土内附。永乐十一年，改隶贵州布政司。成化十年，分置程蕃府。隆庆六年，移府治于省城，改为贵阳府。万历二十八年，又加军民府，领州三、县二、安抚司一、长官司十六。今仍曰贵阳府。

府当四达之郊，控百蛮之会。《志》云：贵阳所辖蛮种非一，曰罗罗，曰宋家，曰蔡家，曰仲家，曰龙家，曰曾竹龙家，曰红仡狇，曰花仡狇，曰打牙仡狇，曰东苗，曰西苗，曰紫姜苗，曰卖爷苗，习俗各异。一旦有警，则滇南隔绝，便成异域。故议者每以贵阳为滇南之门户，欲得滇南，未有不先从事贵阳者。自滇南而东出，贵阳其必争之地也。盖应援要途，控临重地矣。

○新贵县，附郭。元置贵竹长官司，属顺元路安抚司。明初因之。万历十八年，改置今县。编户六里。

○贵定县，附郭。万历三十六年，割新贵县及定番州地置。编户四里。

贵阳城，今府治。即明初宣慰司城也。洪武五年，始筑城，甃以石。其城依山麓为址，地势坡陀高下，少平衍。西南临河，东北有池，为水关二，门五，城周九里有奇。

瓮蓬废县，府北四十里。元置，今为瓮蓬堡。又章龙废县，在府北二十里，元置，俗讹为陇上。其相近者又有废章龙州。《通志》作龙章州，似误。○洪边废州，在府北八里。《志》云：元至元中建，隶八番罗甸宣慰司。今本《志》不载。又乖西废军民府，在府北百里，地名大乖西。元皇庆初置府。又大万谷落废总管府，宋开宝八年所置羁縻府也。在府北百二十里。

小罗废县。在府城南。元置，寻废。俗名尔溪街。《志》云：府南二十里，有大罗废州，亦元置，俗讹为大罗街。《元志》有小罗州，无大罗州。或云对县而言，故曰大罗。○鸭水废县，在府北百六十里，近鸭池河。《志》云元置。按《元志》有高桥、青塘、鸭水等处长官司，无鸭水县也。又骨龙等处废长官司，在府北六十里。又陆广等处废长官司，在府北百五十里。底窝、紫江等处废长官司，在府东北百五十里。又曾竹等处废长官司，在府西北八十里。皆元置，明废。又水西故城，在府西北二百五十里，盖明初所筑，垒门尚存。

〇**平伐废长官司**，府东南百二十里。元置平伐等处长官司，洪武十五年，改为平伐长官司，属贵州卫。二十八年，改属龙里卫。万历八年，改置新贵县，以司地省入。今为平伐乡。《一统志》：平伐长官司在龙里卫东南六十里。

贵山，府北二里，入蜀之道也。一名贵人峰，贵州之名以此。又铜鼓山，在府东二里，高百余仞，每阴雨，山半空洞中有声若铜鼓。其相接者曰东山，峭壁千仞，俗名老王山。又有栖霞山，在府东七里。山半有来仙洞。〇照壁山，在府东北里许，以岩石屹立而名。又东北六里有石洞山。山有石洞通人行，一名髑髅山，俗呼枯髅山。《通志》：在府北四里。

狮子山，在府城西。土山戴石，状如狮子。明初傅友德南征驻兵于此。又城东亦有狮子山，城南里许亦有之。城周围又有五虎山，城南五里则有凤凰山，俗传五虎三狮一凤凰者也。天启初，水西土目安邦彦作乱，进围会城，沿山札营，四面把截，以断城中出入。城东有山冈，高与城齐，贼据其上，作厢楼。官军设计焚之，会援军至，贼始引却。又坎马山，在府西二里，俗名坎马冲山。

高连山，府南二里。山势高耸，与贵人、天马诸山连接。《志》云：即新添关诸山也。其前为天马山，又前为天榜山。又斗崖山，在城南里许，俗名倒崖山。其相近者曰笔架山。山之西曰文笔峰，皆与高连山相映带。〇交椅山，在府南五里，以形似名。又卧牛山，在府南二十五里。山南有长丰堰，溉田甚广。府南五十里曰簸箕山，傍有青岩。岩临河，通定番州。其侧为羊、虎二场，四方军民贸易于此。

木阁箐山，府西北五十里。延袤百余里。林木蓊蔚，中有道通水西、毕节。上有龙潭。深不可测。又三脚山，在府北五十里。三峰竦立，形如鼎足。又石人山，在府北三十里，水西大道也。山顶群石拱立如人，俗名石人山坝。又府北八里有翠屏山，旁有绣岭。府北五里曰骊珠山，其相接者曰鸦关山，府北二里曰白崖山，兔场官道经其下。

石门山，府东六十二里。绝顶二石对峙，人行其中，俨然如门。《唐志》：牂牁有高连、石门二山。《志》以为即此山也。又冗刀山，在废平伐司治西。峰峦高耸，状如列戟。宋末有蛮酋保郎者，立寨此山，招集蛮类，以拒蒙古，故址犹存。○清水山，在府东二十里，下临清水江。两岸壁立，水深莫测。又唐帽山，《一统志》云：在府南六十里，以形似名。土人尝避兵于此。

南望山，府北百里。崇峰大箐，岚气昼冥，人迹罕至，为郡之镇。又鲁郎山在府北八十里，元时有鲁姓者读书于此，因名。本名乖西山，亦名书案山。旁有洗马潭，相传诸葛武侯南征时，洗马于此。○玛瑙山，在府西三百五十里，峰峦逶迤，林木叠翠，水西宣慰安氏宅其山麓。又箐林山，在府西北二百二十里水西境内。又北二里有聂石坝。又西北三百里有克仲坝，即水西巢窟也。

梯岭，府南三里。有石级如梯，中曹司路经其上。《志》云：府城内前卫治西南隅有藏甲岩，一名鬼王洞。○朝阳洞，在府北废骨龙长官司侧。中容数百人。又白龙洞，在府西北十五里。云崖洞，在府西北三里，旧名唐山洞，皆幽邃。又三仙洞，在府东四十里，地名蓊若堡，中有泉石之胜。又龙冈，在府北五十五里龙场驿侧。又有东洞，正德初，王守仁谪居于此，改名阳明洞。

乌江，府北二百里，源出水西，与四川遵义府分界，湍流汹悍，其北岸有乌江关。详见大川乌江。

南明河，府城南。源出定番州界，东北流经青岩下，至南门外，中有芳杜洲。广百步，可以种植。其下流为清水江。《志》云：清水江在府东北百二十里，与新添卫分界，水甚清冽，两岸峰岩壁立，崎岖难行。乖西、巴乡诸部苗猡倚此为险。景泰三年，南和侯方瑛将兵济此，平其两岸以为坦途，至今苗獠夺气。又东北入于乌江。○三水江，在府北三十里。府西境之水派流而下，至此合流为一。东流合于清水江，即陆广诸水之下流也。

龙洞河，在府南十里。又四方河在府西南五里，下流俱入南明河。又富河在城南一里，源出八里屯之龙井。东北流入南明河。又贯城河在城北，源出夷界，流贯城中。夏秋涨溢为患。正统、景泰以后，常浚治之。下流亦入于南明河。

陆广河，府西北百二十里。源出苗界。或曰即三水江上源也。当水西驿道于此，置巡司以盘诘行者。天启初，安邦彦挟宣抚司安位以叛，位之母曰奢社辉，与位据大方。抚臣王三善既解会城之围，分军屯陆广以逼之。安邦彦纠群贼攻陷陆广，势益张。既而官军四集，邦彦堑陆广以自守。议者谓陆广去大方百七十里，前后左右皆罗鬼巢窟。王三善之败，以失地利故也。未几，朱燮元督川、湖、云、贵、广五省之军，分道并进，而亲帅大军驻陆广，逼大方，奇兵四合，遂克之。《滇纪》：陆广河有水口寨，又有陆广城，为水西要地。

济番河，府西南三十里。俗名花仡狫河，八番路所经。成化初，宣慰使宋昂垒石为桥。其下流合于南明河。又鸭池河，在府西百五十里。一作鸦池河，下流达于陆广河。○墨特川，在府西北。元大德五年，顺元酋长宋隆济与水西土官妻蛇节作乱，攻陷杨、黄二寨，进攻贵州。元将刘国杰讨之。自播州进战，大破隆济等于墨特川，贼遂降散。川盖在水西境内。

泽溪，府西三里。一作宅溪。有广济桥跨其上。天启初，王三善援会城营于南门外坡上，又移宅溪。安邦彦远遁陆广河外。《通志》：泽溪在府治北，源出髑髅山，流合贯城河，入南明河。又西溪在府西北二百八十里，流合陆广河。又有沙溪，在府北二百里，流合乌江。○圣泉，在府西五里，自山麓涌出，下流溉田数百亩。又温泉在府北九十里，地名杨郎坝。其始出可以熟物，流远乃可浴。又神应泉在府北百二十里，地名巴乡。击石则泉出，因名神应。又济行泉，在新添关铺。有二源：出高连山穴，行者至此，籍以济渴。又有九十九泉，在府西二十里，地名高寨。泉出山顶，凡九十九穴。

新添关，府东南一里。贵州站在其下。又鸦关，在府北鸦关山下。关西为杨柳铺，四川驿道所经也。又蔡家关，在府西北五里，亦谓之响水关。《志》云：府南百里有瓮岩关。又阔水关，在府西北。洪武三十年，顾成征水西诸蛮，破阔水，进克宗那革、贾母龙等关寨。盖皆在蛮境。○陆广河寨，在府西北百二十里，有陆广河巡司。陆广驿亦置于此。其对岸曰黄沙渡，亦有巡司。又府北二百里有沙溪渡巡司。

洪边堡，府北十里。土司宋氏所据。又有八姑荡及平八庄诸寨，在府西北，皆诸苗窟穴也。天启初，安邦彦作乱，洪边土酋宋万化与诸苗应之。刻期复犯会城。抚臣王三善遣别将王建中等剿八姑荡，焚庄寨二百余处，穷追渡河，贼谋始寝。○孙官堡，在府西北。安邦彦渡江败官兵，烧劫麻姑孙官堡，抚臣王瑊先遣兵攻府西河沙坝，尽俘其罗鬼。广顺、定番、青岩、白纳一带苗蛮为之夺气。又遣兵败邦彦于赵官堡。水内水外之贼皆溃去，赵官堡亦在府西北。

青岩堡，府南青岩下。天启初，安邦彦复攻贵阳，使其党李阿二督四十八庄兵围青岩，断贵阳粮道。抚臣王三善使别将王建中救青岩，焚贼寨四十八庄，定番路始通，是也。四十八庄皆群苗屯聚处，亦谓之四十八马头。

奢香驿，府西北二百六十里。奢香者，明初水西酋霭翠之妻也。霭翠死，香为贵州都督马烨所辱。香诉于朝。太祖为诛烨，而封香为顺德夫人。香归，开贵州西北赤水、乌撒道以通蜀乌蒙；立龙场九驿，世办马匹廪饩以报德。故驿因以名。又水西驿，在奢香驿东五十里。又东五十里为谷里驿。又东南五十五里即陆广驿也。《志》云：自奢香驿而西北，又经金鸡、阁鸦、归化三驿，而至毕节。驿去府城四百二十里。○龙洞铺，在府东十里。天启初，安邦彦叛，攻会城。抚臣王三善引兵赴救，克龙里。邦彦退屯龙洞，即此。

贵州驿，在府城北。又府北六十里有劄佐驿，九十里为底寨驿。府北百里又有渭河驿，百二十里有养龙坑驿。又龙场驿，在府西北五十五里，又西五十里即陆广驿也。○威清驿，在府西北四十里。又平坝驿，在府西北九十里。又府东五十里有龙里驿。皆为往来之要道。

麦架桥。府北三十里，通水西大道。又阿江桥，在府西十里，云贵往来必出于此。

○定番州，府南八十五里。东至龙里卫大平伐长官司八十里，西至金筑安抚司百里，南至广西泗城州界百五十里。

古蛮夷地。元至元十六年，置程番武胜军安抚司。明初，改置程番长官司，隶贵州卫。正统四年，属贵州宣慰司。成化十年，置程番府于此。时长官方勇等请设府治，遂从之。十二年，创筑府城，周二里，有门四。隆庆二年，移府治于省城。万历十二年，置定番州于旧府治，编户四里。属贵阳府，领长官司十三、里三。今仍曰定番州。

州北屏贵阳，东接龙里，控御蛮獠，粮援所资也。

○程番长官司。附州。元安抚司治此。明洪武五年，改置长官司，授土酋程谷祥。本隶贵州卫，寻隶宣慰司。后为府治。隆庆初属贵阳府。万历中始为州治。编户一里。

废定远府，州南二百二十里。元置，领桑州等五州，朝宗等十一县。明初俱废。《志》云：州南三十里有废南宁州，宋所置羁縻州也。似误。

连珠山，州南八里。五山圆秀，连络如珠。其相近者曰笠山，俗名斗蓬山。又南二里有三宝山，上有龙洞。《志》云：州南五里有挂榜、笔架二山。又有营盘坡，在州南二里。○麒麟山，在州东五里。又州东一里有琴山。

天马山，州西南七里。又州西五里有交椅山，西一里有旗山，皆以形似名也。《志》云：旗山相近有红土坡。又有杨梅坡，以所产名。○骊龙玩珠山，在州北二里，以山势盘曲向城也。又州北二十里有凤凰山。

龙山，在州西。《志》云：在程番司西二十里，又司治南二里有蒙山。○滴水崖，在州东南十里，水出崖中，四时不绝，行者资以济渴。崖前有平地，名曰三墓。常有贼出没于此为患，向立哨兵戍守。

都泥江，州城南。一名牂牁江。源出州西北二十里乱山中，曰濛潭。经州南界地，名破蚕，流入广西南丹州境。《志》云：江有二流：一自金筑东北流绕州城，一自上马桥东流入境，合为一江而东南注。详见川渎盘江。又七曲江，在州西二十里。又有玉带河，在州北二里，皆流合都泥江。

清水塘，州南五里。水清不涸，溉田数百亩。《志》云：程番司北一里，有乾堰塘。此水盈缩，可验丰歉。

程番关。州北十里。又鸡窝关，在州南十里，相近者又有磨石关。

○滴水岩关，在州南十五里。又南五里有石门关。又有卜弄、立旺等寨，皆在州境。

○小程番长官司，州西北十里。北至府城七十五里。元置小程番蛮夷军民长官司。明洪武四年，酋长程受孙归附，改置是司授之。初属贵州卫，寻属宣慰司，又改属程番府，后改今属。余皆仿此。编户十里。

唐帽山，在司治北。又司东四里有五魁山。○嘉木箐，在司南十五里。又司南五十里有江度箐。又有伏龙坡，在司南二里，西通上马桥，东达卢番司。又司西二里，有廖家坝。

涟江。在司治东。又冷水河，在司南五十里。俱流入于都泥江。

○韦番长官司，州南十里。北至府城九十五里。元置韦番蛮夷长官司。明洪武五年，酋长韦四海归附，仍置司授之。编户十里。

印山，司西一里。又司南十里有三宝山。

大韦河。司南三里，流入都泥江。《志》云：河上通程番，下接卧龙番。又滚水泉，在司西三里。

○方番长官司，州南七里。北至府城九十里。元至元十六年，置方番河中府安抚司。明洪武五年，酋长方得用归附，改置今司授之。编户一里。

锦屏山，司北一里。其相近又有将台、旗峰二山。

小河。在司治南。又南五里有底方河，司北一里有云溪水，下流皆合于都泥江。

○洪番长官司，州西九里。东北至府城九十里。元置洪番永盛军安抚司。明洪武五年改置是司。编户一里。

三叠山，在司治南。峰峦绵连，曲折三叠。又司北一里，有伏蛟山。

小溪。在司治南，溪流清澈，亦东入都泥江。

〇卢番长官司，州北五里。北至府城八十五里。元置卢番靖海军安抚司，寻又析其西北境，置卢番蛮夷长官司。明洪武五年，酋长卢朝俸归附，改置今司授之。编户一里。

象山，司南一里，又南里许，曰狮山。又南里许曰太平山。《志》云：州东三里曰桐木山，又有长崖，在州南十五里。

洗马河。在司东。下流南入于都泥江。

〇上马桥长官司，州西北二十里。北至府城七十里。元置上桥县，属定远府。明洪武五年，酋长方朝俸归附，置今司授之。编户一里。

屏风山，司南一里。又南二里曰卓笔山。〇高洞山，在司北二里。又北二里曰崖头山。

上马桥河，司治东，北流入贵阳府界。或曰即南明河之上源也。

洞口关。司东南十三里。又小山关，在司东二十里，青苗关，在司南二十里，长田关，在司东南二十里。

〇卧龙番长官司，州南十五里。北至府城百里。《志》云：宋置南宁州治此。至道元年，有南宁酋长龙溪珑入贡，自号龙番。元丰二年，复入贡。元置卧龙番南宁州安抚司。明洪武五年，酋长龙得寿归附，改置今司授之。编户□里。

笔架山，司南三里，旁有月坡，皆以形似名。又有文峰山，在司南十里。《志》云：司东十里有仙人洞。东南十里有白象洞，洞中有石如人如象也。

绕翠江，在司治南。自山涧中绕流而东，亦入都泥江。

下马关。司南三十里。又鸭水关，在司西六十里。

〇小龙番长官司，州东南二十里。北至府城百有三里。元置小龙番静蛮军安抚司。明洪武五年，酋长龙昶归附，改置今司授之。编户一里。

九龙山，在司治北。有九岭起伏，蜿蜒如龙。又马鞍山，在司南十五里。又南五里曰旗鼓山。○牛眠岭，在司南十里，其相近有文秀峰。又古松坡，在司南一里。

双峡水。在司治南，有二水导流会于司东。又南流而西折，入于都泥江。

○大龙番长官司，州东南三十里。北至府城百十里。元置大龙番应天府安抚司。明洪武五年，改置今司。编户一里。

执笏山，在司治南。其相近者曰挂榜山。又栗木山，在司西十里。《志》云：司南一里，又有桐木冈。

奔龙江，司东一里。又大龙河，在司治后，合奔龙江，下流入于都泥江。

龙堰口关。司西十二里。

○金石番长官司，州东二十里。西北至府城百里。《志》云：宋元丰二年，石番来贡，即此。元置金石番太平军安抚司。明洪武五年，酋长石爱归附，置今司授之。编户□里。

三台山，司南一里。又司治东有小龙山，司治西二里有天堂山。又伏龙山，在司南五十里。司东六十里，又有天生洞。

回龙江，在司东南，流入都泥江。

墓口关。司西十五里。又梅子关，在司西七十里。木星关，在司西南七十里。

○罗番长官司，州南三十里。北至府城百十五里。《志》云：宋元丰二年，罗番入贡，即此。元置罗番遏蛮军安抚司。明洪武五年，酋长龙世映归附，改置今司授之。编户一里。

屏风山，司治北。又司北三里有松明岭，又龙王洞在司西五里。

环带江，在司治南。又司治北有罗番河，流合环带江。又有小水河，在司东五里，亦合流而入都泥江。

乌罗关。司西四十里。又司北二十里有冗夏关。相近者曰竹柯关。

〇卢山长官司，州南七十里。北至府城百五十里。元置卢山等处蛮夷军民长官司。明洪武五年，土酋卢经保归附，改置今司授之。编户一里。

卢山，司治南。极高，旁有三石峡如门，盘旋而上，顶平广，可容千人。有泉池田土可耕食，盖乡人避兵处也。又五门山，在司东三里。司南二十里，又有茶山，产茶。〇宝塔山，在司西五里，峰峦尖削如塔。又司治北有纱帽山，亦以形似名。《志》云：司北一里，有卧牛冈，南十五里有翁松岭。

腰带河，在司治南。又摆游河，在司西三十里。下流俱入于都泥江。

翁松关，司西七十里。又司西六十里有苦练关。

木官里，州南百四十里。元置木当蛮夷长官司。明改为木官里。初属贵州卫，寻属宣慰司。成化初，属程番府，寻改属定番州。余仿此。

沿台山，在里寨西三里。寨北五里又有木栗山。又独峰在寨东二里。

克度里，州东南百里。元置雍郎、容都等处长官司。明初，改为克度里。今属定番州。

松岐山，在里寨南二里。又南四里，有高囤山。

龙井河，在寨南。

克度关，《志》云：在定番州东南百八十里，接广西境，属克度里管辖。

通州里，州东南百五十五里。元置重州蛮夷长官司。明初改为通州里，今属定番州。

连云山，里寨南五里，以高竦连云也。相近又有屏风山。

绕村沟，在里寨西。

通州关。《志》云：在定番州东南百七十里，抵新添卫之丹平、丹行二长官司界。又有把马等十八寨，俱属通州里管辖。

○开州，府东北。

本水西地。崇祯三年开置今州，属贵阳府。

广顺州，在府北。

本水西地。崇祯三年开置今州，属贵阳府。

○金筑安抚司。府西南百二十里。东至定番州百里，西至安顺军民府百三十里，北至平坝卫九十里。

古蛮夷地。宋为羁縻蛮境。《志》云：宋为南宁州地。元置金竹府，属顺元等路。明洪武四年，改置金筑长官司。十年，升为安抚司，隶贵州卫。《志》云：初金竹酋长密定归顺，置长官司授之，治斗笠寨。洪武十六年，迁治杏林峰。永乐十一年，又迁于马岭之阳，即坝寨也。正统十年，直隶贵州布政司。成化十一年，改属程番府。隆庆二年，改属贵阳府，编户十里。领长官司三。

司重冈叠阜，山广箐深。居诸蛮丛集之中，称为要地。

古筑废县，《志》云：在司南百里。元置古筑县，隶金竹府，俗名其地曰占羊。明初，县废。

天台山，司西南二十里，孤耸如台。又螺拥山在司东二十里，山高五里，状如螺拥。上有深渊，水碧如蓝，四时不涸。又簸箕山，在司东六十里。〇马鞍山，在司治后，又司北十里有粗石坡。

麻线河，司北十里，流延如线，下流入于都泥江。〇乾溪，在司南五里，雨集成溪，雨止溪涸。又胜水，在司西五里，地名麻大寨，人汲则涌，不汲则止。

翁桂关，司东二十里。又有白崖关，在司东十五里。〇乾溪关，在司西四十里。又西五里有文马关。又有燕溪关，在司北十三里。《志》云：司东南又有罗荣寨。

天生桥。司北三十里。石壁千仞，环绕如城。水流其下，人行其上，平坦如桥。

〇木瓜长官司，安抚司东百里。元置木瓜仡猪蛮夷军民长官司。《志》云：元初，置罗赖州，寻改木瓜等处蛮夷军民长官司，隶葛蛮安抚司，误也。明洪武五年，酋长石盖归附，改置今司授之。又以从征官顾宸副之，属金筑安抚司。成化中，改属程番府。隆庆中，复改今属。编户一里。

天马山，司西一里，旁有莲花洞。又独鲤山，在司南一里。司东二里又有凤凰山。

九曲溪，司南八里。又沿井，在司北一里，清流汹涌，虽旱不涸。

蔓头关。司北十五里。

〇麻向长官司，安抚司东百十里。《志》云元置麻向等处蛮夷长官司，误也。盖明洪武五年增置，以授归附土酋得雍。成化中，改隶程番府，后复旧，编户一里。

百连山，司北二里。又司治后有盘龙山。

小河，在司治前。

打仇关。司东二里。

○大华长官司，安抚司东百二十里。元置大小化等处蛮夷军民长官司。明洪武十年，改置今司。成化中，改属程番府，后复故。编户一里。

翠松山，司治前。又司南十里有牛角山。司北二里有播苔山。

清水沟，司西一里，相近又有龙塘。

黑石关。司北六里。

○贵州宣慰使司，与府同城。明初置，后增置府治，而宣慰司如故，领长官司九。

○水东长官司，府北三里。元置水东寨长官司。明洪武五年，土酋向四归附，置今司授之，又以随征官胡文英副之。编户一里。

○中曹蛮夷长官司，府东南三十里。元为白纳县阿耸寨地。《一统志》云：元中曹白纳等处长官司也。明洪武五年，土酋谢石宝、刘礼宾归附，置司授石宝，而以刘礼宾副之。编户一里。

○青山长官司，府东北四十里。元置青山、远地等处蛮夷军民长官司。明洪武五年，土酋蔡剳、刘士真归附，置司授剳而以士真为副。编户一里。

○剳佐长官司，府北五十里，元置落邦、剳佐等处长官司。明洪武五年，土酋宋文忠归附，改置今司授之。编户一里。

○龙里长官司，府东五十里。元为龙里等寨长官司。《志》云：本龙里县，后改长官司。明洪武五年，土酋何有善归附，改置今司授之。编户一里。今以龙里长官司并龙里卫置龙里县，属府。

○白纳长官司，府东南七十里。元置茶山、白纳等处长官司。明洪武初，并入中曹司。永乐四年，复置今司，授归附土酋周可敬。又以土人赵仲祖副之。编户一里。

白纳废县，司西八里，元初尝置县于此，亦曰躬蛾寨。

风洞山。在司西。山腹有洞，风贯其中，有声如雷。

○底寨长官司，府北百里。元置底寨等处长官司。明洪武五年，土酋蔡永昌归附，置司授之。八年，又以从征官梅忠副之，编户一里。

○乖西蛮夷长官司，府东北百五十里。元置雍真、乖西、葛蛮等处蛮夷军民长官司。明洪武五年，土酋杨文真归附，改置今司授之，又以土人刘海为副。今编户一里。

阴阳山，司治旁，土人以云气占晴雨，因名。

金明寨。在司境。洪武二十一年，顾成统平越等卫军征乖西、扒古、谷劳、金明等寨，平之。或曰：其地与都匀府丰宁司接界。

○养龙坑长官司，府北二百二十五里。元为养龙坑、宿徵等处长官司。明洪武五年，土酋蔡普化归附，置司授之。又以土人谢文直为副，今编户一里。

养龙坑，在司旁。两山夹峙，潴流其中，泓渟渊深，龙藏其下。春初牧牝马其侧，多产龙驹。

贵州卫，在府城内西偏。洪武四年建，隶宣慰司，寻隶贵州都司。旧领程番等一十三长官司。正统四年，十三长官司皆改属宣慰司。后又属程番府，即定番州所领诸司也。今亦设贵州卫。

贵州前卫。在府城内西北隅。洪武二十六年建，属贵州都司，今亦设贵州前卫。

○安顺军民府，东至贵阳府金筑安抚司百三十里，南至广西泗城州界二百四十里，西至云南平夷卫界三百二十里，北至安庄卫九十里。自府治至布政司百五十里，至江南江宁府四千二百八十里，至京师八千二百九十里。

古荒服地。唐宋为羁縻蛮地。《志》云：宋为普里部。元置习安州。《元志》不载。属云南普定路。明洪武十六年，改安顺州，属普定府。十八年，府废，改属普定卫，隶四川都司。正统三年，改隶贵州布政司。州亲领十四寨。《名胜志》：嘉靖中，州移治普定卫城内。万历三十年，升为安顺军民府，领州三、长官司六。今曰安顺府。

府右临粤西，左控滇服。形势雄远，屹为襟要。

普定废县，在府治西。《志》云：元置县，隶普定路。明初，省入安顺州。今《元志》不载。今仍置普定县属府。又府治旧在今治南，地名八十一寨。正统中，移治普定卫西南。

旧坡山，州治西北。两峰相峙，中有石关，为郡治之要隘。旧《经》云：州治马头山，即此山之麓也。又新坡山，在府西北三里。其岭长广五里，府治枕之，以为形胜。《志》云：府西南三里有红土坡，土色如硃。西南十里有黑土坡，土色如墨。

岩孔山，府东四十五里，高峻盘亘，顶平广，可坐万人。旁多孔穴，有崖孔寨，山因以名。又马首山，在府东南四十里。○搏翠峰，《名胜志》云：在府东北五里。其麓有龙潭洞，出洞十余丈，即天生桥。《广记》：天生桥，石壁千仞，环绕如城，水经其下，惊涛急湍，乃天设之险。

碧波桥河，在府东二里。又府西十里有宁谷桥河。

旧坡石关。在旧坡山上。又普利驿，《志》云：在南门外。

○宁谷长官司，府西南三十里。元置宁谷寨，明洪武十九年，置今司授土酋顾兴仁为副长官。正统初，授其三世孙雄为正长官，领二十九寨。

马鞍山，司西十一里，以形似名。

乾海子。司东南四十里。水泛成湖，波面甚阔。《志》云：云南值旱，此水必泛溢，境内常丰。云南雨潦，此水必涸，境内多旱。盖地脉相通，互为盈缩云。又清水井，在司东南三十里。

〇西堡长官司，府西北九十里，元置西堡寨。明洪武十九年，置今司。二十五年，授土酋卜却，领四寨。

习安废州，在司北浪伏山下。《志》云：元置州于此，隶普定府，明初废。

伐木山，司南六十里。山高箐深，多材木。〇白石崖，在司西南五十里，崖甚险峻，惟一径可以攀援。顶平广可居。又有泉，四时不竭。蛮尝据此为硬寨。成化中，官兵讨破之。

楚由洞，司东南五十里，山高万仞，盘桓起伏，迤逦三百余里。洞在山畔，深广亦百余里。又播老鸦洞，在司东南六十里，山势峻险，洞深不可测。

谷陇河，司治前。西北流五十里，下流合于乌江。《志》云：司南四十里有索桥，在谷陇河上。水势湍急，系藤为桥，以济往来云。

阿驴寨。在司境，蛮寨也。洪武十五年，吴复击破西堡贼，拔阿驴等寨。二十六年，顾成平西堡贼，拔阿得等寨，寨盖与阿驴相近。

〇镇宁州，府南七十里。东北至金筑安抚司百五十里，西至永宁州六十里。

古蛮夷地。元始置镇宁州。《通志》：宋为普东部，元于罗黎寨置和弘州，寻改镇宁州。隶云南省普定路。大德间，改属曲靖宣慰司，隶湖广。《元志》皆不载。明洪武十四年，属普定府，《志》云：时置州于罗夷寨，即罗黎也。寻改属四川普定卫。正统三年，改属贵州布政司，州亲领六寨。《名胜志》：嘉靖十二年，州迁治于安庄卫城内。万历三十年，改今属，领长官司二。今亦为镇宁州。

州介滇、粤之间，山川险阻，翼带南垂，亦为要地。

火烘坡, 州治北。古名和弘。元置州治此。山高峻, 其气燥燠, 虽隆冬登陟, 汗常浃背。《舆图》云: 州治火烘寨, 亦名罗黎寨是也。

既济泉, 在州治东, 其地极热, 此水独凉。

安庄驿。州北三十里, 亦曰白水站。《志》云: 州城内有税课司。洪武十六年, 置司于普定府城内。永乐九年, 改为普定卫税课司。正统三年, 改属镇宁州。又改曰镇宁州, 在城税课司。

○**十二营长官司**, 州北三十里, 元为十二营寨。明洪武十九年, 置今司, 授土酋陇阿佐世守, 领二十九寨。

普定故城, 司东南二十里。《志》云: 洪武十四年, 大军克普定, 暂立此城, 为守御。十五年, 征南将军傅友德徙于今卫治, 而故城遗址尚存。

马鞍山, 司东三十里。又司西北三里有猫儿山。皆以形似名。

公具河, 司东北四十里。旁有公具寨, 因名。灌溉田亩, 军民利之。又阿破河, 在司北五十里, 亦以旁有阿破寨而名。土人以藤索为桥而渡, 名索渡桥, 又名阿破桥。又龙潭, 在司治北, 水色常黑, 虽旱不涸。

天生桥。司东北四十里, 为往来要道。

○**康佐长官司**, 州东四十里, 元为康佐寨。明洪武十九年, 置长官司, 授从征官薛福寿。又以于成副之, 领四寨。

摆山洞。司东七里。广七丈, 深不可测。旁有摆山寨, 因名。

○**永宁州**, 府西南九十里。东至镇宁州六十里, 西至普安州百九十里, 东北至安庄卫界百五十里, 南至广西泗城州界百六十里。

古荒服地。元置永宁州, 属普定路。《志》云: 元初为达安, 夷名打罕, 寻改为永宁州。大德中, 改属湖广行省。至正中, 为广西泗城州所并。明洪武十四年, 普定土酋安瓒不恭, 命颍州侯傅友德讨平之。十六年，仍置永宁州，属普定军民府。十八年，府废，属普定卫，隶贵州都司。正统三年，改属贵州布政司，亲领六寨。郭子章《黔记》：州初治打罕寨。宣德间，改建于关索岭所，俗仍谓之打罕州。成化三年，打罕州土同知韦阿礼作乱，调广西泗城州土舍岑善忠剿平之，即此。万历四年，又改建于安南卫。《志》云：州西去安南卫三十里。似误。其相去盖百里。万历三十年，改今属，领长官司二。今仍曰永宁州。

州山川险阻，林箐蓊蔚，控御边陲，恃为保障。

红崖山，州西北八十里。四面悬崖，壁立万仞，惟东面一径可登。山畔有洞，宽广若堂，深数十丈。相传诸葛武侯驻兵处，上有诸葛营。○打罕坡，在州北十里，旧名达安坡。道经其上，凡十里，崎岖险峻。

盘江，州西三十里，自普安州流经顶营司西。又南流径此。江之西岸，即慕役长官司境。亦谓之北盘江，以别于南盘江也。有盘江巡司，其地名黄土陂。《志》云：盘江巡司在州西北百八十里。似误。○者马河，在州西北六十里，即者卜河之误也。自安南卫流入境，注于盘江，有者马桥跨其上。

查城驿。在州北八十里，与安庄、安南二卫接界。

○慕役长官司，州西七十里。旧《志》作百七十里，似误。元置慕役寨。明洪武十九年，置今司，授土酋阿夷，又以从征官杜仲仁副之，领四寨。

安笼箐山，司北五十里。山峦相接，林木蓊密，周四十里。官道经其中，险阻难行。秋冬多雾，昏晓不辨。《舆程记》：箐东北去关索岭四十里。○象鼻岭，在司西北四十里，路出滇南必经其上，险峻难登。

盘江，司东四十里，即北盘江也。又东南，而南盘江自云南罗雄州界流合焉。东南入广西泗城州境。

白水河。司西北三十里驿道侧。自安庄卫西南流经此，有白虹桥跨其上。洪武二十五年建。《志》云：白水河自高崖下注，长数十丈，飞沫如雨，凡二三里。瀑布之大者，无逾于此。其下流注于盘江。又郎公河，在司东南三十里，湍流急疾，不能为桥。惟设舟楫以济往来，或曰即白水河下流也。

○顶营长官司，州北七十里。旧《志》在州南百五十里，似误。元置顶营寨。明洪武四年，置今司，授土酋阿光，继又以从征官程士贵副之，领四寨。

箭眉山，司西百里。地名陆堡。势极高大，周四十余里。河流萦纡其下。巅有两峰，峰畔一谷甚宽平，可耕艺。土气多燠，蔬果四时不乏。然多烟瘴，不可居。惟土著仲家居焉。

鸡公背坡，司东三十里，形如鸡背，与关索岭对峙，下临溪涧，山路艰险。○关索岭，在司北三十里，岭极高，周回百余里。入滇者道必由此，与安庄卫接界。

盘江。在司西二十里，自安南卫流经司界而入州境。今有盘江渡，与安南卫接界处。

○普安州，府西南二百里，东至永宁州百九十里，南至云南广南府界五百四十里，西至云南平夷卫界百四十里，西北至云南霑益州二百五十里，东北至安南卫一百六十里。

古夜郎地，汉牂牁郡地。蜀汉为兴古郡地。隋属牂州。唐武德二年，置西平州。贞观元年，改盘州。以盘江为名，领附唐、平夷、盘水三县。隶戎州都督府，后为南诏之东鄙，东爨乌蛮居之，号於矢部。一作榆市部。其后爨酋阿宋号齐弥部，寻复为於矢部。宋宝

祐中, 附于蒙古。蒙古置於矢部万户府。《通志》延祐四年置, 寻改
为普山府。至元间, 改置普安路。领和龙、八纳、习旧、普安四部。隶
云南行省, 寻改为宣抚司一作安抚。后复为普安路。《通志》领和
龙、习旧、八纳三千户所。镇宁、永宁、习安三州, 普定、永山、石梁、罗山
四县, 隶曲靖等处宣慰司。明洪武十六年, 置普安军民府, 隶云南
布政司。二十二年, 改置军民指挥使司, 隶云南都司。寻改隶贵州
都司。《志》云: 初置军民府, 授土酋那邦妻适恭。适恭卒, 子普旦袭。
洪武二十五年, 普旦与越州叛酋阿资等连兵, 袭陷普安府, 事平, 罢州置
卫。又移治今城。永乐元年, 改普安安抚司, 属普定卫。十三年, 改
为州, 初置安抚司, 授土酋慈长。十二年, 长复谋不轨, 因改为州。隶贵
州布政司, 领罗罗夷民十二部, 号十二营。谓部长曰营长。《名胜志》: 州
初治撒麻寨, 寻迁海子, 复迁卫郭。万历十三年, 迁入卫城。万历三十
年, 改今属。今仍为普安州, 又置普安县属焉。

州当云、贵之噤喉, 达川、广之声援, 据险立城, 控扼蛮夷,
实为要害。

普安城,《志》云: 旧城在今州东三十里, 元普安路治此。洪武中,
迁于今治, 城周七里有奇。

附唐废县, 州南百里。地名黄草坝。唐置县, 属羁縻盘州。又平夷
废县, 在州西百二十里。即今云南之平夷卫。又盘水废县, 在州东盘江
上。《唐志》: 盘州领三县, 即此也。天宝以后废。今亦见云南陆凉州。○
罗山废县, 在州西百里香罗山。又有永山、石梁二废县, 俱在州西, 皆元
置, 属普安路。明初废。

番纳牟山, 州治西北, 州之镇山也。驿道经此, 一名云南陂。陂陀
相续, 往来者行石齿中, 其西有和合山。又营盘山, 在州治西, 相传武侯

征南时结营于此。《志》云：州治南一里，有雄镇山。普安卫治在其下，治东又有笔架山。三峰相峙，中峰特起。

八部山，州东三十里，九峰摩空，一泉奔注。普安旧治在其下。又新盘山，在州东七十里。新兴站在其上。又八纳山，在州东北七十里，高二十里，顶宽平，有潭，四时不涸，旧有夷寨。又盘江山，在州东北百八十里，接安南、安庄二卫界。《志》云：州东南百五十里，有杨那山，势极陡峻，者卜河出焉。安南所在其下。

广午山，州北九十里，林木郁然，下有小溪流入山穴。又罗摩塔山，在州治北百八十里，四面峭壁，惟一径可通。上有寨，其东北崖下瞰盘江。○香罗山，在州西百里，平夷千户所在其上。又夹牛山，亦在州西百里，乐民千户所在其上。又州西南二百七十里，有党壁山，四山环绕，东南一箐，外狭中旷，可容数百家。土夷每避暑于此，又名躲瘴。

格孤山，州东北四百五十里。山势雄峻，界连滇、蜀。明洪武十四年，傅友德自曲靖帅师循格孤山而南，径捣乌撒。盖循格孤之南而西北出也。《志》云在州东南，似误。○得都山，在州东南四百二十里，一名白崖。产雄黄、水银。《志》云在州治东，亦误。

碧云洞，州南三里。本名水洞，外狭内广。又州治南有新石洞，乐民所城西有天桥洞，以有石如桥也。

盘江，州东百里。自安南卫流入永宁州界，又绕流入州境。《志》云：州东百二十里有盘江渡。即安南卫及顶营司接界处也。又东南流入永宁州慕役长官司界。《一统志》：盘江自乌撒普畅寨经州东北。误。又拖长江，在州东七十里，源出沙陀石崖中，下通盘江。

者卜河，州东南百八十里。源出杨那山，流经安南卫境，下流入盘江。《志》云：州南二百里，有磨溪，即者卜河下流也。又深溪河，在州东南百二十五。源出木邦寨，西南流经黄草坝，曲折三百里，入盘江。○

软桥河，在州东三十五里。又南板桥河，在州东南八十里，上接州南三十余里之大水塘。俱流入盘江。

响水，州南五十里，水入石洞，声闻数里。又三一溪，在州治东。《志》云：水源有三：一出州北沙河庄，一出云南坡，一出城北三里目前山。三流合一，入于水洞。○以冲海子，在州西南安所城南，周三里，深不可测。旁有石门，海子之水注入焉。

芭蕉关，州东八十五里，又倒木关，在州南四十里。州西百十里又有分水岭关，东南三百四十里有安笼箐关。○何买寨，在州南。洪武二十四年，傅友德等克普安，别将杨文拔何买寨，唐铎击破楚华山寨。寨亦在州境。

亦资孔驿，州西七十里石象山下，递运所亦在焉。亦曰亦资孔站。又西七十里至云南之平夷卫，滇黔孔道也。天启二年，安邦彦叛，围贵州，西出侵掠，云南抚臣闵洪学遣兵援黔，收复新兴、普安等城，及亦资孔站是也。又新兴驿在州东七十里，亦曰新兴站。有新兴堡城，周二里。又东八十里至安南卫之尾洒驿。○湘满驿，在州治南，又有湘满站，在州城北。又税课局在州城东门外。

保甸铺，在州东。弘治十一年，官军讨普安乱贼，营于保甸铺侧，为贼所袭，死者甚众。

普安卫。州治西南。洪武二十二年建，属贵州都司，领守御所四。今亦设普安卫。

○乐民守御千户所，州西南百里夹牛岭上。洪武二十二年建，所城周一里。

○平夷守御千户所，州西百里香罗山上。亦洪武二十二年建，城周一里。

○安南守御千户所，州东南百六十里杨那山下。亦洪武二十二年建，城周二里。

○安笼守御千户所，州东南三百里安笼箐口。亦洪武二十二年建，城周一里。

○都匀府，东至平越府黄平州界二百二十里，西至龙里卫平伐长官司界百二十里，南至广西南丹州界三百十里，西北至平越军民府界百里。自府治至布政司二百六十里，至江南江宁府四千七百十五里，至京师八千二百四十五里。

古西南夷地。蛮名都云。《五代史》：晋天福五年，都云酋长尹怀昌帅其属十二部附于马氏，即此。元置都匀军民府。《元志》：又有都云、桑林、独立等处蛮夷军民长官司，属管番军民总管。又有都云县，属定远府。都云洞长官司，属新添葛蛮安宣抚司。《一统志》：元置都云等处安抚司，属云南行省。《通志》：元置都云军民府，领都云县。定云府领合江、陈蒙二州，俱隶思明路，寻合置都云、定云等处安抚司，隶云南行省，皆未知所据。

明洪武十六年，置都云安抚司，隶四川布政司。二十三年，改置都匀卫军民指挥使司，自是改云为匀。谓云之为物，变化不一。改匀字，取均匀为义。仍隶四川布政司。永乐七年，改属贵州都司。时都匀卫领七长官司，卫属贵州都司，而七长官司则属布政司，寻复属卫。弘治六年，复置都匀府。与卫同城。领州二、县一、长官司八。今仍曰都匀府。

府山川环峙，控扼广远。西固粤西之唇齿，北接川播之藩篱。明初，散毛、散狗二蛮作乱，凉国公蓝玉遣凤翔侯张龙讨劓之，境内始宁。天启初，都匀、麻哈之间，有长田一带苗蛮助安邦彦为乱，掠清平、新添诸路，饷道为梗，官军讨平之，贼势始杀。《志》

称黔中四苗仲，而狡悍无如匀、哈，制之不可无策矣。

都云废县，府西南十七里。《志》云：元置县于此。又有都云、桑林、独立等处废长官司，在府西二百里。今府城，明初卫治也。洪武二十三年，苗叛，平羌将军何福讨平之，筑城于中都云竹林蛮寨，奏改安抚司为卫，都云为都匀。从之。初为土城，寻甃以石。弘治中，改为府城，有门五，城周八里有奇。又有内城，周不及二里。今仍置都匀县。

合江废州，《志》云：在府东南二百五十里，宋所置羁縻蛮州也。元因之，寻改为合江州长官司。考《元志》有峡江州，属管番军民总管府，盖讹为合江也。明初废。又陈蒙废州，在府东南百里。《志》云：亦宋所置羁縻州，元初因之，寻为陈蒙蛮夷军民长官司，亦属管番军民总管府。明初废。又定云废府，《志》云：在府东百五十里，元置。今《元志》不载。又府北七十里有都镇、麻乃等处废长官司，元置，属新添葛蛮安抚司，亦明初废。

龙山，府西五里。高万仞，双峰插天，为府境之望。《陆东游记》：出都匀西门，渡邦水河，河阔百余武。及岸，西过小团陂，又西为观音坐山。山旁道达姬家冲，稍西北上煤炭坡。又西里许曰笋山，即龙山麓也。盘曲崎岖三四里而及山巅。群山环列，不啻儿孙。郡城楼堞，市衢井舍，历历在目。○小孤山，在府西二里。又府西北十里有养牛山，上有寨。西北五十里有二龙戏珠山。二山环绕，中有圆山，其状若珠。

东山，在城东。其相接者曰谯山，山高可望远也。又蟒山，在府南三里。府东南五里，又有文笔山。○七星山，在府北七里。又府城西北一里有笔架山，三峰高耸。

邦水河，在府城西。自邦水司流入，南流为都匀河。罗氏云：都匀河即平越卫之麻哈江，是也。又东南径独山州，为独山江，入广西天河县境。详见广西大川右江。

长河，在府城北。有二源，俱出山涧中。至城东北三里，合流为一。其下流达湖广黔阳县，可通舟楫。又便河，在府城东，起自北门，历西南一带，环城围绕，阻绝诸苗入城之路。今淤。又三道河，在城东二里，下流合邦水河。○胡公堰，在府城北一里，明初指挥胡纲所筑。城西之田赖以灌溉。

平定关，府北二十五里。其南有平定桥。又靖盗关，在府北二十里。威镇关，在府西四十里，今改为粟谷堡。《志》云：府西十里又有屏山关，路通平伐。贼往往出没于此，因增置关戍守。

摆沙寨，府西北三十里。天启初，府境长田诸苗应安邦彦为乱，平越官军讨之，克其摆沙大寨。寨居诸寨之中，去平越百里。官军由间道袭破之，进攻瓮岳等寨，复攻府城西南仲贼，克江时、户西、高平、养古数十寨，扫荡二百余里云。

来远驿。府北一里。又府北七十里有都镇驿。○云津渡，在府西一里，邦水河渡处也。府东五十里又有扬安渡，即长河渡处。近《志》云：府东四十里有马尾渡。

○清平县，府北百三十里，北至清平卫一里。自昔为蛮夷地。洪武十四年，开置清平堡。二十二年，升为清平长官司，属平越卫。二十三年，置清平卫于司北，因改属清平卫。弘治八年，改司为县，属都匀府。编户一里。

○恭溪望城崖岭等处废长官司，县东南三十五里，元置，属新添葛蛮安抚司。明初废。今为望城堡。

香鑪山，县东三十里，壁立千仞，延袤三十余里。众山环列，若戈鋋相向，盘亘三四重。鸟道悬崖而上，可容百万人。有潆流一溪，沃畴千亩，聚落蜂屯，保以为奸。正统末，苗韦同烈者凭险旅拒于此，官军讨之，久而弗克。景泰三年，乃就抚。正德十二年，苗阿向等复据旧巢作乱,列栅数十里,积粟聚兵,结都黎、都兰、大漂、大坝、龙对诸苗相形援,诏湖贵合兵讨之。环列山下,弗克攻。侦知苗俗以长至日为岁朝,至其夜,架梯悬崖,直捣其巢,焚其寨栅,遂平之。因城香炉为官戍。嘉靖十三年,增拨清平卫中左所兵戍守。

东山,县东三里,有岩洞之胜。又东二里,有马鞍山。〇盔山,在县西三里,形如覆釜,一名锅底山,又西二里有葛贡山。又石仙山,在县南三里。又南一里有万朝山。双乳山,在县北六里。县北二十里又有罗仲山。

望城山,县东二十五里。又有笔架山,在县东二十里。其相近者为小华山,又天榜山,在县东北二十五里。

木级坡,县南五里。两木交生,如阶级然。苗蛮恒出没于此,为戍守要地。又龙王坡,在县南四里;王家坡,在县东一里;观音坡,在县北二十里。〇云溪洞,在县北十五里。溪水从洞流出,资以溉田。旧名大空洞。相近有宾阳洞,一名小空洞。《志》云:县北七里,有天然洞。嘉靖十五年,新开其左为太极洞,土人以云溪、宾阳、天龙为三洞。

山江河,县东五十里。或云源出香炉山,又县东八十里有舟溪江,其上源即兴隆卫之重安江也。并流而南,经平定长官司界,合为一川。又南合于麻哈江。

东门溪,在县城东。又西门溪在县西五里,勇胜溪在县南九里,凯还溪在县北五里,下流皆合于山江河。《志》云:县西北五里有葛贡连塘,有灌溉之利。〇济生池,在县治西北。《志》云:县城即清平卫城也。正统十四年,苗贼围城凡十四日,军民赖此以济。又有便河,在城内。正德八年,凿引城濠水注之,以防不虞,因名。

鸡场关,县南十里。又县北罗仲山上有罗仲关。俱洪武二十五年建。〇清平驿,在县治南。《志》云:卫城南一里有清平驿。洪武十六年,建为翁霾驿，隶四川黄平安抚司。至十九年改清平驿，隶平越卫是也。《滇程记》：兴隆卫达清平，有黄安、周洞、重安、罗冲、落灯等七亭，由清平达平越，有鸡场、胡资、杨老、羊场、三郎等五亭。又云：陟梅岭关渡麻哈江，地与羊鸡之场为诸蛮互市处。以十二辰相递，历十二日一市，每场岁三十市。

黎树寨。在县东北苗寨也。景泰二年，湖广督臣王来攻香罏山贼，分军一自龙场进，一自万朝山进，一自重安江进，诸将破黎树翁沟三百余寨，又招抚衮水等二百余寨，遂会兵香罏山下。贼党缚其魁出降。重安江，见平越府，即废重安长官司也。○龙角寨，在县北五十里，亦苗寨。《志》云：县多犵狫诸苗，是也。

○都匀长官司，府南七里。《志》云：元为上都云等处军民长官司。今《元志》不载。明洪武十六年置今司，授土酋吴赖为副长官。景泰三年，授其孙正为正长官。编户一里。

凤凰山，司治南。又司东十里有都云洞，洞有南北二门。或云元置都云洞长官司，即此地也。明初因之。弘治六年，始徙长官司于今治。○黄土坡，在司境，苗寨也。弘治三年，黄土坡夷王和等作乱，官军讨平之。

都匀河。司治南，即邦水河也。自府城西南流经此，曰都匀江。《志》云：司南有马尾河，独山、平州往来所经也，即都匀河矣。又司境有羊猩诸苗，多濒都匀河而居。

○邦水长官司，府西二十里。《志》云：元为中都云、板水等处军民长官司地，今《元志》不载。明洪武十六年置司，土官吴氏世袭。编户一里。

箐口山，司西南二十五里，高险多箐。《志》云：司境多犵狫属蛮，依山为险。

邦水河。在司东南。本名板水，后讹为邦。即都匀河上流也。一名板水塘。

○平浪长官司，府西五十里。《志》云：元都云安抚司地。明洪武十六年，分置今司，土官王应铭世袭。编户一里。

凯阳山，司西南六十里。山险峻，有寨在其上，即凯口囤也。围十余里，高四十丈，四壁斗绝，独一径仅尺许，盘旋而登，上有天池，虽旱不竭。嘉靖十五年，部苗阿向据此为乱，抚臣陈光宅檄水西安万铨讨之，屯兵囤下者三阅月。仰视绝壁，无可为计。独东北隅有巨树，斜科偃塞半壁间，去地二十丈许。乃募壮士乘夜先登，垂徽引下，人继上，复攀缘至囤顶，仅得二三十人。即举火发炮，大呼曰：天兵上囤矣。贼惊起，自相格杀及夺径坠崖者甚众。会抚臣失士心，阿向走免。月余，复袭杀守囤官军而据之。诏安万铨进剿，万铨招下之。《平凯记》：凯口苗阿向自正德末据大囤为乱，官军屡讨之，不下。嘉靖十五年，檄水西兵与官军合势俱进，寻破其囤，斩向。向侄阿四者更名王聪，聚党袭破戍军。复据囤为乱，官军复进讨。聪乘夜来犯，官军擒斩过当，追击至囤下，沉贼于溪河甚众。随援绳梯，直捣其巢，贼皆降溃，进攻老虎山，克之，追擒聪于里耸山中。继而其党王佑、王毛复乘虚据囤，官军购旁寨顺民攻复之。余孽走谷坡箐中，次第抚定。悉擒其党，贼遂平。于是更凯口囤为灭苗镇，益兵守御。

鸡冠山，在县东，以形似名。《志》云：司西北二十里，有雄黄洞。

麦冲河。司东南十里。岸有古寨，下流入于都匀河。正德三年，都匀、清平间叛苗富架重恶龙作乱，官军讨之。一由杨安、答干、麦冲进，一由清平、索驴、撒毛进，即此麦冲河也。

○平州六洞长官司，府西南百五十里，元为六洞、桑远等处蛮夷军民长官司。明洪武十六年，置今司，授土酋杨氏世守。编户一里。

六洞山，司西南七十里。山险峻，上有大六洞寨。〇凯口洞，在司东北三十里，苗人常避兵于此。

平州河，司治南。水中有沙洲，土人开肆贸易其上。

羡塘寨，在司境。洪武三十一年，顾成讨司境叛苗，破苗坡、羡塘、光金、蒙台诸蛮酋是也。

〇麻哈州。府北六十里。西至平越军民府三十里，北至清平卫七十里。

古蛮夷地。元置仡狫寨长官司。属新添葛蛮安抚司。《通志》：元置麻峡县，寻改为麻哈长官司，迁治于仡狫寨，误也。考《元志》，麻峡属定远府，而麻哈长官司则《志》不载。明洪武五年，改置麻哈长官司，授土酋宋氏，后改为土同知。隶平越卫。弘治八年，升为州，又改今属，州内为石墙，外为土墙，有门四。领长官司二。今亦为麻哈州。

州西控平越之肘腋，南壮都匀之肩背，苗蛮错聚，捍御所资也。

波陇山，州东十里。《志》云：州西十里有铜鼓山，有树状如圆鼓，因名。〇玉屏山，在州北一里。又州南二里，有天马山。

麻哈江，州南五里。其上流为清水江，下流即邦水河也。《志》云：州南又有摆递河。

都镇驿。州城内，都匀、平越之交也。

〇乐平长官司，州西北四十里。南至平越府二十里。元仡狫寨地。明洪武五年，置乐平长官司，授土酋宋氏为副长官，隶平越卫。弘治八年，改今属。编户一里。

马场山，司东北五十六里，与牧马场相连，因名。

乐平溪。司治南。下流合于麻哈江。《志》云：司境有紫姜苗，夹溪而居云。

○平定长官司,州西北百里。东北至清平卫六十五里。洪武二十二年,置司,授土酋吴氏,初属平越卫。三十年,改隶清平卫,后又改今属。编户一里。

扬古山,司北二十里。又有平孔山,在司南三十里。

舟溪江,司东八十里。又司东北五十里为山江河,有山江渡,至清平城四十里。司东又有平定溪,流入山江河。

○独山州。府南百五十里。东至广西融县界百六十里,南至广西天河县界二百里。

古蛮夷地。元置独山州军民长官司,属新添葛蛮安抚司。洪武十二年,改为九名九姓独山州长官司。境内有九名九姓苗也。隶都云卫。弘治八年,升为独山州,有土城。仍属都匀府,领长官司二。今仍为独山州。

州密迩粤西,襟带南服,为边隅要地。

独山,州南二十里。山尖圆高峻,无他山联属,因名。又镇夷山,在州治南,山高顶平,土酋结寨其上,以镇夷苗,因名。

独山江,在州南,即都匀河之下流也。又南入广西天河县界。又母鱼河,在州南二十里,流入独山江。

阿坑关。州北三十里。又鸡公关,在州南四十里。其相近者又有坛子窑关。

○合江洲陈蒙烂土长官司,州东百里。西北至府城二百里。《志》云:宋置合江、陈蒙二羁縻州。元初因之,寻置陈蒙蛮夷军民长官司,隶管番军民总管府。明洪武十六年,改置今司,授土酋张氏为副长官,属都云卫。后改今属,编户一里。

丙王山。在司东，高数百丈。又梅花洞，在司东南三十里。宣德九年，叛苗据此为变，都指挥顾勇讨破之。相近者又有石黄洞，亦叛苗据守处。《志》云：司境多短裙苗，皆依山洞为窟穴。

○丰宁长官司，州西南七十里，北至府城二百二十里。《志》云：元都云安抚司地。明洪武二十三年置今司，授土酋扬氏，隶都云卫。弘治八年，改今属。编户一里。

行郎山，司西南八十里。山麓斗绝，山顶平坦，道路崎岖。土人造梯以登，上有蛮民二百余家。半山岩中有流泉涌出，四时不竭。《志》云：司境有仲家苗，皆依山以居。

黑石关，在司南，为戍守要地。○谷劳寨，在司西南。洪武二十六年，顾成讨丰宁叛苗。藩台、谷劳、摇安诸寨，皆近司境。

都匀卫。与府同城。洪武二十三年置卫，寻增置都匀府，而卫不改，隶贵州都司。

○平越军民府，东北至偏桥卫百八十里，东南至都匀府百三十五里，南至新添卫七十里，西北至四川遵义府三百五十里。自府治至布政司百八十里，至江南江宁府四千二百二十里，至京师八千二百里。

古蛮夷地。宋为羁縻蛮地。《通志》：宋嘉泰初，土官宋永高克复麦新地，亦内附，号黎峨黑等寨。元置平月等处长官司。按《元志》有平伐、月石等处长官司，属播州军民安抚司，疑即此地矣。元置平月等处蛮夷军民长官司。属管番军民总管府。明洪武十四年，置平越卫军民指挥使司，领杨义、麻哈、乐平、清平、平定长官司五。属四川布政司，寻改属贵州都司。三十年割清平、平定二长官司属清平卫。弘治七年，又改麻哈长官司为州，隶都匀府。万历二十七年，平杨应龙，分播州地置平越军民府，与卫同城而理，领卫二、州一、县三、安抚司一、长官司一。今仍为平越府。

府山溪深险，苗夷环伺，介黔、播之肘腋，为楚、蜀之藩维。万历中，分道讨播，平越其北出之要也。事平，置府于此，厚襟带之防，成崎角之势，屹然雄镇矣。

平越城，今府治。洪武十四年建土城，置卫于此。三十年，改甃以砖石。有门四，城周八里有奇。今置平越县。

〇三陂地蓬等处废长官司，府东南三十里。元置，属新添葛蛮安抚司。明初废。今为地蓬铺。

叠翠山，府东南三里。群峰稠叠，青翠可挹，三江皆会其下。又石关口山，在府东南二里，两崖如门，官路经其中。又月山在府南一里，又南二里曰笔峰山。高耸卓立，四时常青。〇文笔山，在府东南五里，一峰挺秀，如立笔然，下临三江。稍西曰天马山，与文笔并峙。又有笔架山，亦在府南五里。

瀙霾山，府北六十里，山高林深，霾雾瀙郁。又峨黎山，在府东八十里，绝顶有泉，又有穿岩，岩孔穿透，广容千人。

七盘坡，府东五里，官道经其上。高峻崎岖，折旋凡七，坡下有溪。一云以盘回七里而名。又倒马坡，在府西南五里。官道经此。骑行者苦其险仄，马多困踣。〇燕子洞，在府西二里。又西八里有百人洞，一名穿洞，清泉涌出，广容百人。

麻哈江，府东南三里。其上源即黄平州之两垄江。南流入境，其水清深，萦绕城下。又东南经扬义司界而入麻哈州境。〇马场江，在府南四里，与羊场江通，其水湍急而深，中流如沸。又南合于麻哈江。《志》云：卫东南七里有三江口，三江即马场、羊场与麻哈江也。三水会合，波流萦回，为郡之胜。

清水江，府西四十里。其上流自新添卫流入界，源远流阔，雄吞诸溪。又北经乖西、巴乡诸苗界而入乌江。天启初，安邦彦作乱，围贵阳。抚臣王三善分兵从清水江驰救，是也。

地松河，府东北十五里。其地名松屯，南流入麻哈江。又羊场河，在府东五里，横截驿道。弘治十年建石梁于其上，曰通济桥。流通马场江，入麻哈江。〇冷溪，在府西南四十五里，流入清水江。

武胜关。府南二里。又穀芒关在府南四十五里。梅岭关，与新添卫接界，在府东四十里。七星关，在府北五里。《志》云：府东南二十里又有羊场关，以羊场河而名。又有高平寨，亦在府境。〇平越驿，在府城内。又城南有平越站，又府南三十里有黄丝站，府东三十里有杨老站。《志》云：自遵义入贵州之通道也，有杨老堡。

瀫清平卫，府东北六十里，东北至兴隆卫六十里，西至扬义长官司四十里，南至都匀府一百三十里。

古西南夷地。明洪武十四年，始开置清平堡。二十二年，增置清平卫指挥使司，隶贵州都司。《通志》：二十四年，移卫治于清平堡北。似误。万历二十七年，改属平越府。初领清平、平定二长官司。弘治七年，改清平司为县，属都匀府，又以平定司改属麻哈州。《志》云：卫与清平县同城。今城邑及山川险隘，俱详见清平县。今亦设清平卫。

卫群山环拱，溪水交流，居川、黔之间，为要会之处。

瀫兴隆卫，府东北百二十里，南至清平卫六十里，西至黄平州界七十五里，东北至偏桥卫六十里。

古牂牁夷地。宋、元皆为羁縻蛮地。《通志》：宋为狼洞寨，属黄平府，元因之。未详所据。明洪武二十二年，始置兴隆卫军民指挥使司，隶贵州都司。《通志》：洪武八年，为四川播州重安长官司地。

二十二年，颍国公傅友德征南，以其地当西南要冲，始置今卫。初名兴龙，后改为隆。万历二十一年，改今属。今亦设兴隆卫。

卫北接川播，东控溪蛮，为三方之保障，楚、蜀、黔也。壮四达之噤喉。

兴隆城，今卫治。洪武二十六年建，寻甃以石，为门四，城周三里有奇。

香鑪山，卫西南十五里，与清平卫接界。峭拔高耸，叛苗常屯据于此。今详见清平县。

龙岩山，卫城北一里。一名龙洞山。石势崭岩，水色深碧。相传龙居其中，时出云雨。明初卫名兴龙，以此。一名狼洞。其相接者又有揭榜山，崖壁端直而峻削，因名。○大翁山，在卫北二十里，形势雄伟。其对峙者曰马鞍山，岩石甚胜。

飞云岩，卫东三十里。一名东坡山。壁立千仞，奇胜万端。下有澄潭，旁为月潭寺。今置月潭公馆于此。○截洞，在卫南。景泰二年，苗贼韦同烈伪称苗王，纠众数万屯聚截洞，攻平越、清平。官军进讨，会师兴隆。贼迎战，击败之，遂退据香鑪山洞，盖与香鑪山接。

重安江，卫南三十里。源出苗境。两山夹岸，水深莫测。当滇、贵驿道，维舟为渡。又南入清平县界，为舟溪江，下流入麻哈江。○处洞河，在卫西十里，源出苗境，东流经处洞，至卫城西，有兴隆大河及兴隆小河流合焉。又东入镇远府之镇阳江。

高溪，在卫西南，傍有高溪屯。又秀溪，在卫东三十五里东坡堡下。下流皆入重安江。

大石关。在卫北。又卫南二十里有重安关。关南有重安桥。《志》云：卫西南二十五里，有重安巡司。旧属黄平安抚司，今属黄平州。○东坡堡，在卫东二十五里，又卫南三十里有重安堡，皆置站于此。又黄平驿，在卫城南，亦兼置兴隆站。

○**黄平州**，府北七十里。西北至四川遵义府三百里，东南至兴隆卫界百三十里。

古蛮夷地。宋为羁縻蛮地。《一统志》：宋为黄平府，立上下三曲二长官司，隶叙州。今《宋志》不载。元置黄平府。属播州军民安抚司。明洪武八年，改为黄平安抚司，仍属播州宣慰司。初杨氏世守其地。元至元中，黄平蛮叛，播州杨氏将罗季明讨平之，遂有其地。明初罗镛归附，仍令世守。万历二十七年，改为州，又改今属。今仍曰黄平州。

州控御蛮獠，襟带黔楚，且土田沃饶，山溪险固，北出播州，界壤相接，为门户之地。

黄平城。今州治。元置府于此，旧有土城。明初因旧址修筑。洪武八年，改建安抚司。以地多叛苗，复置黄平守御千户所于城内，隶四川都司。十五年，改隶贵州都司。万历中，并所入州。《城邑考》：城本洪武二十五年筑，甃以石，有门三，周九里有奇。

○**重安废长官司**，州东南百里。元黄平府地。明洪武八年，置重安长官司，授土酋张佛保，又以冯铎副之，世守其地，属播州宣慰司。万历二十七年废。《一统志》：司在播州东南四百里，又东三十里即兴隆卫司，近重安江，故名。○葛浪洞，等处废长官司在州西，元置，属播州军民安抚司。明初废入黄平安抚司。

梯子山，州西北五十里，山最高，中有一径至山之巅，屈曲陡峻，梯石为磴而上。又都凹山，在州西北三十。州北六里，又有琴坡山。○笔架山，在州治南，以形似名。州南五里又有铜钉山。相近者又有宜娘山，上有垒。又斗崖山，在州西五里，亦曰西岩山。《志》云：废重安司北五十里有马鞍山，亦高峻。

马鬃岭，州东四十里，官路所经，接镇远、石阡二府界。岭之阳有马蹄井。○七里谷，在州东五里，俗名七里冲。两山壁立，中通一路。杨应龙叛时，屯兵二十七营于此，以窥黄平，盖以此为贵竹咽喉也。又州城东有梅子洞，以多梅树而名。又有燕子洞，在州西十五里。

两垒江，州西南十五里。有两源：《一统志》：两垒江源，一出上塘，一出大原。流转三波，合而为一。流入平越界，即麻哈江之上源也。又州西有算水，流入两垒江。○泠水河，在州城东，水白而寒，三伏亦不可涉，下流亦入两垒江。

西门河，在州西北。自北而东，入镇阳江。又东溪，在州东北，流入西门河。○苗里水，在废重安司西南，出苗里寨，下流入镇阳江。

马鬃岭关。在马鬃岭上。其东有镇宁关，属石阡府。又烂泥关，在州北。《志》云：州北十五里，又有深沟关。○丹章寨，在废重安司西南，旧为叛苗屯聚处。

○余庆县，州西百六十里。北至四川遵义府百六十里。元末为余庆州，属播州军民安抚司。明洪武十五年，改长官司，隶播州宣慰司，土官毛氏世守其地。万历二十七年，改置今县。编户一里。

○白泥废长官司，县东北百四十里。元置白泥等处长官司，属播州安抚司。至正末，改为白泥州。明洪武十七年，复为长官司，授土酋扬氏世守，隶播州宣慰司。万历二十七年，并入余庆县。

拱辰山，县南百五十里，以山势北向而名。又紫霄山，在废白泥司东四十里，山势巍耸，上凌霄汉。

小乌江，县南六十五里。源出县东境之椒溪。西南流入于乌江。《志》云：县东北有鱼窟头山，鳌溪出焉，下流入小乌江。

白泥河，在县东废白泥司南。源出黄平州葛根洞，流经此，又东北入思南府界，亦入于乌江。

走马坪寨。在县东南。旧为控扼苗夷之处。嘉靖三十四年，督臣冯岳以播州之三度关、余庆之走马坪、石阡之龙泉司为三省接壤，苗蛮之冲，请各立哨堡于其地。

○瓮安县，州西北百八十里。西至四川遵义府百二十里。《志》云：宋绍兴中，开设瓮水寨，为黄平府地。土酋犹氏世守。明洪武十七年，犹恭以地归附，授瓮水安抚司，属播州宣慰司。万历二十七年，播酋杨应龙作乱，出瓮安，犯龙里。事平，改置今县，编户一里。

○草塘废安抚司，县东百里。元置旧州草堂等处长官司，隶播州军民安抚司。土酋宋氏世有其地。明洪武十七年，宋显威以地归附，授草塘安抚司，仍隶播州宣慰司。万历二十七年，并入瓮安县。

旗山，县南五里。山顶有洞，一名川岩。又万丈山在废草塘司东南二十里，崖壁高峻，矗立万丈。又有后岩，在废草塘司治北，沿岩曲折而上，石壁列两傍，如雉堞然。○龙洞，在县北三里之鼠场，极幽邃，水深数仞，中有一石，横架如桥，宽夷可涉。

乌江，县西五十里，与四川遵义府接境。又东北入石阡府界。县境诸山溪之水，皆流合焉。

黄滩关，县西十五里。明万历中，李应祥自平越进攻播贼，破四牌、乾溪等寨，直抵黄滩关，是也。《志》曰：四牌寨在县东四十里，旧播州叛苗所聚。

飞练堡，在废草塘司北十里，傍有飞练泉。万历中，播酋作乱，攻贵州边界，围飞练。又攻东坡、烂桥诸寨，焚之。楚黔路梗，黄平、龙泉所在告急，是也。东坡寨即兴隆卫之东坡堡，与烂桥寨皆接偏桥卫境。

西坪寨，在县西。明景泰五年，草塘苗贼黄龙、韦保等作乱，攻劫西坪、黄滩等处屯寨营堡。贵州督臣蒋琳会四川兵进讨,龙等据地泡山寨。其党黄定干据水坪大寨,官军击破之,尽焚其巢。分兵破中潮山及三百罗等寨,贼犹据沿江崖箐以抗拒。于是克乖西、谷种、乖立诸寨,擒其贼首。余寨遂望风逃遁。○乾溪寨,在县东。或云元所置乾溪、吴地等处长官司也。明初,废为寨。又东有中坪寨。

天邦囤。在废草塘司西北三十里。万历中,贵州兵讨杨应龙,与贼战于飞练堡。贼佯走天邦囤,诱官军至,尽歼之。

○湄潭县,州北百里。本播州之苦竹坝、三里、七牌地。明万历二十七年,议者以湄潭川当川、贵之险要,始置县于此。四十七年,官军讨永宁叛酋,败贼于湄潭,是也。今编户□里。

○容山废长官司,在县东。旧《志》:在播州东三百二十里。元置容山长官司,隶播州安抚司。明初因之,授土酋张氏世守,地界湖、贵间,溪山荒旷,土地卤瘠。嘉靖中,为臻洞所残破,民夷桀骜,长官不能治也。万历中,平播因以兵威略定其地,故有湄潭驿。于是改置县,而长官司遂废。

湄潭水,在县西。《一统志》:播州东二百里有湄潭水,下流入乌江。○三江水,在废容山司东五里。有三源,俱出苗界山箐中,流经司东之望浦,合为一川,下流亦入乌江。

凯里安抚司,府东北百里。西北至四川遵义府三百二十里。

本牂牁蛮地。元为播州安抚司地。《名胜志》:元置凯里安抚司,属播州军民宣抚司,土酋杨端世守其地。明初,端之孙友与其弟仇杀而司废。今考《元志》不载凯里司,疑有脱误。明正统中,分播州宣慰司地,置凯里安抚司。嘉靖九年,改属贵州清平卫。《通志》:司在卫东四十五里。万历二十七年,改今属。今亦设凯里都司。

司接壤川、贵,于遵义尤为密迩。语曰:骨肉臠醢,参商播、凯。甚言其相倚之切也。

○杨义长官司,府东南二十里。元为平月长官司地。明洪武十四年置司,土酋杨氏世守其地,属平越卫,编户一里。

○杉木箐山司,西五十里。峰峦高峻,苗倚为险。《滇记》:由杉木箐出水西之卧遮龙场,约五十里。又西有撒以河、乌西桥、六归河,皆水西境内之大道也。

十里溪,司西八十里,清水江支流也。《志》云:明初王师征蛮,尝驻兵十万于此。

平越卫。治府城内。洪武十八年,置属贵州都司。

○黄平守御千户所,在黄平州治南。洪武十八年建,亦隶贵州都司。

○黎平府,东至湖广靖州二百十里,西至都匀府界三百六十里,南至广西柳州府六百里,北至镇远府二百六十里,东北至湖广沅州三百里。自府治至布政司六百三十里,至江南江宁府三千七百五十里,至京师六千二百里。

《禹贡》荆州荒裔。汉为武陵郡南境地。唐为羁縻蛮地。宋因之。《志》云:五代时,思州田氏据有溪洞。宋乾德中,授其土酋为蛮夷官。元置上里平军民长官司。属思州军民安抚司。里,或曰当作黎。按《元志》有上黎平长官司,属新添葛蛮安抚司,似非一处,后讹里为黎也。《一统志》:元为潭溪等处长官司。《元志》不载。明洪武五年,置蛮夷军民长官司,属思州宣慰司。后又立五开卫,俱隶湖广。永乐十一年,改置黎平、新化二府,属贵州布政司,领县一、长官司十三。今仍曰黎平府。

府南通交广，北走沅辰，山川环绕，夷苗错伺，为控扼要地。

黎平城。今府治。元置上黎平长官司，在府西。明初，改设长官司。洪武十八年，立五开卫以镇抚苗夷。十九年，始筑土城。二十三年，改甃以石，环城为池。永乐十一年，建府治于城西。弘治八年，迁入城内，在五开卫治之南。有门四，城周八里有奇。

○诚州富盈等处废长官司，在府西北，元置，属新添葛蛮安抚司。明初废。《志》云：府西有废上黎平长官司，亦元置后废。又五开洞长官司，《志》云在府境。府东又有废铜鼓长官司。皆元置，明初废。《元志》不载。

五龙山，在府城中。高不逾数仞，广十余里，山势盘纡，连绵相属。有二涧夹之，皆西北流。中央曰黄龙山，府治其上。南曰赤龙山，北曰玄龙山，皆以方名。府城南北跨二山之巅，其傍二山，仅培塿耳。

宝带山，府南三里。蟠旋如带，亘二十余里，达城西北，皆山麓也。其相接者曰笔架山，在城南五里。又锦屏山，在城东三里。山高耸，为郡之镇。○太湖山，在府东北五里，又府东北五十里，有挂榜山。又五十里，有森嘉坡山。又五十里，曰白山，皆苗贼出没处。

太平山，府东四十里。其东南二十里曰丑家山，苗贼巢穴也。又巴龙山，在府东南九十里。龙见山，在府东百里，皆高胜。又有跕玻山，在府南四十里。○石井山，在府西南四十里。又府西六十里，有天甫山。西南百二十里，有四寨山。又宝唐山在府西北百二十里。山高广，为郡境之望。

摩天岭，府东八十里。其高摩天。又铜鼓岩，在府东北二十里。有洞高大如屋，深远可三里许，中有溪水横流。又罗团洞，在府东北十五里。洞门高广，旁有石磴如床，容二百余人。

福禄江，在府西。源出苗地，至府界为古州江，东至永从县，南合彩江，为福禄江。又南合大岩江，为南江，流入广西怀远县界。

新化江，在府西。源出天甫山，东北流经八舟、龙里、亮寨、欧阳诸司，又东北入于沅江。一名三石江。又清水江，在府西北，出生番界，东至赤白两江口，合新化江。○宝带江，在府西南三里。源出石井山下之庄家潭，东北流绕宝带山，沿城西北，至府城北五里，汇于敛材溪。又东北经挂榜山，又北经亮寨西，又北入于沅江。

敛材溪，府北五里，出府东北六十里之敛材山。西流经太湖山北而入于宝带江。又宁溪水，在府东，源出府东南六十里之丑家山，北流经宁溪堡，又北入于敛材溪。

陵溪关，府东九十里。又府南百五十里有播阳关。

地青寨，府南六十里。又枷勺寨，在府南二十里，防苗要地也。○罗团堡，在府东二十里。又东二十里为宁溪堡，有土城，周一里。《志》云：宁溪山箐险厄，苗蛮出没。隆庆中设堡，属隆里所戍守。又二十里为铁炉堡，有城周三里。又平苗堡，在府东九十里，今废。一名苗坡堡。《边略》：罗团以下四堡，皆五开卫军防戍。

水井堡，府南二十里，有土城，周一里。又府东南三十里，有燕窝冲堡，山谷深险，苗贼潜伏处也。亦曰燕巢冲。○镇罗堡，在府北九十里中林司界，今废。

黄团驿。府东一里。又东三十里有铜鼓驿。又三十里为铁炉驿。又三十里为江团驿。《志》云：府东百二十里，有三里坪驿，有城，周一里。又东三十里曰西楼驿，亦有小城，可戍守。○石家驿，在府东百八十里，即湖广靖州之石家堡也。亦有土城，城北五里曰横江桥，通道所经。又永平驿，在府东二百十里，亦有土城，东北去靖州不过三里，今亦详见靖州。

○永从县，府南六十里。《一统志》：唐为溪洞福禄州。宋改福禄永从军民长官司。元因之，属思州安抚司。今《元志》不载。明初，改永从蛮夷长官司，属思州宣慰司。永乐十一年，改今属。正统七年，又改为永从县，有土城。编户二里。

江头山，县西五里，又县南三十里，有上皮林山。又南十里，为洒洞山。又南二十里，有冲口山。

福禄江，在县南。自府西流入界，有彩江自县西流合焉。南入西山阳洞司界。○永从溪，在县南三里，源出江头山。东流入湖广通道县界，为多星江。

赤沙上寨。在县西。又县南有赤沙中寨，县东有赤沙下寨，又顿洞寨在县西南十里。

○潭溪蛮夷长官司，府东南三十里。《通志》：宋置潭溪洞蛮夷军民长官司，属诚州。元因之，属都云定云安抚司。今《元志》不载。明洪武五年，置今司，授土酋石文汉，属思州宣慰司。永乐十一年，改今属，编户三里。

潭溪旧城，《志》云：旧址东北去府三十里。本上黎平之官团寨，明初，置司于此。正统间，始移今治。

铜关铁寨山，司东二十里。山高峻，其上平广，可容千人。三面绝险，惟南有径可登。《志》云：山之西一里，有石崖，四壁峭绝，中可容二百人。○磨槃山，在司东四十里。又司西北二十里有天桥山，一名湾寨山。

潭溪，在司南。有巨石跨其上，广二丈余，长十倍之，名天生桥。《一统志》：潭溪在洪州泊里司治南。恐误。

顿洞寨。司南四十里。又有容洞、铜锣二寨，俱在司南七十里。司境之寨，凡二十有五，此其最著者。

○八舟蛮夷长官司，府北七十里。《通志》：宋置八舟蛮夷军民长官司。元因之，属思州安抚司。《元志》不载。明初置是司，授土酋吴金骨。初属思州宣慰司，寻改今属。编户二里。

八舟山，司治南。上有石如人，名仙人岩。

八舟江，在司南。自府境流经此而入龙里司界，即新化江也。

新寨。在司北。又司北四十里有平南寨。《志》云：司境之寨，凡二十，此为最著。○权寨，在司南。其前有权寨渡。

○洪州泊里蛮夷长官司，府东南百二十里。东至湖广通道县界八十里，南至广西罗城县界百十里。《一统志》：宋置洪州泊里等洞蛮夷军民长官司。元因之，属思州安抚司。明洪武五年，置今司，授从征官李德舆世守。初属思州宣慰司，寻改今属。编户四里。

龙洞山，司治南。洞宽广，深里许，傍有龙潭。又都莫山，在司南十里。特洞山，在司西南五十里。○六平山，在司西北十里。又司北十里有陆陪山。《志》云：司东二十里，有石崖山，又东二十里，有磨槃山。

洒洞山，在司西南。下有泉，曰洒洞泉，亦名神泉。明初俞通海克蛮贼于此。《里道志》：洒洞北去府城百二十里。

洪州江，司治北。流经府东龙见山下，入靖州通道县境，入渠阳江。渠阳江盖渠水之别名也。又潭洞江，在司南一里，出龙洞山，东流合洪州江。○上黄溪，在司东南，源出洒洞山，东北流入通道县界，会洪州江，入于渠阳江。《志》云：洪州司山势险绝，有泉数道，合流成江，深广可以行舟，即洪州江也。

特洞寨。在特洞山上。高数十仞，四面壁立，惟一径仅尺许，曲折而入，上有天池，虽旱不竭。其中平田数百亩，皆腴壤也。又东曰都莫大寨，去司治九十里，为苗贼哨聚之所。○江口寨在司北五里，又北十里曰草坪寨。《志》云：司北四十里，有秦洞寨。五十里，为吴家寨。又潘老寨，在司北百十里。又十里曰上黄寨，又四十里曰浦洞寨。司境之寨，凡三十有八也。

〇曹滴洞蛮夷长官司，府西北百里。元置曹滴等洞军民长官司，属思州安抚司。明洪武五年置今司，授土酋杨都。万历初，属思州宣慰司，后改今属。编户六里。

〇容江巴黄废长官司，在司东南。《一统志》：宋置，元析置曹滴洞司。明初，以容江巴黄司并入曹滴洞。按《元志》不载容江巴黄长官司也。又旧曹滴洞司，《一统志》云：在府南六十里。《黎乘》云：故地名龙峻，成化十年移治霸留，即今司治。

银赖山，司南十里。旧有银赖洞寨。明初俞通海讨古州诸蛮洞，首克银赖洞及三门、会水、古州、蒲洞，进克铜罗蛮，又克龙里四寨，克洒洞及上黄洪州、迷洞。又克杨潮三达及龙寨两洞，蛮贼悉平。其地皆在府境。

苗沙山，在司治西。容江之水出焉。亦曰苗沙洞。又高韦山，在司南三十里。高镜山，在司东七十里。

容江，在司治西南，下流入福禄江。〇高镜溪，在司东，出高镜山，流合新化江。又高韦溪，出高韦山，下流亦入新化江。

忙敛寨。司南五里。又司南四十里里有五湖寨，相近有高牙寨。又赖洞寨，在司南七十里，或以为即银赖洞寨也。相近又有铜罗寨，又司北四十里有罗洞寨。

〇古州蛮夷长官司，府西北八十里。宋咸平初，古州刺史向通晸入贡，其后皆臣附。元置古州八万洞军民长官司，属思州安抚司。明洪武五年，置今司，授土酋杨秀茂，属思州宣慰司。二十五年，古州蛮叛，都督俞通海讨平之。三十年复叛，诏楚王、湘王合征之。事平，复令杨氏世守。永乐十一年改今属。编户二里。

废古州，在司东。《志》云：在府北八十里。原隰平旷，可为邑居。

相传宋时古州治此，土人呼为里古州，又北三十里有古城屯。

古州江，在司西南。又南流入府境，即福禄江之上源。

王梅寨。司北四十里。又司北三十五里，有秦洞寨。司北六十里，有蒲洞寨。《志》云：司境之寨，凡四十有五。

○**西山阳洞蛮夷长官司**，府西南二百里，古生苗地。明永乐五年，置司授土酋韦方魁，属思州宣慰司。十一年，改今属，地多侗人，犷悍难治。正统中，侗人叛乱，后稍平。嘉靖八年，复韦昌金世守。编户二里。

大岩山，在司治北。《志》云：山之西为高峰岭，又西南有西山，东有大有山。○小岩山，亦在司北，与大岩山相连。

大岩江。在司南。源出大岩山，东南流入福禄江。《志》云：福禄江自永从县南流入境，会于大岩江，亦谓之南江。

○**湖耳蛮夷长官司**，府东北百二十里。《志》云：元置湖耳蛮夷军民长官司，属思州安抚司。《元志》不载。明洪武五年，置今司，授土酋扬再禄，属思州宣慰司。永乐十一年，改今属。十二年，又以土酋欧景甫为副长官，司属新化府。府废，仍属黎平府。编户二里。

白云岩山，司西五里。又西三里有响水洞。水出洞中，冲激有声。《志》云：司西又有仡狼山。○石流山，在司东三十里，飞泉迸出，乱石四流。又东十里有九牛山。

朗溪，在司东。源出石流山，一名楠溪。东流入湖广会同县界，亦曰郎江。《志》云：朗江旧流东合清水江，入沅水，其后南徙，土人谓之变溪。○清泉，在司治西南。两石相向，中有泉穴，深不可测。

固安寨。司东二十里。又司北二十里，有秃洞寨。又北十里有溪口寨。○长滩寨，在司西三十里。又张寨，在司西北二十五里。《志》云：司境之寨，凡四十有八。

○**亮寨蛮夷长官司**，府东北九十里。元置亮寨蛮夷军民长官司，属思州安抚司。明洪武五年，置今司授土酋龙政中，属思州宣慰司。永乐中，属新化府，后改今属。编户一里。

程岩山，司西五里，石壁临溪，其相接者有罗丹山、龙池山。又西有石门山，皆高胜。

错寨。在司西南。《志》云：寨南有错寨渡，又罗丹寨，在司西罗丹山下。○诸葛寨，亦在司西。《志》云：府北八十五里，有诸葛营，即此寨也。司因以名。

○欧阳寨蛮夷长官司，府东北八十里，《志》云：元置欧阳洞军民长官司，隶思州安抚司。《元志》不载。明洪武五年，置今司授土酋扬氏世守，属思州宣慰司。永乐中，属新化府，后又改今属。编户一里。

东茶山，在司东。《志》云：司西七里，有邦寨山，又西曰吴寨山。

东茶溪。在司东北，出东茶山，流入亮寨界，下流合于湖耳司之朗溪。

○新化蛮夷长官司，府东北六十里。《志》云：元置新化等处蛮夷军民长官司，属思州安抚司。《元志》不载。明洪武五年，置今司授土酋欧明万，属思州宣慰。永乐十一年，增置新化府治焉。宣德十年，府废而长官司如故，属黎平。编户一里。

六叠山，司西十五里。盘回六叠，始至山顶，因名。

杨家寨。司东五里。相近有莲花、乌潭、琴图等寨。又司东十五里有休团寨。

○中林验洞蛮夷长官司，府北百里。《志》云：元置中林验洞蛮夷军民长官司，属思州安抚司。《元志》不载。明洪武五年，置今司授从征官杨盛贤，仍属思州宣慰司。永乐中属新化府，后改今属。编户一里。

○赤溪湳洞蛮夷长官司，府东北三百里。《志》云：元置赤溪湳洞蛮夷军民长官司，属思州安抚司。《元志》不载。明洪武五年，置今司，授土酋吴世铭，属思州宣慰司。永乐六年，杨通谅以功为正长官，而吴氏副之。寻属新化府，后改今属。编户一里。

江口寨。司南三里。又司南十里，有小湳寨。《志》云：司境连苗寨，屯寨错列，由山路三百里而达镇远府。

○龙里蛮夷长官司，府北八十里。《志》云：元置龙里蛮夷军民长官司，属思州官抚司。《元志》不载。明洪武五年，置今司，授土酋杨光福，仍属思州宣慰司。永乐中，属新化府，后改今属。编户一里。

婆洞寨，司北十五里。明景泰四年，婆洞贼由石流山攻掠古城乡，参政甄完击败之，追至黄蘖山而还。山盖在司界。

五开卫。在府治北。洪武十八年建，隶湖广都司。今设卫，仍隶湖广。

○黎平守御千户所，府西南三十里。洪武二十一年，置有土城，周一里有奇。

○中潮守御千户所，府东南四十里，建置同上，有土城，周不及二里。《志》云：府东南百十里，有中右所。百四十里，有中中所。皆置土城为戍守处。盖府境诸司皆在西北，惟洪州一司僻在东南。中潮等三所皆在洪州北境，其间丛山峻坂，密箐深林，磴道萦纡，中惟一径，东达通道县，西至郡城，中潮其冲也。苗贼出没，必由于此。盖府东南之锁钥矣。

○新化亮寨守御千户所，府东北五十里，建置同上。有土城，周三里有奇。

○龙里守御千户所，府东北八十里。洪武二十五年置，有土城，周二里有奇。龙，亦作隆。

○新化屯千户所，府东北四十里。又东北至新化司二十里，建置同上。有土城，周二里有奇。其相近有江口、关峡二堡，皆为守御处。《一统志》: 五所俱属五开卫。〇平茶所, 在府东九十里, 亦有土城, 周二里有奇。去所二十里曰来威屯。又有平茶屯所, 在府东百二十里。亦有土城, 周一里有奇。又怀仁所, 在府东南百三十里。今废为朝阳屯。又长春所, 在洪州司北, 今废为上黄堡。武阳所, 在府西, 今废为天甫屯。平和所, 在府东北, 今废为龙岩滴洞屯。平茶以下, 皆洪武二十五年所置也。

铜鼓卫, 府北百二十里。洪武二十年建, 后二年废。永乐三年, 复建, 隶湖广都司。卫城周三里有奇。今设卫, 仍隶湖广。

楚王山, 卫东三里。《志》云: 卫城四围皆高山, 可以屯兵。其东三里, 曰楚王山, 有楚王川垒, 明初征蛮时筑。

清水江, 在卫西南, 即新化江也。江水清深, 旁皆乱山丛箐, 为生苗巢穴, 可通竹木牌筏, 至靖州之远口堡。《志》云: 自卫而西百二十里, 抵清水江, 江南三十里, 抵亮寨司。似误。

枫香堡, 卫东三十里。成化中, 水冲苗衣为患, 因设堡筑城, 拨卫军戍守。又东四十里为黄泥关, 山溪险隘, 可据为囤。又五十里至纠坡堡。嘉靖初, 吴洞苗为患, 设立堡城, 置军哨守。又百里至靖州。

石炭堡。在卫西。又西为营寨。又西为山洞屯。《志》云: 卫西八十里, 抵藕洞苗寨, 皆山箐深险处。

读史方舆纪要卷一百二十二

贵州三 思南府 思州府 镇远府
铜仁府 石阡府各卫附

　　○思南府，东至铜仁府界二百九十里，西至四川遵义府界四百里，南至石阡府界百四十里，北至四川彭水县界六百五十里，东北至四川酉阳宣抚司界二百里。自府治至布政司八百六十里，至江南江宁府四千四百五十里，至京师七千三百九十五里。

　　《禹贡》梁州荒裔，历代为蛮夷地。后周武帝时内附，以其地属黔州。隋初置务川县，属庸州。大业初，改属巴东郡。唐武德四年，置务州。治务川县。贞观四年，改为思州。天宝初，曰宁夷郡。乾元初，复故。宋为羁縻蛮地。政和八年，开置思州。仍治务川县。宣和中废。绍兴初，复为思州。元置府，寻改置思州军民安抚司。《通志》云：至元中改为思南宣抚司，隶湖广行省。《元志》不载。明洪武五年，改思南宣慰使司，治今镇远府，隶湖广布政司。《志》云：思州自唐永隆中已为田氏所据，历宋至元皆内附。明初，田仁厚等献地来归，置司授之，仍令世守。永乐十一年，改为思南府。时宣慰田宗鼎以不法废，因改为府。隶贵州布政司，领县三、长官司四。今仍曰思南府。

府襟带川、蜀，控扼黔、楚，山溪连亘，蛮獠环错，昔人以为牂牁要路。唐初招慰使冉安昌以务川当牂牁要路，请置郡抚之。盖地接黔、播，今四川彭水县，故黔州治。播州，今四川遵义府。自播以西南，皆汉牂牁郡地。形援便易也。

○安化县，附郭。隋务川县地。《志》云：唐置思州，治务川县。后没于蛮。宋大观初，蕃部长田祐恭归附，仍置思州。后废置不一，元初置新军万户府，寻改为思州军民安抚司，徙治龙泉坪。其地有龙泉，因置龙泉坪长官司为附郭。今石阡府龙泉县是。后毁于火，移治清江。至元十八年，仍还旧治。至正中，田氏族属相争，分据其地，以献伪夏，始设思南道都元帅府，复徙今治。明初改为宣慰司，治镇远州。二十二年，还治水德江。永乐十一年，始为府治。弘治十四年，始建土城。嘉靖二十八年，甃以石。万历二十八年，复分置安化县于郭内。城周四里有奇，门五。编户二里。

○永德江长官司，附郭。在府治东南。元置水特姜长官司，属思州安抚司。土酋张坤元世守其地。明洪武初，张乾福来归，置司授之。二十二年，改今名，为宣慰司治。永乐十一年，为府治。十八年，复以土人杨潮海为副长官。今编户一里。

○蛮夷长官司，附郭。在府治西南。洪武十年增置，授土酋安辉世守，复以李斌副之，属思南宣慰司，寻为司治。今编户一里。

思王废县，在府南。唐武德三年置，属思州。贞观初，州废，属务州。四年，改务州为思州县，仍属焉。唐末废。《志》云：县在府南，水路三百里。今镇远府东八十里有故城。又扶欢废县，在府西南五十里。《志》云：唐贞观十六年，开山洞置扶欢县，属溱州，以县东有扶欢山而名。后废。溱州，今见四川真安州。

多田废县，府西北四十五里。《唐书》：武德四年，务州刺史奏置，以土地稍平，垦田盈畛而名。贞观八年，改属费州，后废。《志》云：县北有乐浮山。又扶阳废县，在府西北八十五里。刘昫曰：隋仁寿四年，庸州刺史奏置，以扶阳水为名。今《隋志》不载。唐武德四年，属务州。贞观四年，改属费州，后省。〇城乐废县，在府西北百五十里。唐武德四年，山南道大使赵郡王孝恭招慰生獠置，属思州。初筑城时，人歌舞之，故曰城乐。贞观初，属务州。八年，改属费州。后没于蛮。

涪川废县，府东北百里。《隋志》云：开皇五年置，属黔州。大业初，属黔安郡。唐武德四年，属务州。贞观四年，属思州。是年置费州治焉。天宝初，改州为涪川郡。乾元初，复为费州，后州县俱废。宋白曰：州界有费水，因以名州。《通志》：费州，后周宣政初置。唐武德间，移州治蒙笼山。误。

牂柯废县，在府西。隋初置，兼置牂州治焉。大业初，改州为牂柯郡。唐武德二年，复曰牂州。刘昫曰：牂柯蛮首领谢龙羽遣使朝贡，授牂州刺史，封夜郎郡公是也。又改县曰建安。四年，又改州曰牂州，寻复故。开元中降为羁縻州，属黔州都督府，后废。《志》云：牂州南有新兴废县，唐初与州同置。又有宾化废县，亦隋初置，属牂州。唐因之。后俱废。《通志》云：《唐志》称牂柯蛮国，其王号鬼主，别部曰罗殿王。似牂柯去今郡甚远，盖思州迁徙亦不一地，牂柯故址亦不可得而考矣。

废充州，《志》云：在故牂州北百五十里。唐武德三年，以牂柯别部蛮置，所领平蛮等县七。《通典》：羁縻充州所领有梓潼县，与湖广沅州西废业州接界。开元二十五年，充州酋赵君道来朝。又后唐天成二年，有牂柯清州刺史宋朝化来朝。宋乾德三年，有南宁州刺史龙彦瑶来贡。景德四年，有罗瓮井都指挥使颜士龙来贡。皆牂柯蛮也。《寰宇记》：南宁州，本清溪镇，唐置，在黔州西南二十九日行，从南宁州至罗殿王部落八日行，与云南接界，曰充州，曰琰州，曰犍州，曰庄州，曰明州，曰牂州，曰矩州，曰清州，凡九州。每年朝贡自牂州、袭州、峨州已下凡四十四州，洞内羁縻而已。时于黔州置都督府，管播州下五十三州，即南宁州以下诸州。是也。又梓潼废县，考新、旧《唐书》不在充州七县之列，未详所据。或曰牂、充等州皆在今黎平、都匀之境。

废庄州，在府境。隋牂柯郡地。唐贞观三年，以南谢蛮首领谢疆地置南寿州。四年，更名庄州，领石牛等七县，寻复置清兰县属焉。十一年，升为都督府。景龙二年，府罢，属黔州都督府。州南百里，有桂岭关。又废应州，在庄州之北。刘昫曰：南蛮别种有东谢蛮，在黔州西数百里，地方千里。贞观三年，首领谢元深入朝，因开其地为应州，领都尚等五县。《唐志》：东谢蛮在西爨之南，居黔州西三百里。又废矩州，与应州相近，唐武德四年置。显庆初，矩州人谢无灵反，黔州都督李子和讨平之。唐末，仍没于蛮。

废明州，在府南境。刘昫曰：西赵蛮在东谢之南，其地山洞深阻，莫知里数。南北十八日行，东西十二日行。赵氏代为酋长。贞观二十一年，西赵酋长赵磨奴请内附，因置明州。其土俗略与东谢同。胡氏曰：东谢蛮西接牂柯蛮，南接西赵蛮。牂柯之别部，曰罗殿，今广西买马路。自桂州至邕州横山寨二十余程，自横山至自杞国二十二程，又至罗殿十程。唐贞观十三年，渝州人侯弘仁自牂柯开道，经西赵出邕州，以通交、桂，即此道也。又蛮州，亦近府境。唐贞观中置，领巴江一县，属黔州都督府。贞元十三年，有蛮州刺史宋鼎等请入朝，从之。即此。寻没于蛮。

岩门山，府城西南。两相对峙，岩壁险峻。官道出其中，左曰大岩门，右曰小岩门。永胜、武胜二关依岩而立，郡之门户也。去岩门数里，有迎春、藏春二洞，又有钟鼓洞，皆奇峭。○万胜山，在城东南一里，四面陡绝。元末红巾之乱，郡人避兵于此。又城东三里，有东胜山。

思唐山，府东北四里。《胜览》云：山南连河只水，北枕内江水。内江，即水德江也。又有三峰山，《志》云：在城东，高竦奇秀。或曰即城南三里之三台山。又天马山，在城南二里，与三台相接。○大龙头山，在府东北七里。其南有白鹿峰，在城东七里。又铜锣山，在府东十五里，以水出山峡中如锣鸣也。或曰：以山形如锣而名。又东十五里为马鞍山。

石柱山，府西二十里。顶有巨石，参差屹立，为郡之胜。又思王山，在府西南三百七十里，旧名龙门山。又无党山，在府城南百里。四面悬绝。或云即婺川县之华盖山。未详。○屏风山，在府北百二十里。府北百八十里，又有石马山。峰峦竦拔，独冠诸山。上有巨石如马。又蒲竹山，在府北二百里，山极高峻。

乌江，在府城南。自石阡府流入界，至府南十里，经鲇鱼峡，湍流澎湃，险不可言。旁有大岩，岩有一孔，若鲇鱼口然。经城北一里，有香炉滩。滩石如鼎，因名。滩下为白鹭洲，突出中流。《志》云：洲在城东北一里，双峰峙左，二水绕旁。又北历狮吼洞。乌江越府城三十里，至洞下，泻十余里，声如狮吼，舟莫能行。稍北为潮底泊。江流经此，平静无波，商旅皆于此易舟而下。至府北三百五十里为龚滩，洪涛汹涌，声震如雷，长十余里，惟轻舟始得济。又北历袁滩而入四川彭水县界，亦谓之黔江，亦谓之涪陵江也。详见前大川乌江。

水德江，府东南一里。源出乌江，东北流入四川彭水县界，入涪陵江。又思印江，在府东三十里，旧名思邛水，源出朗溪。下流合水德江，唐以此名州。

上费溪，在府东北百里，旧费州以此名。北流入四川黔江县界，亦曰黔江。又东北入湖广施州界，谓之清江。○青鸾溪，在府西五十里，下流入乌江，俗名黑鹅溪。

石牛潭，府西南三十五里，澄澈深广，水际有石如卧牛，因名。又龙泉，在府东二里万胜山下。马家泉，在府南十三里。自山麓悬流，势如瀑布，俗名白水泉。皆有灌溉之利。

永胜关，府西二里。府西南二里又有武胜关。皆在岩门山下。○太平关，在府东一里。府南十里，又有德胜关。《志》云：府城西南又有水关。○洪渡，在府北三百里，盖即乌江渡口，其旁居民皆事舟楫以济人。

板桥镇。府东百二十里，有巡司。《志》云：司旧置于石阡府苗民司北。弘治十四年，酉阳蛮争沿河司地，因迁司治于此，以固藩篱。又府西北二百八十里，有覃韩偏刀水巡司。府北三百七十里，有都儒、五堡、三坑等处巡司。司本属婺川县，后改今属。

○婺川县，府北二百四十里。隋开皇末置务川县，属庸州。大业初，属巴东郡。唐武德四年，置务州治此。贞观四年，为思州治，后废。宋政和八年，仍置务川县，为思州治。宣和四年，废为务川堡，隶黔州。绍兴初，复为县，思州治焉。元曰婺川县，属思州军民安抚司。明初属思南宣慰司。永乐十一年，改今属，城周二里有奇，编户四里。

安夷废县，在县南。本婺川县地。宋政和八年，析置安夷县，属思州。宣和四年，废为寨，属黔州。绍兴初，复故。元并入婺川县。《通志》：今镇远县，即宋之安夷县，恐误。

华盖山，县西十里。峰峦高大，林木深邃。昔人尝避兵于此。或以为无党山也。《胜览》云：无党山在思邛县南四十四里。亦详见附郭。又安峰山，相去里许有笔架山。又多罗山，在县西四里。其相接者有马鞍石岩，又西一里有山羊岩，皆高胜。又木悠峰，在县西四里。上有水月宫，产硃砂。

岩前山，县东北二十里。山产硃砂。又东北三十里，有长钱山，亦产硃砂，地名板场。《志》云：县有板场坑、水银场，税课局盖置于此。成化九年废。又泥塘山，在县南五十里，亦产硃砂。○大岩山，在县东八十里。山有岩屋，颇深广，容百余人。又卧龙山，在县北五十里，地名祥川。其相接者有金藏崖，颇幽胜。《志》云：金藏崖在县东五十里。

倒羊江，县北五里。江城关临其上。或云：江源出华盖山，东北流入于乌江。又丰乐河，在县东五十里。又有罗多水，在县东八十一里，流经县东六十里之丰乐渡。合丰乐河南流入府界，注于乌江。又河只水，在县东二十一里。流合丰乐河。《志》云：河只、罗多皆獠姓名也。

暖塘，县北五里。至冬尤暖，秋分后鱼皆聚焉。又县东北二十里，有来雁塘，昔有雁集于此，人以为瑞。

焦岩关。县东十二里。关北有焦岩渡。又缺窑关，在县东北百五十里。○乌金关，在县西二十里。又西十里曰杉木关。又石板关，在县西五十里。又西二十里曰长滩关。江城关，在县北五里。又县北八十里，有天生关，百里有濯水关。《志》云：县西南百三十里，有九杵关，路通遵义，旧为要害。又县西有石槽、樏子、土地三关，俱接遵义境，旧皆有兵戍守。《通志》：九杵关在县东三十里，似误。

○**印江县**，府东三十里。唐开元四年开生獠地，置思邛县，属思州，在今镇远府界，后废。宋政和八年，置邛水县，属思州。宣和中废为堡，隶黔州。绍兴初复置县，隶思州。元置思邛江等处长官司，属思州军民安抚司。后讹邛为印。明初因之，授土酋张氏世守，隶思南宣慰司。永乐中，属思南府。弘治十八年，长官张鹤龄罪废，改置今县。城周二里有奇，编户四里。

大圣登山，县东五里。山高耸，为县境之望。

思印江，县南十里。源出朗溪司，北流入水德江。又中洲溪，在县北五里，流入思印江。

峨林关。县南七里。又秀宝关，在县南三十里，仡楠关，在县东七十里。

○沿河祐溪长官司，府东北二百十里，西北至婺川县百七十里。元置，属播州军民安抚司，以土酋张文龙世守其地，冉永安副之。明改今属。编户三里。

鬼岩山，司东十里，高百丈，延袤二十余里，为江东诸山之望。东南接酉阳境。又高歌峰，在司北十里，形如削壁，高耸入云。

河由江。司北十里。源出铜仁府乌罗司。又石马江，在司西百三十五里。下流俱入水德江。《志》云：司北五里有五门滩，四十里有培塔滩，乱石横江，水势最险。又有黎芝滩，与湖白滩相距十里，崖石险峻，皆江流所经也。○桃竹溪，在府北高歌峰，下流合河由江。

○朗溪蛮夷长官司，府东四十五里，北至沿河司二百六十里。唐贞观八年，置朗溪县，属巫州，在今湖广沅州界。元为朗溪洞，洞人仡僚据此。明洪武十年置今司，授土酋田荣。永乐四年，又以土酋任鉴副之，属思南宣慰司。十一年，改属乌罗府。正统四年，府废，复改今属。编户二里。

琴德山，司东五里。山多材木，望之郁然，为司之胜。

仁溪，在司治前。出山岩中，自高而下，居人引以溉田。中有川主洲，在司治东南，居人建川主庙于其上，因名。

皂岭关。司东五十里。又司北四十里有松岭关。

○思州府，东至湖广沅州界九十里，东南至湖广天柱县界二百五十里，南至黎平府界三百里，西至镇远府界百里，北至铜仁府界百二十里，东北至湖广麻阳县界二百八十里。自府治至布政司七百五十里，至江南江宁府四千二百里，至京师七千七百二十里。

《禹贡》荆州南裔。秦为黔中郡地。汉为武陵、牂牁二郡地。唐为思州地。宋因之。元属思州军民安抚司。《通志》：元至元十二年，思州田氏降，置沿江安抚司，隶思州宣抚司。寻自龙泉坪移宣抚司治清江，即此地也。后宣抚仍还旧治。至正中，其族属镇远州知州田茂安始分据其地，以献伪夏。于是创设思南府，而宣慰田琛徙治都坪。思州自此分为二。按《元志》有沿河等处长官司，疑即《志》所称沿江安抚司。**明洪武三年，分置思州宣慰司。**《志》云：吴元年，田氏归附。是年始置宣慰司，仍隶湖广行省。以田琛世其职。一云：明初以思南授田仁厚，而以思州授其子弘正。琛即弘正之子也。**永乐十一年，改为思州府，**时田琛与思南宣慰田宗鼎有隙，弄兵坐废。**隶贵州布政司，领长官司四。**今仍为思州府。

府东连沅、靖，西抵涪、渝，扼槃瓠之嗓喉。《元志》：思州蛮有犵獠、仡猪、木徭、猫獶数种，盖皆槃瓠之苗裔。为楚、蜀之唇齿。且重山环抱，溪水萦流，商贾贸迁，居民辐辏，实西南雄胜之地矣。

○都坪峨异溪蛮夷长官司，附郭。元置台蓬、若洞、住溪等处蛮夷军民长官司，属思州军民安抚司。明洪武六年，改置今司，授土酋何梦霖。二十五年，省入黄道溪长官司。永乐十一年复置，授土酋周斌与何氏，并世其职，为府治。十三年，营府城，后复展筑。有门四，城周二里有奇，编户四里。

平溪废长官司，府东北五十里。《志》云：元置平溪等处蛮夷军民长官司，属都云军民府。考《元志》：平溪等处长官司属管番军民总管府，去府境似远。明初废。又废都素府，《志》云：在府北七十里。元初置，寻废。

松园屯山，府城北。高大磅礴，为郡之镇。《志》云：府治北有后山，旧在城外，议者以俯瞰城中，敌至难守，乃筑石城环之，周百二十丈。

今亦曰据胜山。又龙塘山，在府城北，产铅铁。一云：山在府东六十里。又平山，在府北十里，顶平如台。〇独峭山，在府东北一里，孑然孤峭，卓异群峰。又平轩山，在府东一里，一作平坝山。又岩前山，在府东五十里。

峨山，府南三里。其山崒崒而嵬峨，登陟颇艰。下有架溪，跨以木桥。往来者经其上。《志》云：府南一里，有点灯山，亦高竦，夜常有光如灯。又上下住溪山，在府西三十里，诸溪之水流经山下，潜而复流，因名。

白崖，府西五里。高峻难登，中有空洞，下临深潭。〇打宝坡，在府南五里。又府南百里，有岑贾坡，外接洪江，苗所出没。又十万囤，在府东十里，其地平旷，可屯十万兵。

清江，在府东，即潕水也。经镇远府境，曰镇阳江。流至府西三十里，曰注溪，以众水所潴也。又东经城南曰架溪，至府东三十里曰平溪，流入湖广沅州境，注于沅江。《志》云：府东八里曰异溪，以小水派流，合平溪大河而名。〇洒溪，在府城北，源出都素司之马口溪，绕城北而东，合于架溪，谓之清江。一云，洒溪在城南，似误。

养苗溪，府西北八十里。源出岩洞中，有巨石障流，土人架木槽引以灌田。又转水，在府西北四十里，群山四合，水经其间，众流悉汇，旋绕数曲。风气完固，可建城邑。引流而东南，至府北十里，为纸漕溪。又东南，入于清江。〇龙溪，在府西五十里，相传土人击铜鼓于此而龙出，因以成溪。府西二十里又有凹溪，东岸有油鱼洞，西岸有铜鱼洞，俱流合于清溪。

平溪关，府东北三十里，又东北三十里有鲇鱼关，俱属平溪卫。又黄土关，在府南十五里。〇盘山关，在府城北。《志》云：关倚城临水，一径盘回。又清平关，在府南一里。都哨关，在府东一里。

平溪驿。府东北四十里。平溪卫城外，有平溪渡。又东北三十里有晃州驿，又七十里为便溪驿，有便溪浮桥。又东五十里即沅州也。○磨寨，在府北五里，有磨寨渡。又府北五十里，有云盘渡，转水津济处也。

○**都素蛮夷长官司**，府西九十里，本蛮地。明初为马口寨，属黄道司。永乐十一年，始置今司。编户二里。

土麻山，在司治北。又江头山，在司东北三十里。《志》云：山在府西北八十里，旁有歌路坪，土人每遇节序，则相聚笙歌于此。又天应山，在司东南十里。旧《志》云：山在司西百里，最高耸，土人常祷雨于此。呼雷而雷应，因名。○天乎囤山，在司南二里。《志》云：土人避兵处也。又有狮子口山，在司境平牙寨，为洞苗出没处。

马口溪。司北一里，即洒溪上源也。又左溪，在司南十里。冷水溪，在司西南二十里，下流俱入于清江。又竹溪河，在司北，流合洒溪，有竹溪河渡。

○**施溪长官司**，府北二百五十里，元置施溪、漾头等处长官司，属顺元等路军民安抚司。明洪武五年，迁置施溪长官司于平地寨，授土酋刘道忠，隶湖广沅州卫，寻属思州宣慰司。永乐十一年，改今属。编户一里。

丹川废县，《通志》云：今司治。唐武德初，置丹川县，属夷州。贞观初，州废，改属务州。是年县废。县盖以溪水产丹砂而名。旧《志》：施溪司在府南百四十里，似误。

御屏山，司北里许。又司北二十里者蜡傍山。其相近者有六龙山，苗常出没于此。○漾头山，在司南三里，又大龙坑山，在司西三十里。

独径岩，司东北十里，路狭岩险，设隘御苗。《志》云：司境有硃砂坑四十八面，明初督其课以充贡，寻改折秋粮二十三石。罢其贡，坑犹存。

施溪。司东里许，其上流自铜仁府来，流经司北十里，有龙门滩。滩险损舟，下流达湖广辰州府界。

○黄道溪长官司，府东北百三十里。元置黄道溪军民长官司，属思州安抚司。明洪武初仍置今司，授土酋刘贵，又以土酋黄文聪副之。二十五年，迁治武陵坪，仍属思州宣慰司。永乐十一年，改今属。编户一里。

丹阳废县，《通志》：今司治。唐初置丹阳县，属思州。贞观初改属务州。二年废。旧《志》：黄道司在府南百二十里，似误。○野鸡坪废长官司，在司西。元置，属思州安抚司。明洪武五年废。《志》云：司西有务程龙鳌坪长官司，又有岳溪都坪长官司，洪武二十五年，俱废入黄道司。

旗头山，司西三十里，山势险峻，高可万仞。又鳌山，在司西八十里，以形似名。○黄崖冲山，在司西南五里，山势险固，其中平广，有据险避苗囤。又杨柳岩，在司西二十里，亦险峻。

九曲坡，司西十里，山高路险。又田垭坪，在司西北三十里，四山围绕，中有广原沃野。坪前半里为小石桥，路出晃川，通沅州大道。又前四里余为大石桥，皆往来通津也。嘉靖中，议者谓田垭坪一带系平溪、万山、黄道等卫司及沅州相邻接，为三省屯寨通衢。又迫近大陇山叛苗，宜筑一城，增兵戍守云。○泉洞，在司西七里，崖壁千仞，瀑泉飞泻，下成溪河。以艇从傍入，洞广容百人。

黄道溪，司西南八十里。《志》云：司北五里有淘沙溪，西北三十里有瑰楼溪，五十里有白崖溪，为思州、铜仁分界处。溪左山上常有戍兵屯守。又田塍岩溪，在司西五十里，有渡。诸溪下流皆附平溪大河入于沅江。○龙泉，在司治北。其水清洁而甘，居民赖以溉田。

平溪卫，府东北三十里。西南至清浪卫七十里，东北至湖广沅州百六十里。洪武二十二年建，隶湖广都司。今设卫，仍隶湖广。

卫当黔、楚之冲，控御溪苗，东西应援，良为要地。所属关、堡、驿、站，分见上府境及湖广沅州。

○镇远府，东至思州府界二百二十里，东南至湖广靖州界四百二十里，南至黄平州湄潭县界六十里，西至平越府兴龙卫界二百二十里，西北至遵义府界百四十里，北至石阡府界百八十里。自府治至布政司四百三十里，至江南江宁府四千二百里，至京师七千四百三十里。

《禹贡》荆、梁二州荒裔。唐为思州地，寻没于蛮。蛮名竖眼大田溪洞。元初，置镇远沿边溪洞招讨使司，寻改为镇远府，属思州军民安抚司。《通志》：元至元十二年，置招讨司。二十年，改为军民总管府。似误。明洪武五年，改为镇远州，隶湖广行省。《通志》：时改置思南宣慰司，治镇远州。二十二年，始徙治水德江州，直隶湖广布政司。永乐十一年，仍于州置镇远府，隶贵州布政司。正统三年，省州入府，领县一、长官司二。今仍曰镇远府。

府东达沅辰，西通贵竹，当往来之冲，为扼要之地。嘉靖中，知府周瑛议：镇远东接沅州，西接播州，中间道路险阻，乃云贵往来必由之所，而所属邛水、施秉等司县，又与洪江一带生苗接踵。百姓平居无事，皆带镖弩自随，有事则肤刃接矣。故镇远者，云、贵之门户也，邛水、施秉者，镇远之嗓喉也。欲通云、贵，当守镇远；欲守镇远，宜经营邛水、施秉等司县。此形势之可考，事理之必然也。

○镇远县，附郭。《一统志》：元置镇安县，寻改安夷县，后又为金容、金达等处蛮夷军民长官司地，属思州安抚司。明洪武五年，改为镇远、金容、金达蛮夷长官司，属镇远州，授土酋何氏世守。正统三年，改属府。弘治十一年，长官何伦以罪废，因改为镇远县。《城邑考》：府旧无城，嘉靖三十年议者言：府治前逼大江，后逼高山，参错广轮，丈不盈百。纵使筑城，寇自高临卑，势难固守。迤西三里，地名平昌。高爽饶衍，可容万家。后山如圭如笏，前江环绕，如拖练然。四围诸山，皆如龙翔马驰，拱揖相向，宜于此设立城池。但地连镇远卫教场，宜相视地形，彼此易置。不果。乃即旧址为城，有门三，周四十五丈，而于江南岸筑土城为县治。编户三里。

思邛废县。府东南九十里。唐开元中，置思邛县，盖治此。《思南志》：府东南三百九十里有废思邛县，即此也。后徙而北，今为印江县。又思王废县，在府东八十里，亦唐故县治。今俱见思南府。《通志》：府境有定安、永安二县，皆元置，属镇远沿边溪洞招讨司，寻废，未知所据。

○金容金达旧长官司，《志》云：在今府东八十里，元初置司于此。又有杨溪、公俄等处废蛮夷军民长官司，在府西。元置，属思州安抚司。明初，并其地置镇远金容金达司，是也。又晓爱、泸洞、赤溪等处废长官司，在府东。又府东七十里有卑带洞、大小田等处废长官司，皆元置，属思州安抚司。明初俱废。《通志》：府南有废德珉蛮夷长官司，元置，未详所据。

中河山，府治东半里。《志》云：元置镇远军民总管府，以授田氏，治中河山上，即此。有两水夹流，山处其中。两崖皆有巨石，卓立水中，上丰下俭，呼香炉崖。南麓有洞曰太和洞，北曰北洞。一名东岩洞。又吉祥山，在府治西半里，临江，状如燕窠，上有吉祥寺。《志》云：府城中有五老山，以五峰相接而名。○铁山，在府东北三里，石皆铁色，下为铁溪。溪之第一湾，有巨石，下瞰如屋。其第二湾，有长潭，潭之北岸为铁山绝顶，南岸石委积成洞，有蹊隧通镇阳江。江边群石错立，急湍奔泻，名浮石滩。其东有石侧立，上多树木，名古牛崖，郡之名胜也。又笔架山，在府东南五里，三峰并耸。

石崖山，在府治北。石高百仞，屹立如屏，亦曰石屏山。郡之镇山也。山半有石窦，久雨窦中水出，其明如虹，则江必溢。居民候此以避水。山右有路，旋绕屈曲，名九曲冈。《志》云：苗自金浦狗洞来，必由县后大石崖山。自施秉鼓楼坡来，必由卫后小石崖山。有事时戍守于此。○双峰山，在府西三里，一名平昌山。《志》云：诸山自府北境白羊坡顿伏而来，至此方止。双峰圆耸插天，江水环其前。四山回合，中有平原可居，演武场在焉。又一里有狮子山，自东南望之如狮，自北望之如展旗。又六里有白石柱，临江骈立，一大一小，高数十丈。西至偏桥，有西峡诸山，悬崖飞瀑，奇胜不一。

观音山，府东十里，岩石错立，俗名观音岩。《志》云：府西十里，亦有观音岩，岩高数十丈，屹立江上。下有石洞，可据船而入，称为幽胜。又太平山，在府东二十五里，上有小池，虽旱不涸。○巴邦山，在府东南四十五里，周围陡绝，苗蛮出没，居人尝避兵于此。又思邛山，在府东南八十里。《一统志》：山连思邛水，在旧思邛县东。又都来山，在府东南九十里。《志》云：山在旧思邛县东五十里。唐锦州有常丰县，与此接界。又都波山，亦在旧思邛县东，接洛浦县界。常丰、洛浦，在今铜仁府境，去府界远，恐误。

鼓楼坡，府南十里。冈阜重复，状如鼓楼。又马场坡，在府东十五里，两旁皆深谷，中有一路，苗自白虫来者必经此，为戍守要地。○大洞，在府东五里分水岭北，俗名七间屋。以宽广相似也。嘉靖中，好事者名曰凌玄洞。

镇阳江，在府治南。一名镇南江，又名瀊溪。志以为五溪之一也，亦曰镇远河，受兴隆、黄平诸水，过府城而东，流三百余里，入于沅江。

铁溪，在城东北铁山下，南流入镇阳江，其水刚利，可淬铁。又焦溪，在府东十里，宛溪，在府东十五里，梅溪，在府东五十里，秋溪，在府东百三十里，下流皆汇于镇阳江。〇松溪，在府西北一里，府西五里有牙溪，又西五里曰小由溪，相近者曰勇溪，仡狫所居，旁多隘口。又白冰溪在府西三十里，自盘石奔流入江，洁白如冰。自铁溪以下，所谓镇远九溪也。

平宁陂，府西六十三里，居民引水溉田，四时不竭。又龙池，在府北一里。〇云根五窍泉，在府西油榨关崖下，五窦并出，行者藉以济渴。

油榨关，府西三十里。旁有二仙坡山，二峰突立，其状如人。崖壁险固，控拒所资。又焦溪关，在府东三十里，临焦溪上，有焦溪桥。《志》云：府东三里有复古关，府治东有东关，城北又有北津关。西北有镇西关，旁有西关泉。府西三里又有西南坡关。西二十里有望云关，相近者曰九曲关。俱洪武二十二年以后次第增置。又铁山关，在城东北铁溪上。

瓮蓬关，府西五十里，为戍守要地。《志》云：府东四十里，有溜沙关，地名金蓬洞。又东二十里，有梅溪关。〇清浪关，在府东七十五里，清浪卫治于此。

烂桥关，府西七十五里，镇阳江西岸长坡上。万历中，播酋杨应龙作乱，焚东坡烂桥，楚黔路梗。即此。东坡堡，见兴隆卫，盖与烂桥相接。又紫冈关，在府西北八十里。〇老鹰关，在府东北九十里，与思州府都素司接界。又凯料关，在府北九十里，与石阡府接界。《志》云：自瓮蓬关以下，俱洪武二十三年以后置。

相见堡，在府西。《志》云：堡初属沅州，后属镇远卫。嘉靖中，改属府。又柳塘堡，在府北，属偏桥卫。〇茅坪寨，在府南，苗寨也。成化二年，茅坪诸处苗作乱，官军讨平之。

镇远驿。在府治西。又偏桥驿，在府西六十里。清浪驿，在府东九十里。《志》云：驿西去卫十五里，又西五里有清浪桥。

○施秉县，府西南六十里。《通志》：元至元二十年，置施秉、前江等处蛮夷军民长官司，属思州安抚司。《元志》不载。明洪武五年置施秉蛮夷长官司，授土酋杨氏，属思州宣慰司。永乐十年，长官杨政麒从宣慰田琛之乱，官废。正统九年，改置今县。编户一里。

岑崧山，县北一里。《尔雅》：小山多石曰崧。土人呼高为岑也。元末有陈元帅者，屯兵于此，营垒尚存。又岑麓山，在县治后，四面陡立，冈峦重复。《志》云：县初治从化镇。正统十四年，苗叛，县毁。景泰间，招抚复业，依此为治。

巴施山，县东北二十五里，其山圆耸插天，状如卓笔。又癞头坡，在县北十五里，军民会哨于此。

洪江，在县治南，即镇阳江之别名也。又有秉溪，在县西南，北流入洪江。○响泉，在县治内，泉声触石如雷，冬夏不涸，灌溉甚广。

岑麓堡。县治北。《郡志》：县旧有岑麓等四堡。又邛水司，旧有荡洞等十六堡。镇远司，旧有金浦一堡。正统十四年，皆为苗贼所毁。天顺、成化间，议于府境及邛水司要冲处所立荡洞、岑麓、八弓、得民等四堡，不果。成化八年，始筑荡洞堡。嘉靖中，始筑岑麓堡。后相继修葺，为守御之备。

○偏桥长官司，府西六十里。元至元二十年置偏桥中寨蛮夷军民长官司，属思州安抚司。明洪武五年，改置今司，授土酋安德，属镇远州。正统三年，改属府。编户二里。

凤凰山，司北三里，又司东二十里有马鞍山，与府接境，峰峦特起，形如马鞍。○瓮蓬洞，在司东十五里，江水经此而出，隘口凡五。行舟过此，如入瓮中。瓮蓬关以此名。稍西又有芙蓉洞，水自洞出，流经瓮蓬。长不满百尺，高百余丈，旋凿旋塞。又果老岩，在司西五里，亦幽邃。

杉木河，在司北。出黄平州湄潭县界，流入境。又东南入镇阳江。

又黄平河，在司西。其上源即黄平州之西门河也，下流亦入镇阳江。

偏桥。在司东十里。左倚高崖，右临溪水。斫石架木，以通往来。又有烂桥关，在司西十五里，见上。

○邛水十五洞蛮夷长官司，府东八十里。《志》云：元置安宁县，寻改邛水县。《元志》不载。明洪武五年，置团罗、得民、晓隘、陂带、邛水五长官司。二十五年，并四司入邛水司，授土酋袁诚本为副长官，属思州宣慰司。永乐十一年，改今属，编户五里。

马首山，司南一里。其山东昂西伏，状如马首。明长官邓章尝聚兵保民于此。又岑楼山，在司东南八里。金朝山，在司西十五里。又西五里为巴邦山，与府接界。○岑药洞，在司西八里，崆峒深邃，莫测其际。

邛水，在司治南。源出蛮地，东流入洪江。

荡洞堡，在司东北。又司东南有得民等堡，为戍守要地。《黔略》云：邛水、施秉与洪江一带生苗接踵，清浪卫止控扼在外道路，其苗所自入防御最切者，荡洞、得民诸处是也。

镇远卫。在府治西南镇阳江西岸。洪武二十三年建，领长官司一，隶湖广都司，今亦设卫本省，湖广仍设镇远卫。

○臻剖六洞横坡等处长官司，卫西七十里。元置臻洞、涪洞等处长官司，属播州军民安抚司，即此地。明初废，洪武二十三年，改建今司。

偏桥卫，府西六十里，偏桥长官司南。西南至兴隆卫六十里。洪武二十三年建，隶湖广都司。今亦设卫本省，湖广仍设偏桥卫。

卫当黔、播之咽喉，为辰、沅之藩屏。苗夷有警，卫实当其冲。万历二十六年，播酋袭据偏桥，掠兴隆、镇远，楚黔路梗。事平后，益为重地。余见上偏桥司。

清浪卫。府东七十五里。洪武二十三年置，隶湖广都司。今设清浪卫，仍隶湖广。

卫当往来之冲，控扼苗蛮，亦为要地。

○铜仁府，东至湖广麻阳县界百二十里，东南至湖广沅州界八十里，南至思州府黄道溪长官司界七十里，西南至思州府都素长官司界二百里，西至思南府印江县界三百里，北至四川邑梅长官司界二百二十里，东北至湖广五寨长官司界六十里。自府治至布政司九百里，至江南江宁府四千二百七十里，至京师七千八百里。

《禹贡》荆州南裔。后为溪蛮地，唐属锦州。五代以后，仍没于蛮。《通志》：宋为思、珍二州地。元属思州军民安抚司。明初，隶思州宣慰司。永乐十一年，置铜仁府，隶贵州布政司，领县一、长官司五。今仍曰铜仁府。

府东连溪洞，北接苗夷，窥伺之患，视他郡倍多。盖辰、沅之要隘，而思、石之门户也。镇压得人，则楚、黔两路可恃以无恐矣。

○铜仁县，附郭。元置铜仁大小江等处蛮夷军民长官司，隶思州安抚司。《一统志》：初隶都云定云等处安抚司，后改隶思州也。明洪武五年，改置铜仁长官司，授土酋李氏世守，隶思州宣慰司。永乐中，建府治焉。万历二十五年，以土司李永不职，改置今县。《城邑考》：府旧无城，景泰二年，始筑土城。嘉靖二十七年，改甃以石，有门六，城周五里有奇。编户五里。

常丰废县，《志》云：在府西南五里。唐垂拱二年置，曰万安，属锦州。天宝元年，更名常丰。今见湖广麻阳县。又洛浦废县，在府东北，亦唐锦州属县也。今见湖广永顺宣慰司。○德明洞废长官司，在府西北，元置，属思州安抚司，明初废。

东山，府城东。嶙峋峭拔，迥出群山，为郡之镇。又东里许，为天乙峰，亦雄峻。又石笋山，在府东五里，一名文笔山。《志》云：文笔山在府东南五里，高插云汉。○铜崖山，在府城西南，高十仞，屹立铜仁大小二江间。又天马山，在府南五里。又南一里曰晒袍山，其南四里曰双贵峰。《志》云：府南三十里又有玉屏山。俱秀耸。

诸葛山，府西十里，形势突兀。俯瞰诸埜，上有武侯屯营故址。《志》云：府西三里曰三台山，其相接者曰半月山。又有席帽山，在府西二里。翀凤山，在府北三里。皆以形似名也。又狮子山，在府南七十里，以山形雄踞而名。

百丈山，府西百里。峰峦崒嵂，林木丛茂。一云山在府西二百十里。又层嶂山，在府西百十里，层崖叠嶂，如壁立然。《志》云：府西二百里，有独崖山。又有将军山，在府北六十里。○黄蜡洞，在府东五里。又东五里有滴水洞，又府北四十里有川江洞。皆深邃。

铜仁大江，府城西南。源出乌罗司西九龙山，东流经城南，又东入湖广麻阳县界，谓之锦水，下流入于沅江。○铜仁小江，在府城西。源出府西北瓮济洞，东南流至府治，西北合于铜仁大江。今城西南有双江渡，崖削水深，渡以小舟，即二江合流处也。

龙势关，在府东北。又东北有石榴关。《志》云：毛口寨隘，在府东北二十里，黑檀隘，在府东北七十里，张家寨隘，在府东北八十里。又倒马关，在府北。又北有清水塘关、芭苊瓮梅关及倒水关，并为守御处。○施溪漾头关，在府东南三十里，接施溪司界。

亚寨堡，府西北六十里。宣德七年，总兵萧绥大征叛苗，于贵州设亚寨等十堡，是也。后遂为戍守重地。又孟溪堡，在府西一百里。《通志》云：宋置龙泉葛泽长官司于此，元因之。今宋元《志》皆不载。明初置今堡。又小桥堡，在府西北百八十里，接四川酉阳平茶司境，亦苗蛮出入之冲也。又落马堡，在府西北二十里。落壕堡，在府西五里。城北堡，在府城北门外。

石子营。府北三里。又府西三里，有坝地冈营。东三里，有木桶营。《志》云：府境近郊之守，如石子墺、黄蜡滩、坝地冈、木桶营、凯槽溪、龙于寨诸处，皆为要地。又乌业营，在府西北，一名乌泥营。又西北有河界营，嘉靖二十七年，讨叛苗，官军自铜仁进屯乌泥营，又屯河界营是也。○天生寨，在府北百二十里。正德八年，官军讨叛苗，入天生寨囤，绝蛮峒水道，贼平。今其地有天生桥。又龙于寨，在府西二十里，其地有龙于渡。又开添铺，在府南，有兵屯守。《通志》：府境有废太平溪金场。永乐十三年置，宣德八年废。

○省溪长官司，府西百里。《一统志》：元置省溪等处军民长官司，隶都云定云安抚司。后改省溪、坝场等处蛮夷长官司，隶思州军民安抚司。明洪武五年，改置今司，授土酋杨氏，又以戴氏副之，隶思州宣慰司。永乐十一年，改今属。编户一里。

五云山，府西五里。常出五色云，因名。又江头山，在司西九十里，迤逻江出焉。司北三里又有仙女洞，亦幽胜。

迤逻江。司北二里。源出江头山，至司西二十五里，其流始大，东流合于铜仁江。水产金，或谓之省溪。又司北七里，有云舍泉，西流注于迤逻江。

○提溪长官司，府西百四十里。《一统志》：元置提溪等处军民长官司，隶都云定云安抚司，后隶思州军民安抚司。《元志》不载。明洪武五年，置今司，授土酋杨秀纂，后又以张秉仁副之，属思州宣慰司，寻改今属。编户一里。

磴山，司东三里。山高险，有石磴萦纡而上。又滥泥山，在司西三十里。

提溪。司西五里，源出滥泥山。引流而东，入于铜仁大江，中产砂金。《志》云：府东一里，有印江，流合提溪。

○大万山长官司，府南百里。元置大万山、苏葛办等处军民长官司，隶思州安抚司。明洪武五年，改置今司，授土酋杨政华，仍隶思州宣慰司，后改今属。编户一里。

○勒舍废长官司，在司东。《志》云：元置，属思州安抚司，寻废入大万山司。

新坑山，司北五里，岩谷深邃，土人尝避兵于此。《志》云：山产硃砂、水银。又大万山，在司南三里，司以此名。

司前溪。司南一里。出大万山，东北流入于铜仁大江。

○乌罗长官司，府西二百里。宋为乌罗洞，属思州。祥兴元年，湖南制置使张烈良等起兵兴崖山，军败奔思州乌罗，为元军所袭，皆战死。元因置乌罗、龙干等处长官司，属思州安抚司。明洪武五年，改置今司，授土酋杨世雄，属思南宣慰司。永乐十一年，置乌罗府治焉。又以冉兴祖为副长官司。正统四年府废，改今属。编户三里。

九龙山，司西九十里。高百丈，下分九枝，铜仁大江出焉。俗名饭甑山。又迎虹山，亦在司西南，高出群山之表，朝旭初升，山色光映，因名。相近又有云朵山，秀丽如云。○石梁山，在司东五里。山石横亘，如栋梁然。又东五里有琴阁山。《志》云：司东十三里，又有木降山。

木耳坡，《志》云：在司治旁，官道经其上。俯视群山，森列其下，苍翠郁然。○观音囤，在司西南三里，崖壁峭峻，卓然天险。上有三井，可容五百人。又万胜蹬，在司西南三十里，上亦有井，可容百人。苗乱，土人恒藉此以避兵。

乜江，司治南。上纳乌罗溪、羊溪二水，下达湖广辰州，可通舟筏，其旁地为宋陇诸苗蛮所据，阻绝不通人迹。○木耳溪，在司西南。源出山洞中，其流曲折，东抵平南寨，为九十九渡水。又乌罗溪，在司治东，源出林箐诸山，流潆司前，为卭江上源。

平南关。在司南。其相近者，又有野猫关，东近府境之孟津堡，西近思南府朗溪司界。向设官兵戍守。

○平头著可长官司，府西北百三十里。元置平头著可、通达等处长官司，隶思州安抚司。明洪武五年，改置今司，授土酋杨氏。又以田氏副之，属思州宣慰司。永乐十一年，属乌罗府。正统四年，改今属。编户一里。

森崖山，司治西。峰峦高耸，林木蓊郁，望之如云。又石榴坡，在司西南，道出乌罗司，最险仄，有毒雾，行者畏之。

甘梗泉，在司南。石崖中，一泉涌出，清浊分流，居人资以灌溉。

地架堡，在司东北。控御苗夷，最为要地。《边略》：地架及小桥、亚寨，与湖广麻阳县之鸦剌关为三省连接处，戍守最切。鸦剌守，则铜信溪、小坡水、草塅水、打田石、羊头等处隘兵可以不用。亚寨守，则毛口寨、石子塅、黄蜡滩、白水洞等处隘兵可以不用。地架守，则孟溪堡、平南关、冠带河、瓮绞囤、龙于寨、张家寨、四十八旗、提溪、省溪等处隘兵可以不必全用。地架、亚寨不守，则张家、毛口、瓮绞诸处防御最切矣。嘉靖中，议者又以地架偏在一隅，应西迁苗羊坪，为地架、小桥适中之处，可与乌罗、朗溪相应援，不果。

油蓬堡，在司西。《志》云：司孤悬苗界，地最广饶，赋役出办居多。与乌罗、朗溪及四川之邑梅司接壤，守御至切。而油蓬堡、苗羊坪、冠带河皆置戍处也。嘉靖中，议者以孟溪堡偏守一隅，宜迁于油蓬堡，乃平乌二司适中处，且可与四十八旗相应援云。又冠带河堡，在司西南，苗犯思石，此为必由之道，有险囤可以固守。○四十八旗屯军，在司东南，为湖广军民杂处之地。嘉靖中，议筑堡于此，恃为险囮，不果。

地运寨。在司东南，苗寨也。《志》曰：贵州叛苗有黑潭、乾溪、骂劳、吕呙、骂冲、地所、塘寨、蜈公、地运、平头、地根、老条、龙塘、苟脑、山忩、栗凹、治古、麦地、抱木、老见、旦逞、普杓、田坪、乌牌、平茶、麻峒、木柈等二十七寨，多在铜仁北境。《边略》：嘉靖二十七年，贵州及湖广境内群苗皆叛，备兵使者赵之屏讨之，分兵屯河界、龙势、麦地三营，剿境内龙塘、鬼堤、江口、小茶园、麦地、都库、骂劳、桐木坪、上下中地所、老见、老条、新江口十四寨，又调湖广鸦剌、眉亮二营，剿境内田坪、旦逞、栗凹、鲍颈、麦冲、狗脑坡六寨，又调四川地架、平茶二营剿境内塘寨、地根、地迊、地架、吕蜗、新寨、抱木、普杓八寨，次第克平，前后凡七十二垒，是也。

○石阡府，东至铜仁府界八十里，东南至思州府界三十里，南至镇远府界百七十里，西至平越府余庆县界百六十里，北至思南府界百二十里。自府治至布政司六百二十里，至江南江宁府四千里，至京师七千七百六十里。

《禹贡》梁州荒裔。历代为蛮地。唐为思州地。《通志》：唐武德四年，置夷州，即今府治。误。宋为羁縻蛮地。元置石阡等处长官司，属思州安抚司。明初，改隶思南宣慰司。永乐十一年，置石阡府，隶贵州布政司，领县一、长官司三。今亦为石阡府。

府山溪峻险，江水萦纡，悬崖削坂，茂树深林，为黔、播参连之地，蛮夷丛蕞之墟。盖边方胜境，形援要区也。

○石阡长官司。附郭。元置石阡等处军民长官司，属思州安抚司。明洪武五年，改置司，授土酋杨正德，属思南宣慰司。永乐十一年，为府治。十四年，又以土酋安景文为正长官，而杨氏副之。《城邑考》：府旧无城，正德五年，始筑土城。嘉靖初，建三门，城周三里有奇。

龙山，在府城东南隅。山高耸，左崖畔有古洞，洞内石隙中有水泻入深潭，至春弥漫，流出五巴寨，入于大溪，冬则涸。时有大风飓发，俗呼为风鬼洞。《志》云：洞在石阡司治后龙山下，即此。又金鸡山，在石阡司治东，高百丈。又东有黄杨山，上多黄杨木。又知府山，在府东三里，其右曰侯山。

崖门山，在府治西南。有两山，高下相并，谓之崖门。崖下水流合平茫水，入大溪。西上有洞向北，深广莫测。《志》云：司西五里有排衙山，其相近者曰云堂山，一名琵琶山。草塘后洞苗所出没处也。《一统志》：琵琶山在府南四十里。○骆驼山，《志》云：在石阡司西三里。又西为飞马山。府西南又有挂榜山，府南曰温塘山。

青山，府北七十里。山高耸，多林木。又北五里为笔架山。《志》云：石阡司北又有文笔山。又迎仙峰，在府西北百五十里，下有龙塘泉。○望乡崖，在府西百六十里，下亦有泉，曰望乡泉。

香炉囤，府北十里。平地高二十丈，可容五百人。避苗寇者倚此为险。又十万囤，在府南六里，可容十万人。○寒林箐，在府城西，以竹树阴森而名，城西北有杉木箐，多杉木。

秋满洞，《志》云：在石阡司治南。成化中，郡守余志《记略》曰：府南梭寨隔岸有山，高峻凌空，下有秋满洞。洞门开敞，洞后穿过塘池寨、平茫溪，石泉长流，资以灌田。正统间，苗贼为乱，民多窜入洞内。贼不敢入，但守洞口，计当困死。民从洞后逸出，皆得免。又龙洞，在府西南龙底江上，阔三丈余，深一里。又府西张家寨旁高山上亦有洞峻险，人不能至。

乌江，府西百五十里。自四川遵义府流入界，又东北流入思南府境，又北入四川彭水县界而为涪陵江。详见大川乌江。

龙底江，在府城西南三里，亦谓之大溪。其上源为包溪、铺溪，流经府东黄茅囤而合流，绕府前入思南府界，注于乌江。〇洋溪，在府北十里，出铜仁府提溪司山中，西南流入界。又西经龙泉县界，有桶口河流合焉，入于乌江。又深溪在府西百二十里，各容溪，在府西八十里，皆西流注于乌江。

登沙塘，在石阡司治南。居民筑堤遏水以避旱。又司治西有新寒陂，相近者有各容陂，皆潴水溉田。《志》云：府城南一里有温泉，泉源涌出，四时清暖。相近又有小温泉，岁旱，居民皆决渠引水以溉田。〇平贯沙洲，在石阡司治北，上有平贯寨，寨前有温泉潭，又保大沙洲，在司治西，相近者为石滩。《志》云：龙底江所经也。

松明关，在府治东。又东有凯斜关，南去镇远府九十里，镇远卫军戍守。又大定关，在府东南，官路所经地。属镇远卫。〇镇宁关，在马鬃岭大路，岭属黄平州。盖境相接也。又武定关在府境白马岭上。《志》云：松坎关在府治南，府东北又有石灰窑关。

铜鼓关。在府西北。《志》云：石阡司与思南府蛮夷司接界处。又镇夷关在府北，地属思南府印江县，接近府境。《志》云：石阡司又有象鼻关，司前又有太平寨。〇茶园关，在府南，与偏桥卫接界。又府西南有锡乐坪关，与平越府余庆县接界。

〇龙泉县，府西百二十里。西南至四川绥阳县百七十里。元初置大保龙泉长官司，寻改为龙泉坪长官司，思州安抚司治于此。明仍为长官司，属思南宣抚司。永乐十一年，改今属。十七年，以土酋安永和为正长官。万历二十七年，播酋杨应龙突犯龙泉，长官安民志战死。播平，改为龙泉县，以民志后世袭土县丞。编户二里。

绥阳山，在县治西北。又鸡公山，在县西北二十里。《通志》云：唐绥阳县治绥阳山下。又鸡翁县，在鸡公山下，今俱见四川绥阳县。〇东山，在县东二十里。又县东五十里有石牛山。

腾云洞，县北十里。平地突起一峰，四面险阻，中通一孔，外窄隘而中高广，可以避兵。〇青竹崖，在县治东北，一名深箐。又县治东有玛瑙崖、山羊岩，皆高险。又黄蜡箐，在县治东。县北又有隘头箐、石笋峰、中宗崖，皆错列近境。

黄杨古囤，县东三十里。巉岩绝壁，有大河环绕其上，可容百万人。又龙泉坪，即今县治，旧长官司以此名。万历中，杨应龙以播州叛，突攻龙泉，又从龙泉移兵攻婺川。既而湖帅陈琳进兵白泥，分两翼，使陈良玭等由龙泉坪进，是也。

桶口河，在县北，流合洋溪，西入乌江。又县治北有清江溪，亦流合桶口河。又仡木溪，在县南，环绕县治，入于清江溪。

牛水口关，县西八十里。《志》云：县界又有天井关、青龙关、张教坝关、竹坝平关，俱为戍守处。又东山寨在县南。

邓坎寨。在县南。杨应龙攻龙泉，袭官军于邓坎。官军击走之，破其金竹、青冈嘴、虎跳关等七寨，盖县境去播最近也。

〇苗民长官司，府西南八十里。本蛮地，名曰壁林。明洪武十年置今司，建文初，授土酋汪得英，属思南宣慰司。永乐十一年，改今属。编户二里。

洋川废县，《通志》云：在今司南洋溪山下，唐夷州属县也。今见四川绥阳县。

马鞍山，在司治东，山形昂耸。又东有黄杨山，多黄杨树。又笔架山，在司治南。司西又有青山。〇长沙岭，在司东。《志》云：司南有烂沉箐，又有来林箐。司西有大夫峰，又有斜崖，环拱司治。

小溪，司北四十里。源出山箐中，出溪口会于乌江。水流迅疾，恒有涨溢之患。《志》云：司北有相公滩，即溪流湍激处也。又有金场滩，在司治南。沙洲，在司治东，山溪之水汇流经此，北入于小溪。〇大龙潭，在司北，澄深不测，有灌溉之利。

板桥。司北四十里，跨小溪上。正统初，建桥以便行旅。天顺三年、成化十四年以后，屡经修治。板桥巡司亦置于此。《志》云：板桥巡司在府西北三十里。弘治中迁治于思南府东。境内之巡司遂废。○金树寨，在司前，旧为戍守处。

○葛彰葛商长官司，府南百里。元置葛彰、葛商等处长官司，属思州安抚司。明洪武五年，仍置今司，授土酋安永，属思南宣慰司。永乐中，改今属，编户二里。

夜郎废县，《通志》：在司西六十里。唐武德四年，置夜郎县，属夷州。贞观初，与州俱废，即此县云。

狮子山，在司治旁。有二山，皆高耸。又司东有飞凤朝阳山。又金顺山，在司东五十里。下有石荫泉，广一丈，深莫测。○麒麟山，在司治南。又南为云谷，其相接者为聚兵墩峰，峻险可以屯兵。

隘门山，在司治北，两峰相峙，险隘如门。又司西有擒苗山。其相近者曰三尖峰、黄杨岭。又有峰洞岩、瓮古岩及山丹、绵花诸坪，俱为西面之险。○杉木岭，在司北。又北为葛冲岩。《志》云：司东有甘猛崖，司南有坪耕箐，司境又有崖头、葛蔓诸箐，皆以岩险荫翳而名。

乐回江，在司南。其源有三，至方竹箐合为一。流出司东北，又折而西流，注深溪，入乌江。○浐龙陂，在司南，旁有浐龙滩，皆乐回江所经也。

牛塘坝关。在司境。又司南有乐回寨。

读史方舆纪要卷一百二十三

贵州四 龙里军民等卫

○龙里卫军民指挥使司，东至新添卫六十里，东南至都匀府二百里，西南至定番州百里，西至贵阳府六十里，西北至底寨长官司百里。自卫治至布政司见上，至江南江宁府四千一百五十里，至京师八千二百八十五里。

古蛮夷地，汉为西南夷地。唐、宋时，皆为罗甸蛮地。元置平伐等处长官司，属新添葛蛮安抚司。《志》云：元初置龙里州，隶八番罗甸宣慰司。至元末，改为平伐长官司。大德元年，平伐首领内附，乞隶亦奚不薛千户，从之。寻改隶新添葛蛮安抚司。明朝洪武二十三年，置龙里卫，属贵州都司。二十九年，又升为军民指挥使司。《志》云：洪武四年，置龙里驿。十九年，改曰龙里站。二十三年，始置卫，属贵州都司，而总领于四川布政司。永乐十一年，增置贵州布政司，卫仍属贵州都司。领长官司一。今以龙里卫并龙里长官司，置龙里县，属贵阳州。

卫咫尺会城，喉喉要地。脱有不虞，则黔、楚之路绝，而肘腋之患至矣。故曰：欲保贵阳，先守龙里。此前鉴也。天启初，安邦彦作乱，犯贵阳，先据龙里，以绝官军之援。既而官军克龙里，贼遂引而西。

龙里废县。卫东南五十里。《志》云: 元初置县,属龙里州,寻省入平伐长官司。又龙里废州,在今卫治西。亦元初置,寻废。今卫城,明洪武二十三年筑,甃以石,有门四,城周四里。

〇平伐废长官司,卫东南六十里。元置,明初因之。万历十八年省,今见贵阳府。又哎耸、古平等处废长官司,《志》云: 在卫东十里。元置,隶新添葛蛮安抚司。明初废。

龙架山,卫南一里。卫西南一里又有回龙山。卫西一里又有马鞍山。《志》云: 卫城东有紫虚观山,又龙里站旁有朝音山,参差角立,为近郊之险。

冗刀山,在废平伐司西南八里。峰峦如列戟,上有营垒故址,今见贵阳府。又长冲山,在卫西四十里,旧为苗贼出没之所,成化间,置哨堡以守之。

簸箕河,卫北四里。入新添卫境,下流合清水江。又原溪,在卫西南五里。东北流,合于簸箕河。今其地有广济桥,为往来者必经之道。〇加牙河,在废平伐司北,源出卫东南谷者寨,流入大平伐之瓮首河。

长冲关,卫西十七里。又龙耸关,在卫东二十里。俱洪武二十五年置,设兵戍守。《志》云: 卫西一里有西关,东一里有东关。又卫西五里有永通关,二十里有黎儿关,皆戍守处也。

龙头营,在卫东。天启初,安邦彦犯会城,抚臣王三善赴救,自新添抵龙头营,败贼兵,夺龙里,是也。〇白杵营,在卫东南。安邦彦犯会城,其党洪边土司宋万化据龙里,官军不能进。别将杨愈懋等与贼战于江门白杵营,死之。

莲花堡。在卫西。天启三年,安邦彦再犯会城,使贼党何中尉据龙里。抚臣王三善遣别将祁继祖等下龙里,破莲花堡,连烧上中下三牌贼寨百余处。于是龙里之路始通。又高寨亦在卫西。王三善克龙里,引兵复进，夺高寨、七里冲，乘胜进兵毕节铺，遂抵会城，是也。○龙里驿，在卫城西。又龙里站，亦置于此。

○大平伐长官司，卫南八十里。洪武十九年置，授土酋宋隆豆为副长官，属贵州卫。二十八年改今属，编户四里。今亦设平伐司。

谷峡山，司治东北，连峰峭壁，中一径可通。旧与平伐长官司分界。

瓮首河。司东南二十里，下流合清水江。

○新添卫军民指挥使司，东南至都匀府一百五十里，东北至平越府七十里，西南至龙里卫六十里，北至乖西长官司五十里。自卫治至布政司一百二十里，至江南江宁府四千二百九十里，至京师八千二百六十里。

古蛮夷地，宋为羁縻蛮地。《志》云：宋嘉泰初，土官宋永高克服麦新等地，以其子胜守之，改麦新曰新添。元至元间，置新添葛蛮安抚司，初隶湖广行省，后改属云南行省。至正间废。明洪武四年，置新添长官司。二十二年，增置新添千户所，属贵州卫。二十三年，改所为卫。二十九年，又升为军民指挥使司，隶贵州都司。都司仍统于四川。永乐中，始增置贵州布政司，而卫所悉属于贵州都司。后仿此。领长官司五。今置新添卫。

卫当出入之交，居形援之要。会城有警，新添无恙，折冲不虞无术也。盖根柢滇黔，控扼蛮左，卫实居其上游矣。天启初，安邦彦之乱，贵阳围，龙里陷。贼方分兵下瓮安，袭偏沅，以断我军。时主师者出平越，抵新添，西指会城，贼旋引却。瓮安县，见平越府。

○新添长官司，附郭。明洪武四年置，授土酋宋仁贵。初属贵州卫，寻为卫治。《城邑考》：卫城俱洪武二十二年筑，甃以石，有门四，城周五里有奇。编户十里。

○瓮城都桑废长官司，卫西南二十里。元置，属新添安抚司，明初废。

金星山，在卫城西。又西二里有银盘山。又象鼻山，在卫北一里。卫北十里，又有杨宝山，峰峦秀耸。○文笔山，在卫南六里，亦名笔峰山，以山势高耸也。城南十里又有天马山，与文笔山对峙。

谷定山，卫西北五里。又卫东北十里，有蔡苗山。上有飞泉，悬崖而下，宛如玉虹。《志》云：县东十里有东山，南十五里有松牌山。

猪母洞，卫东二十里。天启初，安邦彦围贵阳，抚臣王三善自平越赴援，至猪母洞。明日次新添，是也。《志》云：猪母洞今名凭虚洞，其后又有雷鸣洞。

清水江，卫西北三十里。自贵阳府流入界，又东北入平越府境。○大笼河，在卫东六十里，北流入清水江。又八字河，在卫东二里，有东西二水，合流如八字，其下流亦入清水江。

瓮城河，卫西南二十里。源出龙里卫废平伐长官司界。东北流经此，下流亦入于清水江。天启初，安邦彦犯会城，据龙里。王三善进兵平越，别将徐时逢败死于瓮城河。又官军讨邦彦于水西，不克，退屯威清。苗仲乘官军之溃，大掠龙里。至瓮城，尸横四十里。即此。《志》云：瓮城河受众水之流，涨溢独甚。横截官道，津济为艰。旧有浮梁，弘治六年改建惠政桥于其上。其处即元瓮城司废址也。○乾溪，在卫西十里，流合瓮城河。又麦新溪，在卫城西，流合八字河，上有麦新桥。

谷忙关。卫东十五里，与平越卫接界。又卫西南十五里，有瓮城关，俱洪武二十三年建。《志》云：卫城东有东关。又有西关，在卫西。○新添驿，在卫城北。又新添站，亦置于此。

○小平伐长官司，卫西南五十里。元为雍真、乖西、葛蛮等处长官司，属顺元路军民安抚司。《志》云：元为雍真等处蛮夷长官司。大德初，改平伐等处兼雍真蛮夷长官司，似误。明洪武十五年，置小平伐长官司，授土酋宋斌保，属贵州卫。二十三年，属龙里卫。二十九年，改今属。编户六里。

谷阳山，司东五里。又司西十里有陇冒山。

雍真河。在司治西，流入清水江。元长官司以此名。

○把平寨长官司，卫南六十里。元置，属顺元路安抚司。明洪武五年，仍置今司，授土酋萧任成，属贵州卫。二十三年，属龙里卫。二十九年，改今属。编户二里。

摆笼山，司东二十里。又司北十五里有翁黄山。

翁黄河。在翁黄山下。又司南有罗鸭溪。皆流入瓮城河。

○丹平长官司，卫西南百里。《志》云：元置丹平等处蛮夷长官司，属广西南丹州，后废。明洪武三十年，仍置今司，授土酋莫谷送，改今属，后废。永乐元年复置，编户四里。

陇黄山，在司治南。又司东二十里，有摆铺山。司东北三十五里，有洞得山。

甲港溪。司东十五里，亦流入瓮城河。

○丹行长官司，卫西南百二十里。《志》云：元置丹行等处蛮夷长官司，属广西南丹州，后废。明洪武三十年，改置今司，授土酋罗海。又改今属，寻省。永乐元年复置，编户五里。

睹虎山，司西十里。多林木，谓之睹虎大箐。又藤茶山，在司治西南。

藤茶河。在司东南。源出藤茶山，东北流，亦瓮城河之上源也。

○威清卫指挥使司，东至贵阳府六十里，东南至定番州百三十里，南至金筑安抚司八十里，西至平坝卫六十里，北至水西鸭池河百里。自卫治至布政司见上，至江南江宁府四千四百九十里，至京师八千三百六十里。

本贵州宣慰司地。洪武二十一年，置威清站，隶贵州卫。二十三年，始置今卫，隶贵州都司。

卫肘腋会城，控扼孔道，襟带山川，拒塞苗左，西偏要地也。

威清城，今卫治。洪武二十六年建，甃以石，有门四，城周四里有奇。

马鞍山，卫城东南。又有笔山，亦在城东。《志》云：卫西北五里，又有蜜蜂山。○铜鼓山，在卫西南二十里。相传诸葛武侯南征，获铜鼓于此。又羊耳山，在卫北。天启初，别将张彦方败水西贼于此。

香炉岭，在城西。又城南一里，有曹本洞，明敞如堂室。又卫西南十里，有凉伞洞，一名华盖洞。近时或易为云龙洞，其相对者曰扁洞。洞口逼窄而中宽广。○耸翠峰，《志》云：在卫东十里石宫堡。

的澄河，卫西八里。《志》云：源出普定九溪坝，东流入界，经卫西入山洞中。伏流十里，至青山长官司界而复出，合于陆广河。今有的澄河巡司，在卫西五里，永乐中置。

鸭池河，卫西北百里，与水西为界。天启初，王三善解会城之围，乘胜而前。一军屯陆广，向大方。一军屯鸭池，向安邦彦巢穴。贼纠其党攻陷陆广，乘胜赴鸭池，王师退屯威清。既而官军复振，贼堑鸭池以自守，是也。

大坝洪，卫西北百五十里，入水西境内。天启初，别将张彦方败贼于羊耳，追至鸭池河，深入大坝洪、红冈岛，即此。○汲波塘，在卫西南二十里，壅溪洞诸流，灌田甚广。

的澄关。卫西八里，临的澄河上，因名，路出滇南。○三坌寨，在卫西北，与水西接境。崇祯初，督臣朱燮元讨水西，分兵三道。一出三坌，一出陆广，一出遵义，即此。又威清驿，在卫城南，威清站亦置于此。

○平坝卫指挥使司，东至威清卫六十里，南至金筑安抚司九十里，西至普定卫六十里，北至水西界百里。自卫治至布政司百二十里，至江南江宁府四千六百七十里，至京师八千五十里。

古西南夷地，元为金竹府地。明洪武二十三年置今卫，属贵州都司。今亦设平坝卫。

卫背负崇冈，面临沃野，山川环峙，控扼要冲。

平坝城，今卫治。洪武二十三年建，有门四，周四里有奇。

鹿角山，卫城南十里。石峰耸立，形如鹿角。又马头山，在卫东南二十五里。群山连络，高耸凌空，状如马首。○天马山，在城西一里，又城南一里，有圆帽山。三里，有笔山。八里，有蹲狮山。亦名狮子山。又团山，在城内，卫治南小山也。又卫治西南，有观音山。

袈裟岩，卫南五里，削壁千仞，如展袈裟，其相接者又有包玉岩。○南仙洞，在卫东南十五里，石壁高十丈，入洞二十余武，地势广平，可容千人。其西有深潭。又洛阳洞，在卫东十五里，下有洛阳河。

车头河，卫南十里，水势百折。又南十里有麻绵河，卫东十五里为洛阳河，其水皆汇流而东北入于鸭池河。○东溪，在卫城东，源出东北石洞中。流灌田亩，人赖其利。又龙洞泉，在卫南二十五里龙洞堡侧，亦有灌溉之利。

滴水关。卫南三十里。又平坝驿，在卫城东南。又卫城南有沙作站。

○普定卫军民指挥使司，东至平坝卫六十里，东南至金筑安抚司界百里，西至安庄卫六十里，东北至水西界百里。自卫治至布政司一百八十里，至江南江宁府四千三百六十里，至京师八千二十里。

古蛮夷地。《志》云：晋为兴古郡地。唐为罗甸蛮地，后为罗鬼、仡佬、可刷苗民所居，号普里部。元初，置普定府，属云南行省。《志》云：元初置普定万户，寻改为府。至元中，又创置罗甸宣慰司于此。二十七年，司罢，仍为普定府，领安顺、永宁、镇宁、集安四州。大德七年，改府为路仍属曲靖宣慰司。寻改属湖广行省。明洪武十四年，仍置普定府，属贵州布政司。未几，增置普定卫。十八年府废。二十五年，改置普定卫军民指挥使司，仍属四川。领三州，六长官司。正统中，始割隶贵州布政司。正统三年，改属贵州都司。

卫山川扼塞，民夷辐辏，襟带三州，谓四川、云、贵，控引百蛮，边鄙一都会也。

普定城，今卫治。《志》云：故城在今城东二十里。洪武十四年筑，明年，改筑今城，甃以石，府卫皆治焉。有门四，水关三，城周八里。

旗山，卫东南一里，峻拔如卓旗。又城东有马鞍山。城西一里，有龙井山。二里有印山。三里有大林山、小林山。又有唐帽、猫儿等山。《志》云：卫治东南有东胜山，高数仞，长倍之，俗名青龙山。又治西有西秀山，上有浮图七级，二山皆在城内，与近城诸山互相掩映。○搏翠山，在卫东北五里。其上危峰雄峙，下有龙潭洞，泉石甚胜。又玄真山，在卫西十五里杨家桥铺。山高险，一径逶迤，可达其巅。

欢喜岭，卫北二里。洪武中，蛮贼攻城，指挥顾成大破之于此。军民皆喜，因名。《志》云：卫东南二里，有清虚洞，亦幽胜。

九溪河，卫东南四十里，溪流九曲，萦回而东，即威清卫的澄河之上源也。○龙泉，在城西一里，出龙井山。又永济泉，在城西北二里，水出石中，涌流成溪。又枪凿泉，在城西十里，自山麓下流。俗传诸葛武侯驻兵于此，将士以枪凿之，泉即涌出。又圣泉，在卫东北五里，亦自山麓引流。《志》云：卫城四面皆深濠，山溪水注之，萦纡四达，皆流会于九溪河。

思腊河，在卫北境，接水西界。天启初，官军议讨水西，使黔兵由普定渡思腊河，径趋贼巢，谓此。

罗仙关，卫东十里。又杨家关，在卫东三十里。老虎关，在卫西三十里。牛蹄关，在卫西五里。大屯关，在卫西十五里。旧皆为戍守处。

何买寨。在卫北。洪武十年，安陆侯吴复遣将杨文击普定贼，破何买等寨，是也。又穿心堡，在卫东二十里，有穿心堡桥。《志》云：卫西十里，有诸葛营，相传武侯遗址。○普利驿，在城南门外，隶安顺府。又城西一里，有普定站。

○安庄卫指挥使司，东至普定卫六十里，东南至安顺府百里，西至安南卫百十里，北至水西界百二十里。自卫治至布政司二百四十里，至江南江宁府四千四百二十里，至京师八千三百里。

古蛮夷地。元为永宁、镇宁二州地。明洪武二十三年，置安庄卫，《志》云：洪武十四年，置纳吉堡，是年改为卫。隶贵州都司，领守御千户所一。

卫近接黔、蜀，远控滇、粤。而关索岭者，又明初用兵之地也。洪武十六年，太祖尝谕傅友德云：关索岭非古道，古道又在西北，可以大军蹂之，开此道以接普定，即芒部渠长可尽获也。噫！用兵于西南卫，其缩毂之口矣。

安庄城，今卫治。洪武二十五年筑，甃以石。有门四，周四里有奇。

青龙山，在卫城南。连峰叠巘，委迤如龙，下有嘉乐池。其对峙者曰白虎山，亦在城南。又龟山，在卫西南五里。○东坡山，在卫东三里，逶迤盘郁，高三十里，亘十余里，卫之名山也。《志》云：卫东一里有玉京山，又有笔架山，皆与东坡山相接。

环翠山，在城北。林木苍翠，环拱卫城。又白崖山，在卫西三里，山势起伏联络。自水西至普定欢喜岭、老虎关、马场铺、龙井铺等处，绵延百里，至此而止。又慈母山，亦在卫西三里，形如母负子，俗名背儿崖。又有螺山，在卫西三十里，下有大河。○白马洞，在卫南三里。又卫西五里，有紫云洞，一名太极洞，以上圆下方也。又有巢云洞，在卫北二十里，皆有泉石之胜。又有黑洞，在卫东一里。又卫东南五里，曰仙人洞，皆深黑，非秉炬不可入。

乌泥江，《志》云：在卫南百里。源出山箐中，汇诸溪涧之水，其流始盛。东南流入金筑安抚司界，又东南入定番州界，流急水浑，故曰乌泥，即都泥江也。详见川渎盘江。

白水河，卫南三十里。源出山中，悬崖飞瀑，自高注下，三崿相承，凡数十仞。湍激若雷，时有云雾塞其下。《滇程记》云：白水驿达渣城有鸡背、关岭、白石堡、安笼箐，凡六亭。谚云：渣城白水，半人半鬼。盖滇路之险绝者。南流经慕役长官司，注于盘江。

杨吉河，卫西南十五里，下流注于白水河。又贺家溪，在卫城北，源出东坡山。东北流，绕卫城中西出，溉田甚广。又石溪，在卫南四十里，流入慕役长官司界，注于白水河。○荻芦池，在卫北六十里。周回八里，中有小岛，居人资以灌溉。又有石泉，在卫西三里，出石窦中，引流灌田。其相近有丰泉，出白崖山下，浸灌颇广。又清泉，亦出白崖山，其下流为浦泉，合于城西五里之碧溪，入白水河。

老虎关，在卫东二十五里。与普定卫接界，又木各屯，在卫东南九十里，旧为戍守处。

白水堡。卫南二十五里，堡东为安庄站。又北口堡在卫南五十五里。南口堡，在卫南八十里。堡东为渣城站。又有渣城驿，西南至安南卫三十里。

○关索岭守御千户所，卫南五十里。洪武二十一年，置关索岭、鸡公背二堡，寻并鸡公背入焉。二十五年，置为所，建城，甃以石，有门三，城周三里。

关索岭，即所治，滇黔通道也。洪武十五年，谕吴复等取关索岭。既又敕曰：若通关索岭，慎勿与蛮人战于岭上，当分哨直捣其巢穴，以掩袭之，使彼各救其家，不暇纠合以抗我师。其旁土寨，即未能下，合兵攻之，无不克也。继而诸将克关索岭，又取其旁土寨数十。《滇程记》：鸡公背与关索岭相对，两山之趾，界以溪涧。岭凡四十三盘，至巅，有香树坡、小箐口坡、白口东坡、安笼箐坡、胡椒凹、象鼻岭，左右皆崖箐万仞，中仅有道如梁。行者慄且汗矣。今亦见永宁州顶营长官司。

马跑泉，所北十里。相传关索领兵至此，马跑泉出，因名。

阿咱寨。在所南。洪武十五年，吴复等攻关索岭，别将顾成克阿咱等山寨。既而蛮攻安庄，成复击破之，进击阿咱寨及围鹿角、当硬诸寨，追破慕役诸蛮贼，是也。

○安南卫指挥使司，东北至安庄卫百十里，南至普安卫安笼所二百二十里，西南至普安州安南所百五十里，西至普安州百六十里，北至普安州界二百五十里。自卫治至布政司三百四十里，至江南江宁府四千六百五十里，至京师七千一十四里。

古西南夷地。元为普安路地，隶云南行省。明洪武二十三年，置安南卫，先是，洪武十七年，置尾洒驿，属普安军民府，至是改置今卫。隶贵州都司。今亦置安南卫。

卫据山川之胜，扼往来之冲，指臂滇、黔，恃为襟要。

安南城，今卫治。《志》云：洪武十七年置尾洒驿。二十年，置尾洒递运所。二十一年，置尾洒站及尾洒堡。二十三年，置卫，治江西陂。二十五年，迁治尾洒堡，因筑卫城，甃以石。有门四，城周四里有奇。

尾洒山，卫南二里。山势高耸，其巅常有云雾，土人因名尾洒，犹华言水下也。又玉枕山，在卫南一里。独秀山，在卫东一里。又东一里，有飞凤山。卫东北五里，有龙翔山。〇白基山，在卫西三十二里。巍峨挺秀，旁有削壁。《志》云：卫西南五十里有白石崖。崖壁峭绝，飞泉下垂。

盘江山，卫东三十七里。东北与安庄卫为界，石路屈曲，降陟峻险。西南至普安州百八十里，山盖诸州之望也。〇爆石岩，在卫东二十里。岩崖高峻挺出，山半有泉，出石窦中，流注深潭。又清源洞，在卫东十二里，洞深旷，有清泉流出，当官道旁，行旅资焉。又朝阳洞，在卫城西南一里，岩峦高耸，林箐茂密，日出则光先照，有泉出石隙中，澄澈如练。

江西坡，卫西南三十里，高耸宽平。洪武中，置卫于此。后迁今治。坡旁有河。洪武十五年建桥跨其上，曰江西坡桥。又江西坡铺，亦置于此。商民辐辏，无异城市。

盘江，卫东四十里。自云南霑益州流入界，又南入安顺府境。其间崖壁隘束，林箐障阻，纡回隐见，广不过里许。至沙麓津则上下皆迫狭，岸广中深，其流尤细，而瘴疬郁蒸，行旅艰阻。嘉靖初，尝疏涤之。未几壅滞如故。《志》云：盘江自乌撒过西堡诸溪，流经皮古、毛口诸屯，合规模小溪水，至下马坡转南，入岩穴，或见或隐，下通乌泥江。似误。今详大川盘江。

者卜河，卫东南四十里。源出普安州杨那山，曲折二百余里，至永宁州界，入于盘江。又江西坡河，自江西坡东南流，亦入于盘江。

乌鸣关。卫南二里山巅。下入深箐，称为奇险。洪武中，置有戍兵，俗称老鸦关。又盘江关，在卫东盘江上。其下即盘江渡，为云贵孔道。两山陡夹，水势汹涌，行者惮之。○尾洒堡，在卫城东北，又尾洒驿、尾洒站及递运所俱置于此。

○毕节卫指挥使司，东北至赤水卫百八十里，南至水西奢香驿百六十里，西至四川乌撒府二百六十里，北至四川镇雄府二百四十里。自卫治至布政司四百二十里，至江南江宁府九千三百九十里，至京师九千五百六十里。

古蛮夷地，明初为贵州宣慰司地。洪武十六年，始置毕节卫。《志》云：洪武十五年，傅友德平乌撒诸蛮，置乌蒙卫于乌蒙境内。明年，奏请徙置于此，因毕节驿为名。隶贵州都司，领守御千户所一。今仍置毕节卫。

卫通道滇、蜀，控扼夷蛮。洪武中傅友德驻此，以其地宽广，四面皆夷，路当冲要，因请置今卫，以保障边隅，联络形势。其后群蛮蠢动，所藉以解散奸谋，振扬武略者，恒由于此。天启初，水西安邦彦作乱，时邦彦结永宁贼奢崇明、乌撒贼安效良寇掠川贵及滇南之境，而邦彦为最强。议者谓以重兵临毕节，扼其交通四出之路，而后可以奇兵四面俱进。由贵州抵大方，大方，水西贼巢。路险，贼惟恃毕节一路外通。毕节至大方不及六十里，贼所必争者也。毕节守而贼四走之路断矣。既而水西克平，果由毕节为我所扼也。唐凤仪言：毕节诸蛮出入之所，为川、贵藩篱。自四川之镇雄、乌撒、永宁，以迄云南霑益，其安危之故，系于毕节而已。

毕节城，今卫治。洪武十六年，傅友德使别将汤昭立排栅为守。二十年，始筑卫城，甃以石。有门四，周三里有奇。

木稀山，卫东四十里。巉崖陡峻，石磴崎岖，仅容一马，设关以守其险。《志》云：卫东一里，有青螺山。二里，有东壁山。其相接者曰崧山。又卫南二里有南霁山。北一里，曰北镇山。又北一里，曰脱颖峰，亦曰笔峰。又云峰，在卫北五里，一名灵峰。卫北百里又有石笋峰，以孤峰独立而名。

翠屏山，卫西九十里。四时苍翠，望之如屏，与四川乌撒府接界。又七星山，在卫西九十里，七星关置于此。见前重险七星关。〇罴音洞，在卫南五十里。一名响鼓洞。又丰乐原，在卫西十里，平原沃野，丰乐铺置于此。

响水河，卫东二里。源出四川镇雄府。东南流经此，悬崖飞瀑，有声如雷。《志》云：河源有三，合流为一。南入落析水河。〇落析水河，在卫南八十里。经归化、鸽鸦二关间，流入水西境，为陆广河之上源。又南加河在卫南十里，源出卫西四十里之清水塘，流入落析水。

七星关河，卫西九十里，即盘江也。自乌撒卫流经此，两岸壁立，有七星渡。嘉靖中，改建桥于其上。下流入云南霑益州境。〇威镇河，在卫东十里，上有桥，路出赤水卫。又归化河，在卫南四十里，其下流皆入水西界，合于落析水。

善欲关，卫南五里。又老鸦关在卫西三十里，道出乌撒。〇木稀关，在木稀山上，与赤水卫接界。又北镇关，在卫北二里北镇山下。《志》云：卫西北二十里，有罗罗关。卫南八十里，又有落析关，临落析河渡。又铁锁关，在卫西南。戴金云：由四川永宁赤水以至毕节，重冈巨箐，马不成列，间关百倍。由毕节铁锁关而入，则山箐益深，道路益险，部落有名，巢居非所矣。

层台驿，卫北六十里，接赤水卫界，川贵之通道也。《志》云：层台驿，西去乌撒三百里。〇周泥驿，在卫西六十里，周泥站亦置于此。有小城，设兵戌守。又西六十里为黑章驿。入乌撒府境，又西六十里为瓦甸驿。明初太祖谕傅友德曰：云南士卒粮食少，不宜分屯。止于赤水、毕节、七星关各置一卫，黑章之北，瓦甸之南，中置一卫，如此分守，则云南道路往来无碍。谓此地也。

毕节驿。卫东一里，隶贵州宣慰司。又毕节站亦置于此。《志》云：卫东南三十里，有归化驿。又东南三十里，曰阁鸦驿。又五十里，曰金鸡驿。又五十里，即奢香驿也。为往来之孔道。

○守御七星关后千户所，卫西七星关山上。洪武二十一年置，属乌撒卫。永乐十二年，改今属。《城邑考》：所城，洪武中置，有四门，周二里有奇。

○赤水卫指挥使司，东至遵义府三百里，南至毕节卫百七十里，西至镇雄府三百里，西北至永宁卫百四十里，北至普市所九十五里。自卫治至布政司五百九十里，至江南江宁府六千三百九十里，至京师九千二百八十里。

古蛮夷地，元为永宁路地。明洪武二十二年，分置今卫，隶贵州都司，领所四。今亦置赤水卫。

卫连络滇、黔，藩屏川蜀，山川环峙，亦控扼处也。

赤水城，今卫治。洪武二十二年筑，甃以石。有门五，周三里有奇。

雪山，卫北二十里。巉岩高峻，亘数十里。方冬积雪，春尽始消。中通一道，置关于此，有兵戍守。又落幔山，在卫北十里，峰峦高出群山之上，如悬幔然。又海洪山，在卫西北四十里。延袤高秀，林木深密。卫北四十五里又有摩泥山，亦高峻。

层台山，卫西南百里。山高箐密，烟雾晦冥，接毕节卫界，层台驿置于此。《志》云：卫西有香炉山。西南五十里，又有相见坡。两山相对，道经其上。行者交相望见，故名。又倒马坡，在卫西南百十里。以升陟峻险而名。〇东陵山，在卫城东。水石清幽，苍翠如挹。又猿窝山，在卫城东南。山势险阻，林木荟郁，为猿猱窟宅。《志》云：卫东有东山。又卫东北五十里，有黑泥坡，官道所经，泥汙为甚。

石窦岭，在卫城南，与卫北雪山对峙。又曰崖山。在卫南五十里。西崖在城西，皆高耸。〇水脑洞，在卫西四十二里。成化四年，讨叙州都掌蛮。别将崔旻由普市水脑进，是也。又西接镇雄府界，又滑石洞，在卫东南百二十里。

赤水河，卫城南。源自四川镇雄府，经城西五十里之红土川。东流经此，每遇雨涨，水色深赤。下流至永宁界，入永宁河，一名赤虺河。《志》云：河当川贵驿道，初以舟济，寻为浮桥。其南北近岸处，水浅流阔，船不能及岸，人犹病涉。正统中，增造小舟相维，始与岸接。其后相继修葺，在今城南。

杉木河，卫东南五十二里。土人伐木山中，皆由此出。又白撒溪在卫东南白撒所旁，下流皆入赤水河。又龙溪，在卫北十二里。其源曰瀑布泉，飞流成溪，东南注于赤水河。〇三渡水，在卫东北七十里。水流曲折，横截官道，行者三涉。南流入赤水河。又一碗水，在卫东北四十里，泉出石隙，渟泓仅如一碗，虽群聚饮不竭。

雪山关，在卫北雪山上。又赤水河关，在卫城南一里。〇石关，在卫东北八十里。又木稀关，在卫西南七十里，与毕节卫接界。

白崖驿，在卫南白崖旁。又西南六十里，为层台驿。《里道志》：卫城南关有赤水驿。城东南又有赤水站。又阿永站，在卫南四十里。又南二十里，为阿永驿。古阿永蛮部也。旧《志》云：永宁江出于此。又有落台站，在城南百里。摩泥站，在卫北四十里，又北去永宁卫九十里。四站俱洪武十四年傅友德所建。

红崖囤，卫东南百里，水西贼巢也。天启初，川兵克永宁，进兵追奢崇明，连克红崖、天台二寨，贼数千人迎降，遂安抚红缭四十八寨。又天启三年，贵州总兵鲁钦自遵义直入贼巢，进营红崖。红崖与天台、水脚、娄石、牛酸草等囤，素称天险。至是多为官军所破。旧《志》：赤水卫至水西大方六十里，红崖盖在大方迤北。

〇赤水前千户所，在卫南百里层台山下。《志》云：赤水五千户，四在城南，惟前所置于此。洪武二十七年，筑所城，有门三，周一里有奇。

〇摩尼千户所，卫北四十五里。洪武二十二年建，有石城，周一里有奇。

〇阿落密千户所，卫南四十里。洪武二十七年建。有石城，周一里有奇。

〇白撒千户所，卫东南七十里。洪武二十二年建，有石城，周一里有奇。

乌撒卫。在乌撒府治南。洪武十五年置，属云南都司。永乐十二年，属贵州都司，领千户所一。详见四川乌撒军民府。今仍设乌撒卫，属贵州都司。

〇乌撒后千户所，卫南二百四十里，在云南霑益州治西北，永乐二年置。

永宁卫。在永宁司治西南。洪武四年置，属贵州都司。今详见四川永宁宣慰司。

〇普市守御千户所，北至永宁卫五十里，南至赤水卫摩尼所五十里，西南至毕节卫二百四十里，西至永宁九姓长官司百四十里。自所治至布政司七百二十里，至江南江宁府四千八百八十里，至京师八千二百五十里。

古蛮夷地，元为永宁路地。明初属四川永宁宣抚司。洪武二十二年置今所，直隶贵州都司。

所四山围绕，峻险如壁。明初以地当滇贵要冲，设所以莅之。控扼群蛮，为边隅之襟带。

普市城，即所治。《志》云：洪武二十五年建，有门二，周二里有奇。

木案山，所东二里，茂林修竹，横亘青翠。下平如案。洪武中，以山当南北之道，乃置所于山下。又秀林山，在所南二里，山多竹树，郁然森秀，又所北有锦屏山。

落窝溪，所东十里。《志》云：所东六里，有龙泉洞，出山谷中。至所南潜流入洞，出为落窝溪，下流入永宁河。

猫儿关，在所西北。东去永宁卫五十里，为猫夷出没之处，有险可恃。向设兵戍守。○普市驿，在所南三里。又普市站，亦在城南西，去永宁卫五十里。

附考：

水西宣慰司，在贵阳府西北三百里。土酋安氏世守其地。其先济火之后也。蜀汉建兴三年，诸葛武侯南征，牂牁帅济火积粮通道，以迎武侯表封罗甸国王，居普里，即今普定卫。俗尚鬼，号正祭者为鬼主。唐开成初，鬼主阿风内附。会昌中，封罗甸王。后唐天成二年，罗甸王普露靖率九部入贡。宋开宝间，有普贵者纳土归附，仍袭王爵。自济火至普贵，凡三十六世矣。时有宋景阳者，真定人，奉诏平定诸蛮，因析置大万谷落总管府授之。元开置安抚长官，分授诸酋长。明洪武四年，有霭翠、宋钦及土人安沙溪等归附，诏以霭翠为贵州宣慰使。钦与沙溪等俱同知，皆设治于会城内。仍各统所部居水西，而霭翠最强。霭翠死，弟安的袭职，因为安氏。安氏领罗夷民四十八部。部长曰头目。宋氏世居卫城侧，领夷民十二部。部长曰马头。同知安氏领夷民一部，部长亦曰头目。安氏世据水西之地，南逾陆广，东接遵义，西连赤水，北抵永宁。延袤数百里，山险箐深，有水西、大方、织金、火灼诸城堡，而大方尤为险固。役属部落，日以富强。万历中安疆臣潜与播酋相结，继而朝廷赫然诛播，惧祸及，遂悉力深入。播平，朝廷嘉其功，不问也。天启初，疆臣死，子位幼弱，土目安邦彦挟之以叛。时永宁贼奢崇明者亦倡乱，与邦彦相结，朝廷讨之。崇明败归邦彦。又乌撒土目安效良，霑益土目李贤等皆叛应邦彦，邦彦纵横滇黔之交，南犯会城，东袭偏沅。洪边土司宋万化及东西诸苗悉叛应之。官军四面攻讨，未克。四年，督臣朱燮元议以滇兵出霑益，遏乌撒应援，而别布天生桥、寻甸，以绝其走。蜀兵临毕节，扼其交通四出之路，而别出龙场、岩头以夺其险。黔兵由普定渡思腊河，径趋邦彦巢，而陆广、鸭池，捣其虚。粤西出泗城，分兵策应，然后率大军由遵义鼓行而进。燮元旋以忧去。崇祯二年，燮元复督川湖云贵广五省之兵再莅黔，乃檄滇兵下乌撒，蜀兵出永宁、毕节，扼各路要害，而自帅大军驻陆广，逼大方。会邦彦与奢崇明犯赤水，深入永宁，乃遣官军一从三坌入，一从陆广入，一从遵义入。复以奇兵绕出其后，贼不能支，遂大溃，斩邦彦等，围安位于大方。贼窘，请削水外六目地及开毕节等驿路以降，许之。燮元又遣兵诛摆金、两江、巴乡、狼狈、火烘五峒叛苗，以孤其势，位寻死，其族党争纳土归附。燮元因请分水西之壤授诸渠长及有功汉人，使势少力分，易以制驭。于是水西复定。

水西城，水西巢穴也。直贵阳府之北，旁多大山深箐，径路迂回。夷恃为险。《野记》云：夷人所据，或箐名，或洞名，皆因险筑垒，如内地之城郭，而所属之地界多谓之则溪，如内地之乡邑。其号为则溪者，凡十有一，而箐洞之属，以累百计，未易悉数也。

大方城，在水西西偏，与毕节卫相近。险固匹于水西。蛮人以为重地。天启三年，黔抚王三善讨水西，入大坝、洪江、乌江，直逼大方。贼焚大方老巢，遁入火灼堡。崇祯二年，督臣朱燮元围大方，贼降。旧《志》：大方南近陆广河，西近赤水卫，是也。

织金城，在水西西北，地深阻，夷人以为险巢。天启三年，黔抚王三善逼大方，安邦彦窜入织金，既而三善为降贼所诱，师陷，邦彦遂复炽。

火灼城，在水西北，深险与织金相次。○果勇底城，在水西西北，水西酋险巢也。亦曰果勇底寨。其东十余里为沙窝等寨，皆险奥可凭。

比喇大箐，在水西、大方之间。东北去果勇底寨五十里。崇岩茂林，四面深阻，中平广，容数万人，夷酋奥地也。又有波罗箐及白蜡等箐，皆山岭险恶，仅通一径。蛮人筑垒其上以为固。又有塔寨箐，近水西。来泥箐，近果勇底。相去皆二十余里。○陇跨箐，在大方东北，与比喇相近。又有木泥箐在其东，皆深阻盘回，夷人窟穴其间。又以列箐，在陇跨北，自遵义出水西，由此达赤水、乌蒙之境。

十万溪大箐，水西东境。《野记》：自新添山寨西三十里入箐中，溪水回环，山峦峭拔。又六十里悬崖绝壁，无径可行。遥望一山甚危峻，四面皆设屯寨，即十万溪箐也。○杓里箐，在水西东北，路近遵义，中有平川，可容数万人。入路极险，其西有莫陇法地坉，危峰突峙，四面绝壁，蛮人周为石垣，上营木城，坉后有间道可登。

白玉洞，在水西东北，亦曰白玉岩。夷酋聚粮处，洞险恶，西近卧遮龙场。《志》云：自卧遮出平越府，杨义司之杉木箐，约五十里。

阁鸦洞，在大方西南，近毕节之阁鸦驿。《志》曰：落析水自毕节流径此，谓之阁鸦江，流颇盛。渡江而北，即至大方，有阁鸦洞。俗名牛皋子洞。悬崖绝壁，下临巨川，舟行洞中，深广不可测。登降以梯，乃得上。夷人常保此，以为大方之障蔽。《滇纪》：由阁鸦至大方，洞凡三十有四，而阁鸦最险。又有岩底水洞，在大方城南，洞深广二十余里，相近又有水银洞、岩下洞，俱险峻。

角溪洞，在大方东，最深险。中又有洞，为水所限。又阿足洞，在大方东北，一名阿脚洞。奇险难入，与红岩洞、比喇箐皆相近。又有险水洞、阿母遮洞，皆蛮人据守处。○比渡坡，在大方东南。《志》云：渡六归河至比渡坡，趋以列箐，道险隘。

陆广河，在水西南境。《志》云：水西之河，最大者曰陆广，其上流曰鸦池，下流东注，曰黄沙渡。会于清水江，又东会于涪江。鸦池，或曰即鸭池河，涪江，即乌江别名也。○落渐水，在水西西境，下流为鸽鸦河。又有西溪，源出毕节卫界化阁山，流合落析水，下流为鸦池河，即陆广河上源也。

六归河，在水西城西三十余里。自山箐中汇流而东出，经岩石间，湍流峻急，阔处几数十丈。涉渡为艰，夷人以阁鸦江为外险，六归河为内险，下流入于乌江。○以撒河，在果勇底东北，湍流迅险，流合六归河。

化乍关。在陆广河西北。夷人于此戍守，为中外之界。○老塘铺，在阁鸦驿西十里，水西通乌蒙之道也。又有牛羊山铺，道出毕节，自此而西南，至乌撒之养马川，为捷径云。又官庄，在水西城西六归河上，为往来通道。

川渎异同序

水源于山者也，山附于水者也。水源于山，则水之源不异；山附于水，则水之流不异。如是，则曷异乎尔？曰：源不异而流不能不异，流之大势或不异，而其间浸淫、淤阏、升沉、迁改之迹，亦不能不异。是故言郡邑而不详其山川，言山川而不考其同异，未可云辨于方舆者也。《禹贡》以山川源委条贯于九州之次，一经一纬，灿若列眉。《职方》诸书，未有继之者也。司马迁著《史记》，昔人称其明于山川条列，然所记载，仅错见于群篇之中，而《河渠》一书，未为详核。班固志《地理》，复为《沟洫志》，沟洫何必不在地理中与？其于江、汉、淮、济，何以略而不书与？后世言川渎者，则纡回复乱，如棼丝之不可理也。志郡邑者，则凌杂剥裂，如累砾之不可辨也。《唐六典》叙十道山川，推本《职方》，而未能远法《禹贡》。故于川渎源流，未遑综论于十道之后。郑氏《通志》自谓准《禹贡》以理川源，本《开元十道图》以续今古。予尝读其书，以为不足以实其言也。今所诠次，大略本之《禹贡》遗意。其间略者详之，阙者益之，旧迹新途，判然杂合者，则分别而书之。言川渎而不言山者，以川渎之异多，而山之异少也。嗟乎! 其间盖有天事焉, 有人事焉。大河之日徙而南也, 济渎之遂至于绝也, 不可谓非天也。开凿之迹, 莫盛于隋, 次则莫盛于元。其间陂陀堙障, 易东西之旧道, 为南北之新流, 几几乎变天地之常矣, 又何从而验其为雒瀍、沮、济、漯之故道也哉? 说者曰:《禹贡》导川, 先及黑、弱, 而今别为西裔之川。洛、渭次于四渎之后, 而今目为一方之水。济川虽绝, 诸家皆载其源流, 而竟视为枯渎。盘江悬隔岭表, 于禹迹何与焉? 漕渠一时之制耳, 恐非万世之经也。海运特元人故辙, 何容附于川渎之后? 乃犹谓无倍于《禹贡》所未解也。曰:《易》不云乎? 观其会通, 行其典礼, 圣人所以经世而善俗也。夫时势迁流, 姑勿论矣。即《禹贡》以来四千年间, 其为山崩泽竭、地震川移之类, 亦不知凡几也。《诗》有之曰: 百川沸腾, 山冢崒崩。高岸为谷, 深谷为陵。是以王横有九河湮没之言, 班固有商竭周移之慨。使神禹生于今日, 亦必不能执《禹贡》之旧文绳今日之山川矣。子犹欲规规而索之, 毋乃不知晦朔与春秋乎! 诚欲识古今之因革, 究天地之变通, 亦于其所以异者求之可已。

读史方舆纪要卷一百二十四

川渎一 《禹贡》山川

郑氏樵曰：《禹贡》为万世不易之书。后之言山川者，未有不本于《禹贡》而能识其指归者也。夫《禹贡》亦纪治水耳，何必兼言山？盖山与川相因也，不相悖也。虽然，动静殊形，融结异理，体于不变者，山也；归于必变者，川也。此异同所由分也。欲知今日之川渎，盍先观《禹贡》之山川。

《禹贡》：导岍及岐，至于荆山，逾于河。壶口、雷首，至于太岳；底柱、析城，至于王屋；太行、恒山，至于碣石，入于海。

蔡氏沈曰：此导北条大河北境之山也。岍山，今见陕西凤翔府陇州。岐山，见凤翔府岐山县。荆山，见西安府富平县。壶口，见山西平阳府吉州。雷首，见山西名山雷首。太岳，见山西名山霍山。底柱，见河南名山底柱。析城，见泽州阳城县。王屋，见河南怀庆府济源县。亦见山西垣曲县。太行，见河南名山太行。恒山，见直隶名山恒山。碣石，见直隶名山碣石。孔氏颖达曰：《禹贡》山川之分，见于九州者，其经也，聚见于后者，其纬也。无经，则不知其定所；无纬，则不知其脉络。禹本导水，而先之以导山者，天下之水，未有不源于山者也。司马迁曰：中国山川东北流，其维首在陇、蜀，尾没于勃、碣。苏轼曰：地之有山，犹人之有脉。有近而不相连者，有远而相属者，虽江河不能绝也。

西倾、朱圉、鸟鼠，至于太华；熊耳、外方、桐柏，至于陪尾。

蔡氏曰：此导北条大河南境之山也。西倾，见陕西名山西倾。朱圉，见巩昌府伏羌县。鸟鼠，见临洮府渭源县。太华，见陕西名山太华。熊耳，见西安府商州。外方，见河南名山嵩高。桐柏，见南阳府桐柏县。陪尾，见山东兖州府泗水县。曾氏肇曰：《禹贡》所纪诸山非水之所出，即水之所经，故初则随山以相视群川之源委，次即导山以经理群川之脉络。又即导山旁涧谷之水以尽达之川，其后则旅平焉，以告治水之成功。禹施功在水，而致意于山盖如此。

导嶓冢，至于荆山，内方，至于大别。

蔡氏曰：此导南条江、汉北境之山也。嶓冢山，见陕西名山嶓冢。荆山，见湖广襄阳府南漳县。内方，见安陆府荆门州。大别，见湖广名山大别。

岷山之阳，至于衡山；过九江，至于敷浅原。

蔡氏曰：此导南条江、汉南境之山也。岷山，见四川名山岷山。衡山，见湖广名山衡岳。九江，见湖广大川洞庭湖。敷浅原，见江西九江府德安县博阳山，或以为即庐山。吕氏祖谦曰：岷山之脉，其一支为衡山者，已尽于洞庭之西。其一支又南而东度桂岭者，则包潇湘之原，而北经袁、筠之境，以尽于庐阜。其一支又南而东度庾岭者，则包彭蠡之源，以北尽于建康。其一支则又东包浙江之源，而北其首以尽于会稽，南其尾以尽于闽越也。《左传》昭四年，晋司马侯曰：四岳，所谓东岱、南霍、西华、北恒也。三涂、今河南嵩县有三涂山。服虔云：虎牢、轘辕、崤渑，此三涂也。阳城太室、谓阳城之太室，今河南登封县之嵩山是也。荆山、见上，或以为湖广南漳县之荆山。终南，见陕西名山终南，九州之险也。《史记·封禅书》：自崤以东，崤，三崤也，见河南名山，名山五、大川二：山曰太室。太室者，嵩高也。恒山、泰山、会稽、见浙江名山会稽。湘山。即湖广岳州府之君山。水曰济，曰淮。自华以西，名山七、名川四：曰华山、薄山。薄山者，襄山也。即雷首山。岳山、即太岳。岐山、吴岳、吴岳，见陕西陇州。鸿冢、司马贞曰：黄帝臣大鸿葬雍，因名鸿冢。即今陕西凤翔县也。渎山。渎山者，蜀之汶山也。即岷山。水曰河，祠临晋；见陕西朝邑县。沔，祠汉中；湫渊，祠朝那；见陕西固原州。江水，祠蜀。公孙卿曰：天下名山八，三在蛮夷，五在中国。中国华山、首山、太室、太山、东莱，今山东平度州莱山也。此五山也。又《管子》云：凡天下名山五千二百七十，出铜之山四百六十七，出铁之山三千六百有九。亦见《山海经》。《淮南子》：天地之间，九州八极。九州之名类皆诡诞，今不载。土有九山，山有九塞，泽有九薮。九山者，曰会稽，曰泰山，曰王屋，曰首山，曰太华，曰岐山，曰太行，曰羊肠，羊肠即太行之险道也。或曰今山西交城县之羊肠山。曰孟门。见山西吉州。九塞者，曰大汾，或云今山西曲沃县之蒙坑是也。曰渑厄，见河南重险。曰荆厄，或曰即湖广南漳县之荆山。曰方城，见河南裕州。曰崤阪，即三崤。曰井陉，见直隶重险。曰令疵，亦曰令支，见直隶永平府。曰句注，见山西名山。曰居庸，见直隶重险。《吕氏春秋》亦言九塞，与此合。**九薮者，越之具区**，见江南大川太湖。**楚之云梦**，见湖广安陆县。**秦之扬纡**，《职方》以为冀州薮。《尔雅》十薮，秦有扬纡。《穆天子传》：西征至扬纡之山。又《淮南子》：禹治洪水，具祷扬纡。高诱亦以为秦薮也。纡，一作华，或作陓。**晋之大陆**，见直隶隆平、宁晋、广阿三县。**梁之圃田**，《尔雅》作郑有圃田。见河南中牟县。**宋之孟诸**，见河南商丘县。**齐之海隅**，今登州之地。**赵之钜鹿**，即大陆也。或曰在赵州隆平县者为大陆，在顺德府巨鹿县者为巨鹿。夫巨鹿、隆平，地本相接，一泽弥漫，岂容分之为二？正如具区五湖，为川为薮，后儒曲为之说，于义实有未安。《尔雅》十薮，鲁有大野。今山东钜野县有钜野泽，即《禹贡》所云大野既潴者。**燕之昭余**。《职方》并州薮曰昭余祁。《尔雅》亦作昭余祁。《吕氏春秋》作燕之大昭。今见山西祁县。《尔雅》又云：周有焦获，凡十薮也。今陕西泾阳县有焦获泽。夫九塞十薮，《尔雅》及《吕氏春秋》皆前言之，而独以《淮南子》为据者，取其备也。《国语》周太子晋曰：古之长民者，不堕山，不崇薮，不防川，不窦泽。夫山，土之聚也；薮物，之归也；川，气之导也；泽，水之钟也。天地成而聚于高，归物于下也。马氏融云：地东西为广，南北为轮。凡言山川之序，皆先北而南，自西而东，必然之势也。

右导山。

导弱水，至于合黎，余波入于流沙。

蔡氏曰：此导西流之川也。弱水，今见陕西甘州卫，合黎山亦在焉。流沙，今卫西北境居延海。《汉志》注云：古文以为流沙也。《淮南子》曰：弱水源出穷石山。班固《地理志》：金城郡临羌县西有弱水。又张掖郡删丹县注：导弱水自此，西至酒泉合黎。《括地志》曰：兰门山，一名穷石山，在删丹县西南七里。《通释》：弱水，出吐谷浑界穷石山，自删丹县西流至合黎山，与张掖河合是也。又按《正义》所引《括地志》之张掖河，乃羌谷水，班固志别云出在麟得县南羌中，且《正义》引之亦止以为合黎水，未尝即以为弱水也。《括地志》：兰门山，一名合黎，一名穷石。夫弱水至合黎，非出于合黎也。又云：合黎水一名羌谷水，一名鲜水，一名覆袁水，今名副投河，又名张掖河。夫弱水合于张掖河，非即张掖河也。《史记正义》：合黎水出临路松山，东北流历张掖故城下，又北流经张掖县北二十三里，又北经合黎山，折而北经流沙碛西入居延海，行千五百里。庶为近之。但其所云临路松山者，甘州东南有故临松城，《五代志》以为因临松山而名，又今庄浪卫有大、小松山，果何指乎？《水经注》：合黎水出吐谷浑界中。后皆本其说驳临路松山，正所以驳合黎水也。盖《禹贡》时之弱水大抵湮没，今可见者，张掖河之源流耳。

导黑水，至于三危，入于南海。

蔡氏曰：此导南流之川也。黑水，今见陕西肃州卫。三危山，见废沙州卫。孔安国曰：黑水自北而南，径三危山入南海。杜佑《通典》曰：黑水出张掖鸡山，南流径敦煌，过三危山，又南入南海。此云在肃州卫者，盖据此为说。又按《山海经》曰：黑水出昆仑西北隅。班固《地理志》益州郡滇池县有黑水祠。又《汉志》注：犍为郡南广县有汾关山，黑水所出，北至僰道入江。司马贞《索隐》则引《地志》之在滇池者。张守节《正义》则引《地志》之在南广者，又引《括地志》曰：黑水出梁州城固县之北太山。又《唐史》：咸通中，樊绰宣慰安南，亲见山川，以丽水为即古之黑水。夫丽水乃金沙江之异名，在云南北境。其下流仍合大江，初非入南海之水。樊绰所称丽水者，缪以澜沧江为丽水下流也。宋程大昌乃云：丽水狭小，不足以界别雍、梁二州，而以西珥河、榆叶泽相贯，为足当黑水之称，其言固已支离失叙。元金履祥又误以泸水为黑水，转辗滋缪。李元阳始益畅程氏之说，而证澜沧江为黑水。说者谓雍州西境有三危山，而黑水之流今已不至其地，澜沧去南海虽近，而于三危之境无关。疑以传疑，似无容强为之说矣。丽水、澜沧，今俱详云南大川。易氏祓曰：欲正主水，先清客水。弱、黑二水，皆水性之异者。一西流而一南流，经行荒僻，初无与于中国。当洪水泛滥，二川亦失其故道，漫漶而东，为中国病。大禹先从而经理之，二川安流，而中国之川可以次第治矣。

导河积石，至于龙门，南至于华阴，东至于底柱。又东至于孟津，东过洛汭，至于大伾；北过洚水，至于大陆。又北播为九河，同为逆河，入于海。

蔡氏曰：此导北条北境之大河也。积石山，见陕西名山。积石山有二，此即西宁卫西南境之大积石山也。龙门山，见陕西韩城县。马氏曰：河源不始于积石，此记其施功之始也。诸家皆言河出昆仑，经积石乃为中国之河。禹自此导之，东北流，又北折而南出龙门中，悬流奔浪，所谓下龙门，流浮竹，非驷马之追也。华阴，即华山之阴。山当大河南下之冲，河水至此乃复折而东，潼关在焉，潼关，见陕西重险。为古今形胜之会。《陕西志》云：《陕西通志》，明马理撰。黄河由积石暨潼关，凡五大折。由积石北径湟中，则鄯、兰也，是一折也。自兰州益转而东北，直至灵州西南，为凉、会诸州之境，是又一折也。自灵州更折而北，经宁夏、榆林之间，直至古丰州西北，是又一折也。自古丰州西北复转而东，出三受降城之南，是又一折也。经古胜州之北，又转而南，经古胜州之东，废东胜州之西，又南流出秦、晋两境之间，以直抵于潼关，是又一折也。盖包络全陕之三面，回环五千馀里。秦中为关河天险，不信然与? 底柱山，在河南陕州、山西平陆县之间，河自蒲津西来，至是微折而南。山当转曲之间，河水包山而过。自汉至唐，皆为漕运之道。详见河南名山。自此而东，至于孟津，为古来南北之津要，河阳三城在焉。详见河南重险。又东至巩县之北，洛水入焉。曰洛汭者，河之南，洛之北，其两间为汭也。河、洛清浊异流，瞰焉殊别。应玚《灵河赋》: 资灵川之遐源，涉津洛之阪泉。谓此矣。大伾，在直隶大名府濬县城东。黎阳、白马之津，皆在其境。昔为天下要冲，今则一望平陆耳。盖河流南徙，陵谷改观也。泽水，即今顺德府广宗县境之枯泽渠。大陆泽，见前大陆薮。九河，《尔雅》: 曰徒骇，曰太史，曰马颊，曰覆釜，曰胡苏，曰简，曰絜，《尔雅》注疏皆作絜，蔡传讹作洁。曰钩盘，曰鬲津。《汉书》: 成帝时，许商以为古说九河有徒骇、胡苏、鬲津，见在成平、今直隶献县东南有废成平县。东光、今直隶河间府属县。鬲。今山东德平县，县东有废鬲县。界中。自鬲以北至徒骇间，相去二百余里。孔氏曰: 九河故道，河间成平以南，平原鬲县以北，徒骇最西。以次而东，今略载其可知者。徒骇，地志即古今舆地诸志。以为虖池也。滹沱河，今见直隶大川。许商谓徒骇在成平。孔氏曰: 在沧州景成。《寰宇记》: 在沧州清池县西五十里。《九域志》: 在故沧州西北二十里。《元志》云: 在山东齐河县。景成，今亦见献县境内。太史，在徒骇之东。许商谓太史、马颊、覆釜皆在东光之北，成平之南。《通典》: 九河，四在景成，二在平原。其太史、简、絜，未详处所。《元志》云: 太史河在沧州南皮县治北。盖亦臆言之耳。马颊，《舆地志》以为笃马河也。今见山东德州。《元和志》: 笃马河，在德州安德、平原二县东。《寰宇记》: 在棣州商河县北。《一统志》：在东光县界。覆釜，在平原界中。釜亦作釜。《通典》：覆釜河在德州安德县。或云在沧州庆云县，今亦见山东海丰县。胡苏，在勃海。《汉志》注：勃海郡东光有胡苏亭。许商亦云：在东光。《寰宇记》：在沧州饶安、无棣、临津三县。《元志》：在庆云县西南。简亦在勃海，盖絜与简相近。许商云：简、絜、钩盘俱在东光之南，鬲县之北。《舆地记》：简、絜，在沧州之临津县。孔氏谓简在贝州历亭县，误也。《元志》云：简、絜，在南皮城外十余步。又蔡氏曰：九河一为经流，先儒误分简、絜为二。曾氏亦主此说。林氏曰：河自大陆以北，播为九道，安得以一为经流，八为支派耶？钩盘，亦在平原。颜师古曰：平原故县，即九河之钩盘。《寰宇记》：钩盘，在乐陵东南，从德州平原来。《元志》：献县东南八十里有钩盘河。鬲津，在钩盘之北。《汉志》注：平原鬲县，平当以为鬲津。许商亦云：鬲津在鬲县。《通典》云：在献县之废饶安县。《舆地记》：在无棣。《寰宇记》：在乐陵东，西北流入饶安。《元志》：在庆云县，又在乐陵西三十里。今亦见山东齐河县。夫黄河自塞外而来，盘曲万山之中，汇合百川之水，自巩、洛而东，已出险就平。大抵以北，地势益复广衍，大陆则又钟水之区也。乘建瓴之势，注沮洳之乡，奔腾横溢，必不能免。禹因而疏之，顺其性之所便，从其地之所近，而九河以名。此在滓洞之时，最为当机而扼要。禹平成之烈，亦莫著于此也。自禹治河之后，河遂得其所归，计初时泛滥乍平，九河自必势均力敌。既而横流益杀，更复冬春消减。九河之或盈或涸，或通或湮，亦理所必有。为时益远，后人但见安澜之效，而忘其弭患之功。遂置九河于度外，而任其升沉。壅阏益远，淫潦乘之，河于是起而发大难之端矣。夫九河之湮也，非一朝一夕之故；则九河之复也，亦必非一手一足之烈。然治平成以后之河，与治洪荒时之河，亦复不同。不得其意，漫欲师神禹之故辙，势必如汉行封建，而反者九起，王安石法《周官》而祸及鸡豚矣。郑玄谓齐桓霸世，塞河广田，于是九河为一。《书纬》云：齐桓之霸，遏八流以自广。郑氏之说本此。夫齐桓方申曲防之禁，岂躬为遏塞之举乎？于钦云：河自大陆趣海，势大土平。自播为九，禹因而疏之，非禹凿之为九也。禹后历商周至齐桓时千五百余年，支流渐绝，经流独行，其势必然，非齐桓塞八流以自广也。《周谱》云：定王五年，大河南徙，九河之湮废，当始于此时。三代之时，河患见于经传者绝少。虽盘庚之诰有荡析离居之言，然其时之臣民，方且恋恋厥居，不以从迁为乐。盖止于滨河侵溢之患，不若后世漂没田庐，千里一壑之甚也。汉代河患渐多，自宋以后，大河未有十年无事者。说者以为天地之气，古今不同，岂其然乎？汉世去古未远，九河之迹，已不能详究，后代乃欲凿空驾虚以实其说，多见其不知量矣。王氏曰：汉世去古未远，讲求九河，止得其三。唐人集累世积传之语，遂得其六。欧阳忞《舆地记》又得其一，或新河而载以旧名，或一地而互为两说，皆无依据。又汉平帝时，司空掾王横言：往者天常连雨，东北风，海水溢，西南出浸数百里，九河之地，已为海所渐矣。郦道元谓今碣石沦于海水，王横之说，信而有征。宋世诸儒主此说以释《禹贡》，谓沧州以北之勃海与北平接境，相去五百余里，《禹贡》九河当在其地。于钦云：据《禹贡》之文，则大陆与九河相接，大陆去海岸已数百里，若又东至海中，始叙九河，则大陆与九河相去千里，不应如是之远。王横谓海溢出浸数百里，而青、兖、营、平郡县不闻有漂没之处，乃独浸九河，此亦不可信也。今平原迤北诸州，虽皆树艺，已为平土，而地势河形，高下曲折，其为九河之迹无疑也。逆河当九河之下流，为河海相接之处。孔氏曰：九河至沧州同合为一，谓之逆河。蔡氏曰：逆河以海潮逆入而名也。盖海水内吞，河水外灌，不惟藉水力以刷沙，而海之潮淤亦藉河力以敌之，此禹以水治水之法矣。潘季驯曰：九河非禹所凿，特疏之耳。盖九河乃黄河必经之地，势不能避，而禹仍合之同入于海，其意盖可见也。

嶓冢导漾，东流为汉。又东为沧浪之水，过三澨，至于大别，南入于江，东汇泽为彭蠡，东为北江，入于海。

蔡氏曰：此导南条北境之汉水也。嶓冢山，在陕西汉中府宁羌州东北三十里详见陕西名山嶓冢。汉水出焉，亦曰漾水。阚骃曰：漾水出昆仑西北隅，至氏道重源显发而为漾，其说似诞。《华阳国志》：漾水东源出武都氏道漾山，因名曰漾。漾山，或曰即嶓冢之别名。言东源者，别于西汉水也。西汉水，亦详见大川汉水。一名沮水，以其初出沮洳然也。《水经注》：以沮水为汉之别源。一名沔水。孔安国曰：泉始出为漾，东南流为沔，至汉中东行为汉。如淳曰：北人谓汉为沔，汉、沔通称也。今由汉中府而东，则曰汉水。自襄阳而下，亦曰沔水，亦曰夏水，其实即汉水矣。沧浪水，在今湖广襄阳府均州北。《地志》云：汉水中有洲曰沧浪洲，汉水亦名沧浪水，俗讹为千龄洲，在今均州城北四十里，又《水经注》：荆山相邻有康狼山，或谓之沧浪。荆山，即襄阳府南漳县之荆山。《禹贡》曰：东为沧浪，明非别水也。三澨，在今安陆府沔阳州。孔氏曰：三澨，今景陵县三参水是也。参，去声。今京山县有澨水，出县西七十里磨石山，南流径景陵县西南三十里，又东入蒿台湖，曰三汊口，亦曰三汊水。或以为三澨，或以为三参。又许慎曰：澨者，增埠水边土人所止也。楚中多以澨名

者。《左传》文十七年：楚师次于句澨，以伐诸庸。此澨水当在今郧
阳府境，与上庸近。宣四年：楚令尹子越将攻王师于漳澨。今安陆
府荆门州当阳县北有漳水，杜佑以为即春秋时之漳澨。昭二十三年：楚
司马薳越追吴师不及，缢于薳澨。或曰：在京山县。定四年：吴败
楚师于雍澨。五战及郢，既而楚左司马戌败吴师于雍澨，三战皆
伤，死之。今京山县西南八十里有澨水，刘氏以为即春秋之雍澨。或云：
京山县有汉澨、漳澨、薳澨，此《禹贡》之三澨也。盖汉水之旁以澨名
者，非一处矣。《书疏》：此即明茅瑞徵所辑《禹贡汇疏》：三澨，一
在沔阳，一在景陵，一在京山。自南而北，皆有澨水，与汉水相距
又甚近也。大别山，在今汉阳府城东北百步。详湖广名山大别。汉水
自西北来，经其东而南入于江，所谓汉口也。详湖广重险夏口。江、
汉合流而东，水势益盛，至浔阳之境，则章、贡诸川之水，复北流
来会焉。弥漫汹涌，于是回薄而为彭蠡之泽。章、贡水，详见江西大
川赣水。彭蠡，详见江西大川鄱阳湖。又东为北江，以趋于海。朱子
曰：彭蠡之为泽也，在大江之南，其源东自饶、徽、信州、建昌军信
州，今广信府。建昌军，今建昌府。南自赣州、南安军，西自袁、筠以
至隆兴、分宁诸邑，筠，今瑞州府。隆兴，即南昌府。分宁，即宁州。方
数千里之水，皆会而归焉。北过南康杨澜、左里，杨澜、左里，俱见
南康府都昌县。则西岸渐迫山麓，而湖面稍狭，遂东北流以趣湖口
而入于江。然以地势北高南下，故其入于江也，反为江水所遏而
不得，遂因却而自潴以为彭蠡，初非有资于江、汉之汇而后成也。
不惟无所仰于江汉，而泉流之积日遏日高，势亦不容江汉之来入
矣。又况汉水自大别山下南流入江，则与江为一已七百余里，谓

其至此而一先一后以入于彭蠡。既汇之后，又复循次而出以为二江。则其入也，何以识其为昔日之汉水而先行？何以识其为昔日之江水而后会？其出也，何以识其为昔日之汉水而今分之以北，何以识其为昔日之江水而今分之以居中耶？且以方言之，则应曰南汇而不应曰东汇。以实计之，则湖口之东但见其为一江而不见其分流也。湖口横渡之处，但见舟北为大江之浊流，舟南为彭蠡之清涨而已。盖彭蠡之水虽限于江而不得泄，亦因其可行之隙，而未尝不相持以东也，乌睹所为北江、中江之别乎？吴氏澄曰：汉既入江，与江为一，而又曰东为北江，似别为一水者，何也？盖汉水源远流大，与江相匹，与他小水入大水之例不同，故汉得分江之名而为北江也。纪其入海者，著其为渎也。明邵氏宝曰：江汉水涨，彭蠡郁不流，逆为巨浸，无仰其入而有赖其遏，彼不遏则此不积，所谓汇者如此。汇言其外，蠡言其内也。曰北江者，江水浚发，最在上流。其次则汉自北入，其南则彭蠡自南入。三水并峙而东，则江为中江，汉为北江，彭蠡所入为南江，可知矣。非判然异流也。且江汉之合，茫然一水，惟见其为江，不见其为汉，故曰中江，曰北江，非经误也。

岷山导江，东别为沱，又东至于澧，过九江，至于东陵，东迤北会于汇，东为中江，入于海。

蔡氏曰：此导南条南境之大江也。岷山，在四川成都府茂州西北五百里详见四川名山岷山，江水出焉。《益州记》：江源发羊膊岭下，缘崖散漫，小大百数，殆未滥觞。说者曰：羊膊岭，岷山别阜也。自《禹贡》以来，书传所载，皆言江出岷山。或者蔽于所见，以为江源不在岷山也。易氏祓云：岷山近在茂州，而江源远在西徼松山之外。范氏成大曰：江源自西戎中来，由岷山涧壑出而会于都江，世云江出岷山，自中国所见言之也。陆氏游曰：尝登嶓冢山，有泉涓涓出山间，是为汉水之源。事与经合，及西游岷山，欲穷江源，而不可得也。盖岷山盘回千里，重崖蔽亏，江源其间，旋绕隐见，莫测其端，不若汉源之显易也。近代有创为迂诞之说者，谓江源亦出昆仑。好事者复为之附会，以实其说，陋矣。沱，江之别出者也。孔氏曰：汉出为潜，江出为沱，犹之河出为灉，济出为沮也。《汉志》蜀郡郫县，南郡枝江县，皆有江沱。今按沱水大抵在四川境内，或以灌县湔江当之。《汉志》注：玉垒山，湔水所出，东南至江阳入江。玉垒山，见灌县江阳，今泸州也。郦道元乃曰：湔江，蜀相开明所凿。开明，七国时蜀相。《华阳国志》：杜宇称帝于蜀，其相开明决玉垒以除水害，为湔江也。或非《禹贡》时之江沱矣。又或以成都内江、外江为沱水。内外江俱见成都府附郭县。夫二江为秦时蜀守李冰所引，益非当日之沱，明矣。颜师古因今湖广枝江县境江、汜枝分，东入大江，此为《禹贡》之沱无疑。澧水，在今湖广澧州境，亦谓之澧江，源出慈利县西三十里之历山，流经石门县及澧州城南，又东经安乡县、华容县境而入于洞庭湖。今澧水与大江相距几一二百里，曰东至于澧者，洪荒之时，澧未必不与大江接也。九江，即今之洞庭湖，在岳州府城西南一里。详见湖广大川。以沅、渐、无、辰、叙、酉、澧、资、湘九水所会，故曰九江。今大江横过洞庭之口，又东引而北出，九江之水悉灌输焉，即过九江之谓矣。洞庭入江之口，曰三江口。详见湖广重险。东陵，朱子曰：即今之巴陵。罗泌曰：东陵与夷陵相对，夷陵曰西陵，则巴陵为东陵可知。汇者，水流回合之名。汉水南来，江水北注，其会合之处，若迎若却，必有折旋之势，所谓汇也。许慎曰：迆，邪行也。江水自东陵而东，迆逦而北，会于汉，故曰东迆北会于汇。旧本皆作于汇，俗本误作为汇，辞旨俱失，今为订正。或误以汇为彭蠡之泽，相去何啻千里哉！或曰：江在汉南，彭蠡又在江南，今于导漾言，东汇泽为彭蠡，而导江则不及焉，毋乃参错失伦乎？曰：此《禹贡》之文所以为简且尽也。江固大川，而又益之以汉，势盛流溢，不能无回薄之处。系彭蠡于导漾之下，明乎彭蠡之汇由于汉入江，而江不能尽容也。此曰东迆者，则对东至大别以立言；曰北会于汇者，则对南入于江以立言。导江导汉，所重全在合流之处。江汉合而下流遂无事可书矣。使略其正流之所会，而详其余波之所溢，岂圣人所以立言之旨哉！且于导漾明言入江而后汇于彭蠡，则彭蠡非无与于江可知。正不必繁其文辞矣。其曰中江，亦对北江而言，见水流顺轨并趣而东，滔滔以达于海也。说者曰：天下之水，在北莫大于河，在南莫大于江。今自岷山而下，巫峡而上，盘回百折，蜀中大小群川悉输之于江。而后东下荆楚，则洞庭合西南之水而出岳阳，汉江统西北之水而趣鄂渚，又经黄、蕲而向浔阳，则彭蠡会赣江东西之水而来，湖口又东北纳淮南之众流，泄宣润之陂泽，而后放于大海。天地间之川浍，其附江以达海者，十且居其四五焉。江为四渎之长，不信然与？

导沇水，东流为济，入于河，溢为荥，东出于陶丘北；又东至于菏，又东北会于汶，又北东入于海。

蔡氏曰：此导北条之济水也。济水，出河南怀庆府济源县西八十里之王屋山，亦曰沇水。《山海经》作联水。郭璞曰：联、沇声相近，即沇水也。俗或讹为衍水。孔安国曰：泉源为沇，流去为济。今自王屋山下伏流而东至济源县城西北三里，重源双发而为东西二泉，并流而东南，合为一川，谓之济水。经温县西南虢公台下，又南注于河。此济水之在河北者，自源而流，终古未变者也。郦道元云：济水当王莽之世，川渎枯竭。其后水流径通，津渠势改，寻梁脉水不与昔同矣。荥，荥泽，今开封府郑州有荥泽县。原隰匀匀，无所谓泽也。盖大河决塞，陵谷顿殊，济水之堙遏，当由于汉季之河患，岂真以旱涸之故耶？又《水经注》云：济渎受河有石门，谓之荥口。石门，此即后汉永平中导汴分河之处今详见河阴县石门渠。盖借汴水之分源，迹济渎之余派，非竟以汴水为济水也。汴水，见河南大川。陶丘，在今山东定陶县西南七里。曰出者，折旋之间，因丘为隐见耳。夫济水，昔萦流于豫兖之境，汉时以济阳名县见河南兰阳县，济阴名郡。今山东曹州。经流故迹，大概可知。又《水经》云：济水经定陶故城南。意是时故渎犹有可见者与？《水经》所载南济、北济之名，大都牵合附会，今并不录。菏，菏泽，今曹州东南三十里有菏水，说者以为即菏泽。汶水，在今山东汶上县。详见山东大川。济水自西南来，汶水自东北至，故曰会也。由是并流而北，复折而南，以达于海。今山东之境，有大小二清河，经济南、青州二郡之间者，或曰即济水之委流矣。详见山东大川。杜佑曰：今自东平以东，有水流经济南、淄川、北海界中入海者，谓之清河。盖汶水、菏泽之合流，非古时之济水也。夫济为四渎之一，自昔推为九州大川。而堙没无征，莫甚于济，何与？至于三伏三见之说，出于近代俗儒。自孔、郑诸家以迄于宋世诸儒，未有主此说者。盖发源之处，或有伏见之分；入河而后，未尝伏而复出也。且经文已明言之矣。曰浮于汶，达于济。又曰浮于济、漯，达于河。岂有伏见不常，而可为转输之道者哉！

导淮自桐柏，东会于泗、沂，东入于海。

蔡氏曰：此导北条南境之淮水也。桐柏山，在南阳府桐柏县东里许。《山海经》曰：淮出余山。注云：余山在湖阳东义乡西，盖即今桐柏县地。《汉志》：南阳平氏县，桐柏、大复山在东南，淮水所出。大复山，在桐柏山之东三十余里。《志》云：淮出桐柏，又潜流出于大复山。《水经》：淮水出胎簪山，东北过桐柏山。胎簪山，在桐柏山西北三十里。《地志》曰：胎簪、大复皆桐柏之支陇，然则淮实出于桐柏也。自桐柏而东，出豫州之境而入徐州之域。泗、沂，皆徐州川也。泗水出山东泗水县陪尾山，西南历南直徐州城东北，又东南流经邳州城南，而沂水流合焉。泗水，详见南直大川清河。沂水，出山东临朐县沂山，西南历沂州城东，又南至邳州城北，分东西流入于泗。沂水，详见沂州及邳州。沂、泗并流，东至淮安府清河县治西南而入于淮。今黄河夺沂、泗之流，可见者沂、泗二水之上源耳。淮会泗、沂，由是而东，以达于海也。

导渭自鸟鼠同穴，东会于沣，又东会于泾，又东过漆、沮，入于河。

蔡氏曰：此导雍州大川也。鸟鼠同穴山，今在陕西临洮府渭源县西二十里。《水经注》：渭水出南谷山，在鸟鼠西五里。其别源出鸟鼠同穴山,渭水流合焉。夫南谷去鸟鼠止四五里,则导渭自鸟鼠同穴,宜矣。程大昌云:渭水出鸟鼠同穴山,泉源周七尺,四时流注,即渭水之原云。沣水出终南山谷中,北至咸阳入渭。终南山,见陕西名山,沣水见西安府大川。泾水出开头山,见陕西平凉县,南至高陵,入渭。详见陕西大川泾水。漆水出同官川,见陕西同官县。东南至三原县,合于沮水。沮水出子午岭,见陕西中部县桥山。南至三原县,合漆水。沮水,亦曰洛水。今漆、沮俱详见陕西大川洛水。并流而东南,至朝邑县,南入渭。渭水逾陇阪而东,则沣水先会焉,次则泾水会焉。又东则漆、沮水入焉,又东注于大河也。今详见陕西大川渭水。

导洛自熊耳,东北会于涧、瀍,又东会于伊,又东北入于河。

蔡氏曰:此导豫州大川也。熊耳山,在陕西西安府商州西五十里。郑玄曰:河南卢氏县熊耳山。在县西南五十里。则《禹贡》导洛处也。《山海经》:驩举之山,洛水出焉。《汉志注》:雒水出上雒冢岭山。在今商州南六十里。陆澄曰:冢岭,即驩举山。《志》云:商州西北百二十里有驩举山,则非一山矣。夫驩举、熊耳、冢岭三山,同在上洛之地。溪涧相通,无容岐别。而卢氏之熊耳,洛水经流在焉。谓导洛始功于此,未为缪也。涧水,出河南渑池县白石山,东至洛阳,南入洛。瀍水,出洛阳县西北穀城山,至洛阳故城西南而入洛。涧、瀍二水,俱详见河南大川洛水。伊水,出卢氏县峦山即冈顿岭也。东北至偃师县西入洛。伊水亦详见河南大川洛水。洛水自熊耳而东北,则涧、瀍二水先流入焉,又东北而伊水流合焉。又东北入于大河,谓之洛汭,亦谓之洛口。今详见河南大川洛水。《禹贡》曰九川涤原，此概言九州之川耳。或即以黑、弱九水当之，误矣。九水之中，黑、弱则荒裔之川也。河流自塞外而经中国，回环半于天下。在《禹贡》九州，则雍、豫、冀、兖，皆其所经。今且折而入徐、青，侵扬州北境矣。江流萦纡广衍，其在《禹贡》则梁、荆、扬三州之地，其所经也。究其源流，与河大抵相埒。南江北河，实所以统纪群川。故于天象，亦以两河分界，而中原之形胜胥萃于此焉。汉水出梁州之北，经荆州之半而合于江。淮水出豫州之南，绕徐州之境以注于海。比之江河源流，未逮其半。济出于冀州之南，虽经豫、兖二州之境，然大都于淮、汉比肩，不能与江、河并驾也。今且灭没难明，在阙疑之列矣。渭、洛在雍、豫中，足为群川之长，然皆以河为宗，如大国之有附庸然，故更次于淮、济之后也。或曰：言渭水，以雍州为天下险；言洛水，以豫州为天下中也。然其为川也，仅及于境内，恐未足以该天下矣。是九川之中，其条贯犹存而经纬可见者，惟江、淮、河、汉四水而已矣。嗟乎，江、河日下，即安能以既倒之狂澜，而复为《禹贡》之山川乎！《管子》曰：地之东西二万八千里，南北二万六千里，其出水者八千里，受水者八千里。与《山海经》合。又曰：水出山而流入海者，曰经水；引他水入大水及海者，曰枝水；出于地沟，流于大水及海者，曰川水也。《唐六典》：江河自西极达于东溟，中国之大川也。其余百三十有五，是为中川。其千二百五十有二水，斯为小川。王氏云：桑钦《水经》所引天下之水百三十有七，江、河在焉。道元《水经注》引支水一千二百五十二，即古今有名之川，大概可见。《六典》所称，盖本之也。夫山川沸腾，流移决塞，朝更暮改。今汴、泗、汝、颍之流，尚且销沉难问，而陂、池、沟、洫之属，其不可知者，正不知其几矣。本《禹贡》之旧文，准以今时之川渎，务其大者、远者，或庶几乎！

　右导川。

读史方舆纪要卷一百二十五

川渎二 大河上

《传》有言：微禹之功，吾其鱼乎？夫自禹治河之后，千百余年，中国不被河患。河之患萌于周季，而浸淫于汉，横溃于宋。自宋以来，淮、济南北数千里间，岌岌焉皆有其鱼之惧也。神禹不生，河患未已。国计民生，靡所止定矣。次大河源流，而参互以古今之变，为此纪也，其有忧患乎？

河源发于昆仑，

《禹贡》曰：导河自积石。司马迁云：言九州山川，《尚书》近之矣。今曰河源发于昆仑者，从其可信者言之也。《尔雅》：河出昆仑墟。《淮南子》：昆仑之墟，河水出其东北陬。《水经注》亦曰：昆仑墟，河水所出。自古言河源者，皆推本于昆仑。按《史记·大宛传》：汉使穷河源，河源出于阗。天子按古图书，名河所出山曰昆仑。《汉书·地理志》金城郡临羌县西有昆仑山祠，亦不云在西北也。又《西域传》：河有两源，一出葱岭，一出于阗。郑樵遂谓河有三源：一出葱岭，一出于阗南山，其正源自昆仑云。《唐史》：长庆中，刘元鼎为吐番会盟使，言河之上流由洪济桥亦曰洪济城，见陕西西宁卫西南行二千里，水益狭，冬春可涉，夏秋乃胜舟。其南三百里有三山，中高四下，曰紫山，在大羊同国，今见西番朵甘卫。古所云昆仑也，番名曰闷摩黎山。东距长安万五千里，河源其间，流澄缓下，稍合众流，水色赤。行益远，众水并注，则黄浊。河源东北直莫贺延碛尾，今西番火州境有莫贺城。隐测其地，盖当剑南之西。班固《地理志》：金城郡河关县有积石山，在西南羌中，河水行塞外，东北入塞内，至章武入海，过郡十六，行九千四百里。《后汉·西羌传》：自河关之西，滨于赐支，至于河首，绵地千里。又《段颎传》：延熹二年，出湟谷南，渡河破羌于罗亭，追至河首积石山，出塞三千余里。据此，则河源在西南羌中，汉时已明知之，不待唐时矣。《元志》：至元十七年，命招讨使都实求河源。实还报，谓河源出吐蕃朵甘思西鄙，有泉百余泓，沮洳散涣，弗可逼视。方可七八十里，登高望之，如列星然，是为星宿海也。番夷名火敦脑儿。朱思本曰：河源在中国西南，直四川马湖蛮部之西三千余里，云南丽江宣抚司西北一千五百余里。群流奔凑，连汇二泽，番名阿剌脑儿。东流曰赤宾河。益引而东，凡二三百里，群川次第流合焉。其流浸大，遂名黄河。然水清可涉。又东一二百里，岐为九度河，番名也孙斡论。通广六七里，又四五百里水益浊，土人抱革囊乘马以渡。自是经两山峡间，广可一里二里或半里，其深叵测。至朵甘思东北，有大雪山，番名亦耳麻不剌，译言腾乞里塔。其山最高，多积雪，即昆仑也。自九度水至昆仑，约二十日程。昆仑山麓，绵亘五百里，河随山足而东，《河源考》：河水北行，至昆仑，转西北流。又折而东，过昆仑北，乃折而东北流。又东北流千余里，有细黄河自西南来注之。番名纳邻哈剌。又东北四五百里至贵德州，在西宁卫西南。又四百余里至积石州，即《禹贡》导河之处矣。自发源入中国，计六千余里，南北溪涧，络绎灌注，莫知纪极。昆仑之西，人鲜少，山平水漫。其东山益高，地渐下。至积石，方林木畅茂。世言河九折，彼地有二折。盖谓乞儿马出及贵德州也。○按王氏鏊尝言：天下之山起于昆仑，天下之水亦宜出于昆仑。汉张骞历西域诸国甚久。东汉之世，大秦、条支、安息，至于海滨四万里外，重译贡献，甘英尝穷临西海而还。皆未睹所谓昆仑者。元使所言，何昆仑之近乎？恐未可以一人之言废千古之论也。夫张骞固已凿空，甘英亦非专使，考刘元鼎之说，参以都实所见，河源庶几可考。今特著其切实而雅驯者，其荒僻无征之辞，未遑博采也。且河源本在西南，而张骞乃求之西北，所谓差之毫厘，谬以千里者与！

至积石而入中国。

积石山，在西宁卫西南百七十里。大河经其下，即禹迹所陟，古今华戎之大限也。详见陕西名山。自昆仑而至积石，皆经川流通。《史记·大宛传》《汉书·西域传》皆言河出于阗。于阗以东之水，东注盐泽，潜行地下，而南出于积石。《水经》又言河水自蒲昌海，又东入塞，经敦煌、酒泉、张掖郡南，又东至河关。杜氏《通典》力訾之。今不待辨而知其谬矣，有邈水流合焉。朱思本曰：黄河经贵德州马岭，凡八百余里而与邈水合。《图经》：马岭在贵德州之北。今邈水在西宁卫。

又东经河州城北。

《元志》：大河自积石州东流，循河而行五日，至河州安乡关。关在州西北百里。是也。今大河经州北六十里，有大夏河。经州东三十里，又北入于河。大夏河，在今河州南三里，或云即漓水，至兰州境入河。今详见河州卫。

又东北流经兰州城北，又东经金县北。

大河自河州东北流，至兰州境。其西则湟水合浩亹河流入焉，详见西宁卫。其南则洮河流入焉。洮河，详见陕西大川。又东北经州城北二里，金城关在焉，为河津之要隘。又东北经金县北六十里，流入乱山中。危湍仄涧，凡二百余里而入靖远卫界。

又东北径靖远卫北，又东北经宁夏中卫南。

大河自金城乱山中而来，泻落平川，奔流汹涌，乌兰桥之险在焉。在靖远卫西南百二十里，详见卫境。又东北出卫城北一里，山峡险隘，河经其中，悬流数仞。又东北二百余里经宁夏中卫南十五里，地势稍平，而河流益盛矣。

又东经灵州所北，又东北经宁夏卫东南。

大河自中卫而东，几三百里，经灵州所城北一里，其地亦谓之河曲。盖河自积石至中卫，大抵东北流；中卫至灵州，则正东流。由灵州至宁夏，则益折而北，故曰河曲也。经宁夏卫东南四十里益引而北，入废丰州界。自宁夏以上，民多引渠溉田，而宁夏尤被其利，民无旱涝之灾。盖上源势稍缓，无涨溢之患，且泥沙未甚，故引河为宜也。

又东北入榆林西境，经古三受降城南，又东折而南，经榆林之东。

大河在榆林卫北千馀里，自宁夏卫东北流六百余里，经古丰州之西，又北折而东，经三受降城南。三城相距凡八百里，至废东胜州西，废东胜州，在山西大同府西境大河之滨，与榆林东北故胜州隔河相望，正当大河折旋之处。乃折而南。其西则榆林之东境，其东则山西大同府，朔州之西境也。又南至黄甫川，黄甫川堡，在榆林东境。而西为延安府府谷县境，东为太原府河曲县境。其间回环曲折，几三千里，古为朔方地，今谓之河套，山川之襟要，中外之钜防也。详见陕西榆林卫。

又南经府谷县东，又经神木县南而入葭州境，经州城东。河之东岸，为山西河曲县及保德州暨兴县之境。

大河在府谷县城东百步，西南流入神木县境，经县南十里，又南经葭州城东一里。而山西之河曲县，北去黄甫川二十余里，隔河相望也。西南去府谷百余里。县滨河为险，山西之防，以河曲一带为最冲。详见山西太原府。而保德州西临大河，与府谷县隔河相对。府谷，在黄河西北岸。保德州，在黄河东南岸。河自黄甫川而下，皆迤逦西南流也。又南百五十里，则岢岚之兴县也。县西去大河五十里，与葭州滨河为界。

又南经吴堡县东，又南经绥德州东。河之东岸，为山西临县及永宁州宁乡县之境。

大河自葭州而南八十里，经吴堡县城东一里。又南百六十里，经绥德州东境。西去州城百二十里。而山西之临县西北去大河二十里，与吴堡县接界。永宁州则西去大河百十里，《志》云：自州城渡河至绥德州二百五十里。宁乡县西去黄河七十里，皆与绥德州滨河为境也。

又南经青涧县东，又南经延川县及延长县东。河之东岸，为山西石楼县及永和县、大宁县之西境。

大河在青涧县东百里，无定河自西北流入焉。详见绥德州。又南经延川县东四十五里，又南经延长县东三十余里。而山西之石楼县西距大河百里，西南接青涧县境。永和县西距大河五十里，西北接延川县境。大宁县西距大河七十余里，西北接延长县境。津流相通，一苇可航也。

又南经宜川县东。河之东岸，为山西吉州及乡宁县之西境。

大河在宜川县东八十里，而山西之吉州西距大河七十里。与宜川接界。孟门山、壶口山皆在其地，为河津险要。又南为乡宁县，西距大河八十里。又西南接韩城县界，缘河两岸，群山列峙，称险固焉。

又南经韩城县东，又南经郃阳县东。河之东岸，为山西河津县及荣河县、临晋县之西境。

大河在韩城东北八十里，龙门山在焉。详见陕西韩城县。《大事记》：即吕祖谦所著。周威烈王十三年，晋河岸倾，雍龙门，至于底柱。吕氏云：自春秋以后，河患之见于史传，盖始于此。又南流经梁山东。山在韩城县南十九里，亦详见韩城县。春秋成五年，梁山崩，雍河，三日不流，即此矣。又南经郃阳县东南四十里，津渡相通，战守所资也。而山西之河津县，即古耿邑也。商祖乙都耿，圯于河水。《书》有盘庚之诰，是矣。今县西去大河三十里，亦有龙门山，与韩城之龙门对峙。所谓禹凿龙门，河经其中者，非与？又南经荣河县城西，城去大河不及一里，汾水自东北流入焉。详见山西大川汾水。又南经临晋县西三十里，渡河而西又三十余里即郃阳县矣。临晋有吴王渡,郃阳有茶峪渡,俱黄河津济处。

又南经朝邑县东,又南经华阴县东北,而渭水入焉。河之东岸,为蒲州城西,又南过雷首山西,乃折而东也。

大河自郃阳县南百二十里,而经朝邑县东三十五里,滨河有临晋关,亦曰蒲津关。又南五十余里,至华阴县境,则华山当其冲,潼关在焉。关西去华阴县四十里,详见陕西重险。又渭水流经华阴县北,至县东北五十里而入于河,即《禹贡》导渭入河处也。渭水详见陕西大川。而山西之蒲州,大河自临晋县境南流五十余里,经其西门外,有蒲津关与陕西朝邑县临晋关夹河相对,关在县城三十五里。为自古设险之处。详见山西重险蒲津关。又南则涑水流入焉。即绛水也。详见蒲州。经雷首山西,山在蒲州东南十五里,详见山西名山雷首。折而东,其地亦谓之河曲。春秋时,秦晋战于河曲,是也。河流自东胜州折而南,几千八百里。自壶口、龙门以至于潼关,两岸重山,翼带深险,而华山复横亘其南,冈峦盘固,河于是复折而东。河山之胜,甲于天下矣。

又东经阌乡县北,又东经灵宝县北。河之北岸,为芮城县南境。

大河在阌乡县北七里,又东经灵宝县北十里。而山西之芮城县负山面河,南距大河二十里,与阌乡县夹河相望,三十里而近耳。盖河自雷首西麓而南经芮城西二十里,稍南即折而东。芮城当其曲折之间,而阌乡县亦为大河东折之冲。东至灵宝县七十余里,西距潼关六十里,踞高临深,并为险塞。

又东经陕州城北,又东经渑池县及新安县北。河之北岸,为平陆县及垣曲县境。

大河在陕州城北，自灵宝县东流六十里，至州城西北三里，大阳津在焉，亦曰茅津，详见陕州。河津要地也。又东四十余里为底柱山，控扼中流，惊涛怒湍。舟船经此，称为艰阻。详见河南名山底柱。又东百余里经渑池县北境，大河南去县城六十余里。又东百里为新安县境，大河南去县城四十余里。陵阪陂陀，津途遥隔，故二邑无滨河之称也。而山西之平陆县城临大河，东南距陕州不过五六里，南北往来，尝为津径。又东二百余里，至垣曲县南二十里，冈阜逶迤，与河南岸两相倚阻，皆非利涉之所也。

又东经河南府北，河之北岸，为济源县南境。

大河在河南府城北二十里，绕北邙山之麓，北邙山在府城北十里，详见河南府。层峦叠阜，屹然保障。《志》云：大河自芮城、阌乡而东，河之北岸，则中条以接王屋，南岸则崤函以接北邙。夹河翼带，并趣而东。虽底柱扼塞中流，而旁无溃决之患。则以岗陵包络，有自然之险固耳。而济原县南距大河七十里，西邻垣曲，南卫洛阳，亦控守之处云。《唐史》：圣历二年，河溢，湮济源民舍千余家。或以为山水暴发，非河患也。

又东经孟津县北，河之北岸，为孟县南境。

大河在孟津县北五里，北岸至孟县三十里。今孟县西南至孟津县五十余里，盖嘉靖中孟津益徙而西也。即古之孟津也，河桥在焉。自昔为设险之处，河阳三城置于此。详见河南重险，今废。《宋史》：乾德二年，孟州水涨，坏中潬桥。《金史》：大定十一年，河决王村，南京、孟、卫州界多被其害。王村，今山东濮州治也。孟州，即今孟县。南京，即今开封府。盖下流壅，故倒灌上流也。嘉靖十七年，河涨孟津，县圮于水。盖河自孟津而上，多循山麓，行至孟津，两岸平阔，河势渐张，溃溢之患，于是乎见端矣。夫决在下流，河之患犹浅；决在上流，河之患乃深。孟津，河行平陆之上流也，河患及此，下流之壅阏必日甚，横决必且益多。征之往事，不信然与？○丘氏濬曰：河为中原大害，自古治之者，未有能得上策者也。盖以河自星宿发源，东入中国，逾万里，凡九折焉。合华夷诸水，千流万派，以趣于海，其源之来也远矣，其水之积也众矣。夫以万川而归于一壑，所来之路孔多，所收之门束隘，而欲其不泛滥也难矣。况孟津已下，地平土疏，易为冲决，而移徙不常也哉。

又东经巩县北，洛水入焉。河之北岸，为温县之境，济水入焉。

大河在巩县北十里，西去孟津县八十里。洛水自西南流入焉。详见河南大川洛水。又东经温县南二十里，济水入焉。济水，详见《禹贡》导川。《里道纪》：自巩县东北至温，凡四十里。宋太平兴国二年，河决孟州之温县，盖河既出险就平，复南纳洛川之注，北并济水之流，纵横震荡，势不能已。疏导无方，巩、洛而下，《禹贡》旧迹，安得不月异而岁不同哉！

又东经氾水县北，又东经荥阳县北。河之北岸，为武陟县之南境。

大河在氾水县北一里。《里道记》：渡河西北，至温县二十五里。又东经荥阳县北二十五里。明洪武二十五年，河决荥阳，命修塞之。正统十三年，河复决荥阳，经曹、濮，冲张秋，曹，曹州。濮，濮州。张秋，在山东东阿县。今详见漕河。溃沙湾东堤，沙湾，在济宁州寿张县。亦详见漕河。夺济、汶入海。寻自开封西南经陈留,自亳入涡河,又经蒙城至怀远县入淮,陈留县,属河南开封府亳州。蒙城县、怀远县,俱属江南凤阳府。而开封城遂在河北,久之始复故道。而武陟县南去大河五十里,西南与荥阳县接境。沁水自北来,至县南入于大河。沁水,详见山西大川。其入河之处,旧名沁黄口,今曰南贾口。宋熙宁十年,河溢怀州黄沁口,即其地云。

又东经河阴县北,又东径荥泽县北。河之北岸,为获嘉县之南境。

大河在河阴县北十三里。《里道记》:自河阴县渡河,至武陟县五十六里。县西二十里有石门渠,即古之荥口。秦始皇二十三年攻魏,引河沟灌大梁。汉王横言:秦攻魏,决河灌其都,决处遂大,不可复补,即此矣。后汉初,河自荥阳决入汴。河阴,故荥阳县地。永平十三年,诏修汴渠堤,自荥阳东至千乘海口千余里,盖始功于此。今详见河阴县。自河阴而东三十里,经荥泽县北五里。荥泽地稍下,古荥水所钟也。唐开成三年,河决,浸郑州外城。五代汉乾佑三年,河决郑州。周广顺二年,河复决于郑州。说者曰:自荥泽县决而南也。《五代史》云:河决原武。或曰,当在荥泽。显德初,遣使修塞决河。又《五代史》:周广顺中,河决河阴。宋太平兴国二年,河决于荥泽。熙宁十年,河复决荥泽。元延佑十年,河决荥泽之塔海庄东堤。塔海庄,在县东南七里。久之始塞。明正统十三年,河决荥阳。既而自孙家渡决而南。孙家渡,在县东南五十里。全河南徙,久之始塞。弘治五年,河大决于封丘。抚臣徐恪请开孙家渡,从之。既而复塞。《河渠考》:先是弘治二年,河决原武,命户部侍郎白昂治之。昂于荥泽县杨桥开支渠，引中牟尉氏决河，由陈颍至寿州达淮。杨桥，在县东南，与孙家渡相近。盖引决河使入正统时南决旧道也。至是河流横溃，张秋决口塞而复决。恪上言：决河湍悍之势，未可遽回。今自荥泽孙家渡口旧河东经朱仙镇，下至项城南顿，犹有涓涓之流。若疏之由泗入淮，可杀上流之势。又黄陵冈有贾鲁旧河，南经曹县梁清口，下通归德丁家道口。今梁靖以北淤塞将平，计功力之施八十余里。若疏而浚之，使由徐入淮，以杀下流之势，则决口可塞，运道可完也。时多从其策。而卫辉府之获嘉县南去大河六十里，与荥泽、河阴接壤。宋太平兴国三年，河决怀州之获嘉。盖亦堤防之处矣。

又东经原武县北，阳武县南。

大河在原武县北二十二里。五代周广顺中，河决原武，寻遣使修塞。又显德六年，郑州奏河决原武。宋元丰元年，河复决于此。五年又决，下流纳梁山泺。梁山泺，在山东寿张县。《宋志》：河决原武埽，溢入利津河、阳武沟、刁马河，归纳梁山泺。利津等河皆在阳武以东。明洪武十四年，河决原武及祥符、中牟。二十四年，河决原武黑阳山在县北二十里。东经开封城北五里，又南行至项城，经颍州颍上县，东至寿州正阳镇，正阳镇在寿州西六十里。全入于淮。而河之故道淤塞，疏久之，乃复旧。弘治三年，河复决原武，支流为三：一决封丘金龙口，亦作荆隆口。漫祥符及长垣，直隶长垣县。下曹、濮，冲张秋长堤。一出中牟，下尉氏。一泛滥于兰阳、仪封、考城、归德，入宿州。诏白昂修塞之。《河渠考》：昂为户部侍郎，奉命治河。筑阳武长堤以防张秋之决，引中牟决河出荥泽杨桥，下达于淮，浚宿州古汴河达泗州。又浚睢河，自归德饮马池中经符离桥，至宿迁县入漕河。上筑长堤，下修减水闸。又疏月河十余以杀其势，塞决口三十六。

由河入汴,汴入睢,睢入泗,泗入淮,以达海,水患稍息。昂又以河南入淮非正道,恐不能容,乃复自鱼台历德州,至吴桥,修古河堤。又自东平北至兴济凿小河十二道,引水入大清河及古黄河入海。河口各作石堰,以时启闭。昂意盖欲于东北分其流,于东南疏其淤也。未几,河复决徙,昂所规画,一时皆废。吴桥、兴济今直隶属县也。而阳武南距大河十余里,旧时大河经城北,与卫辉府之新乡、汲县接境。自河决塞不时,河遂徙而南。周广顺二年,河决阳武,寻修塞之。时又决常乐驿,或曰驿在阳武西。宋乾德三年,河决阳武。开宝五年,复决阳武。金大定十七年,河决阳武之白沟。白沟,在县东南三里。明昌五年,河决阳武故堤,决口地名光禄村。灌封丘而东。元至元二十五年,阳武诸处河决。泰定三年,河决阳武,漂居民万六千五百余家,寻复塞治。明洪武十五年,河决阳武。天启元年,河决阳武县脾沙堈,在县东南三十里。由封丘、曹、单至考城,复入旧河。自河出阳武之南,而新乡、汲县、胙城之境,皆去河渐远。禹迹之益不可问也,自阳武之决塞始也。

大河旧道,在阳武县北,又东经延津县北,又东经胙城县北。河之北岸,为新乡县及汲县之境。

此大河旧道也。旧《志》云:河在阳武县北二十三里。河之北岸,即新乡县境,南去大河三十里。金明昌中,河决阳武,入封丘。于是河益东南下。《金史》:贞祐四年,延州刺史温撒可喜言:近世河离故道,自卫东南流,由徐邳入海,以此河南之地为狭。臣窃见新乡县西河水可决使东北流,其南有旧堤,水不能溢,行五十余里,与清河合。则由濬州、大名、观州、清州、柳口入海,此河之旧道也。皆有古堤,补其罅漏足矣。如此则山东、大名等路,皆在河南,而河北诸郡亦得其半。退足以为备御之计，进足以壮恢复之图。议者以河流东南已久，决之非计，遂寝。清河谓淇水口，柳口即今直沽口也。元至元九年，河决新乡《元史》云：河决新乡广盈仓南河北岸。盖是时河犹出阳武、新乡间也。由阳武而东五十里，径延津城北十七里。延津，即古酸枣。汉文帝后元年，河决酸枣，东溃金堤，东郡大兴卒塞之。五代周广顺二年，河决酸枣。显德初，遣使修塞。前成化十四年，河溢延津。明年，复自县南流入封丘。其旧流故道，则自延津折而东北，经汲县东南十七里，又东北径胙城县北一里。《里道记》：延津县东北至胙城四十五里。宋熙宁四年，河溢卫州王供埽。旧《志》云：在州东三十里。十年，复溢王供埽及汲县上下埽。金大定二年，河决卫州及延津县，弥漫至归德府。二十六年，河决卫州堤，坏其城，泛滥及于大名。先是，胙城隶开封府，泰和八年，以限大河，改属卫州。贞祐三年，徙州治于宜村。新城详见胙城县。以胙城为倚郭。胙城为河北县，自金始也。

又东北径濬县之南，滑县之北。

大河旧在濬县城南一里。河之南岸，即滑县界。《里道记》：滑县西北至濬县四十里，濬县南至胙城县五十里。大河经其间。北曰黎阳津，南曰白马津。自昔津济之要，今变为平陆矣。汉建始四年，河决东郡金堤。颜氏曰：在今滑州界。唐元和八年，河溢瓠子，东泛滑，距城十二里。郑滑帅薛平、魏博帅田弘正，共发卒凿黎阳山东，复入故渎。故渎在黎阳西南。时河流南徙，薛平请于田弘正，共发卒凿古河十四里，径黎阳山东，会于故渎，自是滑无水患。开成三年，河决，浸滑州外城。乾宁三年，河涨，将毁滑州。朱全忠决为二河，夹城而东，为害滋甚。石晋天福六年，滑州河决。九年，滑州河决，侵汴、曹、单、濮、郓五州之境，环梁山合于汶，大发数道丁夫塞之。五代汉乾祐元年，河决滑州之鱼池店在州西。周广顺二年，河决滑州灵河诸处。灵河废邑，在今滑县西南六十里。《五代史》：广顺中，河决灵河、鱼池、六明镇诸处，盖皆在今滑县境内。命王浚修塞之。三年，义成帅白重赞奏塞决河。宋乾德四年，滑州河决，坏灵河大堤。太平兴国三年，河又决滑州之灵河。八年，河大决滑州之韩村在州东北。泛澶、濮、曹、济，东南流至彭城，入于淮。时大发丁夫筑堤塞之。议者欲于澶、滑间立分水之制，于北岸开入王莽河，以通于海。南岸开入灵河，以通于淮。多作斗门，随时启闭。可以通舟航，溉农田。不果。王莽河，即屯氏河。灵河，即灵河决口。欲因决河通泗入淮也。九年河复决滑州之房村。亦在州东北。既而巡河官梁睿言：滑州土脉疏，岸善溃，每岁河决南岸，害民田。请于迎阳埽凿渠引水，凡四十里，至黎阳合河，以防暴涨。从之。既而渠成，又命凿河开渠，自韩村埽至州西铁狗庙五十余里，复合于河，以分水势。迎阳，在州东北，大河北岸。大中祥符四年，河决通利军。今濬县。合御河，坏州城田庐。州城，即濬州城。天禧三年，滑州河溢城西北天台山旁，俄复溃于城西南岸，漫溢州城，历澶、濮、曹、郓，注梁山泊。又合清水古汴渠。此清水谓泗水也。东入于淮，州邑罹患者三十二。诏发丁夫塞治。先是，李垂上《导河形势书》，大略欲自汲郡东推禹故道，挟御河出大伾、上阳、太行三山间，复西河故渎。又欲自滑州而北，以渐派为六渠，导入漳河、滹沱、易水，以入于海。议者以为未便。至是垂复请自卫州东界曹公所开运渠东五里河北岸凸处，就岸实土坚处引之，正北稍东十三里，破伯禹古堤，注裴家潭，径牧马陂。又正东稍北四十里，凿大伾西山,洒为二渠,一遍大伾南足,决古堤正东八里,复澶渊旧道。一遍通利军城北曲河口,至大禹所导西河故渎正北稍东五里,开南北大堤。又东七里入澶渊旧道,与南渠合。如是则北载之高地,滑州之水,不治自涸矣。议复格。上阳山,或曰即直隶清丰县之广阳山。四年,河复决于天台山。先是,西南堤成,又筑月堤于天台山旁。及是,河复决于天台山下,达卫南,浮徐济,为害益甚。大发丁夫筑塞之。天圣五年,塞河成,以其近天台山麓,名曰天台埽。自是以后,滑州之患大抵移于澶州。元符三年,河复决于苏村,在濬县东北。然其为害甚鲜。重和初,诏于滑州澶州界万年堤广植林木以护堤岸,壮地势云。○考河自大伾以上,犹《禹贡》时大河经流也。大伾山,在濬县东二里。汉贾让欲决黎阳遮害亭,亭在濬县西南五十里。放河使北入海。河西薄大山,东薄金堤,势不能远泛滥。此即司马迁《河渠书》所称禹以为河所从来者,高水湍悍,难以行平地,数为败,乃釃二渠,以引其河,北载之高地之说也。其后王横亦言:禹行河水,本随西山下东北去,宜更开浚,使缘西山足乘高地而东北入海,乃无水灾。宋李垂祖其说,欲引河自大伾而北,载之高地。其后孙民先亦主是说。元丰中,陈祐甫亦请修复禹故道。夫滑州河患,莫甚于宋之天禧以前,于此时引河北去,未为不可也。其后河亦益徙而北,出于信都、勃海间,故道庶几可复矣。何意谋国者方且人持一说,非迂疏拂逆之计,则因循苟且之见而已矣。以千载一时之机,而空言坐失之。宋事之不可为,岂惟用兵为然哉?至于李垂《导河形势书》,迂回繁复,类皆不切于用,盖所见近是而未达于因势利导之方也。其言果行,安在不与六塔五股并遗诮于后世哉?

又东北经开州南,长垣县及东明县之北。

大河旧在开州城南,汉之濮阳,宋之澶州,皆其地也。汉元光三年,河水徙从顿丘东南流,既而决瓠子,在今州西南二十五里。东南注钜野,钜野泽,见山东钜野县。通于淮、泗,此为黄河入淮之始。丘氏以宋熙宁十年为黄河入淮之始,误矣。泛郡十六。使汲黯、郑当时兴人徒塞之,辄复坏。元封二年,自临决河塞之,作瓠子之歌,是也。五代周广顺三年,澶州河溢。宋乾德三年,河决澶州。开宝四年,河复决澶州,东汇于郓、濮,坏民田舍。五年,河复决濮阳,命颍州团练使曹翰往塞之。淳化四年,河复决澶州,陷北城,坏庐舍七千余区。景德元年,河决澶州横陇埽。在州东,自是遂为故道,所谓横陇河也。四年,又坏澶州王八埽。在州西南。大中祥符七年,河决澶州大吴埽。在州东。天圣六年,又决州之王楚埽。在州西南。景祐元年,复决于横陇埽。庆历八年,又决州之商胡埽。在州东北三十里。自是遂为故道,所谓商胡河也。宋人谓横陇决而东为滨、棣诸州患,商胡决而北为河北患是也。《宋志》:商胡决河自魏北至恩、冀、乾、宁入海,为北流。其二股河自魏、恩东至德、沧入海,为东流。嘉祐元年,河复决于六塔河。六塔河,在州东北十七里。自商胡东南通横陇河之支渠也。先是皇祐二年,河决馆陶县之郭固。四年,塞郭固而河势犹盛。议者请于澶州开六塔河以披其势,于是遣使相度,诣铜城镇海口,以约古道高下之势。欧阳修以塞商胡开横陇,回大河于故道,计一千余里,役巨费烦,速宜停罢。李仲昌等请开六塔河,使归横陇。时横陇湮塞已二十年,商胡复决数岁矣。贾昌朝等又欲移决河于京东故道,欧阳修曰:六塔止是别河下流,已为滨、棣、德、博诸州患,若全回大河,其害必甚故道,理不可复,不待智者而知也。至是遂塞商胡北流入六塔河，不能容。是夕遂决，河北被患者数千里。铜城镇在滨州海口。
熙宁四年，河溢澶州之曹村。在州西南。十年，大决于曹村，澶渊北
流断绝，河道南徙，东汇于梁山、张泽泺。梁山泺见前。张泽泺，或
曰即今山东汶上县之南旺湖。分为二派，一合南清河入淮，一合北
清河入海，南清河，今泗水也。北清河，大清河也。《金志》：明昌四年，
都水监丞田栎言黄河利害云：前代每遇古堤南决，多经南北清河分流。
南清河北下，有枯河数道，河水流其中者，长至七八分。北清河乃济水故
道，可容二三分。因欲于滑州墙村决河入梁山泺故道，依旧作南北两清
河分流。不果。盖误引此说也。灌郡县四十五，濮、济、郓、徐更甚。
元丰元年，决口塞，改曹村埽曰灵平。筑堤断流，河复归北。三年，
澶州孙村、陈埽及大吴、小吴埽复决。孙村等埽俱在州东。四年，
小吴埽复大决，自澶注入御河，恩州危甚。五年，河溢内黄，决大
吴埽，以纾灵平水患。放之使北也。《宋史》：元丰八年，时河流虽北，
而孙村低下，夏秋霖雨涨水，往往东出小吴决口。既而决大名小张口，
王令图议浚滑州迎阳埽旧河，于孙村修金堤，使河复故道东流。既又言
故道难复，请于南乐大名埽开直河并签河，分引水势入孙村口，以解北
京向下水患。时吴安持等亦主回河东流，赵偁等以为不可。请开阚村下
至栲栳堤七节河门、修平乡巨鹿埽、焦家等堤，浚澶渊故道以备涨水。
不从。阚村等堤俱在内黄、魏县以北，时大河流合御河也。〇又是时陈
祐甫上言：商胡河道填淤渐高，今当修者有三：商胡，一也；横陇，二也；
禹旧迹，三也。然商胡、横陇故道地势高平，水土疏恶，皆不可复，复亦
不久。惟禹故渎在大伾太行间，地卑势固。故昔李垂、今臣孙民先，皆议
修复，乞命民先自卫州王供埽按视，迄于海口。从之，既复中止。盖自河
入御河之后，而宋澶州之患稍缓。至金大定以后，河益徙而南，澶

州之流遂绝。明正统十三年，河决荥阳，自阳武冲入故道，直至州治南。又东抵濮州，坏张秋堤入海，后复塞治。盖瓠子、灵平之旧迹，皆不可复识矣。〇考自滑县开州以下，此秦汉以来之故道，非禹治河之故道也。盖自周定王以来，禹迹不可复矣。史称汉武塞瓠子，而导河北行二渠，复禹旧迹，岂其然耶？

开州之东北为清丰县之西，内黄县之东。

大河旧道，在内黄县东南及清丰县西南。《水经注》：大河故渎，东北径戚城西，又经繁阳故城东，阴安故城西，是也。戚城，见开州。繁阳，见内黄。阴安，见清丰县。汉时河皆经此。元光三年，河徙，从顿丘东南流。顿丘，今清丰县境是也。后决塞不时，故道废。宋时澶州河屡决，河复行北道。开宝八年，河决澶州之顿丘。太平兴国二年，河复决于顿丘。元祐八年，河溢内黄埽。时有司进梁村上下约束狭河门，河遂涨溃，南犯德清，西决内黄，东淤梁村，北出阚村。宗城决口，复行魏店。北流淤断，河水四出。坏东郡浮梁，遣官修塞。许将言：大河势盛，宜因梁村口以行东，因内黄口以行北，而尽闭诸口，以绝大名诸州之患。俟春夏水至，乃观水势所宜，或闭内黄，或塞梁村为便。梁村，在清丰县东南。元符二年，河决内黄口，灌邢、洺诸州，而东道之流遂绝。《宋志》：元符二年，河决内黄口，遂由魏县而北。挟卫、漳之水，并流而东北。大观二年，邢州决，陷巨鹿县。既而冀州言河溢，坏信都、南宫两县。三年，河复溢冀州信都县。未几，复南决于清河埽。自是大河不复北矣。

又东北经南乐县及大名县、元城县之东。

《水经注》：大河故渎，径昌乐故城东，即南乐也。宋时大河亦径此。嘉祐五年，韩赟请分浚二股、五股诸河于县境，以减下流恩、冀之患。治平元年，始命都水监浚治。熙宁初，河自恩、冀北注。议者请开二股河，渐闭北流。二年，张巩等奏大河东徙，北流浅小，请闭北流。从之。未几，河自其南四十里许家港东北，泛滥大名、恩、德、沧、永静五州军境。永静军，本定远军，今景州。诏遣官相度。六年，王安石奏自大名之东南开修直河，使大河还二股故道。于是河势增涨。十年，河遂大决于澶州。此即宋人回河之误也。《宋史》：嘉祐五年，河流派别于魏州之第六埽，曰二股河，行一百三十里。经魏、恩、德、博之境，亦曰四界首河。于是河北漕臣韩赞言：四界首古大河所经，即《沟洫志》所谓平原金堤，开通大河，入笃马河，至海五百余里者，浚之一月可毕。支分流入金、赤河，使深六尺，为利可必。商胡决河自魏至恩、冀、乾宁入于海。今二股河自魏、恩东至德、沧入海，分而为二。则上流不壅，可无决溢之患。从之。既而商胡堙塞，冀州界河浅，房家、武邑二埽溃，复塞之。熙宁四年，河溢恩、冀、瀛诸州，下属恩、冀，贯御河，奔冲为一。张茂则等谓二股河地最下，宜浚其湮塞。又开清水镇河以折其势，则捍者可回，决者可塞。从之。五年，河溢夏津县。王安石又请开修直河，使大河还二股故道，由德、沧以达海。十年，河大决于曹村，而二股、直河俱废。元丰以后，王令图、范子奇等复执回河之说，欲自孙村口而东，仍出二股河，功竟不就。金、赤二河在东平、平原间。清水镇河，盖卫河之支流，旧在南乐县境，今湮。而大名、元城县，亦皆大河所经也。唐开元十四年，魏州河溢。《唐书》：开元十四年，魏州河溢。十五年，冀州河溢。先是，河决博州，故水溢而北也。宋嘉祐七年，河决大名第五埽。元丰七年，河溢元城埽，决横堤。冀、洺、北京皆被其害。八年，河决大名之小张口。在元城县东。《宋志》：是时河流虽北，而孙村低下，夏秋霖雨，往往东出。小吴之决未塞，于是又决于此，河北诸郡皆被其害。宋时以大名为北京，堤防障遏，无岁不讲也。

又东北经馆陶县东，又东北经临清州及高唐州之境，又东北径恩县南。

大河故道，自元城、冠县间入馆陶界。冠县、馆陶俱山东属县。《汉·沟洫志》：自塞宣房即瓠子河，见开州。后，河复北决于馆陶，分为屯氏河，东北经魏郡、清河、信都、勃海入海。广深与大河等，因其自然，不堤塞也。屯氏河，见馆陶县。元帝永光五年，河决清河灵鸣犊口，而屯氏河绝。废灵县，见山东博平县。鸣犊口，见直隶清河县。成帝建始二年，河复决于馆陶，所决之河，亦名屯氏别河。及东郡金堤，泛滥兖、豫，入平原、千乘、济南，凡灌四郡三十二县。又鸿嘉四年，清河、勃海、信都河水溢溢，灌县邑三十一。新莽始建国三年，河决魏郡，泛清河以东数郡。汉所称魏郡，大约主馆陶以北言之。《汉书》：先是，莽恐河决，为元城冢墓害。及决东去，元城不忧水灾，故遂不堤塞。《水经注》：大河故渎，经甘陵故城南，甘陵，在临清、夏津之间，亦见清河县。又东北径灵县故城南。今废灵县见博平县境。又今高唐州亦故灵县之境。河渎于县别出为鸣犊河，又东径鄃县故城东。鄃县故城，在今平原县西南五十里。《汉志》鄃居河北，即此。此即汉时河所出之道。宋皇祐二年，河决馆陶县之郭固，在县东北。四年，塞之。即《宋史》所称郭固塞而河势犹盛，议者请开澶州六塔河者。熙宁四年，北京新堤第四、第五埽决，漂溺馆陶、永济、清阳以北，永济废县，今在临清州西。仁宗皇祐元年，河合永济渠注乾宁军，县以永济渠而名也。清阳废县，亦见清河县。下属恩、

冀，合于御河。五年，河溢于夏津，而清河即宋之恩州也。熙宁
元年，河溢恩州乌拦堤。在州东。是年，又决冀州枣强埽，北注瀛
州。既又溢瀛州乐寿埽。元祐四年，又溢冀州南宫等五埽。时都水
监言：前二年，河决南宫下埽。去三年，决上埽。今四年，决宗城中
埽。盖皆自恩州决而北也。政和三年，河决冀州枣强埽。都水孟揆
言：枣强东堤决溢，其漫水行流，多咸卤及积水之地，不犯州军，
止经数县地分。迤逦接御河归纳黄河。今欲自决口上恩州之地水
堤为始，增补旧堤，接续御河东岸，签合大河。从之。宣和三年，
河决恩州清河埽。盖自内黄决后，河出清河之北，至此下流渐壅。
故上流复决，河又从瀛冀而西南矣。

又东北径德州西，又东北经景州及沧州之境，入于海。

德州，汉平原郡界也。河之故道，本在平原以北。汉以前大
概从魏郡、清河、信都、勃海界入海，皆与平原接境，不径至平原
也。武帝建元三年，河水溢于平原。成帝建始三年，河决馆陶，遂
溢入平原、千乘、济南界中。河平三年，河复决平原，流入济南、千
乘，复堤塞之。东汉永平中，河流合汴，泛滥兖、豫。明帝使王景
治之，绝水立门，河汴分流。自荥阳东至千乘海口千余里，十里立
一水门，令更相回注，无复溃漏之患。然则河经平原以南，自汉建
始中始，而永平以后，常为河之经流矣。后汉以及南北朝时，大河决
塞，史多失于记注。《水经注》：大河故渎，径平原故城西，又北径
修县故城东。修县，今直隶景州。又东北至东光县故城西，东光，今
直隶属县。而合于漳水。此亦约言西汉时大河所经之处。道元时，
河仍自千乘入海，不至东光合漳也。宋自熙宁以后，主回河之说，

沧、景常多水患。元丰四年,河溢沧州、南皮上下埽,又溢清池埽,又溢永静军阜城下埽。既而河流益北,大抵合御河、西山诸水,自深州武强、瀛州乐寿埽,至清州独流寨三叉口而入于海。今见河间府青县。

开州之东为观城县及朝城县南。河之南岸,则濮州之北。

《水经注》:大河径卫国县南,卫国县,即今观城县。鄄城县北。鄄城旧县,濮州治也。疑东汉以后,大河故道即出于此矣。五代晋开运三年,河决澶州临黄。汉天福十二年,河决观城界楚里村堤,在县西南。东北经临黄、观城二县。临黄废县,今见观城县。宋开宝五年,河决濮阳。濮阳郡,即今濮州。明道二年,移朝城县于社婆村,移而北也。避河患也。前朝正统十三年,河决荥阳,冲曹、濮。弘治三年,河复决原武,冲曹、濮。濮州盖旧道所经,常为东下之冲矣。

又东径范县北,莘县及聊城县之南。

大河故道在范县之北,仓亭津在焉。津在今县东北。旧经云:自范县渡河而西北六十里,即莘县是也。而聊城故博州治,今东昌府治焉。唐开元十年,博州河决。五代晋天福四年,河决博州,即此矣。

又东径东阿县北,博平县及茌平县南。

东阿,自昔大河之冲也。南涨则潴东平,东溢则侵济南。五代梁末,唐遣李嗣源取郓州,守杨刘。今见东阿县。梁人攻杨刘,决河口以限晋兵。决口益大,连年为曹、濮患。同光二年,命娄继英督汴滑兵塞之,未几复坏。晋天福二年,河决郓州。自东阿决而南也。

开运三年，河决杨刘，西入莘县，广四十里，自朝城北流自东阿决而西也。周显德初，命宰相李穀治堤，自阳穀抵张秋口遏塞之。《五代史》：先是，河自杨刘至博州百二十里，连年东溃，分为二派，汇为大泽，弥数百里。又东北坏古堤而出，灌齐、棣、淄诸州，至于海涯，漂没田庐，不可胜计。朝廷屡遣使，不能塞。至是穀诣澶、郓、齐，按视堤塞，役徒六万，三十日而毕。宋乾德二年，河决郓州之竹村在州西北。三年，郓州河决。太平兴国七年，河涨、挟清河。谓济水也。凌郓州，城将陷，州将塞其门以遏水。驰奏遣使往固其城。咸平三年，河决郓州王陵埽在州西，浮巨野，入淮泗，水势悍激，侵迫州城。明道二年，废郓州王桥渡以避水。渡在州东。是时河流涨入小清河，济南淄川皆被其患。后河势益趋而北，郓州之患始少。此五代及宋郓州水患也。而博平、茌平亦大河东出之道矣。

又东经长清县北，禹城县南。

长清以西，古大河所经也，碻磝津在焉。详见长清县。宋元嘉二十七年，王玄谟为宁朔将军，前锋入河平碻磝守之。是南北朝时，大河皆经此矣。大抵东阿以东，往往挟济而流，又东北以达于海也。

又东经历城县北，临邑县南。

临邑东有四渎津，大河故道所经也。详见长清县。唐《五行志》：永徽六年，齐州河溢，即此地矣。

又东北经商河县北，武定州南。

此昔时大河所经也。唐长寿二年，河溢棣州。时坏居民二千余家。又开元十年，棣州河决。大和二年，河决，坏棣州城。宋祥符四年，河决棣州聂家口。在今武定州西南三十里，旧州城之西南。五年，又决于州东南李氏湾，环城数十里，民舍多坏。时大河挟商河为患，议者请徙商河以杀其势。役兴逾年，捍护筑塞，财力俱困，仅免决溢，而湍流益暴，壖地日削。河势高民屋逾一二丈，民以为忧。乃议徙州治于阳信之八方寺。六年，徙州治而北，以避河患。自是澶、滑之间，大河屡溢，而棣州之流渐绝矣。

又东经滨州境，合清河以入海。

《水经注》：河水东径湿沃津。今见蒲台县。又东径千乘城北，又东过利城。北利城，今见博兴县，或伪为黎城。又东北济水从西来注之。又东北入于海。夫水流变迁，其详不可得而知。今大清河自蒲台、利津县东北入海，惟小清河则经青州府博兴、乐安县境而后入于海。或谓宋初大河东行，大抵从滨州境合于大清河。或谓大清河即东汉以来大河经流之处。《水经注》有南北二济，无大小清河之名。其所言北济者，大概与大清河相参错。或大清河即大河故渎，河迁而济水注其中与？夫自东汉至隋唐，水之侵啮涨溢，岂能尽免。而由平原、千乘间以入海，则未经变异也。然则治河如王景，其成法讵不足遵与？自梁晋夹河之战，苟且目前，横挑大衅。梁段凝于卫、滑间，决河引水以限晋兵，谓之护驾水。此五代以后溃决之患所由致也。延及宋季，横决无已，而一时蜩螗沸羹之说，迄无成见。金、元河患，皆与国为终始。至于晚近，且谓御河如御敌，庙堂无百年之算，间阎有旦夕之忧，亦独何欤？《水经》诸书既未能条贯源流，兼综终始，史家纪载，又往往参差同异。兹略举往迹，为之差次古今之变，览者亦可知其梗概矣。右古大河。

读史方舆纪要卷一百二十六

川渎三 大河下

大河今自阳武县南，又东径开封府城北，封丘县南。

大河今在开封府城北十里。宋元符三年，河决开封之苏村。旧《志》云：府西三十余里有苏村。元至元二十三年，河决开封、祥符等郡县十五处。开封、祥符、陈留、杞、太康、通许、鄢陵、扶沟、洧川、尉氏、阳武、延津、中牟、原武、睢州，此十五处也。又二十五年，河复决汴梁之太康、通许、杞三县，灌陈、颍二州。皇庆三年，河决开封、陈留等县，没民田舍。时又决陈、亳、睢三州。延祐七年，河决开封县苏村及七里寺诸处。泰定二年，河溢汴梁。三年，复坏汴梁乐利堤，发民夫筑塞。明洪武七年，河决开封堤。十六年，又决开封东堤。自陈桥至陈留。陈桥，在府东北二十里。溃流数十里。二十年，河复决开封城。三十年，河溢开封。正统十三年，河决荥阳。寻自荥泽县孙家渡决而东南，开封遂在河北，景泰中，始复故。《河渠考》：明初开封城北去大河四十里。洪武二十四年，河决原武而东，经城北五里至此，遂出府南。筑塞以后，大河经城北不过十数里。天顺五年，河溢，决开封府北门。成化十四年，河决开封府西杏花营。在府西二十里。弘治三年，河决开封，南入淮。万历十七年，河决府西北刘兽医堤十余处。刘兽医堤，在府西北三十五里。四十四年，河决开封陶家店、张家s湾。陶家店，在府西北二十里。张家湾，在府西北十五里。由护城堤下经陈留等处，入亳州涡河。是冬决口淤，河复旧道。崇祯十五年，贼决开封西北朱家寨。在城西北十七里。城陷，大河自陈、颍诸州漫入淮泗。盖大河出阳武之南，开封城外皆为浸淫沮洳之场矣。而河北之封丘县南去大河五十一里，旧时大河在县西北四十余里。金明昌五年，河决阳武，灌封丘而东，此封丘隔在河北之始也。元至大二年，河决封丘。顺帝至元初，河复决于封丘。明弘治二年，河决原武。其支流决封丘荆隆口在县西南三十余里，漫祥符，下曹、濮，冲张秋。五年，河复决于荆隆口，溃仪封之黄陵冈，更犯张秋，坏会通河。寻命刘大夏治之。《河渠考》：弘治六年，都御史刘大夏受命治河，上言：河流湍悍，张秋乃下流嗌喉，未可辄治。宜于上流分道南行，复筑长堤以御横波，且防大名、山东之患。俟其循轨，而后决河可塞也。报可。大夏乃浚孙家渡口，开新河七十余里，导水南行，由中牟至颍州东入淮。又浚祥符东南四府营淤河，由陈留至归德，酾为二道。一由符离出宿迁小河口，一由亳州涡河会于淮。又于黄陵冈南浚贾鲁旧河四十里，由曹县出徐州合泗入淮。支流既分，水势渐杀，张秋遂塞。又筑西长堤，起河南胙城，经滑、长垣、东明、曹、单诸县，下尽徐州，亘三百六十里，谓之太行堤，凡五旬而功毕。《志》云：县东南有陈桥集。在县东南四十余里，与祥符县接界。东连马家口，西抵荆隆口，为大河冲要。弘治七年，河决陈桥集。嘉靖二十四年，河复决于此。又有于家店、中栾城与荆隆口相连。中栾西为荆隆口。又西即于家店。《志》云：开封西北三十里为于家店渡。即此。皆滨河要地也。万历十五年，河复决于荆隆口，长垣、东明几于陷溺，堤防切焉。〇考自阳武而入封丘，河益东南流。荆隆口直东则经长垣、东明，出曹、濮，直趋大清河矣。较之出徐、沛，合淮、泗以入海者，道为径易。夫河行之道，宜直不宜纡。入海之口，宜近不宜远。河之两岸宜阔，而归流宜深。归流，即俗语所谓落漕也。平水则宜置斗门，且多置之。用王景更相回注之意，使不至旁溢，河未必不可东也。后世遥堤之法，即两岸宜阔之意矣。缕堤之法，即归流宜深之意矣。滚水石坝及格堤之法，亦即斗门回注之意矣。盖未有舍古法而可以集事者。夫得其大意，尚能随试辄效，使究其精微而权其通变，悠悠黄河，岂终付之不可问乎。虽然，大河东，则会通河废。会通河不废，则大河不可得而东。两者不并立矣。此终明之世大河所以屡决而东，终抑之使南也与？

又东经陈留县及兰阳县之北。河之北岸，为长垣县之境。

大河在陈留县北三十里。《河防考》：大河北岸，有陈留寨、铜瓦厢，为黄河冲激之处，属陈留界内。又东三十五里，至兰阳县县北，去大河十五里。大河旧在县北三十余里。《志》云：大河经陈留、兰阳而东，水流溢溢，冲激曹、单。嘉靖七年，于兰阳县北开赵皮寨白河一带以分杀水势。赵皮寨，在县北十余里，南达巴河，或谓巴河为白河。是时，刑部尚书胡世宁言：运道之塞，河流致之。旧时河自经汴以来，南分二道。一出荥泽，经中牟、陈、颍至寿州入淮。一出祥符，经陈留、睢、亳至怀远入淮。其东南一道，自归德、宿、虹出宿迁，其北分新旧五道：一自长垣、曹、郓出阳毂，一自曹州、双河口出鱼台塌场，一自仪封、归德出徐州小浮桥，一出沛县飞云桥，一出徐、沛间境山之北溜沟。此六者，皆入漕渠而南汇于淮，今俱湮塞，止存沛县一河，势合岸狭，不得不溢。所以丰、沛、徐州漫为巨浸。近溢入沛北之昭阳，以致运道壅淤，今宜因故道而分其势。其阳穀、鱼台二道势近东北，恐河壅而决，不可复开。汴西荣泽孙家渡至寿州一道，宜常浚以分上流之势。自汴东南出怀远、宿迁小浮桥、溜沟四道，宜择其便利者开浚一道，以分下流之势。至于修城武以南废堤，塞沛县北庙道口之新决而防其北流，亦一计也。河臣盛应期复奏开赵皮寨白河一带，以分水势。从之。十三年，河遂决赵皮寨口，南入淮。既而河流迁徙，赵皮寨口复塞。十九年，兵部侍郎王以旂于县东开李景高支河，在县东北十里。引河由萧县出徐州小浮桥，凡六百余里，以济二洪之涸。时河决睢州而南也。未几，复淤。万历十七年，河决李景高口，入睢、陈故道。决河故道也。寻塞之。而长垣县南数里有河堤，旧为大河所经。即弘治中刘大夏所筑太行堤也。《河防考》：长垣县南堤，长九十七里，西与封丘县新丰村接界。堤外有淘北河，相传即黄河故道。万历十七年，河自荆隆口决入，挟淘北河，冲决长堤之大社口，长、东两邑俱被昏垫，寻复修塞。又有大冈集，与东明县之社胜集，旧俱为长堤要害。今县去大河六十里而遥矣。

又东径仪封县北。河之北岸，为东明县界。

大河今在仪封县北二十里。元至元二十三年以后，河屡决汴梁路，河出兰阳、仪封之南。大德元年，河决杞县蒲口。仪封西南至杞县九十五里。蒲口，在杞县东北。《元史》蒲口决，诏尚文相度。文言：陈留抵睢，东西百有余里，南岸旧河口十一，已塞者二，自涸者六，通川者三。岸高于水，计六七尺，或四五尺。北岸故堤，其水比田高三四尺，或高下等。大抵南高于北约八九尺，则堤安得不坏，水安得不北也。蒲口今决千有余步，迅疾东行，得河旧渎二百里。至归德横堤之下，复合正流。或强湮遏，上决下溃，功不可成。揆今之计，河西郡县，宜顺水性，远筑长堤，以御泛滥。归德、徐、邳民避冲溃，听从安便。被害之家，量于河南退滩内给付顷亩，以为永业。异时河决他所者，亦如之。亦一时救患良策也。蒲口不塞便，河朔、山东争言不可，乃塞之。未几，蒲口复决，水竟北达，河复故道。二年，蒲口复决，漂溺归德属县田庐。三年，复决蒲口，归德郡县皆罹水灾。明洪武十六年，河决开封东堤，寻决杞县，入于巴河。弘治二年，河决原武，分流泛滥于仪封、考城、归德，趋宿州。五年，河决封丘荆隆口，溃仪封黄陵冈，在县东北五十里。冲张秋。今县东北有三家庄、石家楼诸处，皆为堤防要害。而河北之东明县，西接长垣，东南接曹县。县南旧有长堤，为河流所径，今河益引而东南，东明去河远矣。

又东南径睢州及考城县之北，又东南径归德府北。河之北岸，为曹县界。

大河南去睢州七十里。明嘉靖十九年，河决睢州野鸡冈。在州北六十余里，其旁决处曰孙继口。由涡河经亳州入淮，徐州吕梁、百步二洪皆涸，寻修塞之。又东径考城县北，南去县三里，县境尤为河流之冲也。《河防考》：大河南岸有芝麻庄、陈隆口，为县境堤防要地。又东南径归德府北，南去府城三十里。自元以前，归德去河远，患颇少。元至元二十三年，河冲决河南郡县，归德始被其患。大德二年，河决蒲口，漂溺境内田庐。三年，复决蒲口，侵归德郡县。至大二年，河决归德。是时河南徙，归德常在河北。至顺以后，河渐决而北，归德仍在河南。明洪武二十三年，河决归德，命修塞之。《志》云：是年决归德东南之凤池口，漂没夏邑、永城二县。

自正统以后，河决而南，归德又在河北。正德以后，则仍在河南。
其新集口及丁家道口皆河滨冲要也。新集口，在府北三十里，稍东即
丁家道口。嘉靖三十七年，新集河淤，河流于是一变。《河防考》：
大河旧道由新集历丁家道口、马牧集、韩家道口、司家道口、牛黄堌、赵
家圈至萧县蓟门集，出徐州小浮桥，此贾鲁所复故道。河流势若建瓴，
上下顺利。后因河南水患颇急，另开一道，出小河口，意欲分杀水势。而
河不两行，本河日就浅涩。至是自新集至小浮桥，淤凡二百五十余里。
河流北徙，出砀山县治之背，趋单县东南之段家口，又析为六股：曰大溜
沟、小溜沟、秦沟、浊河、胭脂沟、飞云桥。俱由运河至徐州洪。又分一
股，由砀山坚城集下郭贯楼，又析五小股，为龙沟河、母河、梁楼沟、杨
氏沟、胡淀沟，亦由小浮桥合徐州洪。大河分十一流而势弱，势弱则淤益
多，淤多则决溢更甚矣。今详见下。四十四年，河淤益甚，而运河大受
其病。未几，河复决新集寨、庞家屯，在府东北。东出飞云桥。万
历二十九年，河决蒙城集东南萧家口。蒙城集，在府东北三十里，以
故蒙城而名。河复南徙，而曹县在归德府西北百里，南去大河五十
余里。县为河流南下之冲，一有溃决，县辄当其患。金大定八年，
河决李固渡，在县西。水溃曹州城，分流于单州之境。今曹县，故曹
州也。单县，故单州也。自宋时大河北决以后，寻复徙而南。《金史》所
载河患，始见于此。二十九年，河复溢于曹州小堤之北。元至顺元
年，河决曹州北魏家道口。至正四年，河北决白茅堤，在曹县西北
七十余里，与东明县接界。又北决金堤。在濮州西南，亦曰老堤。并
河郡县济宁、单州、虞城、砀山、金乡、鱼台、丰、沛、定陶、楚丘、
武城，以至曹州、东明、钜野、郓城、嘉祥、汶上、任城等处，皆罹
水患。水势北浸安山，安山，见山东平州安山湖。沿入会通河，延袤

济南、河间，将坏两漕司盐场，妨国计，发丁夫修筑，不克。五年，河复决济阴即曹州，漂官民庐舍殆尽。九年，白茅河东注沛县，遂成巨浸。乃命贾鲁治之，疏塞并举，河复故道，南汇于淮，又东入于海。《元史·志》：鲁之功，始自白茅，继自黄陵冈，又南至刘庄村、塼堌、黄堌诸处，至归德府之哈只口。又东至凹里村、张赞店，抵砀山县。又东至徐州，凡六月而功毕。二十六年，河复自州境北徙，州境，徐州境也。东明、曹、濮下迄济宁，民皆被害。《元史》：先是河决徐州小流口，达于清河。坏民居，伤禾稼，至是复北徙。明洪武元年，河决曹州，从双河口入鱼台。正德四年，河决曹县杨家口在县西，奔流曹、单二县境，东达王子河，故河在单县东，接丰县之境。抵丰、沛，舟楫通行，遂为大河。五年，起工修塞，弗就。七年，始塞之。河臣刘恺筑大堤，自县西北魏家湾，东至双堌集，亘八十里。赵瓒继其职，复增筑三十里，曹、单始平。八年，河复决曹县。《河渠考》：是时决曹县西之娘娘庙口及孙家口二处，河从城北东行，而曹、单居民被害益甚。既复骤雨涨，娘娘庙口以北五里之焦家口冲决，曹、单以北，城武以南，居民田庐，悉皆漂没。嘉靖七年，河复决曹县杨家口。时又决单县、城武县、梁靖口、吴士举庄，冲鸡鸣台，沛县以北，皆为巨浸。梁靖口，在曹县东南，近归德府大河北岸。吴士举庄，在单县西南。鸡鸣台，见沛县。二十六年，河决曹县，冲鱼台之谷亭。三十七年，河复自曹县境东北出，冲单县之东南，盖归德府北之新集淤而河流四溢也。自嘉靖以前，曹县河患称为首冲，几与宋之澶、郓同一辙矣。○考曹县河患，论者谓始于金之大定中，非也。后汉永平中，诏书称河汴分流，复其旧迹。陶丘之北，渐就壤坟。然则曹州于汉世，已曾为沮洳之场矣。大约濬、滑、澶、濮、曹、单数州县间，大河东出，实为腰膂之地。疏浚无方，病必先见。自古及今，其得免于垫溺者几希矣。

又东为虞城县及夏邑县之北。河之北岸，为单县之境。

大河在虞城县北十三里。又东径夏邑县北二十二里。嘉靖十三年，河自兰阳赵皮寨南决入淮，运河淤，二洪涸。继而自夏邑县太丘、回村等集。太丘集，在县东北三十里，接永城县界。又西即回村集。冲激数口，转向东北流。经萧县城南，出徐州小浮桥，济二洪之涸，运道得以不阻。赵皮寨寻塞，而单县南去大河二十余里，去夏邑县八十余里，亦河流之冲也。嘉靖六年，河决单县，冲入沛县。九年，河由单县侯家村在县东南。决鱼台塌场口，冲谷亭。决而东北也。塌场口，在鱼台县南四十里。万历二十一年，河决单县西南黄堌口。近虞城县界。一出徐州小浮桥，一出旧河，达镇口闸。旧河，沛县南旧运河也。镇口闸，在徐州之茶城。详见漕河。二十五年，河复大决于黄堌口。《河渠考》：时运河浅涩，河复大决于黄堌，溢于河南之夏邑、永城界，径宿州符离桥，出宿迁小河口入大河，半由徐州入旧河，而二洪涸。先是河臣杨一魁谓黄堌口深渊难塞，议浚小浮桥，引汴泗之水及浚沂河口，筑小河口以济运。既而久旱，河复决单县之义安、东坝。一魁又议浚黄堌口及上埽湾、活嘴，以受黄水，救小浮桥泗上之涸。又导义安决水入小浮桥，济二洪之涸。运仅无阻，至是二洪涸。一魁议浚李吉口以挽黄流，不克。李吉口，《志》云：在单县东南四十里，西去黄堌口二十里，南去砀山县五十里。二十九年，河决单县之蒙墙寺。在县西南七十里。《河渠考》：时河臣刘东星代一魁治河，复开李吉口。时黄堌未塞，大河日益南。李吉口在黄堌之下，淀淤益高，北流遂绝。彭城、吕梁之间，褰裳可涉矣。东星即李吉口旁开一小河，引水下徐州济运。又增建六闸，以节宣山东汶济之水。藉其南流，漕舟迟阻，至京往往后期。二十九年，黄堌口垂塞复决，上流蒙墙寺，入归德、商、永，南流与淮会，注于洪泽，为泗州患。三十年，河复决单县之苏庄在县东南。冲鱼台、丰、沛。明年，复决苏庄，冲入沛县太行堤在县西北。灌昭阳湖，入夏镇，俱详漕河。横冲运道，于是泇河之议起。《河渠考》：二十九年，河决归德萧家口。河臣鲁如春议开虞城西北王家口新河，以回河济运。决河广，新河不任受。三十年，河溢，决苏庄，冲鱼台、丰、沛，功遂寝。明年，复决苏庄，入沛县，而运道益阻，因议开泇以济运。盖河患之剧，曹、单其最矣。

又东为砀山县之北，又东流经丰县之南。

大河在砀山县北二十里，为丰、沛上游。县西北有坚城集，为单县接境之处。旧筑斜坝于其东，以防垫溢。又西有刘霄等口，亦为河流冲要。《志》云：大河旧经县南三十里。嘉靖三十八年，河流北徙，始出县北。又东经丰县南三十里，县西南有秦沟口，亦曰邵家口。嘉靖四十五年，河决邵家口，出秦沟，入运。又县东南有浊河口。隆庆元年，秦沟迤南冲浊河一道，为黄河支流。后河分流，遂徙于此。万历中，筑坝堤防，使河不得北决以妨运。又东入萧县界。

又东径沛县之南，萧县之北。

大河在沛县南五十余里，此隆庆间河流也。初，大河自丰、砀间经萧县，沛去河远，虽有冲决之虞，而非经流之所也。正德四年，河决曹县，直达丰、沛。既又决城南飞云桥，入运河。嘉靖二年，河决沛县。《志》云：亦自曹、单决而南也。又五年，决县西老和尚寺。又决入丰县境内云。六年，河自曹、单境冲县东北之鸡鸣台。七年,河决而南,县北庙道口,在县西北三十里。淤三十余里。八年,飞云桥之水北徙鱼台县之谷亭,舟行闸面。九年,沛县北境之水决鱼台塌场口,冲谷亭水,经三年不去。十三年,庙道口复淤。《河渠考》:自正德四年大河从曹、单决入沛县,飞云桥以北皆为巨浸。嘉靖七年,大河东溢,逾漕河入昭阳湖,泥沙聚壅,运道大阻。于是河臣盛应期请开赵皮寨以杀水势。八年,飞云桥之水北徙谷亭。十三年,河决赵皮寨。于是谷亭流绝,而庙道口复淤。久之,稍复故道。详见漕河。三十七年,归德新集口淤,大河散溢,支流冲入飞云桥。四十四年,大河淤塞。自萧县赵家圈泛滥而北,至曹县南崇棠朴集复分二股:南股绕沛县戚山、在县西南三十里。杨家集。亦在县西南。入秦沟,在徐州东北三十里。至徐;北股绕丰县华山,在县东南三十里。由山东马村集漫入秦沟,接大小溜沟,大溜沟,在徐州北五十里,亦曰南溜沟。小溜沟,在州北六十里,亦曰北溜沟。溢入运河,至徐。其北股又自华山而东北,分为一大股,出飞云桥,散为十三股,纵横以入漕河。至湖陵城口,在沛县北五十里。又逾漕河漫入昭阳湖、促沙河灌二洪,浩渺无际,而河变极矣。《河防考》:时砀山县东郭贯楼支河淤,全河遂逆行,俱入于北股云。明年,河复决沛县南二、三等铺,冲入运河,亦由湖陵城口入湖陂。是时,河臣朱衡、潘季驯方改浚新河,既而县东马家桥堤成,马家桥,在沛县东南四十里。障水南趋,横流复定。详见漕河。而萧县在大河南五十里,亦隆、万间河流也。旧时大河,自县西六十里之赵家圈经冀门集,在今县西北十三里。出徐州之小浮桥,皆安流无恙。嘉靖三十七年,大河北徙,其后东西靡定。一变为溜沟,再变为浊河,浊河,在徐州西北二十余里。又变为秦沟。嘉靖末，大抵自县西北崔家口、石城集、雁门集、北陈沟、梁楼沟、胡淀沟东下小浮桥，崔家口东至石城集十五里，又东至雁门集十里。又东十余里至北陈沟，北陈至梁楼沟三十里。又十五里至胡淀沟，又东三十里即小浮桥也。径行陆地。水深或仅一二尺，比之故道，高三丈有余。停阻泛滥，萧县境内，一望弥漫，城内城外，皆为泽国。隆庆四年，决溢崔家口。五年，河臣潘季驯上言：大河原自新集口经虞城、夏邑之北，砀山之南，至萧县冀门，出小浮桥。其后河流迁徙，行水之处，俱系民间住址。陆地水不能刷，冲不成漕，虽一望茫然，而深不及尺。且大势尽趋浊河，出小浮桥者，不过十之一二。决裂之患，正恐不免。日者臣由夏镇历丰、沛至崔家口，复自崔家口历河南至新集口，则见黄河大势已直趋潘家口。乡老言：去此十二三里，自丁家道口以下二百二十余里，旧河形迹见在，可开。臣即自潘家口历丁家道口、马牧集、韩家道口、司家道口、牛黄堌、马牧集，属虞城县。以下皆属砀山县。《舆程记》：马牧集去丁家道口四十里，其韩家道口则在赵家圈西五十里，又西三十五里则司家道口也。牛黄堌，即单县之黄堌集。赵家圈，至萧县一带，皆有河形，中间淤平者四分之一。河底俱系涌沙，见水即可冲刷。莫若修而复之。河之复，其利有五：从潘家口出小浮桥，则新集迤东河道俱为平陆，曹、单、丰、沛永无昏垫，一利也。河身深广，受水必多。每岁河免泛溢之患，虞、夏、丰、沛之民，皆得安居，二利也。河从南行，去会通河甚远，闸渠无虞，三利也。来流既深，建瓴之势，导涤自易，则徐州以下河身，亦必因而深刷，四利也。小浮桥来流既远，则秦沟可免复冲，茶城永无淤塞，五利也。报可。既而季驯以言去，遂中止。万历五年，河冲萧县。三十二年，河臣李化龙言：河自开封、归德而下，合运入海，其路有三。由兰阳出茶城，向徐、邳，名浊河，为中路。由曹、单、丰、沛出飞云桥，向秦沟，名银河，为北路。由潘家口入宿迁，出小河口，名符离河，为南路。南路近陵，北路近运，惟中路既远于陵，亦济于运。前兴役未竣，今自坚城以至镇口，河形宛然，宜仍旧开浚。从之。三十四年，河工成。自砀山朱旺口至小浮桥，袤百七十里，河归故道。自是萧县去大河十五里而近，而沛县去河益远。《河渠考》：万历三十三年，河由沛县昭阳湖穿李家口，出镇口闸，全河上灌南阳，北薄新店。明年，河臣曹时聘挑朱旺口，由坚城集出小浮桥，几二百里。于是河回故道，鱼、沛、单、济、金乡之水，悉归大河。

又东经徐州之北，又东南经灵壁县之北。

大河在徐州城东北，今为漕、黄交会之冲，咽喉重地也。嘉靖八年，河决州北大溜沟。三十二年，河决州东南之房村在州东南五十里。旋塞之。《河防考》：河决房村，由鲤鱼山出直河，睢宁、新安以下四十里，皆浅淤，鸠工浚塞之。四十四年，河由秦沟冲茶城，运道大阻。万历元年，河决房村。三十三年，河决州北境之苏家庄，淹丰、沛。黄水逆流，灌济宁、鱼台、单县，而鱼台尤甚。于是吕梁河涩，明年复故。三十九年，河决狼矢沟，在州东二十里。塞之。明年，又决三山，在州东南二十里。灌睢宁诸处，出白洋小河，复合正河。寻塞之。四十四年，复决狼矢沟，由蛤、蟆、周、柳等湖，蛤湖、蟆湖与周湖、柳湖，俱在邳州西北。入泇河出直口。直河口也，详见邳州。复与黄会，既而复故。《河防考》：万历十七年，河臣潘季驯筑长、塔二山长堤，中建石坝，以防狼矢沟之决。其地卑洼，河往往仍从此溃溢。是年，漕臣陈荐檄开武河等口，泄水平溜，既而决口淤，河复故道。天启三年，河决徐州青田、大龙口，寻塞之。《河防考》：青田等口俱在州东南三十余里。先是，河决灵壁、双沟，至是复决于此。徐、邳、灵、睢、黄河并淤，吕梁城南隅陷，沙高平地丈许。双沟决口亦满。上下一百五十里，尽成平陆。浚塞兼举，乃复旧。四年，黄水大涨，灌州城。乃迁州治于云龙山，而灵壁县亦大河所经也大河在县东北五十余里。隆庆四年，河决县西北之双沟。《河渠考》：嘉靖末，河涨徐州，上下茶城至吕梁，两崖束山，河不得下，又不得决。至是乃自双沟而下，北决油房、曹家、青羊诸口，南决关家、曲头集、马家浅、阎家、张摆渡、王家、房家、白浪浅诸口，凡十一处。枝流既散，干流遂微。乃淤邳州匙头湾以东八十里，而河又一变。河臣潘季驯浚治，故道旋复。万历十七年，河又决双沟单家口。四十二年，河决灵壁县之陈铺，决口旋淤，河流复故。天启元年，河决双沟黄铺，水由永姬湖在睢宁县境。出白洋、小河口，仍与黄会白洋河见宿迁县。故道湮涸，复筑塞之。

又东南经睢宁县北，邳州城南。

大河在睢宁县西北五十里。隆庆四年，河决睢宁之曲头集，曲头集、王家口、马家浅、新安集一带，皆县西北境之要口也。寻筑塞之，而邳州尤大河之襟要也。大河在州城南二里。城北有沂河，从山东沂州界南流，径城下，分东西流。南入大河。又州西北有洳河，亦自山东峄县界流入境，会沂水入于河。隆庆六年，邳州河决。是年，河决灵壁县境内大河北岸栲栳湾，连邳州界。先是，河决双沟、曲头集诸处，自睢宁白狼浅至宿迁小河口，淤百八十里。河臣翁大立请开洳河以避淤,又请开萧县河以杀河流。至是复申前议,潘季驯以为不可。万恭亦言:洳口限岭阻石,不可开。乃专治徐、邳,分筑南北两堤。北堤起徐州磨脐口,迄邳州宜河。南堤起徐州东南梨林铺,迄宿迁小河口。各延袤三百七十里,于是河复故道。万历二年,河决邳州。是年,决州东娄儿庄等数口,寻筑塞之。三年,邳州河溢。是时河决崔镇,逆灌邳、徐。既而潘季驯浚塞之,河复旧道。十七年,季驯于河南岸睢宁界上筑羊山至土山横堤以防横溢,河益安流。三十二年,洳河成而黄运分为两途矣。

又东径宿迁县南,又东经桃源县北。

大河在宿迁县南十里,东流为小河口,睢水入大河之道也。睢水,在县东南十余里。又县东南三十余里有白洋河,旧皆为大河旁溢之道。万历六年,河臣潘季驯筑归仁集堤于此,今详见运河。又东经桃源县城北。县西北三十里曰崔镇口。隆庆五年,河决于此,运河浅阻。时淮决高堰而南,河亦决崔镇而北,桃源、清河之间河道遂塞。万历六年,河臣潘季驯始修塞之。季驯筑遥堤于河北岸,又于崔镇以东徐昇、季泰、三汊诸处俱筑减水石坝,以防横溢之水。而于河之南岸筑马厂坡堤,以防大河南溢入淮,由是县无水潴。二十六年,于县境开新河,分导黄河入海,既而复塞。《河防考》:万历十六年,科臣王士性建议,于县东三汊镇分导大河入清河县治北老黄河故道,又引而东,从颜家河至赤晏庙下大河入海。常居敬以为自三汊入清河县界大概淤平,故河不可复问。清河县东北数里有訾家营,西北正迎淮水。议开支河,分引河流东入于草湾河,出赤晏庙,复归大河,庶为近便。潘季驯以为非是,遂中止。二十四年,黄、淮涨溢,河臣杨一魁主分黄导淮之说,因于桃源开黄坝新河,自县东十里黄家嘴起,至安东县北五港灌口,分泄黄河入海，令毋得尽入淮。从之。既而复塞。

又东南经清河县南，而淮河合焉。

大河在清河县治南一里，淮河自西南来合焉。县当淮、黄交会之冲，形势特重。《志》云：黄河经流，即泗水旧道也。泗水亦名南清河，县因以名。县西三十里，有三汊河口。泗水至此，分为大小二清河。大清河径县治东北入淮，俗讹为老黄河，今堙。其小清河在县治西南入淮，即今之清口也。天下之喉咙，清口实司之矣。

又东经淮安府城北，又东经安东县南，而入于海。

河、淮合流，经淮安府城北五里。明永乐十四年，平江伯陈瑄经理漕渠，于北河南岸，淮人谓黄河为北河，淮河为南河，亦曰外河，而漕河为里河。筑堤四十余里。自是常修筑之。隆庆三年，河溢。自清河抵淮安城西，淤三十余里，决方、新二坝。二坝在府城西北三十里，清江浦堤之东。新，一作信；方，一作方家坝。出海，平地水深尺余。是时宝应湖堤崩，山东莒、郯诸处皆水溢，从沂河、直河灌入邳州，人民垫溺。四年，淮决高堰。在府西南四十里，详见淮河。河决崔镇。见桃源县。横流四溢，连年不治。万历六年，河臣潘季驯培高堰以障淮水之东，塞崔镇以防大河之北，而黄淮复合。先是隆庆五年，漕臣王宗沐亦筑高堰诸处。万历三年，仍复溃溢，至是始称安流矣。是时，亦增筑清江浦、新城及钵池山、柳浦湾迤东堤岸。柳浦迤东四十里为高岭。又二十里，戴百户营。是时皆接筑长堤，自清江浦而东，凡百三十余里。称为完固。十四年，河决范家口。在府城东北。水灌淮城，全河几夺。又决天妃坝，即清江浦口，旧坝也。详见漕河。淤福兴等闸，寻塞治之。二十三年，河淮决溢，邳、泗、高、宝诸处，皆患水潴。按臣牛应元言：治河在辟清口浮沙，次疏草湾下流。草湾河，详淮安府。达伍港灌口见安东县，广其途入海。治淮在开周家桥，达芒稻河入于江。详见淮河。河臣杨一魁亦议先分黄，次导淮。分黄则开黄家嘴新河，在桃源县。分泄黄水。导淮则辟清口积沙数十里。又于高堰旁若周家桥、武家墩稍引淮支流分入江海，水患稍息。天启元年，河决王公堤。堤在清江浦北岸，逼邻大河。《志》云：自淮安西门外抵清江浦约三十里，内外二河仅隔一堤，相距不过寻丈。王公堤势最危急，二渎南徙，冲刷日甚。卷埽堤坝，不可不密也。《河渠考》：天启元年，淮安淫雨连旬，黄、淮暴涨数尺。淮安、山阳之里河，则决王公祠、杨家庙、清江浦、磨盘庄、谢家墩、凤、直二厂等处，外河则决安乐乡、颜家庄、张家洼、高堰、武家墩诸处，清河则决龙王庙、徐家路诸处。惟时水灌淮安、新联二城，小民蚁城而居，里、外河、清河一带汇成巨浸。郡守宋统殷等力塞王公堤，患始杀焉。三年，复决磨盘庄。在城西二十余里。盖淮郡为漕、淮、黄绾毂之口也。而安东城在黄、淮北岸，海口渐近，上流无壅，水自奔趋以赴海矣。○考大河之流，自汉至今，流移变异，不可胜纪。然孟津以上，则禹迹宛然。以海为壑，则千古不易也。由孟津而东，由北道以趋于海，则澶、滑其必出之途。由南道以趋于海，则曹、单其必经之地。冲澶、滑必由阳武之北，而出汲县、胙城之间。冲曹、单必由阳武之南，而出封丘、兰阳之下。此河变之托始也。由澶、郓而极之，或出大名，历邢、冀，道沧、瀛以入海。或历濮、范，趋博、济，而由滨、棣以入海。由曹、单而极之，或溢钜野，浮济、郓，谓济宁东平。挟汶、济以入海。或经丰、沛，出徐、邳，夺淮、泗以入海。此其究竟也。

要以北不出漳卫，南不出长淮，中间数百千里，皆其纵横糜烂之区矣。又曰：自古大河深通，独为一渎。今九河故道既湮灭难知，即历代经流，亦填淤莫据。大抵决而北则掩漳、卫，决而东则侵清、济，决而南则凌淮、泗。昔人谓河不两行，余谓自汉以来河殆未尝独行矣。丘氏以宋熙宁十年，黄河南徙，一合南清河入淮，一合北清河入海，为黄河入淮之始。此殆未详考耳。先是真宗咸平三年，河浮钜野入淮。天禧十年，河合清水、古汴东入于淮。又太宗太平兴国八年，河决滑州，东南流，至彭城入淮。更远而汉武帝元光中，河决瓠子，通于淮泗。然则河之趋于淮也，旧矣。独是合淮三百年而不变者，唯有近时耳。

汉贾让言：堤防之作，近起战国，壅防百川，各以自利。齐与赵、魏以河为竟，赵、魏濒山，齐地卑下，作堤去河二十五里，河水东抵齐堤，则西注赵、魏。赵、魏亦为堤去河二十五里，虽非其正水，尚有所游荡。时至而去，则填淤肥美，民耕田之。或久无害，稍筑室宅，遂成聚落。大水时至漂没，则更起堤防以自救，稍去其城郭，排水泽而居之。湛溺自其宜也。今堤防狭者去水数百步，远者数里，此皆前世所排也。今徙冀州之民当水冲者，放河使北入海。此功一立，河定民安，千载无患，谓之上策。胡氏谓昔人上策，大抵迂远不经，是矣。若乃多穿漕渠于冀州地，使民得以溉田，分杀水怒，据坚地作石堤，北行三百余里入漳水中，旱则开东方下水门溉冀州，水则开西方高门分河流，民田适治，河堤亦成，谓之中策。若乃缮完故堤，增卑倍薄，劳费不已，数逢其害，此最下策。

北魏郑偕言：水之凑下，浸润无间。九河通塞，屡有变更，不可一准古法，皆循旧堤。何者？河决瓠子，梁、楚几危。宣防既

建，水还旧迹。十数年间，户口丰衍。又决屯氏，两川分流。东北
数郡之地，仅得支存。及不通灵鸣，水由一路，往昔丰脓，十分病
九，邑居凋杂，坟井毁灭。良由水去，渠狭又不开泻，众流壅塞，
曲直乘之所致也。至若量其逶迤，穿凿沟浍，分立堤堨，所在疏
通。预决渠路，令无停蹙，随其高下，必得地形。土木参功，务从
省便。使地有金堤之坚，水有非常之备，钩连相注，多置水口，从
河入海，远迩经通，润其境卤，泄此陂泽。九月农罢，量月计工。
十月昏正，立匠表度。县遣能工，麾画形势。郡发明使，筹察可否。
审地推岸，辨其脉流。树板分崖，练厥从往。别使案验，分布是
非。遐睇川原，明审通塞。当境修治，不劳役远。终春自罢，未须
人功。即以高下营田，因于水陆。水种粳稻，陆艺桑麻。必使室有
久储，门丰余积。斯实上策御灾之方，亦为终古井田之制。已上大
概论水门之利。

宋欧阳修言：河本泥沙，无不淤之理。淤淀之势，常先下流。
下流淤高，水行不快，上流乃决，此其常势。然避高趋下，水之本
性。故河流已弃之道，自古难复。决河非不能力塞，故道非不能力
复。不久终决于上流者，由故道淤高，水不能行也。已上论旧河不
可复。

苏辙曰：黄河之性，急则通流，缓则淤淀。既无东西皆急之
势，安有两河并行之理？

任伯雨曰：禹之治水，不独行所无事，亦未尝不因其变而导
之。盖河流混浊，泥沙相半，流行既久，迤逦淤淀。则久而必决
者，势也。惟因其所向，宽立堤防，约拦水势，使不至大段漫流而

已。已上论防河。

元欧阳玄曰：治河一也，有疏、有浚、有塞，三者异焉。酾河之流，因而导之，谓之疏；去河之淤，因而深之，谓之浚；抑河之暴，因而扼之，谓之塞。疏浚之别有四：曰生地，曰故道，曰河身，曰减水河。生地有直有纡，因直而凿之，可就故道。故道有高有卑，高者平之以趣卑，高卑相就，则高不壅，卑不潴。虑夫壅生溃，潴生埋也。河身者，水虽通行，河身有广狭。狭难受水，水益悍，故狭者以计辟之。广难为岸，岸善崩，故广者以计御之。减水河者，水放旷则以制其狂，水赜突则以杀其怒。治堤一也，有创筑、修筑、补筑之名。有剌水堤，有截河堤，有护岸堤，有缕水堤，有石船堤。治埽一也，有岸埽、水埽，有龙尾、拦头、马头等埽，其为埽台及推卷、牵制蔺挂之法，有用土、用石、用铁、用草、用木、用杙、用絙之方。塞河一也，有缺口，有豁口，有龙口。缺口者，已成川。豁口者，旧常为水所豁，水退则下于堤，水涨则溢出于口。龙口者，水之所会，自新河入故道之澡也。凡水工之功，视土工为难。中流之功，视河滨为难。塞十丈之口，视百丈为尤难。北岸之功，视南岸为难也。已上论治水之法。

明徐有贞曰：平水土在知天时、地利、人事。天时既经，地利既纬，人事乃究。夫水之性，可顺以导，不可逆以埋。河自雍而豫，出险固，之平衍，势已滥肆，又由豫而兖，土益疏，水益肆。决溃之患，势不能已。新渠既移，故渠随淤。措画之法，惟宜首疏水势，势平乃治其决，决止乃浚其淤。

潘季驯曰：水以海为壑，海口外壅，则河身内溃。季驯尝言：上决而后下壅，非下壅而后上决。是故草湾开而西桥故道淤，崔镇决而桃、清以下塞，崔家口决而秦沟遂为平陆。然壅与决相因，其初必由壅而决，其继则由决而益壅也。议者欲以浚海为上策，不知大河入海之处，潮汐往来，人力难以施工。然旧口皆系积沙，水力自能冲刷，故海无可浚之理，惟导河以归之海，则以水治水，导河即浚海之策也。然河非专以人力导也。欲顺其性，先惧其溢。惟缮治堤防，俾无旁决，则水由地中，沙随水去，治堤即导河之策也。若治堤之法，有缕堤以束其流，有遥堤以宽其势，又有滚坝以泄其怒。水虽横暴，以三者预为之防，自足以无患。又曰：河之性宜合不宜分，宜急不宜缓。合则流急，急则荡涤而河深。分则流缓，缓则停滞而沙淤。此以堤束水，借水攻沙，为以水治水之良法，切要而不可易也。季驯尝言：水分则势缓，势缓则沙停，沙停则河淤。尺寸之水，皆由沙面，止见其高。水合则势猛，势猛则沙刷，沙刷则河深。寻丈之水，皆由河底，止见其卑。筑堤束水，以水攻沙，不旁溢于两旁，则必深刷于河底。又曰：欲疏下流，先固上源。欲遏旁支，先防正道。筑塞似为阻水，不知力不专则沙不刷，阻之乃所以疏之也。合流似为益水，不知力不盛则沙不涤，益之乃所以杀之也。季驯尝言：治河者无一劳永逸之功，惟有补偏救弊之策，不可有喜新炫奇之智。惟当收安常处顺之休，毋持求全之心，苛责于责难之事。毋以束湿之见，强制于叵测之流。毋厌已试之规，遂惑于道听之说。循两河之故辙，守先哲之成谟，所谓行所无事者与？○考自古及今治河之说，亦纷如矣，然终未有奇策秘计也。其稍异者，亦曰移河而北，载之高地耳。夫宋人回河而东，为千古之诮。今遽欲回河而北，不复蹈其前辙乎？或曰：别穿漕渠，无藉于河，河必无如我何。夫漕渠纵无藉于河，河可任其横决乎？淮、济诸州之民何罪，而尽委之溪壑乎？且自《禹贡》以至于今，大河常为转输之道，置河而言漕，不犹因咽而废食乎？或曰：弃地以界河，使遂其游荡。夫九州之内，莫大于海。乃舍其归宿之地，而于都邑间井间别求一贮水之壑，此更不通之论也。然则治河者将如何？曰人事修举而已矣。所谓人事者，疏也，浚也，堤也，塞也，无不可用也。上流利用疏，暴涨利用疏。汉桓谭《新论》曰：河水浊，一石水，六斗泥。而民竞引河溉田，令河不通利，至三月桃花水至则决，以其壅不利也。可禁民勿复引河，此即后人河不两行之左证也。贾让以多开水门为中策，而说者非之。谓河流不常，与水门每不相值。或并淤漫之，且旱则河水已浅，难于分溉。潦固可泄，而西方地高，水安可往，似矣。然今榆林、宁夏以西，皆引河灌溉，有沃饶之利。诚上流多为支分，稍杀其悍激之势，未必非利也。至漫溢四出之日，浚塞之功，茫然莫措，于是多为派别，平其泛滥，而后随宜致功，轨之于正。疏可偏废乎？归流宜用浚，农隙水涸时，宜用浚。河出险就平，中土旷衍。孟、巩而东，曾无崇山巨陵为之防，重陂大泽为之节。惟恃河身深阔，庶几顺流无阻，安可不察其埋障，急为荡涤？又北方土厚，水流迅直，霜降水涸，往往曾不容舠，及伏秋淫潦，百川灌输，颍洞之势，一泻千里。使不于浅涸无事时预为经理，使深广如一，忽然奔溃，而后图之，其有济乎？河流散漫宜用堤，地势卑薄宜用堤。堤有遥、直、遍、曲四种之分。盖河性易迁，任其浸淫，无以约之，则变且不测。堤以束之，使顺堤直趋，无从旁溢。所谓因其势而为之防，非逆其流而为之障也。若其沙土疏薄，形势卑洼，则必当规其远近，随其平险，多方以制其侵啮，御其奔冲。若以劳费为虞，是厝火于积薪之下也。故道当因，则新口宜塞；正流欲利，则旁支宜塞。欧阳子谓故道不可复，亦谓故道之湮灭难返者耳。若源流未改，而忽以一时之冲溢，遂弃旧道于不问，将随其决裂，何所抵止。又水之横溃，多在上流。惟下流淤，然后上流溃；亦必上流缓，然后下流淤。此上流谓近海口之上流。近海之处，正当厚其力而速其势，不当多为之途以弱其力也。如草湾河、新黄河之类，非治河胜策也。所谓塞亦可用者，非乎？要以与时变通，因端顺应，本之以已饥己溺之心，揆之于行所无事之智，河未必终于不可治也夫！《宋志》：黄河随时涨落，故举物候为水势之名：自立春之后，东风解冻，河边人候水。初至凡一寸，则夏秋当至一尺，颇为信验，谓之信水。二月桃花始开，冰泮雨积，川流猥集，波澜盛长，谓之桃花水。春末芜菁花开，谓之菜花水。四月末，垄麦结秀，擢芒变色，谓之麦黄水。五月瓜实延蔓，谓之瓜蔓水。朔野之地，深山穷谷，固阴沍寒，冰坚晚泮，逮乎盛夏，消释方尽，而沃荡山石，水带矾腥，并流于河。故六月中旬后，谓之矾山水。七月菽豆方秀，谓之豆花水。八月荻𦺈花，谓之荻苗水。九月以重阳纪节，谓之登高水。十月水落安流，复其故道，谓之落槽水。十一月、十二月断冰杂流，乘寒复结，谓之蹙凌水。水信有常，率以为准。非时暴涨，谓之客水。其水势：凡移徙横注，岸如刺毁，谓之刲岸。涨溢逾防，谓之抹岸。埽岸故朽，潜流漱其下，谓之塌岸。浪势旋激，岸土上颓，谓之沦卷。水侵岸逆涨，谓之上展，顺涨谓之下展。或水乍落，直流中忽屈曲横射，谓之径𡎺。水猛骤移，其将澄处，望之明白，谓之拽白，亦谓之明滩。湍怒略淳，势稍汩起，行舟值之多溺，谓之荐浪。水退淤淀，夏则胶土肥腴，初秋则黄灭土，颇为疏壤，深秋则白灭土，霜降后皆沙也。

　　右今大河。

读史方舆纪要卷一百二十七

川渎四 淮水 汉水

《禹贡》言导九川。孟夫子推禹抑洪水之功，则第曰江、淮、河、汉。此四大川者，其亘千古而不易乎？虽然，汉合于江者也；今日之淮，又合于河者也。陵谷渐移，平成难冀。吾又安知河之不独为一川，而淮且南注于江乎？为纪淮水。

淮水出河南桐柏县桐柏山。

《禹贡》曰：导淮自桐柏。淮之源与古不异也。或以为出自大复，或以为出自胎簪。夫大复、胎簪之去桐柏也，仅矣。何必求胜于古人耶？详见《禹贡》山川。

东流经信阳州北，确山县南。又东历罗山县北，真阳县南。

淮水在信阳州城北四十五里。魏人所云义阳差近淮源者也。详见信阳形势。淮之北岸，即确山县境，北去县四十里。东流七十里，至罗山县境，南去县二十里。淮之北岸，为真阳县境，北去县八十里。南北相争，淮流常为襟要。

又东经息县南，又东经光山县北。

淮水在息县南五里，东流三十里，径光山县北。南去县八十里，自汝、颍而问途于江汉者，光山其利涉之所矣。又东径光州之北，又东北流经固始县北。

淮水在光州城北六十七里。又东北流百四十余里，而经固始县北，南去县七十里。唐贞元十三年，淮水溢于亳州。盖自县境北溢入州界。淮西有事，此为襟要之地。盖自固始而东，可以疾走寿春。淮之北岸，则为南直颍州之界。

又东北经颍州之南，又东经霍丘县北。淮水在颍州城南百三十里，又东流十余里，汝水自河南境流入焉，汝水，详见河南大川。亦谓之淮口。淮口，南北相争时要口也。淮之南岸，即霍丘县界，南去县三十里。

又东流经颍上县南，又东经寿州之北。

淮水在颍上县南三十里。又东三十五里，即东西正阳镇也。东正阳属寿州，西正阳属颍上县。夹淮据险，为古来之津要。今商旅往来者皆辏集焉。颍水亦自河南境流经此入于淮，颍水，详见河南大川。谓之颍口。盖自北而南者，颍口其必争之地矣。又东六十里至寿州之北，南去州城二十五里。肥水自南流入焉，肥水，详见南直大川。谓之肥口。亦曰淮口。肥口者，淮南之喉吭，战守之枢机也。立国于东南，寿州常为重镇，岂非以肥、颍二口滨淮环带也哉？

又东经怀远县南，又东经凤阳府北。

淮水在怀远县南一里，流经荆、涂两山之间，荆、涂两山，见怀远县。至县城东稍折而北，涡水亦自河南境流入焉，涡水，详见怀远县。谓之涡口，亦淮南津要也。又东至凤阳府北，《舆程记》：自怀远县缘淮而东三十里，曰半步溜。又二十里，曰长淮溜。又二十里，曰十里溜。又三十里而至凤阳府，陆行则七十里而至矣。南至府城十里。濠州向为淮南重镇，盖以长淮为屏障也。

又东北经临淮县北，又东北经五河县南。

淮水自凤阳府而东，又折而北，凡二十余里而经临淮县城北。稍东曰新河口，濠水自南流入焉，濠水，详见凤阳府。谓之濠口。又东北流八十里而经五河县城，东南一里，有浍河、沱河、漴河、潼河自县西北次第流入焉。俱见五河县。与淮为五河，因谓之五河口也。五河交会之处，在县城东二里。

又东径泗州城南，盱眙县北。

淮水在泗州城南一里。淮之南岸，去盱眙县城北二里。两城相距凡七里，自昔为淮流矜束之处，战守所必资也。汴水自河南境流经泗城东而合于淮，汴水，详河南大川。亦谓之汴口。宋时以此为漕运要冲，今惟涓流可辨耳。由泗城而东三十里，龟山峙焉。山见盱眙县。淮流至此，乃盘折而北。又二十余里，而洪泽、阜陵、泥墩、万家诸湖环汇于淮之东岸，淮水涨溢，恒在于此。泗州逼淮而地下，故侵陵之患，每不能免也。《唐志》：贞元八年，淮水溢，没泗州城。又《宋志》：开宝七年，淮水溢，入泗州城。咸平四年，复溢。天圣四年，又溢。景祐三年，作外堤以备淮水，高三十有三尺。自是患稍弭。欧阳修云：泗州之患，莫暴于淮。是也。元大德十一年，淮水溢入南门，深七尺余。明正德十二年，泗州水患尤剧。〇万历十九年，泗州大水，淮水泛溢，高于泗州城，溺人无算，浸及祖陵。盖淮之患，未有不首被于泗者。

又东北经清河县南而合于大河。

淮水经清河县南五里,泗水自北流入焉,泗水亦名清河,详南直大川。谓之泗口,亦曰清口,自古为南北必争之地。今黄河夺泗之流,乃为黄淮交会之冲。淮之南岸,则运河流入焉,所谓清江浦口也。详见运河。淮河既受黄流之委输,又为运渠之灌注,势不能安流以达海矣。说者曰:淮河受汝、颍、肥、濠、涡、沛诸大川及淮南七十二溪之水以注于海,水清流疾,恒无壅决之患。淮之患自河合淮始也。河自北而来,河之身比淮为高,故易以遏淮。淮自西而来,淮之势比清江浦又高,《河渠考》:泗州淮身视清江浦高一丈有余,自高趋下,势常陡激。是也。故易以啮运。然而河不外饱,则淮不中溃。惟并流而北,其势盛,力且足以刷河。淮却流而南,其势杀,河且乘之以溃运矣。病淮必至于病运者,莫如河。利河即所以利运者,莫如淮。黄、运两河之枢机,实自淮握之。则今日之治淮,乃治河治运之先务也。然则何以治之?曰:吾亦以淮治淮而已。夫淮之源流,于《禹贡》时未有改也。若欲驾其功于神禹之上,则淮不治。昔之淮东会于泗沂,今之淮东会于大河。会泗沂而治,会河则不治者,泗沂小于淮,河大于淮也。我不能使今日之大河如昔之泗沂,乃欲使今日之淮更不如昔之淮,则淮不治。然则高厚其堤防,使淮无所旁出。修明平水之制,使淮不至于涨溢。此陈平江之治淮,所以二百年无事者与?《河渠考》:即《治河通考》,明刘隅、潘季驯等辑。隆庆四年,淮决于高堰,即高家堰,在淮安府西南四十里。河亦决于崔镇,见前大河。漕臣王宗沐修塞之。宗沐《决河记》云:是年淮决高堰河,蹑淮后径趋大涧口,破宝应黄浦口入射阳湖,清口遂淤,海口几为平陆。万历三年,高堰复决。于是山阳高宝、兴盐诸处，悉为巨浸。黄水蹑淮之后，浊流西溯，浸及凤、泗，清口填淤，海口亦复阻塞，而漕黄交病矣。河臣潘季驯以为高堰淮、扬之门户，而黄、淮之关键也。欲导河以入海，势必藉淮以刷沙。淮水南决，则浊流停滞，清口亦堙，河必决溢上流，水行平地，而邳、徐、凤、泗不免皆为巨浸。是淮病而黄病，黄病而漕亦病，相因之势也。于是筑高堰堤，长八十里，起自武家墩，在高堰北十余里。经大小涧、大涧在高堰南十三里，又南五里即小涧。大涧口为冲决要处，筑石堤以护其口，长数百丈，历阜陵湖湖在堰西南二十余里。周家桥、北去高堰四十余里。翟坝，在周家桥南二十余里，为山阳、盱眙接界处。或曰周家翟坝长二十五里，与高邮南北金门两闸及西堤四十里石工相对。周桥翟坝决，而高邮南北冲溢无时矣。以捍淮之东侵。又以淮水北岸有王简、张福二口，淮水每从此泄入黄河，致淮水力分而清口淤浅。且黄水泛涨，亦往往由此倒灌入淮，于是并筑堤捍之，堤在清口西三里。后议者又以东淮太迫，于张福堤洼处黄韶、王简二口置减水二闸。淮溢则纵之外出，黄溢则遏其内侵。王简口亦曰王家口。使淮无所出，黄无所入。于是全淮毕趋清口，会于大河，以入海。而河与漕俱治。盖高堰之筑，始于汉末之陈登，修治于明初之陈瑄，而复于季驯云。隆庆四年，王宗沐修筑高堰，卑薄无所增加，随即圮坏。至是经理，始尽制焉。万历二十一年，淮复决于高良涧，在淮安府西南七十里。《志》作九十里。凡二十二口，旋筑塞之。明年，黄水大涨，清口沙垫，阻遏淮水，不能东下。于是挟上源阜陵诸湖与山溪之水暴浸泗州陵、州城湮没。是时科臣张企程言：周家桥北去高堰五十里，其支河接草子湖，在宝应县西南五十里。

若浚三十余里，一自金家湾，在扬州府北四十里。入芒稻河，在扬州府东三十里。注之江。一自子婴沟，在宝应县南六十里。入广洋湖，在宝应县东南五十里。注之海，则淮水泄矣。武家墩南距高堰十五里，逼永济河。在淮安府西南，一名新河。引水自窑湾闸出口，即新河接运河之闸。直达泾河，在宝应北四十里。自射阳湖入海，则淮之下流有归，此急救祖陵之议也。二十三年，淮复决高家堰、高良涧诸处，寻筑塞之。明年，河臣杨一魁以黄淮冲溢，乃议分黄导淮：辟清口沙七里，达淮之经流，建武家墩泾河闸以泄淮之旁溢。又建高良涧减水石闸、子婴沟、周家桥减水石闸，一自岔河在新河南。下泾河，一自草子湖、宝应湖下子婴沟，俱通广洋湖及射阳湖入海。犹虑淮水宣泄不及，南注各湖为患，又开高邮西南之茆塘港，在州西南六十里。通邵伯湖。开金家湾下芒稻河入江，以疏淮涨。一魁所举行，大抵本于企程之说。于是淮患渐平。自是虽时有决溢，而培固高堰，增置坝闸之外，无所为治淮长策也。《两河议》两河，谓黄、淮也。见《明季河工奏议》。曰：高堰去宝应高丈八尺有奇，去高邮高二丈二尺有奇，高宝堤去兴化、泰州田高丈许或八九尺有奇，去高堰不啻卑三丈有奇矣。昔人筑堰，使淮不南下而北趋者，亦因势而导之。不然，淮一南下，因三丈余之地势，灌千里之平原，安得有淮南数郡县俨然一都会耶？万历二十一年，淮漫高堰堤上且数尺，周家桥口原自通行，又加决焉。决高良涧至七十余丈，南奔之势若倒海。高、宝、邵伯诸湖堤一日崩者百十余处。于时泗城亦复灌溢，而所减之水不过尺许，则以淮南之地自高、宝而东则下，由邵伯而南则又昂，自兴、盐以东滨海诸盐场，比内地亦复昂也。泗州之地比高堰为下，与高、宝诸州县皆若釜底然，安能免淮之浸哉？虽然，淮之浸，河阻之也。河之阻，未必不仍自淮致之也。高堰一带，修守不严，奸商盐贩之徒，无日不为盗决计。泗州之人，未究利害之源，但见高堰增筑，势必且遏淮以入泗，惟恐堰之不速溃也。淮之旁流日多，则淮之正流日弱。于是刷沙无力，而黄流益横。清口就淤，势不得不倒灌淮南，决堤堰而败城郭，委运道于茫无畔岸中矣。于此时而议导淮，导淮亦治标之一策耳。善乎先哲之言曰：御黄如御敌，淮日退则黄日进。论者若以导淮为秘计，而不察其为弱淮之先征也，淮之患安有穷已耶？

又东经淮安府城北，又东径安东县南而入于海。

淮水自清口而东五十余里，而经淮安府北，去城五里而近。又东九十里，经安东县城南。又东北五十余里，即海口也。黄、淮并流，势盛流疾，海潮若迎若遏，互相回旋。其地有四套、五套、六套之名，盖皆湍激所成也。谓之海套。势益东北出，西岸近海州云梯关，亦谓之云梯海口。海口阔处几十四五里，或七八里。安东而上，大约二三里。此即《禹贡》以来淮水入海之道也。自桐柏发源以达于海，经流曲折，几二千余里。《汉志》：淮水出桐柏大复山，东至淮陵入海，过郡四，行三千二百四十里。郡四，谓南阳、汝南、九江、临淮也。潘季驯曰：淮、黄相合，淮得黄而力专，黄得淮而流迅。两河相合，同趋中流，此治淮即以治河，并即以利漕之大机也。

右淮河。

汉水自梁而荆，汇江入海。或曰：汉合于江，自源而流，亦甚近矣。似难与江、河并列者也。余曰：以渎言则曰济，以水之大者言则曰汉，孟子之为义也大矣，因纪汉水。

汉水出陕西宁羌州嶓冢山。

《禹贡》嶓冢导漾，即此山也。《水经》以为沔水出武都沮县东狼谷中，沮县，今陕西略阳县。东南流注汉。然则沔水特入汉之小水耳。乃言沔水之源，而不详汉所自出，舛矣。郦道元以为沔水一名沮水，东南流会于沔，同为汉水之源。说者谓汉有二源，理或然矣。陇东之山皆嶓冢，狼谷亦嶓冢之支裔耳。今略阳县东南有分水岭。或以为即狼谷。陆游曰：尝登嶓冢山，有泉涓涓出山间，是为汉水之源。孔氏曰：泉始出山为漾，非即此水欤？

东流经沔县南，又东径褒城县南。

汉水在沔县南十余里。孔氏曰：汉上曰沔，县以水名也。又东南流经褒城县南四里，而东入南郑县界。

又东南经汉中府城南，又东经城固县南。

汉水在汉中府城南三里，又东径城固县南五里。《志》云：汉水自褒城而东，曲折环流，为郡邑之襟带。

又东经洋县南，又东经西乡县北。

汉水在洋县南一里。《志》云：汉在县境中者，多滩濑之险。自是而东，水势渐盛，流渐阔。又东径西乡县北，而洋水会诸小水流合焉，漫衍几里许。南北朝时，沿流置戍，因以为险。

又东北流经石泉县南，折而南，流经汉阴县西。又南经紫阳县城西，复折而东北流，经汉阴县之南。

汉水在石泉县城南，县屹峙汉滨，称为津要。经县东五六里，复折而南，流经汉阴县西境，又南至紫阳城西五里，复折而东，经城南，又东北流，出汉阴南境，《志》云：汉水北去县八十里。而入兴安州界。盖石泉以东南皆大山盘阻，汉江回绕而出也。《舆程记》：自洋县行九十里地名庙上，陆行三十里，水行九十里，皆极险，所至处名渭门。又一百八十里而至石泉县，又一百八十里至马家营，又百里至紫阳县，又二十里至中沙坝，又十里地名耳河，又六十里至小河道，又百九十里至兴安州。自洋县至兴安州，回曲几及千里，恐迂远不至此，今存以俟考。

又东北经兴安州北，又东北经洵阳县南，又东南经白河县北，湖广上津县之南。

汉水在兴安州城北四里，为州境之襟带。汉川有事，州其中流之会也。又东百二十里而经洵阳县城南，《舆程记》：州东九十里至黎家口，又东三十里至洵阳县。旬水自北流入焉，谓之洵口。又东南流经白河县北，南去县二里，《舆程记》：洵阳县百四十里，至树河关，又百里至夹河关，又四十里而至白河县。北去湖广上津县百二十里，江口镇在焉，即汉滨渡口也。上津，在白河县西北百六十里，而次于白河之后者，上津去汉远也。

又东经竹山县北，郧西县南。

汉水自上津县而东，经竹山县北境，南去县百余里，县境诸水皆流入焉。又东流经郧西县南五十里，而入郧县境。汉江经此，为荆、梁、雍、豫四州之间，道里绵邈，山川阻深，多伏戎之患。

又东南经郧阳府城南，又东经均州北。

汉水自郧西县东南流二百四十里，而经郧阳府城南。府北通宛、洛，西走金、商，沔北之要地也。东北流百八十里而经均州北。《志》云：汉江南去州城四十里。州翼蔽襄、樊，恃汉水为形胜云。唐长庆四年，襄、均、复、郢四州，汉水溢决。开成三年，江、汉涨溢，坏房、均、荆、襄等州，民居及田产殆尽。会昌元年，汉水坏襄、均等州民居甚众。宋时均、襄亦多水患，盖汉水至均州而流益盛也。

又东南经光化县北，又东南经穀城县东。

汉水自均州东南流一百五十里，而至光化县城北。《舆程记》：自均州九十里至小江口，又六十里至光化县。又东南流五十里而至穀城县境。《志》云：汉江西去穀城二十五里。《舆程记》：光化东南九十里曰紫店冈，又九十里即襄阳府。穀城在府西，为汉水必经之地。均水自北流入焉，谓之均口，亦襄、郧间之要地也。

又东径襄阳府城北，又东南经宜城县东。

汉水在襄阳府城北。汉江北岸，即古樊城也。夹江对峙，为古今之形胜，南北之腰膂。有事战守者，必资于此。汉建安中，关羽围于禁于樊城，会沔水泛溢三丈有余，羽乘水急击，遂克之。自古襄阳倚樊城为固，而樊城恃汉水为险也。《志》云：汉水重浊，与大河相似，襄阳实当其冲，为患最剧。自唐以来皆筑堤绕城以防溃决，故有襄阳大堤之称。明正统、嘉靖间，两被漂溺，皆以大堤废损故也。惟修筑旧址，倍高且厚，襄城庶恃以无恐。自襄阳以下，汉水益折而南，凡百二十里，而经宜城县东。汉水西去县四里。又南，入承天府界。

又南经承天府城西，又南径荆门州东。

汉水自宜城县南流，凡百七十里而至承天府城西。府控临津流，为南北冲要。江、沔有事，此亦必争之地也。而浊流啮决，最为可虞。嘉靖末，曾被其患，不可不预为备。《实录》：嘉靖四十四年，府境支河尽塞，而下流竹筒河复淤。下滞上圮，漂溺不可胜纪。竹筒河，在沔阳州之北。又南流四十里而经荆门州东境，州东去汉水八十余里。汉江至此，复渐折而东矣。

又东南经潜江县北，又东经景陵县南，沔阳州北。

汉水在潜江县西北四十里，又东南经县北而入景陵县境。北去县百里，南接沔阳州亦百余里。《志》曰：汉水由荆门州界折而东，大小群川咸汇焉。势盛流浊，浸淫荡决，为患无已。而潜江地居污下，遂为众水之壑，一望弥漫，无复涯际。汉水经其间，重湖浩森，经流支川，不可辨也。盖汉水为湖北之害，而襄、郧二州为甚。潜江又承襄、郧之委流，当汉江曲折回合之处，潴为大泽，势不能免矣。而景陵、沔阳，又潜江之委流也。今沔阳四境惟湖陂，连亘几数百里，皆为汉水所汇。盖汉水性曲，往往十里九湾。语曰：劲莫如济，曲莫如汉。郧、沔之间，波流回荡，自必潴为薮泽。小民见填淤之利，复从而堤防之。为民牧者，又不讲于节宣之宜，疏瀹之理，岁月之间，苟幸无事，大水时至，则委之洪涛中耳。童承叙明人，撰《沔阳州志》。曰：汉水至浊，与江湖水合，其流必澄。故常填淤，而沮泽之区因成沃壤。民渐芟剔，垦为阡陌。又因其地之高下，修堤防以障之。大者轮广数十里，小者十余里，谓之曰垸。其不可堤者，悉弃为莱芜。昔时垸必有长，统丁夫，主修葺。其后法久弊滋，修不以时。垸愈多，水愈迫，客堤益高，主堤益卑, 故水至不得宽缓, 湍怒迅急, 势必冲啮, 主堤先受其害, 客堤随之泛滥涌, 悉为巨浸矣。○考均州以上, 汉水发源未远, 故溃决常少。汉川以下, 汉水入江已近, 故横溢鲜闻。惟襄阳以迄于沔阳, 上流既远, 而众流日益, 入江尚遥, 而地势愈卑, 汉水泛滥其中, 如溃痈然, 不可不察其病而图其方矣。○天下之水, 大河而外, 重浊而善决者, 在北则漳与沁, 又桑乾、滹沱两河经太行而东出, 自高趋下, 流浊势急, 故溃决亦常见。在南则汉。漳附卫入海, 而后漳水之决少; 汉附江入海, 而后汉水之决少。沁本浊而又并入于河, 故河之决最多。或谓河合于淮, 藉淮以刷河, 而河庶几可治。然淮终非河敌也, 又安能使河之不至于决哉?

又东经汉川县南, 又东经汉阳府城东北, 合于大江。

汉水在汉川县西南十里, 又东南流百六十里, 至汉阳府城北五里。又东南经大别山北而南入于江, 谓之汉口, 亦曰沔口, 亦曰夏口, 为自古噤喉之地。谈东南形胜者, 必以夏口为首也。详见湖广重险夏口。夏口东岸, 即是武昌府。自昔置重镇于此, 岂非以险要所在, 控扼不可或疏也哉? 蔡氏曰:《禹贡》言江、汉朝宗于海, 明乎江、汉二川势均力敌, 非有主客先后之分矣。自嶓冢发源以达于江, 经流曲折, 凡三千余里。《汉志》云: 沮水出沮县东狼谷, 南至沙羡南入江, 过郡五, 行四千里。郡五, 谓武都、汉中、南阳、南郡、江夏也。汉水实南纪之雄矣。

右汉水。

读史方舆纪要卷一百二十八

川渎五 大江 盘江

　　川之大者，大河而外，莫如大江。然河流朝夕不常，江流亘古未改，周匝两垂，吞吐百川，江诚浩博矣哉。是为江纪。

　　江源出于岷山。

　　《禹贡》曰：岷山导江。荀卿曰：江出汶山。汶、岷通。《山海经》亦曰：岷山，江水出焉。《水经》：岷山，江水所出。或作崌山，或作岐文山，其实一也。大江发源于岷山，审矣。山谷纡回，泉流隐伏，盘溪曲涧，汇流成川。郦道元云：岷江泉流深远，为四渎首。是也。《江谱》：《岷江渠堰谱》，宋张彪撰。岷江发源临洮木塔山。临洮，今陕西洮川卫，山当在其南境。或曰木塔山，即岷山之支陇。《益州记》：江源出岷山羊膊岭，宋任豫《益州记》：江出羊膊岭，经甘松至灌千余里。《洮岷记》：大江出陕西岷州岷山，南流入川。《舆程记》：江源出松潘卫北二百三十里之大分水岭，或以为即羊膊岭，似误。分二流：一西南流，为大渡河。详见四川大川。一南流，为大江。《水利志》：岷江出羊膊岭，分二派。一西南流，为尖囊大渡河。一正南入溢村，至石纽，过汶川，历今灌县境，即禹所导之大江也。今松、茂以北，接陕西洮、岷之境，群山错杂，其涧谷之水，皆奔辏而南，合为大江。然则江源本无正流。《禹贡》以岷山表识之，而江源可以依据。此圣经之文，所以为不可易与！

西南流经松潘卫西，又南经叠溪所西。

大江在松潘卫西六十里，其上流自大分水岭而来也。又南流经叠溪所西三里，盘旋崖石间，曾不容舠矣。

又南经茂州城西，又西南经威州之西，又南经保县东，又东南流至汶川县西。

大江经茂州城西北，折而西南，经威州北三十里高碉山下，唐维州城故址在焉。三面临江，号为险塞。又西经保县城东十里，复折而东南，经汶川县治西。曲折环流，蜀境西北之保障也。

又东南经灌县西，又东南流经崇庆州北，又东南经新津县南。

大江自汶川县东南流几二百里而至灌县西，去城三十三里，离堆在焉。秦李冰凿渠分流入成都处也。有内江、外江及都江之分，今详见成都府。其正流经崇庆州西北五十里，又南为味江。唐贞元十一年，蜀州江溢，即此。又东南流经新津县城南，亦谓之皂江。又东南流入眉州境。《蜀记》：本唐郑暐撰。此盖袭前人旧名也。大江在威、茂之间，谓之汶江。自汶川县而南，往往随地易名，不可更仆数也。

又东南经彭山县东，又南经眉州之东，又南经青神县之东。

大江在彭山县东北二里，其支川自灌县分流，经成都南境者，于新津、彭山之间，复次第流合焉。经县城东，江流益盛，亦谓之武阳江。又南经眉州城东四里蟆颐山下，亦谓之坡黎江。又南经青神县东二十里，南流入嘉定州境。

又南经嘉定州东，又南经犍为县东。

大江经嘉定州城东，亦谓之通江。至城东南而大渡河合青衣江之水自州西南流合焉，亦兼合水之称。又南经犍为县城东，复折而东南，流入叙州府境。

又东南经叙州府城北，又东南经南溪县东。

大江自犍为县东南流，凡三百六十余里而至叙州府城北，经城东南而马湖江自西南流合焉。马湖江，详四川大川泸水。又东南流百二十里，经南溪县城东三里，又东南入泸州境。江之北岸，为富顺、隆昌之境。《志》云：大江在府境，亦兼外水之称，控御蛮僰，襟带两川，为腰膂之寄。

又东经江安县北，又东经纳溪县北，又东北经泸州城东，又东经合江县北。

大江自南溪县东南百二十里，而至江安县北。南去城二十里，又东南六十里至纳溪县城北。又折而东北流七十里，经泸州城东南，资江自北流合焉，所谓中水是也。详见四川大川雒江。又东北几二百里，而至合江县北，南去城五里。又东北入重庆府境。《志》云：大江自泸州而上，滩碛交错，江流阔狭不常，由嘉定州而上，则重山曲折，崖高流迅，牵挽益艰。自泸州而下，虽滩碛间列，而江深岸阔，江淮朦朣，可以溯流而达矣。

又东北经璧山县南，又东北经江津县北，又东北经重庆府南。

大江自合江县东北流百八十里，至璧山县南。去县三十里。又东北百三十里，而经江津县城北二里。又东北二百余里，而经重庆府城东南。涪江合嘉陵江自北流合焉，所谓内水也。详见四川大川涪江。府居内外二水之间，凭高据深，为全蜀之衿要。

又东经长寿县南，又东经涪州北。

大江自重庆府城东流二百余里，至长寿县城南。又东流百三十里，而经涪州城北。至城东，黔江自南流合焉。亦曰涪陵江，今详见涪州。东通湖广，南入贵州，黔江其径道矣。

又东北流经酆都县南，又东北经忠州城南。

大江自涪州东北流百四十里而经酆都县城南。《舆程记》：涪州六十里至东青水驿，一名焦崖驿。又八十里即酆都县。又东北百九十里，而至忠州城南，又东入夔州府境。

又东北经万县南，又东经云阳县南。

大江自忠州东北流二百余里而至万县城南。又东二百七十里，至云阳县城南。又东百七十里，即夔州府城矣。

又东经夔州府城南，又东经巫山县南。

大江经夔州府城南，又东八里而为瞿唐峡，所谓瞿唐、滟滪，天下之险也。详见四川重险瞿塘关。又东百二十里，至巫山县城南。又东三十里，经巫峡中，峡长百二十里。两岸连山，舟行其间。江流至此，为出蜀而入楚之处详见四川名山巫山。波涛潫湃，崖石嶙峋，诚古今之至险，亦山川之奇胜。《江行记》：巫山东至巴东县，凡一百六十里，皆在峡中行也。宋张玠《禹庙记》曰：夔门当西蜀川流之聚，合数百源而委之。沉潨泛滥，又甚他所。而巴冈、巫桥，崔嵬盘错，壁立骨峥，绵亘峻极，固塞其冲。奔溃汹涌之势，艰乎为力哉。已而瞿唐瓜分，滟滪孤蹲，千崖万磴，两两却立。黄流巨浸，帖帖东下。环数千里之地，既宅既旅，既蚕既粒，孰知疏凿功用之至于斯耶？

又东经巴东县北，又东经归州城北。

大江经巴东县城北，又东九十里，经归州城北。山峡连绵，与蜀相接，所谓步步皆险也。

又东经夷陵州东，又东经宜都县北。

大江自归州东屈曲流，凡百八十里，至夷陵州城南，城西北二十五里，西陵峡在焉。与夔州之瞿唐、巫山之巫峡，共为三峡。州当三峡之冲，故言形胜者，恒以西陵为吴、楚之西门。又夷，平也。江流至州西，始出险就平，故曰夷陵也。详见湖广重险西陵。自州而东，又曲折流六十余里，而至宜都县西北五十里之荆门山，与南岸虎牙山对峙，自昔为险厄之处。详见湖广重险荆门。《江行记》宋范成大撰，一名《吴船录》。曰：蜀中之江，会流于三峡者，凡二百八十有奇。蜀中之滩，次及于荆门者，凡四百五十有奇。自荆门以东，其以滩碛名者，无复嵯岈之势，亦无栉比之多矣。又东南流经宜都城北三里，而东达于枝江县境。

又东北经枝江县北，又东南经松滋县北。

大江自宜都县东北流七十余里，而经枝江县城北。江流至此，分而为二，间以大洲，谓之百里洲。洲之北曰北江，南曰南江。《禹贡》东别为沱，即此地也。又东南流七十里而经松滋县城北，江流至此，复支分为三派，名曰川江。又东北流入江陵县界。

又东北经荆州府城南，又东南经公安县北。

大江自松滋县东北流百二十里，而至荆州府城南。府翼带江沱，称为都会。府东二十里曰江津口，江水支分于枝江以东者，至此洲尽而流合，势益盛。昔时滨江置戍，为江陵重地。又东南四十里，即公安县也。江流经城东北三里，又东南入石首县界。《荆州记》：旧记晋郭仲产撰。江水方出峡，势如建瓴。夏秋泛涨，顷刻千里。然夷陵而上，山阜夹岸，势不能溢。嘉鱼而下，江面浩阔，顺流直注。又两岸俱平衍下湿，水易漫流。惟江陵、公安、石首、监利、华容之间，江流自西而北，而东而南，势多迂回。至岳阳复自西南转东北，湖水迸流，易于涨遏，故决害多在荆州。夹江南北，往往沿岸为堤，咫尺不坚，千里为壑矣。吕后三年，江水、汉水溢，流四千余家。八年，江、汉水溢，流万余家。

又东南经石首县北，又东经监利县南，又东经华容县北。

大江自公安县东南流百十里，至石首县城北。又东南流百二十里，至监利县城南。又东南流六十里，经华容县东北境之黄家驿驿西南去华容县九十里，东北至城陵矶亦九十里。江流深阔，商旅往来，所在辐辏。

又东经岳州府北，又东经临湘县北。

大江经岳州府城西北十五里之城陵矶，洞庭之水自南而北，由此注于大江，谓之荆江口。亦谓之西江口，又谓之三江口。以洞庭及澧水与大江并会于此也。详见湖广重险荆江口。控据要津，为湖南、北之喉吭。又东北七十余里，经临湘县城北。《舆程记》：城陵矶驿南二十里，为洞庭湖口。东六十里至临湘县之鸭栏水驿，皆滨江要地也。又东北入武昌府境。

又东北经嘉鱼县西，益折而北，经汉阳府城东，武昌府城西，而会于汉水。

大江自临湘县而东百十里，至石头口驿。驿为嘉鱼、临湘县分界处。又东北七十里，至嘉鱼县城西北七里。又东北九十里，至簰头镇。属嘉鱼县有簰洲驿。又九十里至金口驿，属江夏县。又六十里，经汉阳府城东北之大别山南，东折而北出，会于汉水，所谓汉口也。亦谓之夏口。详见湖广名山大别及重险夏口。夏口之南，即汉阳府。夏口东岸，正对武昌府。二城隔江相对，不过七里，为衿束之处。天下有事，无不注意于此者。又北折而东出，即黄州府境矣。

江水会于汉水，并流而北，复折而东。江之北岸，为黄陂县及黄州府境。南岸为武昌府及武昌县境。

江、汉并流，北出而东折，去汉口三十里曰青山矶，滨江南岸，为津渡之要。又东十五里，为黄陂县之沙口镇。在江北岸，亦曰沙武口，西北去县五十里。又十五里为阳逻镇。在江北岸，有阳逻驿，属黄冈县。《舆程记》：阳逻而东十里，为抽分厂，竹木抽分处也。又东二十里，曰白湖镇，在江南岸，属江夏，有巡司。对岸即双流夹。又八十里曰团风镇，又二十里曰。三江口《江行记》：汉水入江，江水益盛。黄州西百里，有双流夹。以江水分流而名。此曰三江口，又以江分为三，至此合流而名也。又三十里经黄州府城南。隔江相望者，为武昌县。县在江南岸，距黄州府十里。又东南三十里曰巴河口。在江北岸，巴河入江之口也。南北纷纭，江滨多故，此皆烽火之区矣。

大江又东，经蕲水县南，又东经蕲州城南。江之南岸，为兴国州之境。

大江自巴河口东三十里，至蕲水县之兰溪驿。东北去县四十里。又东南九十里，至蕲州西之蕲阳口。亦曰蕲口，蕲水入江处也。又三十里，至州城南。大江至此益折而东南。又三十里为马口渡，渡在江北岸，亦接广济县界。又东南二十里为富池驿在。江南岸，属兴国州。西南去州城六十里。江之南岸，接江西九江府瑞昌县之境。兴国州东即瑞昌县之境。

又东南经广济县及黄梅县南境。江之南岸，为九江府城之北。

大江自富池驿而东。又东南六十里，经广济县之龙平镇。镇西北去广济县百余里，盖大江自蕲州益引而南也。又东南十里，经黄梅县之新开口镇。东去县七十里。又东南五十五里，即九江府城也。大江北岸，即黄梅县界，北去县城五十里。江流至此，阔二十余里，波涛浩瀚，谓之浔阳江。《唐·五行志》：大历九年，江州江溢。舟行其间，有内路、外路之分。并江南岸为内路，江北岸为外路。《舆程记》：九江府城稍西北五里，地名官牌夹。从江中至龙坪六十余里，遇大水时，自夹中直上龙坪五十里而近。亦谓之九江也。详见江西大川九江。古称溢口重镇，中流衿带。盖府城当吴、楚之要会，不特江右安危视九江之缓急，而上游之势，淮南、江左祸福与共，所谓地有常险者，非欤？

又东经湖口县北，又东北经彭泽县北。江之北岸，为宿松县及望江县之境。

大江自九江府城而东六十里，经湖口县城北。湖口，江西之喉吭也。彭蠡之水，自县西南二十里注于大江。环城而北出，故县以湖口为名。详见江西重险。又东北六十里，经彭泽县西北二里，江流至此，益折而北。江心有小孤山，与宿松县分界。《志》云：小孤山北去宿松县百二十里，宿松西南，则与黄梅县接界。江滨又有马当山，与东流县分界。马当在江东南岸，去东流县七十余里。小孤、马当，皆江津之险也。自彭泽而东北，凡百二十里，至望江县之雷港口。雷池，入江之口，古所谓大雷也。西北去县城三十五里。又《唐志》：太和四年，江水溢，没舒州太湖、宿松、望江三县民田。盖江南、江西、湖广三省之地，犬牙相错，滨江环峙，为设险处。

又东北经东流县北，又东北经安庆府城南。

大江自雷港而东北，又二十里，江之南岸，为东流县。北去县城二里。又东北流九十里，江之北岸，经安庆府城南，所谓皖口之险也。特立江滨，江环三面，屹为形胜。盖南畿上游之屏障矣。

又东北经桐城县南境。江之南岸，为池州府北。又东经铜陵县之北。

大江自安庆府城东北流九十里，经桐城县之枞阳口西北至县百二十余里。又西十里，经池州府之池口驿。南去府城五里，又东北四十五里，至梅根港，古所谓钱溪也。梅根港而上，江岸颇狭。今南北往来者，往往截流而渡。南自池州出江右，走闽广；北自庐州走濠、寿，趋徐、汴，为捷径云。又东北二十里为大通驿，又三十里经铜陵县城北。又二十里曰丁家洲，又四十里为荻港驿俱在江南岸，入繁昌县界。《江防考》：大通驿而下，江面阔三十余里，上游之险，莫过于此。又兼汊港丛杂，戍守切矣。

又东北经无为州南境。江之南岸，为繁昌县之北。又东北经芜湖县之北。

大江北岸，自桐城县南之枞阳口至无为州南境之泥汊河口，几二百里。南岸即繁昌县界，江面阔二十余里。又东接和州之境。南岸则自荻港而东三十里，经繁昌县城北十五里。又东北四十里，经三山矶。又二十里，经鲁明江口。亦曰鲁港口。又东北十里，经芜湖县城西五里，又东北流，入当涂县界。

又东北经和州之东，太平府之西。

大江北岸，自泥汊河而东北百二十里，曰裕溪口。北去和州九十里。河口为无为州巢县之通道。又北二十里，为西梁山。江之南岸，则自芜湖北五十里，至东梁山，与西梁山隔江相对，所谓天门、博望之险也。详见江南名山梁山。又北四十里，经采石圻，亦曰牛渚圻。江之西岸，为和州之横江浦。西北至州城二十五里。自古有事于东南者，多自横江济采石，形胜莫重焉。详见江南名山采石。今沙洲横亘，或非利涉之道矣。采石江滨旧有洲，曰成洲，横列矶下。又西南有陈家洲及新洲诸沙渚。今延袤相接，益复回远。滩浅错杂，舟行甚艰，故道出采石者益少。天地之气，日就迁移，山川形胜，岂有常哉？又东北二十里，经太平府城西北五里，又东北五十里经烈山入应天府界。

又东北经应天府城西北，江之北岸，为江浦县及六合县之境。

大江自烈山而东北十余里，经三山。又六十里，至应天府城西北观音门外。自观音门渡江而西北二十里，曰浦子口。又西五里，即江浦县也。自观音门渡江而东北四十里，曰瓜埠口。又西三十里，则六合县也。昔人称建康江流险阔，气象雄伟，信矣。

又东北经句容县北，又东北经仪真县南。

大江自金陵而东北八十里，曰黄天荡。南北两岸，阔四十里。洲港错杂，防闲未易。又东十余里，经江南岸之龙潭驿。南去句容县城七十里。又东北四十五里，经江北岸之仪真县城南。县控临江津，南北往来，亦利涉之所也。

又东北经镇江府北，扬州府南。

大江南岸，自龙潭而东百里，至镇江府城西北，渡瓜洲，江面不过七里有奇。又北四十里，即扬州府城矣。大江北岸，自仪真东至瓜洲五十余里，而金山屹峙大江之中。又东十五里，为焦山。皆控扼江津，并称形胜。然金山近在津途，尤为要会。扬帆击楫，必以金山为表识矣。昔人言京口、采石并为东南重镇，而采石江岸比京口为狭，故备采石者恒切于京口。乃今昔变迁，京口江面殆更不及昔时之采石矣。安得不以备采石者转而备京口乎？况岁漕数百万粟，皆自仪真、瓜洲而达。天下之吭，自金山上下数十里间操之耳。由京口而东，渐近大海，岛夷出没，京口尤为扃钥之地。谈形势于东南，安有先于京口、维扬间者与？

又东南经丹阳县北，又东经泰兴县西南。

大江自镇江府城东折而东南流，六十里经圌山下。又东南二十里，经丹阳县北。大江在县北五十里。又东，即常州府界也。大江北岸，自瓜洲而东百二十里，曰三江口。又四十里，曰周家桥，始与南岸圌山相对，为江津戍守处。盖南岸江流直而北岸曲也。又东北四十余里，经泰兴县西南。又东，即靖江县境矣。

又东经常州府北及江阴县之北。江之北岸，为靖江县及如皋县南。

大江自丹阳县而东三十里，经常州府西北之孟渎口。东南至府八十里。为戍守要地。又东九十里，至江阴县之夏港口。又十里，即县城北也。南去城一里。又东三十里，为杨舍镇，与常熟县接界。江之北岸，旧自泰兴而东为如皋县南境。大江北去县城六十里。而靖江县在江阴之西北，隔江相望，四十余里，孤悬江中，称为京口外卫。今北面埋为平陆，东北与如皋接，西北与泰兴接，而东西南三面屹峙江滨，与江阴、武进为唇齿之势云。

又东经常熟县北。江之北岸，为通州之南。

大江自江阴县而东，至常熟县北四十里之福山镇。江之北岸，为通州南十五里之狼山镇。二山隔江相对，江岸阔几八十里。滨江置戍，恃为门户之险。然江流浩淼，风帆倏忽，欲却敌于江中，未易言也。

又东经海门县南，江之南岸，为太仓州之北，由此入于海。

大江自狼、福两山而东。波涛汹涌，与海相接。而海门旧在通州东百余里，称为江、海出入之门。太仓西北去常熟百里，东北至海七十余里。亦江面回合处也。今海门益沦于海，形势又一变矣。至于崇明，环海为邑，沙渚迂回，江口倚为外卫。然而自守则有余，制敌或未足。江防险易，安可一律论欤？〇按大江自源徂流七千余里，《汉志》：江水出湔氐道西徼外岷山，东南至江都入海。过郡九，行七千六百六十。九郡，谓蜀郡、犍为、巴郡、南郡、江夏、庐江、九江、丹阳、会稽也。广陵固其入海之处，故不在九郡之列。或称为南北之限，或恃为天堑之防。然用之得其当，则节节皆险。失其宜，亦处处可渡。险易固无定形矣。善哉，陆抗之言曰：议者以长江峻山限带封域，此守国之末务，非智者所先也。

右大江。

五岭以南，非禹迹所及乎？曰：理或有之。然则秦汉以前，岭南不得为中国地矣。曰：否。夫尧命羲叔远宅南交，南交载在《尧典》，则《禹贡》时可知也。又周公化行，越裳重译。越裳来自成周，则唐虞时更可知也。且南交、越裳，其去岭南也更远矣。安得谓岭南遂无与于中国乎？然则岭南山川，何以不列于《禹贡》？曰：岭南隔越重山，当时泽洞之害，固无与焉。《禹贡》所书，皆神禹疏导之实，安得滥及于岭外也。且夫重内可以略外，举近可以该远。《禹贡》言之黑水、衡阳，实包乎岭以南之地矣；言岛夷、和夷，实兼乎岭以南之人矣。安得谓岭南必无与于中国也？然则纪盘江而不及五岭也，何居？曰：山主分而水主合，山之条列易知，水之脉络难辨也。然则何以不言左右江？曰：盘江之源，出于四川、云南之境，而经贵州、广西、广东之地。其在贵州者曰盘江，在广西则曰左江、右江，在广东则曰西江，而统之以盘江者，从其源之远者言之也，故但曰盘江也。

盘江有二源，其出四川境内者曰北盘江，

北盘江出四川乌撒府西百五十里乱山中。一名可渡河。东南流经贵州毕节卫西，东去卫九十里，亦曰七星关河。又南至云南霑益州东北，南去州百二十里。又东南流经贵州安南卫东，西去卫城三十七里。又南经永宁州西境及普安州东境，东去永宁州三十里，西去普安州百里。又东经慕役长官司东，西去慕役长官司四十里，司属永宁州。又东则南盘江流合焉。

其出云南境内者曰南盘江。

南盘江出云南曲靖府东南二十余里石堡山下。一名东山河。首受白石、潇湘二江之水，汇流出于山南。南流经陆凉州东，西去州七十里，亦名中延泽。又西南流经云南府宜良县东，西去县八十里，亦曰大池江。又南经澂江府路南州西，东去州二十里，亦曰巴盘江。又东南流经广西府西北境，东南去府百余里。又东经师宗州西北境，去州五十里。而盘江之支川流合焉。澂江府南境之水汇流于临安府境，至阿迷州北二十里，亦谓之盘江。复东北流经广西府弥勒州东南百里，又北经广西府西五十里，至师宗州西二十里，又北入于巴盘江。盖南盘江川流浩衍，分合回旋，互相灌注也。纪载荒略，源流多误，略为考正。又东入曲靖府罗平州东南境西北去州九十五里，又东经贵州慕役长官司东南，而北盘江合焉。

二源合流，而入广西境内，谓之左江。

南、北盘江同为一川，自慕役长官司境东南流百余里，而入广西泗城州界，谓之左江。经州东，西去城八十里。又东南流，经田州东南境，西北去州三十里。又东经奉议州城北，又东经归德州西南，《志》云：江在州西南数百步。又东经隆安县南，北去县二里。又东经南宁府城南，亦谓之大江。府境又有左右二小江，自交阯境内流入府境。合流至府城西南，入于左江，故言大江以别之。又东经永淳县南，北去县十余里。又东经横州城南，又东经贵县城南，又东经浔州府城南，至城东，合于右江。《志》云：左江一名南江，以在广西南境也。一名郁江，以浔州府旧为郁林郡也。一名牂牁江，以昔时道通牂牁郡也。而其上流，则为南北二盘江也。

江之别出于贵州境内者，又有三源：一曰福禄江，一曰都匀江，一曰都泥江。

福禄江，出贵州黎平府古州蛮夷长官司东北蛮峒中，一名古州江。南流经黎平府西境，去府七十里。又南经永从县西南，东北去县三十里。又经西山阳洞长官司，东南去司三十余里，有大岩江流合焉。而入广西柳州府怀远县界。○都匀江，出贵州黄平州界，初名两垒江，在州西南十五里。南经平越府东南，名麻哈江，在府东南三里。又东南历麻哈州治西南，又南历邦水长官司东。西去司十五里，亦曰邦水河。又东南经都匀府城西，亦曰都匀河。又东南经独山州南，北去州二十里，亦曰独山江。又东流入广西庆远府天河县界。○都泥江，出贵州贵阳府定番州西北乱山中，一名牂牁江。一云出安庄卫南百里，经金筑安抚司流入定番州界。东南流入广西庆远府南丹州界。此广西右江之上源也。

流经广西境内，谓之右江。

福禄江自贵州永从县东南流，经怀远县西。东去县三十里。又南历融县东，而谓之融江。西去县十五里，亦名潭江。又东南经柳城县东，西去县三十里。而都匀江流合焉。都匀江自贵州独山州界，东流，经天河县西南，亦谓之龙江。东北去县二十里。又南经庆远府城北，又东经柳城县北，西南去县十里。又东南合于融江。二江合流经柳州府城西南，谓之柳江。又东南经象州城西。亦谓之象江。又南经武宣县西，而都泥江流合焉。都泥江自贵州定番州界东南流，经南丹州南境，又东历那地州北界，又东经忻城县北，南去县一里。又东经迁江县北，南去县二里。又东南经宾州南，北去州三十里，亦谓之宾水。又东北历来宾县南北去县四十里，又东至武宣县西而合于柳江。三江同流，势益盛。历武宣县东南三十里，而为大藤峡口。由此而南，山峡深险，盘纡回伏三百余里，为猺獞啸集之处，粤西肘腋之患也。详见广西重险大藤峡。又东南经故武靖州南，又东南至浔州府城北，绕城而东，合于左江。《志》云：右江一名北江，以在广西北境也。一名黔江，以源出贵州界内也。亦曰浔江，以自浔州合于左江也。左、右二江并流而东，经平南县东南，西北去县十余里，一名龚江。又东经藤县之北，南去县三十里，亦曰藤江。又东至梧州府城西，而漓江流合焉，见广西大川漓江。亦曰三江口。又经府南而入广东肇庆府境。

左、右江合流于广东境内，谓之西江。至广州府南而入于海。

郁江、黔江、漓江三江合流，东经广东封川县南，北去县一里。所谓封川扼三江之口也。又东经德庆州城南，自此以下，皆谓之西江。州人亦谓之南江。又东经肇庆府城南，又东经顺德县北，南去县七十里，一名龙江。又东经广州府西北，东去府城二十里。而北江来合焉。北江，详广东大川。自西而南，则东江之水来会焉。东江附详广东大川北江。亦谓之三江口。又南流注于大海。此盘江源流大略也。盖经行滇黔两粤之间，回环四千里之外，自岭以南，川之大者无有逾于盘江者也。岂可以《禹贡》所未详，《职方》所未载而忽之与？

右盘江。

读史方舆纪要卷一百二十九

川渎六 漕河 海道

《禹贡》九州贡道皆会于河。河即漕也。下逮秦、汉、唐、宋，河、渭、淮、汴皆漕也。隋开通济、永济诸渠以纵其侈心，不专以漕。元又浚通惠、会通之河，以便公私漕贩。时东南之粟，皆由海道，漕河之利未备也。至明因其旧制，而益为疏浚，岁漕数百万，皆取道于此。盖浮江涉淮，溯河逾济，而北达于漳、卫，输之太仓。天下大命，实系于此矣。是为漕河也。

漕河始于扬州。

明初定鼎金陵，西下江、湖之粟，东输两浙之漕，最为便利。然东北一隅，恒仰内地之供亿。洪武二年储粮于苏州太仓，以备海运饷辽东。五年遂由海道运七十余万石至辽。自是屡由海道运粮以饷辽。洪武十三年，运七十万石。二十二年，运六十万石。三十年，复运七十万石。又洪武六年，浚开封漕河。明年，运漕粟于陕西。永乐元年，命于淮安运粮入淮河、沙河，至陈州转入黄河，复陆运入卫河，以达北京。沙河，河南之蔡河也。《河漕考》：是年命于淮安用船可载三百石以上者运入淮河、沙河，至陈州颍岐口跌坡下，改用沙船可载百石以上者，运至跌坡上，别以大船载入黄河。至阳武入柳树等处，令河南车夫运赴卫河，此为变海运之始。六年，命海陆兼运，以达北平。时驾驻北平，百费咸集，命海运粮八十万石于北平。其会通河、卫河以浅河船相兼转运。十三年，复自海运四十八万余石于通州。又自淮入黄，至阳武陆运至卫辉，由卫河入白河凭偿运粮四十五万余石于通州，所谓海陆兼运也。十三年，会通河成，海运始废。自是除河南、山东、两淮诸处运米各由近道达北京外，其浙西漕粟凡一百六十五万余石，皆自瓜洲坝以达于扬州，瓜洲坝在扬州府南四十里，今详见扬州府瓜洲城。上江及江西、湖广漕粟，上江，即江宁以西滨江诸郡。凡八十八万余石，皆自仪真坝以达于扬州。仪真坝，在仪真县东南二里。今详见仪真县江口堰。按成化七年，定兑运改兑之额，河淮以南以四百万供京师，河淮以北以八百万供边境，盖总天下之全数言之。**扬州盖东南漕粟之咽喉矣。**《河漕考》：万历二十七年，扬州南门二里桥河势直泄，为盐漕梗。盐使者杨光训檄开二里桥河口，西折而东，从姚家沟以入旧河，名曰宝带新河。

北经高邮州城西，又北经宝应县西。

漕河自扬州府以达于淮安，所谓南河也。洪武九年，命扬州修高邮宝应湖堤六十余里，以捍风涛。时老人柏丛桂奏置湖堤，因命知州赵原督民夫修筑。既而丛桂又言：宝应自槐角楼抵界首，沿湖堤岸，屡修屡圮，民苦役无已。请开宝应直渠。从之。就湖外穿渠南北四十里，筑长堤与渠等，引水于内，以便舟楫。休民力，免沉溺，时以为利。宣德七年，平江伯陈瑄筑高邮、宝应氾光、白马诸湖长堤，以便牵挽。堤下皆置涵洞，互相灌注。成化八年，河臣王恕请治扬州至淮安湖塘，造闸硙达，引塘水，接济运河。是时恕以扬州一带河道止藉高邮邵伯等湖两水接济，河身高于湖面，湖水消耗，则河不能行舟。因议浚深河身，并严防近湖居民决水溉田，使湖得储水以济运，盖时势不同矣。弘治二年，户部侍郎白昂以高邮西氂社湖漕舟经此，往往覆溺，触岸辄坏，乃奏开复河于故堤东，以避其患，亘四十余里，赐名康济河。正德十六年，管河郎中杨勖请修筑宝应越河，不果。嘉靖三年，郎中陈胤贤奏称：宝应西氾光湖，运船入湖三十余里。湖堤旧基俱是土石筑成，仅高河面三尺许。堤西湖身高，堤东田势下，唯赖一堤以障水。且西有天长、六合、泗州诸水乘高而下，一遇淫潦，即时弥漫。加以黄河水涨，又由淮口横奔，数年水患不时。非惟运粮有妨，而宝应、盐城、兴化、通泰诸境民田潫没，饥荒随至。此江北第一患也。请照康济河事例，于湖堤迤东修筑运河一道，庶可免风波之患。复不果。五年，御史戴金请浚高、宝一带堤下久壅河道。十七年，漕臣周金奏修宝应一带堤岸。隆庆四年，淮决高堰，见前淮水。高、宝湖堤崩坏。五年河臣万恭奏修治平水诸闸。其略曰：高、宝诸湖，周遭数百里。西受天长七十余河，秋水灌湖，徒恃百里长堤。若障之使无疏泄，是溃堤也。以故祖宗之法，遍置数十小闸于长堤之间。又为令曰：但许深湖，不许高堤。故以浅船浅夫取河之淤，厚湖之堤。夫闸多则水易落而堤坚，浚勤则湖愈深而堤愈厚。意至远也。比年畏修闸之劳，每坏一堤，即堙一闸。岁月既久，诸闸尽堙，而长堤为死障矣。畏浚浅之苦，每湖浅一尺，则加堤一尺。岁月既久，湖水捧起，而高宝为盂城矣。恭又曰：湖漕弗堤，与无漕同。湖堤弗闸，与无堤同。陈平江置减水闸数十于长堤间，令丁夫以时启闭。湖溢则泻之以利堤，湖落则闭之以利漕，完计也。积久而减水故迹不可复得，湖骎骎且沉堤矣。今大治平水闸，闸欲密欲狭。密则水疏无胀闷之患，狭则势缓无啮决之虞。于高邮设六，江都设四，宝应设八，山阳设二。复有民自设者，曰民闸。因礼泰山祠而愿设者，曰灵应闸。皆从平水之制，上之灌输无羌，下之膏腴旱涝有备。因而勿坏，公私百世之利也。万历三年，淮复决高堰，高、宝堤坏，山阳、兴、盐一带，悉为巨浸。《河漕考》：是年，高邮西堤决清水潭及丁志口诸处。四年，漕臣吴桂芳修复高邮西湖老堤，改挑康济越河，并筑中堤。老堤，即洪武九年所筑。弘治中，白昂于堤东越民田三里凿康济河，通饷避湖，谓之东堤。其捍隔民田者，为中堤。中堤之中，有田数十万顷，谓之圈田。后圈田淹没，老堤倾圮。至是修复老堤，傍老堤为越河。废东堤，改筑中堤，以便牵挽云。八年，决高邮城南敌楼之北，堤南上河，田庐皆没。又决宝应之黄浦，寻筑塞之。十二年，科臣陈大科等请挑宝应氾光等越河三十六里，置南北闸二座，以避湖险。从之。河成，赐名弘济。后以南北闸水湍溜损船，改为平水闸。十三年，修筑高邮护城堤。漕臣王宗沐檄郎中许应逵修砌高邮护城堤、西北杭家嘴、小湖口堤，各数百丈。又宝应界首三里湖堤，亦称险地，并筑治之。十九年，淮、湖大涨，决扬州邵伯湖堤及高邮中堤。《河漕考》：是年，淮、湖冲决邵伯湖淳家湾石堤，又决邵伯镇南小坝、桩板工二处。又决高邮中堤朱家墩、清水潭二处。郎中黄日谨等筑塞之。二十一年，淮、湖复涨，坏高、宝诸堤。《河漕考》：是年，淮、湖溢决高邮南、北中堤及魏家舍等处大小二十八口，长百余丈。湖水漫过西老堤，冲决东堤，又决宝应六浅潭堤二十九丈。郎中沈季文等筑塞之。六浅，在县南十里，曰白田浅。二十三年，高邮中堤复决。河臣杨一魁等分导淮流，患稍弭。详见淮渎。二十八年，河臣刘东星檄开邵伯及界首镇越河避湖险。东星橄郎中顾云凤等开邵伯越河，长十八里。又挑界首镇越河十余里，各建南北金门石闸二座。其邵伯越河又建减水石闸一座，舟行者便之。三十年，高邮北关小闸口溃，旋塞之。四十一年，漕臣陈荐橄开宝应南北月河。《河漕考》：是年，荐橄郎中何庆元等开宝应弘济河北月河一道，长百三十丈。南月河一道，长百五十丈。又建近湖西堤八浅、九浅滚水石坝二座。先是弘济河南北二闸，每遇夏秋淮水涨发，二闸不及吞吐，舟行辄溺。至是水溜遂平。八浅曰白马浅，在县北十里。九浅，即黄浦浅也。四十七年，复修高邮城西石堤。河臣王佐橄行郎中徐待聘修高邮西门窑港口迤南石工，凡数里。是年，浚界首镇南北淤河。天启二年，宝应西堤一浅等处为风浪冲卸，一浅，亦曰子婴沟浅。复筑治之。三年，修高邮中堤及浚界首运河。又修筑邵伯石堤，人以为便。《漕河考》：高邮中堤长亘四十余里，岁久不修，夏秋水涨，农田被潦，因筑南北金门二闸，以为障，艚由外湖，每遭覆溺，至是修筑。而界首运河迤北一带，当高、宝接界处，每岁浅淤。市滑擅浅剥之利，私阻官浚。至是察其弊，大加捞浚，重运无阻。又邵伯湖一带风浪拍堤，行舟往往触石覆溺，亦更加修治。而露筋庙湖口石堤，从水中叠土筑砌，长百六丈，为牵挽之利。《舆程记》：自扬州而北十五里，曰扬子湾。一名湾头。湾头北五里曰高庙。又十五里曰东西湾，又十里即邵伯驿。又北三十里，曰邵伯驿。亦曰邵伯镇。其西为邵伯湖。湖堤有一浅、二浅诸处，为湖心冲要。万历十七年，河臣潘季驯修筑石堤几二千丈以备之，自是而西北湖泊相连，风波殊险。又三十五里，曰烈女庙。俗称露筋，自邵伯而北十里地名三沟。又十里，曰腰铺。又十五里，至露筋庙，为湖波冲激之处。有露筋庙阙口，漕舟惮之。又三十里，至高邮州，绕城西而北，一望弥漫，皆大湖也。康济河在焉。旧有东中西三堤,今有西堤、中堤,漕舟出其间。又北二十里,曰清水潭。地形卑洼,每为湖波冲啮。又西北数里,有朱家墩、丁志港诸处,皆万历中决溃处也。又北十五里,曰张家沟。有巡司。又北二十五里,曰界首驿。亦曰界首镇。又北十里,曰子婴沟。沟西接运河,东连潼河,入于广洋湖。淮、湖灌溢,藉此旁泄。有子婴铺。又十里有氾水闸,又五里为瓦店闸。又十里即槐角楼矣。又三十里,为槐角楼。亦曰槐楼镇,湖波鼛洞,滨堤为险。淮,一作槐。又二十里,至宝应县,环城三面,重湖浩淼。城南为清水湖,西北接氾光、白马诸湖。万历十二年,越河成。自城西北至槐角楼以南长三十六里,即旧堤为西堤。而别堤其东,引水注之,舟行其中。又筑滚水三坝于两堤间,水涨则注于支河,由射阳、广洋湖以入于海。又北二十里,曰黄浦。亦湖流决啮处也。万历十七年,河臣潘季驯以黄浦水多傍渍入湖,致淮安新闸一带流缓沙淳,乃筑西土堤数里,以束漕水。又北十里,曰泾河,首受漕河,东达射阳湖。万历二十三年,河臣杨一魁开泾河以泄淮水之横溢,即此。而入淮安府界。《志》云:宝应、山阳以黄浦为界,自泾河而北十里曰平河桥。又三十里至杨家庙,又十里即淮安府城。此皆运艘必经之地,不可少有间阻者也。淮、扬南北统计三百有十里,为输挽噤喉之地。然漕之治否,由于诸湖之节宣得宜。而诸湖之治否,又由于淮、黄之分合无阻。嘉、隆以来,高、宝之间,载胥及溺矣。说者曰:欲开闸洞,先浚支河。欲浚支河,先通海口。此亦救弊之善策欤?

又北经淮安府城南,西折而入于淮,又北出以入于河。

漕河在淮安府城南。永乐十四年,平江伯陈瑄疏浚故沙河,置闸通舟,谓之清江浦。《河渠考》:初,漕至淮安,悉从府东北车盘过坝入淮，逆水行六十里。至是瑄因宋乔维岳所开沙河旧渠益加疏治，置闸通舟，又于新城东西置五坝，引湖水绕城，抵坝口。遇清口淤塞，运船从城东经城东北仁、义二坝入淮，官民商船，从城西经城西北礼、智、信三坝入淮，人以为便。今详见淮安西三十里之新城。今自城而西十五里曰板闸。本名移风闸，后改。万历五年，漕臣吴桂芳等增筑山阳运堤，自板闸至黄浦长七十余里。又增建兴文闸于府城南十里。又十五里，曰清江闸。分司主事驻此，俗谓此为清江浦。又十五里曰福兴闸。旧闸在清江闸西五里，去通济闸二十里。万历六年，河臣潘季驯改建于寿州厂适中之地，即今闸也。又十里曰通济闸。旧名新庄闸，亦曰天妃闸，与清河口对岸。嘉靖末，浊流填淤，因改置通济闸于浦南三里沟。隆庆中，河臣万恭复开天妃闸以通运。万历六年，河臣潘季驯奏移置通济闸于甘罗城东，去新庄旧闸不及一里。河口斜向西南，以避黄趋淮。因议废新庄旧闸，而建坝于闸内，为车盘入淮之道。其旧置五坝，信坝以近淮城，系黄河埽湾，久废。仁、义二坝，原共一口出船，亦系黄河埽湾，又与清口闸相邻，恐有意外冲漫，不复修复，止将礼、智二坝修复，与新庄旧闸为车盘三坝。十四年，河决天妃坝，淤福兴闸，乃筑塞之。《河渠考》：初，陈瑄创凿清江浦一带，以通黄、淮两河。而黄流甚浊，恐至淤淀。乃设天妃等闸递相启闭，以时节宣。时将入伏，闸外即筑软坝，一应船只，俱从五坝车盘。九月水落，复开坝由闸。二百余年，皆因其制。后渐废弛，天妃闸全纳浊流，舟行阻滞，乃改置闸于三里沟，以避黄就淮。隆庆五年，河臣万恭言：旧道天妃口入黄河，穿清河半晌耳。嗣缘黄河水涨，逆入天妃口，而清江口多淤，议者乃塞天妃口，开新河以接淮河，盖以避黄水之淤耳。及伏秋黄水发，则西拥淮流数十里，并灌新开河，未尝不淤也。又使运舰迂八里浅滞始达于清河，孰与出天妃口之便且利哉？因复开旧闸，既而启闭不时，淤塞益甚。万历五年，开朱家口，引清水灌之，仅可通舟。六年，潘季驯乃改建通济闸，专向淮水，用清避浊。五六月间黄水盛发，虑其逆上，仍筑软坝，随时启塞。申严旧制，运道赖以无阻。闸口即清江浦口，为漕河入淮之处。稍折而北，乃为清口，即黄淮合会处也。《河漕考》：明艾南英合辑。景泰七年，河灌新庄闸口至清江浦三十余里，淤浅阻漕，命浚治之，寻复旧。隆庆四年，淮决高堰，河决崔镇，见桃源县。漕河涨溢。万历三年，高堰、崔镇复决，山阳以南，汇为巨浸。五年，漕臣吴桂芳等增筑山阳运堤，筑清江浦南堤以御湖水，增河岸以御黄、淮。六年，河臣潘季驯复筑高堰长堤，修清江浦北岸迤东长堤，而漕大治。十四年，河决天妃坝，寻塞之。天启元年，山阳里河、外河、清河俱溢决数处，水灌淮城。详见大河。三年，山阳外河谓淮河决乾沟、新河，乾沟，在清江浦西南，新河即永济河也。西湖决马湖闸、月坝等处，西湖，即管家湖。马湖闸、月坝，俱在府西南二十里清江浦南岸。寻筑塞之。四年，浚新河，起自府城南十里杨家庙，西至武家墩文华寺止，几七十里。旋浚正河，时正河浅淤，因先浚新河以通回空漕舟，而次浚正河以行重运。又修筑护城堤以防水患。城南筑包家围、洋信港诸处，城西筑西湖嘴至许家闸诸处。说者曰，漕河要害莫甚于清江口一带，倘南河水发，谓淮河。必奔入浦口，冲闸决堤，漫湖坏坝。决而北，则扫河头、湖嘴诸市而入北河，决而南则出高家堰，席卷湖荡，破诸涵洞。包家围以南，必且为沮洳之区矣。倘北河水发，不冲啮北河堤岸，亦必注南河，破运道，泛滥于高家堰一带。然此犹南北独涨之患也。倘两河并溢，则上至清河、邳、宿，下至高、宝、兴、盐，且荡然一壑耳。《淮志》：《淮安府志》，明陈文烛修云。

平江伯创挑运河，开清江浦口。其法全仗水平。清江口自新庄闸而下，因其高卑，递为五闸。五闸或曰旧通济闸，原在新庄、福兴之间，旋废。故福兴、新庄相去至二十余里，潘季驯因而改置也。板闸而下，南抵瓜、仪，堤湖凿渠，置闸设洞，水各相平，以时蓄泄。又虑河溢，则南侵漕，于是堤北河南岸长四十余里以护漕河，而石矬鸡嘴，鸡嘴坝，一名顺水坝。于草湾对岸之冲以护堤。虑淮涨则北侵漕，于是筑漕南之高家堰，长二十六里余，以护漕河，而矬砖洞于高卑有辨之界以护堰。一防北河黄流入口，不免泥淤，因详为闸坝之制。一防各闸启闭无时，不免浅涸，因严其启放之规。法至密也。其后日就废弛。不究水平法度，不审坝闸利病，何怪淮之日却，而南河亦乘之同注于漕渠哉？《漕河议》：淮安城南漕渠之西，有泾河，西南有管家诸湖。湖满则入漕渠，渠东岸堤自城南包家围至宝应界，可六十里，有涵洞、有平水闸。水满则过闸入洞。洞外有沟接受闸洞余水，会诸圳洫。不妨田畴，且资灌溉，与泾河并横亘而东，并入射阳湖，薄盐城石礁口入海。又郡城之东，有涧河，有马逻、建义诸港。中间各有田畴，各有沟洫。或顺涧河，或顺诸港，各入射阳湖，由庙湾暨盐城县北出捍海塘以入海，此亦疏导壅阏之一法也。

又西北经清河县治西，又西经桃源县北，又西经宿迁县南。

漕河自清江浦口接淮河。稍东北行五里而至清口，清口在清河县治西南。又西三十里，为三汊口。有巡司，即清河分流之处。万历十六年，议开老黄河处也。又西二十里，曰新河口。又西十里，曰黄家嘴。万历二十四年，杨一魁分导新河之处。又十里，即桃源县。大河南去县城不及一里。又西十里，曰满家湾。又西三十里，曰崔镇。隆庆、万历间，河屡决于此。清口淤塞，黄运交病。又西二十里，曰古城驿。又西二十里，曰白洋河口，归仁集堤在焉。堤在河口东南，所以捍御黄水、睢水、湖水，使不得射泗州，冲高堰。又束睢、湖之水使并注黄河，助其冲刷者也。万历六年，河臣潘季驯创筑，长三十九里，关系至重。又十五里，曰陆家墩。又十里，曰小河口。又十五里，至宿迁县。又十五里，为落马湖口。《志》云：宿迁县北有侍丘、落马诸湖，山东境蒙沂诸水所汇也。天启初，议开落马湖口至邳州直河东岸马颊口，凡五十里，以避刘口、直口及磨儿庄一带险溜，直接泇河。继又以县西二里有陈窑口，竟通落马湖。复议开陈沟，更避二十里河险。盖董家沟在县西二十里，东去落马湖口五里。又西为刘口，又西则磨盘庄，接直口之处，旧皆运船所经。是时泇河通运垂二十年，因益开新路以接泇河。崇祯六年，大河从吕梁洪西决入直河，而直河董口汇成洪流。明年，复经理之。又十五里为汉路口，又二十里至皂河，西接邳州界。《舆程记》：汉路口西五里为毛儿庄，又三里为龙冈浅，又十二里即皂河矣。盖即大河经流之道矣。

又西经邳州城南及睢宁县北，又西经灵壁县北。

漕河在邳州城南二里。自皂河而西十里，至直河口。山东蒙、沂诸山之水，从此泄入于大河。又西三十里，至匙头湾。隆庆四年，河决灵壁县油房诸处，下流浅淤。河臣潘季驯浚匙头湾八十余里，尽塞决口，河复故道。又二十里，至邳州。又二十里，至乾沟。又二十里，至睢宁县之辛安驿。又十里，为马家浅。又二十里，为灵壁县之双沟。又五里，为徐州接境之栲栳湾。在大河北岸。以上诸口皆大河决溢处也。《河渠考》：万历三十一年，河决单县之苏庄，入夏镇，冲运道。明年河臣李化龙以漕事可虞，请挑泇河，起直河口，至李家口止，在夏镇东十里。凡二百六十里，漕船始由迦通行，以避黄险。盖迦河之议，始于隆庆中河臣翁大立，而迦河之功，成于化龙。中间开直河之支渠，修王市之石闸，王市，在邳州北五十余里。平大泛口之湍溜，大泛口，在州西北八十里。浚彭家口之沙浅，彭家口，在州西北百十六里，入山东峄县境内。为功最巨。自是漕出邳州之北，河经州南矣。《实录》：万历三年，科臣侯于兆等议以河冲萧、砀则二洪涸，冲睢宁则邳河淤，请自夏镇以东数十里开性义岭通迦河，为可兴之功。议者多言不便。至是河成，卒赖其利。《里道记》：由直河驿而西北二十里，至田家口。又二十里，至万庄集。又二十里，至猫儿窝。又十里，至齐塘桥。又十里，二郎庙。又十里，王市闸。又十里，迦沟口。又三十里，为台儿庄。又二十里，邓家闸。又十里，至臣梁桥。又三十里，至韩庄闸。又六十里，而至夏镇。此迦河开后漕舟北出之道也。万历末，河臣刘士忠复虑迦河易淤，议每岁三月开迦行运，九月闭之以修浚，开吕坝令回空由黄。是后迦黄并用云。迦河，今详见邳州。

又西北经徐州之北，而接于泉河。又西北经沛县之东。

漕河在州城东北。自州北以达于临清，所谓泉河也，汶、泗之水与诸泉汇流而成川，故曰泉河。亦曰闸河。其旧道自栳栳湾而西北十五里至房村，又十里，至吕梁洪，旧称悬流千仞处也。今镌凿屡施，无复嵯岈之患矣。详见徐州。又二十里曰黄钟集，又十五里曰樊家店，又七里曰狼矢沟。万历中，河屡决于此。今详见大河及徐州境内。又十八里，至百步洪。峭石惊湍，险与吕梁相埒，今亦铲凿就平。详见徐州。然上流决溃，漕舟经此，辄有浅涩之虞。嘉靖十九年，河决睢州，二洪涸。兵部侍郎王以旆开兰阳李景高口以济运，上言：漕河初开，原不资于大河。后因黄河屡被冲决，曹、单、丰、沛、鱼台数十年间泛滥弥漫，因其势而曲为宣防。故徐、吕二洪亦赖济运。然鲁桥以下诸闸及昭阳湖泊多被淤塞。今河渐南徙，旧决各口俱已干塞。惟存野鸡冈、孙继口二处，亦系旧筑，导河支流直出徐州小浮桥，径下徐、吕二洪。比之往年出自丰、沛、鱼台等处，绝不相同，与诸闸无干，可免淤塞之患。若令本口多开一沟，常借三分支流使归渠内，则二洪得以通行无阻矣。其后二洪益至浅涸，河流亦复迁徙。万历二十五年，河决单县黄堌口，入河南夏邑、永城界，二洪复涸。河臣杨一魁亦言：国家运道原不资于河，全河初出亳、寿之郊，以不治治之，故岁无治河之费。其后全河渐决入运，因遂资其灌输。五十余年，久假不归。又日筑垣而居之，涓滴不容外泄。于是浊沙日淤，河身日高。上遏汶、泗，则镇口受淤，鱼、滕被侵。下壅清、淮，则退而内潴，盱、泗为鱼。以至濒河没溺，岁运飘流，甚至侵及祖陵。而当事者猥以运道所资，势不能却之他徙。臣谓宜改弦易辙，但用小浮桥股引之流及节宣汶、泗、沂、兖之水，已足济运。正不必殚力决塞，以回全河也。既而二洪益涸，河患无已。乃复挽黄流，疏徐、邳河。盖自徐、吕二洪至清河五百四十里，重运出其间，欲仅以汶、泗余波济之，必不得之数矣。又二里，出州城东北大浮桥。在旧城东北三里，本名万会桥，今去新迁州城五里许。又西北二十里，至秦梁洪。又十里，至茶城，旧为北接闸河之口。大河旧道，从城东北隅小浮桥合运。嘉靖末，河益徙而北，小浮桥渐淤，遂自茶城接于闸河。《河漕考》：徐州北三十里有秦沟，正与茶城对冲。戚家港一带，水势湍溜，自河入秦沟济运，往往覆溺漕舟。因另开河北岸塔山支河以行舟，后复淤，因开内华等闸。隆庆六年，河臣朱衡言：时河决邳州，运道阻，衡奉命浚徐、邳河。茶城以北，防黄河之决而入；茶城以南，防黄河之决而出。故自茶城至邳州、宿迁，高筑两堤，宿迁至清河，尽塞决口。盖防黄河出则正河淤也。自茶城秦沟口至丰、沛、曹、单，皆接筑溇水旧

堤，盖防黄河入则漕渠淤也。二处告竣，则沛县窑子头在沛县东南
三十里至秦沟口，应筑堤捍御。从之。万历十六年，潘季驯言：河
水浊而强，汶、泗清而弱，交处则茶城也。水涨沙停，水落沙去，
全在闸禁严明，启闭以时。所谓建闸易，守闸难也。《河漕考》：万
历九年，中河郎中陈瑛以茶城口逼近黄流，水发则倒灌茶城，沙停易淤，
因移河口于茶城东八里，创建古洪、内华二闸，黄涨则闭闸避淤，黄退则
启闸冲刷。十六年，科臣常居敬复于古洪闸东南二里余增筑镇口闸，去河
愈近，冲刷益易。十七年，河臣潘季驯议以镇口、古洪以东多傍山麓，以
西一望平旷，浊河经流，更无堤防，黄水出岸，横截闸河，腹心受病，因
于塔山支河接筑缕堤一道。而牛角湾，即茶城旧运渠也，又筑坝一道，
东接塔山，西接长堤，凡二里许。又以坝地本系河身，因于坝南旧缕堤
支将军庙起，东接塔山，筑长堤以卫之。黄流始无从逸入。是时季驯复
请开小浮桥旧河，议者谓自归德丁家道以东旧河多成平陆，小浮桥去古
洪三十余里，难以济运，遂寝。三十四年，复开小浮桥，河由故道。又十
里，曰梁境闸。其地有境山，因名。《舆程记》：境山北二十里，曰黄家
闸。又十余里，曰皮沟闸。又九里，即留城矣。《漕河记》：运河自茶城北
出临清，旧有七十二浅。新河开后，悉为通渠。惟茶城为黄、运交会间，
正值运盛时，黄水浅，高下不相接，是以有茶城黄家闸之浅，因复设境
山闸以节宣之。又三十里，至留城，接沛县境。嘉靖四十四年，黄河
横决，绝漕河入昭阳湖，泛滥而东详见大河。运道大阻。遣工部尚
书朱衡浚治。衡奏开新河，自留城北至南阳闸，凡百四十一里。有
奇；新河在旧河东三十里，旧河自留城以北十二里，曰谢沟闸。又十里，
曰下沽头闸。又北五里，曰中沽头闸。又五里，为上沽头闸。又七里，为
金沟闸。又十里，至沛县。又北三十里，曰庙道口闸。又北十八里，为湖

陵城闸，入鱼台县界。而沛县东北有昭阳湖及沙薛诸水，皆入金沟闸，注于运河。初嘉靖七年，河决曹、单，侵沛北，逾漕入昭阳湖。沙泥聚壅，运道大阻。河臣盛应期请于昭阳湖左别开新渠，北起姜家口，南至留城百四十余里，以通漕舟。而廷臣胡世宁亦言：宜于昭阳湖东岸滕、沛、鱼台、邹县地方之中，地名独山、新安社诸处，别开一河，南接留城，北接沙河口二处旧河，以为运道。而以昭阳为河流漫散之区，所谓不与水争地也。从之。功未毕，为异议所阻。至是河流变异，运道悉皆淤塞。朱衡谓运道之利，莫如应期所开之地，乃上言：自古治河，惟欲避害。今之治河，兼资其利。河流出境山之北，则闸河淤。出徐州之南，则二洪淤。惟出自境山，至徐州小浮桥四十余里间，乃两利而无害。自黄河横流，砀山郭贯楼支河皆已淤塞。河从华山分为南北二支，南出秦沟，正在境山以南五里许。此诚运河之利也。惟北出沛西及飞云桥，逆上鱼台，为患甚大。今议者多以复故道为言，其不可有五：自新集至两河口皆平原高阜，无尺寸故道可因，郭贯楼至龙沟一带颇有河形，又系新淤，无可驻足，一也。河流由新集则商丘、虞城、夏邑受之。由郭贯楼，则萧、砀受之，今改复故道，则鱼、沛之祸，复移萧、砀，二也。黄河西注华山，势若建瓴，欲从中凿渠挽水南向，必当筑坝，为力甚难，三也。旷日持久，四也。工费告匮，五也。惟宜广开秦沟，使下流通行，修筑长堤，以防奔溃。从之。及新河成，引鲇鱼诸泉、薛河、沙河注其中坝。三河口筑马家桥堤，遏水俱入于秦沟，而横流始杀。三河口诸处，见滕县及沛县境。浚旧河自留城至境山之南，凡五十三里有奇。一作留城至赤龙潭，凡五十三里。运河通利。《河渠考》：隆庆元年，河冲浊河鸡爪沟，逆徐入洪，继而山水暴发，淤新河三河口。朱衡于薛河则筑王家口、豕里沟等坝，开支河引水，由吕孟湖出地浜沟西南入运河。于沙河则筑皇辅等坝。开支河引水，会赵沟等泉而入独山湖注运河。凡新河之为闸九，其利建闸属北河，而珠梅以南八闸属夏镇。又减水闸凡二十,坝十有三。薛河口石坝一,南阳河石堤三十余里。又开支河凡八,旱则资以济漕,涝则泄之昭阳。而运道尽通,所谓夏镇河也。三年,河溢丰、沛间。衡复自城东北二十余里开回回墓河,上通昭阳湖口、陵城河口以泄涨水。既而河臣翁大立开鸿沟废渠,亦自昭阳东出留城,为节宣之利云。今自留城而北十三里,曰马家桥闸。自闸而北五里有百中桥。又十里曰西柳庄闸。一名萧县闸,西去沛县四十里。又五里曰满家桥闸,又五里曰夏镇闸,有夏镇城分司驻焉,在县东北四十里。万历三十三年,珈河成。漕由直河而西北至夏镇,始合于正河,不复出徐、沛东矣。自夏镇而北,又六里曰杨庄闸。旧名杨家楼闸,在县东北四十三里。《河漕考》:杨庄闸东北即薛河坝,又北即沙河坝,所谓沙河口也。西北去滕县五十里。又北即山东鱼台县境。

又西北经鱼台县东,又北经济宁州西。运河西岸曰嘉祥县,曰钜野县,亦皆运道所经。

运河在鱼台县东北二十里,自沛县之杨庄闸三十里至珠梅闸,旧名宋家闸。《沛县志》云:在县北四十里,已上属夏镇分司。又北四十里至利建闸。属北河分司。又二十里曰南阳闸。自留城至南阳,所谓新河也。其旧运河在县东十七里,一名谷亭河,有谷亭镇。在县东南二十五里。《志》云:自沛县北胡陵城闸十二里至孟阳闸,又十八里至八里湾闸,又十八里至谷亭闸,又十八里即南阳闸矣。此旧运河所经之道也。又西南为塌场口。在县南四十里。明初洪武元年,大将军徐达开塌场口,引大河入泗通运。时运河未浚治也。永乐九年,初浚会通河成会通河本元旧名也。《志》云:元初定江南,漕转之路自浙西入江淮，由黄河逆流至于中滦。登陆以至淇门，复由御河登舟以达燕京。至元二十年，以江淮水运不通，乃命兵部尚书李粤鲁赤等自今济宁州开河，达于今东平州之安民山，凡百五十里。北自奉符为一闸，以导汶水入洸。东北自兖州为一闸，以遏泗沂二水，亦会于洸。以出济宁之会源闸，分流南北。其西北流者，至安民山以入清济故渎，经东阿县至利津县入于海。其后海口沙壅，又从东阿陆转二百里，抵临清州以下御河。二十六年，以寿张县尹韩仲晖言，复自安民山西南开河，由寿张西北至临清，引汶绝济，达于御、漳，凡二百五十里，是名会通河。由是南接丰、沛，北迄天津，凡一千五百余里，而推挽之劳不事焉。明初，河决原武，漫入安山湖，而会通河淤。永乐九年，以济宁州同知潘叔正言，命尚书宋礼浚会通河故道，自济宁至临清三百八十五里，凡九阅月而绩成。侍郎金纯从封丘荆隆口引河达塌场口，筑堤导河，经二洪百步、吕梁洪也。南入淮，后黄河屡经迁决，而塌场运道淤。嘉靖七年，河决而南，沛县北庙道口淤。八年，沛县飞云桥之水北徙鱼台、谷亭，舟行闸面。九年，河决塌场口，冲谷亭，水经三年不去。二十六年，复自曹县决入谷亭。四十四年，黄河决溢，谷亭以南运道复淤。于是河臣朱衡改浚新河，至南阳，复合于旧河。今由南阳而西北十里，曰枣林闸。《志》云：南阳西北有支河曰牛头河，由鱼台东旧河口分流而北，至钜野县永通闸，复合于正河。又五里曰鲁桥闸，又三里曰师家庄闸，又八里曰仲家浅闸，又五里曰新闸，又五里曰新店闸，又十八里曰石佛闸，又五里曰赵村闸，又八里曰在城闸，又二里至济宁州城南天井闸，又西北三十五里至通济闸而入汶上县界。通济闸，万历十七年增置，属钜野县界。又西南五里有永通闸，亦是时增置。本名梭堤集，即牛头河合流处也。《舆程记》：州西三里有分水闸。又西十三里旧有安居闸，又五里曰耐牢坡闸，又十里曰火头湾，即通济闸也。自茶城而北，直至临清，皆所谓闸河也，亦谓之泉河。《漕河考》：亦见《泉河史》。山东泉源，属济兖二府十六州县，共一百八十泉。崇祯五年，共计旧泉二百二十六，新泉三十六，盖山谷之间随地有泉，疏引渐增也。议者谓诸泉沙积颇多，汶河每为壅淤，如天时亢旱，泉水亦无涓滴。一遇淫潦，则随地漫流。故泉可恃而未可尽恃云。分为五派以济运道，新泰、莱芜、泰安、肥城、东平、平阴、汶上、蒙阴之西，宁阳之北，九州县之泉俱入南旺分流，其功最多，关系最重，是为分水派。泗水、曲阜、嵫阳、宁阳迤南四县之泉，俱入济宁，关系亦大，是为天井派。邹县、济宁、鱼台、峄县之西，曲阜之北，五州县之泉，俱入鲁桥，是为鲁桥派。滕县诸泉，尽入独山、吕孟等湖以达新河，是为新河派。又沂水、蒙阴诸泉，与峄县诸泉俱入邳州徐、吕而下黄河，是为邳州派。《志》云：弘治中，弃蒙、沂诸泉。万历初，以滕、峄、鱼之泉旧入沙河及二洪，新河开后，由吕孟等湖入运。湖有余潴，亦议弃之。其分水、天井、鲁桥三派，均漕河命脉也。

又北经汶上县西，又北经东平州西。

运河在汶上县西南三十五里。《志》云：自济宁州通济闸而北二十余里，至县境之寺前闸。《舆程记》：火头湾而北十里曰小长沟，又六里曰大长沟，又五里而至寺前闸云。又十二里曰柳林闸，亦曰南旺上闸。又四里为南旺，此为南北分流之始。又四里曰南旺北闸。亦曰下闸。南旺南、北闸，河之上源也。永乐中，筑戴村坝。在东平州东六十里。遏汶水尽出南旺，分流为二，四分往南，以达徐、浦，注于河。六分往北，以达临清，入于卫。《河渠考》：是时相地置闸，以时启闭，自分水至临清，地降九十尺，为闸十有七，南至沽头，地降百有十六尺，为闸二十有一，故曰闸河。自是修堤浚渠，专官管理，称为要害。南旺上流专藉汶水，然汶水浊流多沙，自戴村直至南旺，河皆平满，水易涨溢。虽屡经挑浚，而沙积两岸。或平铺地上，风起飞飏，仍归河内。嘉靖间，筑东西堤拦之，且开减水闸、滚水坝各四，以泄暴水云。潘季驯曰：南旺分水，地形最高，所谓水脊也。南流北流，惟吾所用。当春夏转输之际，正汶水微弱之时。宜用轮番之法。如运艘浅于济宁之间，则闭南旺北闸，令汶尽南流以灌茶城。如运艘浅于东昌之间，则闭南旺南闸，令汶尽北流以灌临清。当其南也，并发东南诸湖水佐之。当其北也，并发滨北诸湖水佐之。泉湖兼注，南北合流，即遇旱暵，鲜不济矣。所谓分则不足，合则有余也。《漕河考》：运艘全赖于漕渠，漕渠每资于水柜。南旺等五湖，谓南旺、蜀山、安山、马肠、马踏五湖也。或以南旺、安山、马肠、昭阳为四柜。水之柜也。漕河水涨，则减水入湖，涸则放水入河。各建闸坝，以时启闭，实为利漕至计。嘉、隆以来，昭阳湖为河水淤平，民耕其中。而南旺、安山诸湖，亦多为民所盗种。湖皆狭小，无以济运，漕行其间，多患浅涩。盖河身常高于湖至六七尺，水易旁泄。潴蓄得宜，则湖利而漕亦利矣。万历中，科臣常居敬言：镇口闸至临清板闸一带，漕渠共计八百余里，皆藉汶河之水以资利涉。而漕渠颇远，泉源颇微，故多设闸座以便节宣，修复南旺等五湖以便潴蓄，建立减水闸坝以便宣导，皆治漕要务也。后旧制渐湮，漕始多故矣。自北闸而北又十二里，曰开河闸。又十二里，曰袁家闸。《漕河考》：永乐中，尚书宋礼浚会通河，一因元人之旧。惟于汶上县袁家口东徙二十里，至寿张县之沙湾而接旧河，即此处也。又十八里，曰靳家口闸。以下属东平州。又十五里，曰刘家庄。又十五里，经东平州西之安山湖。东去州城十五里，有安山闸。元至元二十六年，自安民山西南浚会通河至临清，是也。明天顺八年，安山北至临清二百五十余里皆浅阻。都察院都事金景辉上言：汴梁北陈桥原有黄河故道，其河北由长垣县大岗河，经曹州至钜野县安兴墓巡司地界，出会通河，合汶水，通临清。惟陈桥三十余里，浅狭可开挑深阔，引河、沁二水通运河。如此则徐州、临清、西河均得河沁之济，而卫河亦增。且开封、长垣、曹、郓等处税粮，俱免陆运，江、淮民船亦可由徐州小浮桥达陈桥，至临清，得免济宁一带闸座挤塞留滞之弊云，又北三十里，曰戴家浅闸，而入寿张县界。

又北经寿张县东，东阿县西。又北经阳穀县东。

漕河自东平州戴家浅闸西北十五里，至安平镇，即古张秋也。东北至东阿县六十里，西南至寿张县五十余里。正统十三年，河决荥阳而东，冲张秋，溃沙湾。沙湾在寿张县东北三十里，当张秋之南。命廷臣石璞及王永和等修塞，弗克。景泰三年，沙湾复决。《河渠考》：时决溃沙湾东堤大洪口，济、汶诸水皆从之入海，会通河遂淤。漕运艰阻，命都御史徐有贞治之。有贞言：大河东决沙湾东，大洪口适当其冲。于是决而夺济汶入海之路以去。诸水从之而泄，渠隤堤淤，涝则溢，旱则涸，此漕途所由阻。然欲骤堙，则隤者益隤，淤者益淤。今请先疏上流，水势平，乃治决。决止，乃浚淤。多为之方，以时节宣，庶几有成。从之。有贞为广济渠，以疏决河。渠首起张秋，西南行九里至濮阳泺。又九里至博陵陂，又六里至寿张沙河。又八里至东西影堂，又十五里至白岭湾，又三里至李堆，又西上二十里，至竹口莲花池。又三十里，至大潴潭。乃逾范暨濮，又上而西，凡数百里，经澶渊以接河、沁。有贞以河、沁之水过则害，微则利。乃节其过而导其微，用平水势。渠成，赐名广济渠。张秋之闸曰通源闸。设九堰，以堰河流之旁出而不顺者，水遂不东冲沙湾，更北以济运矣。大潴潭，一作大伾潭，漕复通利。时有贞既治决河，乃浚漕渠。由沙湾北至临清凡二百四十里，南至济宁凡三百十里，复建闸于东昌之龙湾、魏湾者凡八。水涨则开而泄之，皆导古河以入海云。弘治三年，河决原武，其支流自封丘决而东，冲张秋。五年，张秋复决。《河渠考》：是时，河自封丘荆隆口陨仪封黄陵冈，下张秋入漕河，与汶水合而北流。七年，河复决张秋东堤，夺运河水东流。由东阿县旧盐河奔注于海，**命都御史刘大夏塞之**大夏议于山东、河南与直隶大名接界处修整黄陵南北古堤，防河东注。疏曹、单间贾鲁古河，导河尽南下徐、沛，由淮入海。乃于张秋镇南北各造滚水石坝，中砌石堤十余里，仍疏引汶水接济运河，万一河再东决，坝可泄涨水，堤可捍冲流。或夏秋水溢，南边石坝逼近上流，河口船只不便往来，则于贾鲁河或双河口，径达张秋北下，且免济宁一带闸河险阻，尤为便利。**漕河复治。**于是更名张秋堤曰安平镇。河防分司驻焉。自镇而北十二里，为荆门上下二闸。又十二里，为阿城上下二闸。又十二里，为七级上下二闸。又十五里，为官窑口。又十里，曰周店闸，荆门以下诸闸，俱属阳谷县界。而入东昌府界。

又北经东昌府东，又北经堂邑县东，又北经博平及清平县西。

漕河在东昌府城东南，自周店闸而北十五里曰李家务闸。一作李海务。又二十里至府城南通济闸。《志》云：自东昌府南至安平镇，凡九十里也。又五里，至城北永通闸。二闸皆万历初增置。又三十五里，曰梁家乡闸。又十五里，曰土桥闸。二闸属堂邑县境。又十二里，曰魏家湾闸。又北二十里，曰戴家湾闸。二闸属清平县。

《志》曰：清阳驿在二闸间，相去各十里。河之东岸，即博平县界也。又北接临清州界。

又北经临清州城西，而入于卫河。又北经夏津县及武城县西。

漕河在临清州城西，自州北以达于天津，皆卫河也。《志》云：漕河自清平县戴家湾闸二十里，至双浅铺。又二十里，至州南三里之板闸。又北至城下曰新开上闸。稍北曰南板闸，为北接卫河之口。闸河至此，势弱流缓。而卫河流浊势盛，故于其间，节比置闸，以防闸河之北出，又以防卫河之南溢也。《漕河考》：闸河高而卫河下，此为交会之处。每三四月间，雨少泉涩，闸河既浅，卫水又消，高下陡峻，势若建瓴，节宣不可无术也。漕舟入卫，河始无启闭之阻，安流以达天津矣。由临清而北四十里，曰夏城窑一作油坊巡司。又北二十里，入夏津县界，东北去县四十里。又二十里，曰渡口驿。又三十里经武城县城西，又东北五十里曰甲马营有巡司，而接恩县界。

又东北经恩县西，又北经故城县东。

漕河在恩县西北五十里。自甲马营东北五十里至郑家口，又三十里至防前，又三十里经直隶故城县城东南，又七十里即德州矣。盖自临清而东北，即直隶大川卫河所经之道也。

又东北经德州城西，又东北经景州之东，吴桥县西。

漕河在德州城西。自故城县流经此。又七十里，地名桑园。有良店水驿。又北三十里，为废安陵县。西去景州十七里，安陵之东，即吴桥县界也。东去县城三十里。又三十里，曰黄家园。亦曰黄家园河口。又三十里，曰连儿窝。有连窝驿，属吴桥县。又东北接东光县界。

又东北经东光县西，又东北经交河县东。

漕河在东光县城西三里，自连窝驿三十里而经县西。又东北五十里，而经交河县东五十里之泊头镇。又东，即南皮县也。《舆程记》：自东光县东北二十里至下店口，又三十里即泊头镇，新桥驿在焉。

又东北经南皮县西，又东折而北，经沧州城西。又北经兴济县西。

漕河在南皮县西北二十里，有齐家堰。自泊头镇东北二十里流经此，又二十里为薛家窝。又三十五里，至沧州南之砖河驿。又北三十里，至沧州城西。又北四十里，而经兴济县城西也。

又北经青县东，又东北经静海县北，又北接于白河。

漕河在青县城东，自兴济县北流四十里而经此。《舆程记》：兴济县北十里，至周官儿屯。又二十里至青县。又东北流四十里，至流河驿，又六十里，至双塘，《舆程记》：流河驿东北二十里，有唐官河屯。又四十里，至双塘儿。又东北十二里，经静海县城北。又北二十里，至独流河。又二十里，为新口。又二十里，为杨柳青。又二十里，为曹家庄。又二十里，至天津卫，卫河至此而合于白河。天津当两河之交，为噤喉重地。卫东为小直沽口，畿辅群川，悉由此而达于海矣。自天津卫至海口，凡六十里。

又西北经武清县东，又西北经漷县东。

漕河在武清县东三十五里。自天津卫以达于神京，皆白河之流也。亦谓之通惠河。元人创开运道，自昌平州引神山诸泉，经都城至通州，合于白河。又南以至于天津，皆曰通惠河，今亦曰大通河。今自天津而西北十里，曰丁家沽。又十里，曰尹儿湾。又十里，曰桃花口。又十里，曰满沟儿。又二十里，曰杨村驿。潘氏曰：杨村以北，通惠之势，峻若建瓴。白河之流，淤沙易阻，夏秋水涨，则惧其潦。冬春水微，则病其涩。浮沙之地，既难建闸以备节宣，惟有浚筑之工耳。沿河两堤如搬罾口、火烧屯、通济厂、东耍儿渡口、黄家务、华家口、阎家口、棉花市、猪市口、观音堂、蔡家口、桃花口以上堤岸，卑薄最甚，民居漕艘，被患不时。所当以时浚筑，不可或忽也。又三十里，曰南北蔡村。又十里，曰砖厂。又十里，曰黄家务。又十里，曰蒙村。又十里，曰白庙儿。又十里，曰河西务。西南至武清县三十里。又三十里，曰江庙。《里道记》：河西驿十五里，至王家摆渡口。又十里，至鲁家渡。又五里，至红庙。又十里，曰靳家庄。又十里，曰搬罾口。又十里，曰萧家林。又十里，曰和合驿。属通州。又二十里至漷县杨家庄。又二十里，至漷县。又十里，则火烧屯也。自河西务以至通州张家湾，计百四十里。河狭水迅，路曲沙潴，凡五十有九浅云。

又北至通州，南而输于太仓。

漕河至州南十五里，曰张家湾。东南运艘，毕集于此。乃运入通州仓。《里道记》：火烧屯而北七里，曰公鸡店。又七里。曰沙孤堆。又六里，曰保运观，亦谓之李二寺。又十里，即张家湾矣。自通州而西又四十五里，乃达于都城。则上流浅阻，置闸节宣，仅容盘运，非运艘直达之道矣。详见京师大通河。

潘季驯曰：治河莫难于我朝，亦莫善于我朝。宋、元以来，惟

欲避河之害，故贾让不与河争地之说为上策。自永乐以来，由淮
及徐，藉河资运，欲不与之争，得乎？此之谓难。然以治河之工，
而收治漕之利，漕不可一岁不通，则河不可一岁不治。一举两得，
所谓善也。故宋、元以前，黄河或北或南，曾无定岁。我朝河不北
徙二百余年，此兼漕之利也。今欲别寻一道，遂置两河于不治，
则尧舜之时，氾滥于中国者，此河也。纵使漕运无阻，民可得而食
乎？又曰：运河自瓜、仪至淮安，则资湖；自淮安至徐州镇口闸，则
资河；自镇口闸至临清板闸，则资汶、泗。河、泽洞之水，患在涝；
汶、泗涓涓之流，患在涸。固其堤使之可捍，深其渠使之可容，此
治涝法也。湖以蓄之使不匮，闸以节之使可继，此治涸法也。邵伯
堤固而湖水无泛滥之虞，宝应堤成而闸口免回沙之积，高堰无倾
圮之患，则淮阳免昏垫之潴。淮河绝支岐之流，则清口有专攻之
力；茶城、镇口之闸建，深得重门御暴之方；永通、通济之闸增，自
无长堤济运之困；五湖堤界明，则汶、泗淳涵，而不时之需可待。
斗门闸坝设，则蓄泄有所而湖河之利相须。汶泗趋而泉河易竭，
故坎河大坝之关系匪轻；汶北注而南旺之东流必微，故何家一坝
之利赖不少。至于卷筑障埽，加帮卑薄，虽非一劳永逸之计，然亦
每岁修防之必不可已者也。夏允夷曰：漕河南尽瓜仪，北通燕蓟，其
间自昌平县神山泉诸水，由西山贯都城，过大通桥，东至通州入白河者，
大通河也。自通州而南至直沽，会卫水入海者，白水也。自天津而南，至
临清会闸河者，卫水也。闸河自南旺分流，北经张秋，至临清会卫河，南
至济宁天井闸，会泗、沂、洸三水者，汶水也。自济宁城东北出天井闸，
与汶合，南流至南阳出夏镇，每年俱于三月开彭坝入泇河，出直口入黄以

济重运。九月闭彭坝，由徐州大浮桥入黄南下者，泗、洸、沂并山东泉水也。自直河口至清口者，黄河也。自清口通淮南至仪真、瓜洲者，淮、湖诸水也。

王在晋曰：东南粮饷，由会通河而达京师，南北不啻数千里。总命曰漕河，其实有六：为白漕，为卫漕，为闸漕，为河漕，为湖漕，为浙漕。大抵水势迥异，而治法亦各有缓急之殊。六漕之中，惟河漕、湖漕最急。河漕为有源之水，而迁决靡定。湖漕为无源之水，而冲啮可虞。谢肇淛曰：漕河由广陵而达淮安，为南河。由黄河而达丰、沛，为中河。由山东而达天津，为北河。由天津而达张家湾，为通惠河。之四者，天下之脉络所关也。

佘毅中曰：国家定鼎燕都，转漕吴楚，其治河也匪直袪其害，而复资其利，故较之往代为最难。然通漕于河，则治河即以治漕；会河于淮，则治淮即以治河。合河淮而同入于海，则治河淮即以治海。故较之往代亦最利。迩岁以来，横议滋起。有以决口为不必塞，而且欲就决为漕者，不知水分势缓，沙停漕淤。虽有旁决，将安用之。无论沮洳难舟，田庐咸沼也。是索途于冥者也。有以缕堤为足恃，而疑遥堤无益者，不知河挟万流，湍激异甚，堤近则逼迫难容，堤远则容蓄广宽，谓缕不如遥，是贮斛于盂者也。有谓海口浅垫，须别凿一口者，不知非海口不能容二渎，乃二渎失其注海之本体耳。使二渎仍复故流，则海口必复故额。若人力所开，岂能几旧口万分之一。别凿之说，是穿咽于胸者也。又有谓高堰筑则泗州溢，而欲任淮东注者，不知堰筑而后淮口通，淮口通而后入海顺。欲拯泗患而訾堰工，是求前于却者也。他如绝流而挑，方舟而浚，疏渠以杀流，引洫以灌溉，袭虚旧之谈，而懵时宜之綮者，纷纷籍籍，载道盈廷。至于钓奇之士，则又欲舍其旧而新是图，于是有泇、胶、睢三河之说焉。不知既治河而又别治漕，是以财委壑也。又有兴复海运之说焉，不知岁用民赋而又岁用民命，是以民委壑也。是又不达于水可攻水之理耳。盖黄河之性，合则流急，分则流缓。急则荡涤而疏通，缓则停滞而淤塞。故以人力治之，则逆而难；以水力治之，则顺而易。大都尽塞诸决，则水力合矣。宽筑堤防，则冲决杜矣。多设减坝，则遥堤固矣。并堤归仁，则黄不及泗矣。筑高堰，复闸坝，则淮不东注矣。堤柳浦，缮西桥，则黄不南侵矣。修宝应之堤，浚扬仪之浅，则湖捍而渠通矣。河身益深，而河之赴海也顺；淮口益深，而淮之合河也切。河淮并力以推涤海淤，而海口之宣泄二渎也易。此借水攻沙之明效也。若谓水驯于分，涌于合，恐其合而涌也，则堤址既遥而崩腾可恣，是寓分于合矣。若谓胡不用浚而纯用筑也，则筑坚而水自合，水合而河自深，是藏浚于筑矣。若谓胡不使黄、淮分背，而乃使淮助河势，河扼淮势也，则合流之后海口即大辟。盖河不旁决，正流自深，得淮羽翼而愈深，是用淮于河矣。若谓河决为天数，不可以人力强塞，故曰故道难复也。然既塞之后，河即安澜，是全天于人矣。若谓胡不创筑一渠，而拘拘胶柱为也，则二百年成规本无庸创，而自今复之，是兼创于守矣。若谓闸坝之复，行旅稍滞，然河渠既奠，而行旅益通，何便如之，是含速于滞矣。虽然，排河、淮非难，而排天下之异议难；合河、淮非难，而合天下之人情难。使非选择明而任用专，何能奏难成之绩哉？

右漕河。

海道南自琼、崖，北达辽、碣，回环二万余里。鱼盐之饶，下被于民；挽输之利，上济于国。而挞伐之方，戍守之备，所系亦綦重矣。今略举滨海州县著之于篇，而附以元人海运之迹。城邑形胜，山川事迹，俱散见各卷中，此不载。其要荒蕃服及岛屿诸夷，皆略而不书者，亦以见重内略外之意，且不欲启后世穷兵黩武之心也。

广东为府者十，而滨海之府八。琼州府则回环皆海也。

琼州府北至海岸十里，渡海至雷州府海岸，为道六十里。而儋州西北去海四十余里，万州东去海二十里，崖州西南去海五十里，所属十县，类皆并海。而琼之澄迈、临高、文昌、乐会，儋之昌化，万之陵水，崖之感恩，去海尤近云。

大海在钦州之南，又东为廉州府之南。

海在钦州南二百五十里，与安南国接境。又东为廉州府，北去府城八十里。

又东折而南，为雷州府之南。

海自廉州府南境折而东南，出雷、琼二府间。又绕而东北，今雷州东西南三面皆环海。东面去海仅十里，所领县三，徐闻一县，尤逼海滨矣。县在府南百余里，东去海二十里。

又东北为高州府之南。

高州府南去大海百五十里，所属州一，县五，而化州之吴川县尤迫海滨，次则电白县也。吴川县南去海四十里，电白县东南去海百里。大海自雷州而东北，经吴川县南。又东经高州府电白县南，而入肇庆府境。

又东为肇庆府南境。

府南境去海为远，而所属之阳江县，则南去海仅五十余里，县在府西南四百四十里。与高州府之电白县，广州府之新宁县界相接也。

又东北为广州府南。

海在府南百里，而所属之新宁、新会、香山、东莞、新安五县，尤为滨海要冲。自阳江县而东经新宁县南，县南去海七十余里。又县西南二百里，名寨门海，向为番舶往来之冲，又东北为新会县南县南去海八十里，宋之崖山在焉。又东北经会城南，而三江之水流入焉。三江，西江、北江、东江也。详见广东大川。其南则香山县也。县北去府城百五十里，大海环其外，渡海至北岸，几五十里。又东北经东莞县南，县西南去大海六十里。又东南为新安县南，海自县之西北绕而东南，番舶往来，皆出于此。又东北接惠州府界。

又东北为惠州府南。

海在府南一百十里，而所属之海丰县为滨海要地。县城南去海百里，有甲子门诸险。《志》云：海自广州府新安县东北经府南境，又东三百里乃经海丰县南，闽、广往来，海丰其必出之途矣。

又东北为潮州府南。

海在府南百五十里，而所属潮阳、惠来、普宁、澄海四县，尤近海滨。自惠州海丰县东二百三十里，经惠来县南，海在县南四十里，又东经揭阳县南海在县东南九十里。又东经潮阳县南，海在县南五里。又东经府南，又东经澄海县南，海在县南四十里。而接福建漳州府界。

福建为府八，而滨海之府四。其西与潮州府接境者，曰漳州府。

海在漳州府东南五十余里，而所属诏安、漳浦、海澄三县，皆滨海冲要也。自潮州澄海县东北入诏安境，海在县城东南一里。又东北经漳浦县东，海在县东百里。又北经府东南，而海澄为漳州之门户。县东北以及西南，皆滨大海。欲固漳州，必先卫海澄也。

又东北为泉州府南。

海在泉州府城东南四十里。唐贞观二十一年，泉州海溢。而所属同安、惠安两县，尤为冲要。自漳州府海澄县东北经同安县南，县西南去大海仅十余里。又东北经府东南，又东北经惠安，县南县西南去大海仅十余里。又东北接兴化府界。

又东北为兴化府南。

海在兴化府南三十里。自泉州府惠安县东北入府境，又东北接福州府福清县境。东南有警，防维最切。

又东北为福州府东。

海在福州府东百里，而所属福清、长乐、连江、罗源四县，皆滨海之区也。自兴化府东北经福清县东，县东去海三十余里。又北经长乐县东，县东去海亦三十余里。又北经府东而建江流合焉。建江详福建大川。又北经连江县东，县东去海三十里。又北经罗源县东南，县东南去海三十余里。又东接福宁州界。福州者，东南之隅区，海陬之襟要也。自福州而达江、浙，风帆往来，最为捷径。自福州而达交、广，乘潮驾浪，东西便易。东晋末孙恩肆毒于东海，其党卢循等窜入番禺。既而刘裕与循等相持于浔阳，裕潜遣水军自海道袭其番禺，则闽海非经行之地乎？唐咸通中，安南陷于南诏，诸兵皆屯聚岭南。馈运艰阻，闽人陈磻石建议，自福建运米泛海至广州，军食以足。宋理宗朝，朱子奏劄言：广东海路至浙东为近，宜于福建、广东沿海去处，招邀米客。景炎、祥兴之际，自闽入粤，与蒙古争衡于海岛。元至正十九年，时山东河南之路不通。议遣户部尚书贡师泰往福建，以闽盐易粮给京师，得数十万石。其后陈友定亦自闽中海运贡奉不绝。明初定闽、粤，皆由海道而前。汤和出明州海道取福州，而廖永忠自福州海道定广东。世庙时，倭寇播恶，歼除之绩，多在闽、粤海中。至于安南用兵，识者皆以海道之兵不继，故荡平未奏。然则交广用兵，闽海又其上游之势与！

附《海运考》：福建布政司城东南水波门船厂发船，至神仙壁、碧水、屋山岛开洋，至三岔河口。又东至鼓山寺，至琅琦港娘妈宫前泊。一日至长乐港口。一日至民远镇巡司。一日至总埠头港。一日至福州左等卫。一日至五虎庙。一日至五虎门。开洋望东北行，正东便是荻芦山，亦谓之裹衣山。正北是定海千户所，东南是福清县盐场。一日至王家峪海岛泊。一日至北高山巡司西洋山口泊。一日至福宁州帮娘娘庙前泊，一日至蒲门千户所，晚收肥艚巡司海口。一日至金乡卫，一日至温州府平阳县平阳巡司海口，至凤凰山、铜盆山，晚收中界山泊。一日至磐石卫，见雾在中界山正北岛泊，待南风行，至晚收楚门千户所泊。北过利洋鸡笼山，至松门港，收松门卫东港泊。又至台州海门卫东洋山泊，离温州望北行，到桃渚千户所圣门口泊。开洋至大佛头山、屏风山，至健跳千户所长亭巡司，又至罗汉堂山，到石浦千户所东关泊。离石浦港后门，过铜瓦山后沙洋、半边山，至爵溪千户所望北行，至青门山乱石礁洋，至钱仓千户所双脐港、骑头巡司，过至大嵩千户所沈家门山、招宝山，进定海港。定海卫南门开洋望北行，至遮口山、黄公洋、冽港千户所，海宁卫东山、姑山望北行，若至茶山低了，至金山卫东海滩、松江府上海县海套水浅。望东南行，晚泊候潮，过羊山、大七山、小七山、太仓宝塔，望东北行，两日夜见黑水洋，南风一日见绿水，瞭见海内悬山一座，便是延真岛、靖海卫口浅滩，避之。此运船自福州至登州靖海卫之道也。

又东北为福宁州东。

大海在州东六十里，自福州府罗源县东折而北出，经州东。又绕州北而达浙江温州府界。

浙江为府十一，而滨海之府六。其南与福宁州接界者曰温州府。

大海在温州府东九十里。唐显庆元年、总章三年，海水屡溢永嘉、安固二县，即温州境也。而所属平阳、瑞安、乐清三县，皆滨海要地也。自福宁州北经平阳县东，海在县东南七十里。又北经瑞安县东，海在县东百里，而海港直通县城南。又北经府东，又东北经乐清县东，海在县东南六十里。又东北接台州府界。

又东北为台州府东。

海在府东百八十里，而所属太平、黄岩、宁海三县，皆滨于海。自乐清县东北，经太平县东，海在县东南二十里。又东北经黄岩县东。海去县城百里，有海港直入，径至县城北。府境海防，县为最冲。黄岩，台郡之门户也。又北经府东，又东北经宁海县东，海在县东四十里。与宁波府接界。

又东北为宁波府东。

海在府东南百余里，而所属之象山、定海、慈溪三县，皆滨海要地也。自宁海县东折而北出，为象山县。县东西南三面皆滨海，相距皆不过数十里，防卫至切。又迤北而西折，定海县当其冲。县城东北两面皆滨大海。定海不特宁波一郡之锁钥，而全浙之噤喉也。由定海而西，为宁波之北境。府北距海六十余里。又西则慈溪之北矣。县北距海六十里。盖大海自闽至浙皆北行，至台州东北乃益折而东，过象山又折而西，府境适当折旋之处。东南北三面皆险也。自宁波北望金山大洋，出崇明沙、上海门，风帆隼飞，信宿可至。宁波告警，大江南北安得晏然无事与？

大海西折而北出，西南为绍兴府境。

海在府北三十里，浙江、钱清江、曹娥江之水并会于此而入海，谓之三江海口。唐太和二年，越州大风雨，海溢。西北趋杭州不过百余里，会城以此为门户。而所属之余姚县，亦为滨海要地。海在县北四十里。自府北而东北，对海宁、海盐一带，烽火相接也。

又北为杭州府境，又东北为嘉兴府境。

海在杭州府海宁县南十里，与绍兴府三江口相接，并为襟要。唐大历十年杭州海溢。自海宁县而东，又微折而北，经嘉兴府海盐县城东里许，又东北折而入南直松江府界。

南直为府十有四，而滨海之府四。其南与嘉兴府接境者曰松江府。

海在松江府东南七十余里，而所属上海县亦滨海要区也。自海盐县东北折，即府境金山卫。在府东南七十二里，其南遥对定海门。当南直之要冲，又东北经府东，又北历上海县东。西去县七十里。而吴淞江之水自县北以达于海矣。吴淞江，详见南直大川三江。

又微折而西北，经苏州府之东。

海在府东百八十里，而所属之嘉定县、太仓州、常熟县皆滨海，崇明县则孤悬海渚。在太仓州东二百里，大海环其四面。东北与海门县之料角嘴相为控带，为长江外卫，旧称险要。今自上海县而北，即嘉定县之东境。海在县东四十五里，县南吴淞江与上海县分界。又北即太仓州之东境，海在州东七十余里。刘河入海处也。又北为常熟县东北境，海在县东北百余里。大江经县北以达于海。江之北岸，即扬州府境矣。《海运考》：刘家港出扬子江南岸，候潮长，沿西行，半日到白茅港。潮平，带蓬橹摇过撑脚沙尖，转崇明沙，正东行，南有朱八沙、婆婆沙、三脚沙，须避之。扬子江内，北有双塔，南有范家滩，东南有张家沙，江口有陆家沙，可避。口外有暗沙一带，直至崇明江。北有瞭角嘴，开洋或正西、西南、西北风，潮落，正东或带北一字。行半日，可过长滩，是白水洋。东北行，见官绿水。一日见黑绿水。循黑绿水正北行，好风两日一夜到黑水洋。又两日夜，见北洋绿水。又一日夜，正北望显神山，半日见成山。自转瞭角嘴未过长滩正北行，靠桃花班水边，北有长滩沙、向沙、半洋沙、阴沙、溟沙，切避之。如黑水洋正北带东一字行，量日期不见成山、黑水，多必低了。可见升罗屿，海中岛西有矶如笔架，即复回。望北带西一字，行一日，夜便见成山。若过黑水洋，见北洋官绿水，或延真岛，望西北行，便是九峰山。向北去有赤山、劳山，皆有岛屿可泊。若劳山北有北茶山、白蓬头，石礁横百余里，激浪如雪即开，使或复回。望东北行，北有马鞍山、竹山岛。北有旱门、漫滩，皆可泊。北向便是成山。如在北洋官绿水内望见显神山，挑西一字，多必是高了，即便复回，望东北行，过成山正西行，前鸡鸣屿内有浮礁，避之。西有夫人屿，不可行。须到刘公岛西可泊。刘岛正西行，到之罘岛东北，有门可入，西北离百余里，有黑礁三四亩大，避之。至八角岛东南，有门可入。自之罘岛，好风半日过抹直口，有金嘴石冲出洋内，潮落可见，避之。至新河海口，至沙门岛。东南有浅，挨深行，南门可入。东有门，有暗礁。西北有门，可泊。沙门岛开洋北过鼍矶山、钦岛、没岛、南半洋、北半洋，到铁山洋，东收旅顺口。又东收黄洋川，西南有礁。黄洋川东收平岛，口外有五个馒头山，进内泊南岸，外洋成儿岭尽东望三山正中入，内有南北沙相连，可泊。三山西有南山，收青泥洼。西有松树岛，北有孤山，东北望凤凰山、和尚岛，墩西有礁石，外有乱礁，避之。三山北青岛一路，望海驼收黄岛、使岛，若铁山西收羊头洼、双岛，有半边山、艾子口、望塔山，看连云岛，东北看盖州，西看宝塔台，便是梁房口，入三汊河，收牛家庄马头泊。此自刘河运至辽东之道也。

又北为扬州府之东境。

海在府东三百余里，而所属之通州、海门、如皋、兴化诸州县，皆滨海处也。今自海门而南为大江入海之口，最称冲要。东南与崇明县相望。自县东又折而西北。旧《志》：海门县东去海十里，北去海二十里，今县境大抵沦入于海，非复旧壤也。为通州之东北境，州东北去海五十里。又西北为如皋县之东北境，县东北去海百余里。又北为兴化县东境，县东去海亦百余里。又北接淮安府盐城县界。

又西北经淮安府之东。

海在府东二百里，而所属之盐城、安东县，以及海州、赣榆县皆滨海。今自兴化县而北经盐城之东，县东去海五十里。又北经府东，益折而西北，为长淮入海之口。淮河北岸，即安东县也。县东去海五十余里。又北经海州之东，海在州东二十八里。又北为赣榆县之东，海在县东北七十里。而接山东青州府境。

大海自南直海州而北，为山东青州府之境。又折而东，为莱州府及登州府之南境。

海在青州府日照县东二十里，与赣榆县接界。唐上元三年，青州大风，海溢，漂居人五千余家。折而东北，为莱州府之胶州境。州东南二境，皆去海数十里。又东北经即墨县境。海在县南五十里，自县南以达于东北，皆滨海。南与海州及安东县相望。又东北为登州府莱阳县境。海在县南百余里。又东为栖霞县境，海在县南百四十里。又微折而东南，为文登县境。海在县南六十里，而东北两面亦皆滨于海。此山东南面之海道也。

大海经登州府东境，又折而西，经登州府之北及莱州府、青州府之北。

海自文登县东北出而西折，经宁海州之北。州北至海五十里。又西经福山县之北，海在县东北三十余里。又西经登州府之北，海在府城北五里，北与辽东相望。自新开海口而北，至辽东金州卫旅顺海口五百里而近。又西经招远县之北，海在县北五十里。又西经莱州府之北，海在府城北九十里。又西经昌邑县北，海在县北五十里。又西经潍县北，海在县北八十里。又西经青州府寿光县北，海在县北五十余里。又西经乐安县北，在县东北百十里，与博兴县接界。又西北而入济南府境。此山东北面之海道也。

大海西折而北出，经济南府之东北。

海在济南府滨州东北八十里。今自乐安县而西北，经蒲台县东，西至县百四十里。又北经滨州东，又北经利津县东，海在县东北三十里。又北经沾化县东，海在县东六十里。而入北直沧州境。盖山东之为郡者六,而滨海者凡四。

又北经北直河间府之东。

海在河间府沧州东百八十里。自沾化县境经盐山县东,海在县东七十里。又北经州境,又北经静海县东。海在县东北百五十里。当漳、卫诸川入海之处,所谓小直沽也,天津卫在焉,卫在静海县西北七十五里。为畿辅噤喉之地。元人海运至大都者,皆集于此。明初亦因其制,今漕运之达京师者,亦未尝不自天津而北也。《海运考》:自直沽开洋,望东挑南一字行,一日夜见半边沙门岛。挑南字多必见莱州三山,挑东北行半日,便见沙门岛。若挑北多见砣矶山,南收登州卫。沙门岛开船,东南山嘴有浅,挨中东行,好风一日夜到刘岛。刘岛开洋望东挑北一字行,转成山嘴正南行,好风一日夜见绿水。一日夜见黑水。又一日夜见南洋绿水,又两日一夜见白水。望南挑西一字行,一日点竿戳二丈,渐减一丈五尺。水下有乱泥二尺深,便是长滩,渐挑西收洪。如戳硬沙,即便复回,望东行,见绿水,到白水。寻长沙,收三沙洪。如不着洪,望东南行,日看黄绿色浪花如茶抹,夜看浪泼如大星,多即是茶山。若船坐茶山,往西南一字行,朝北见崇明沙,南见清浦墩岸刘家港。如在黑水洋正南挑西,多是高了,前有阴沙、半洋沙、向沙、拦头沙,即是瞭角嘴。便复回往正东行,看水色风汛,收三沙洪。如风不便,即挑东南行,看水色收宝山。如在黑水大洋挑东,多必是低了,见隔界大山一座,便望正西南一字行,一日夜便见茶山。如不见隔界山,又不见茶山,见黑绿水多,便望正西行,必见石龙山、孤礁山。复回望西南行,见茶山收洪。此运舟自直沽南还之道也。

大海又北折而东出,经顺天府东南及永平府之南。

海自天津而东北,为顺天府宝坻县东南境。海在县东南二百余里。又折而东,为丰润县之南境。海在县南百三十里。又东为永平府滦州南境。海在州南百三十里。又东为乐亭县南境，海在县南三十里。又东经永平府南，海在府城南九十里。又东为昌黎县南，海在县东南七十里，碣石山在焉。又东经山海关南而接辽东界。海在关南四里。自登、莱以迄于沧州、永平之境，古所谓渤海之险也。

大海自西而东，经广宁之南境。又南折而东出，经辽阳之南境。

辽东南面皆滨海为险，回环几二千里。自山海关而东，旧曰广宁前屯卫。南去海二十里。又东，旧曰宁远卫。南去海二十五里。又东北，旧曰广宁中屯卫。南至海五十里。又东，旧曰义州卫。南去海百五十里。又东，旧曰广宁右屯卫。南去海三十里。又东，旧曰广宁卫。南去海百三十里。此古所称辽西地也。自此折而南，经故海州卫之西南，曰梁房口关。亦曰三岔口，亦曰辽河口，在海州卫西南七十里。为辽河入海之处。又南经故盖州卫西，东去卫城十里。又南经故复州卫西。东去卫城四十五里。又南经故金州卫西。东去卫城三十里。又南折而东经卫南，北去卫城百二十里。曰旅顺口关，为辽东全镇咽喉之地。南对登州府新开海口。又东北至辽阳南境，海在城南七百三十里。又东接朝鲜境内，此古所称辽东地也。盖西南以安南为翼卫，东北以朝鲜为藩维，怀柔镇叠之规模，于此亦可睹矣。

《海运考》：自辽河口开洋，顺风一日夜至铁山。带东二字望南行，经成山入南洋，望正南行，三日夜，经桃花班水，望东行，见白水。带西二字勤戳点竿，寻长滩一丈八尺，渐减至一丈五尺，望西行戳扬子江洪。如不见，望下使必见茶山，船稍南而坐茶山望西行，半潮便见崇明沙。如风顺，一潮至刘家港内。此运舟自辽东南还之道也。

丘濬曰：海运自秦已有之，而唐人亦转东吴粳稻以给幽燕。杜甫诗：渔阳豪侠地，击鼓吹笙竽。云帆转辽海，粳稻来东吴。又云：幽燕盛用武，供给亦劳哉。吴门持粟布，泛海凌蓬莱。此唐人海运之证也。然以给边方之用而已。用之以足国，则始于元初。伯颜平宋，命张瑄等以宋图籍自崇明由海道入京师。至元十九年，始建海运之策，命罗壁等造平底海船，运粮从海道抵直沽。是时犹有中滦之运，不专于海道。二十八年，立都转运万户府，督岁运。至大中，以江淮江浙财赋府每岁所办粮充运。自此至末年，专仰海运矣。说者谓虽有风涛漂溺之虞，然视河漕之费，所得盖多。故终元之世，海运不废。

罗洪先曰：考元至元二十一年伯颜始建议海运。寻建海道万户府，三任故海盗朱清、张瑄、罗壁为万户。初时押运粮仅三万五千石，船大者不过千石，小者三百石。自刘家港出扬子江，盘转黄连沙嘴，月余始至淮口。过胶州劳山一路，至延真岛望北行，转成山西行，至九皋岛、刘公岛、沙门岛，放莱州大洋，收界河，两月余抵直沽，实为繁重。至元二十六年，增粮八十万石。二月开洋，四月直沽交卸。五月还，复运夏粮，至八月回。一岁两运，是时船尚小。二十七年，朱清请长兴李福四押运，自扬子江开洋，落潮东北行，离长滩至白水、绿水，经黑水大洋，北望延真岛，转成山西行，入沙门，开莱州大洋，进界河，不过一月或半月至直沽，漕运利便。大德以后，招两浙上户自造运船，量给脚价。船大者八九千，小者二千余石。岁运三百六十万石至京师，迤南番贡亦循道而至。自上海至直沽内扬村马头，凡万三千三百五十里，不出月余即达，省费不赀。若长乐港出福州，经崇明以北，又自古未有之利也。《元史》：初，海运之道，自平江刘家港入海，经扬州路通州海门县黄连沙头、万里长滩开洋，沿山吞而行，抵淮安路盐城县，历西海州、海宁府东海县，密州、胶州界，放灵山洋投东北，路多浅沙，行月余始抵成山。计其水程，自上海至杨村马头，凡万三千三百五十里。至元二十九年，朱清等言其路险恶，复开生道。自刘家港开洋，至撑脚沙，转沙嘴至三沙、扬子江。过匾担沙大洪，又过万里长滩，放大洋至青水洋。又经黑水洋至成山，过刘岛至之罘、沙门二岛，放莱州大洋，抵界河口。其道差为径直。明年，千户殷民略又开新道，从刘家港入海，至崇明州三沙放洋向东行，入黑水大洋，取成山，转西至刘家岛。又至登州沙门岛，于莱州大洋入界河。当舟行风信有时，自浙西至京师，不过旬日而已，视前二道为最便云。

梁梦龙曰：《元史》称元人海运，民无挽输之劳，国有储蓄之富。今国家都燕，财赋自东南而来者，仅恃会通一河，识者不无意外之虑。若寻元人海运之道，别通海运一路，与河漕并行，江西、湖广、江东之粟照旧河运，而以浙西东濒海一带由海运，未为非策也。丘氏濬亦主此说。又曰：元人由海运或至损坏者，以起自太仓、嘉定而北也。若但自淮安而东，循登、莱以泊天津，本名北海，中多岛屿，可以避风。与东南之海渺茫无际者迥异。诚议运于此，是名虽同于元人，而利实专其便易矣。

王在晋曰：元虏使其民，是以投之穷海而忍视其死。至元二十八年，漂米二十四万五千石有奇。至大二年，漂米二十万九千石有奇。其随船泪没者，不知几千人矣。《元史》亦言：风涛不测，粮船漂溺，无岁无之。夫驱民而纳于沉潴之中，仁人不忍言也。况以今时而出海道，则三十六岛之间，定有余粮矣。或者曰：利害相因，在审时而度势，事之不可执一论也。岂独海运为然哉？〇《山居赘论》曰：《禹贡》言，沿于江海，达于淮、泗。又曰：夹右碣石入于河。是贡赋之道，未尝不兼用海也。秦人飞刍挽粟，起于黄腄、琅邪负海之郡，转输北河。其制未尽非，而用民失其道矣。说者谓海运作俑于秦，而效法于元，岂通论哉？

右海道。

分野序

五行之质位于地，五行之气丽于天。九州十二国，位于地者也；二十八宿十二辰，丽于天者也。气与质之不相离也，犹影响也。《周礼》列保章之官，春秋时，分星之略征之子产，而梓慎、裨灶之属，亦往往以此验郡国之休咎。后世司马迁、班固、蔡邕、皇甫谧诸家，亦从而著其说。而史传所纪，如高诩、申胤、崔浩、高允之徒，以迄近代之善言天文者，有所推验，类皆不爽。而世儒则疑之，以为稽其世次，则韩、赵、吴、越不并列于一时；考其区分，则交阯、九真未坂图于周季；按其方位，则降娄、析木不同符于土封；语其广轮，则环海四夷何无与于分野。胶执毋乃过与！夫以十二辰之次，配以十二国，亦犹言天度者，寓以名而纪其数也。五行以相生为用，相克为功，或配合以成能，或错综以尽变。达于其故，引而伸之，触类而长之，分野无不可言也。余略为差次所闻，以备方舆之阙。若其穿凿附会，诞妄而不经，拘牵而失实者，概无取焉。

读史方舆纪要卷一百三十

分　野

　　《周礼》：保章氏以星土辨九州之地，所分封域，皆有分星，以观妖祥。此后世言分野之始也。《晋志》云：职方掌天下之土，保章辨九州之野。

　　《春秋传》：子产曰，辰为商星，参为晋星。《外传》：伶州鸠曰：岁之所在，则我有周之分野。星纬分验之文。左氏多有，今略举二条。子产之说，即二十八宿之分也。伶州鸠之说，又即五星之占也。然则分野之验，其传旧矣。

　　郑氏曰：此即《周礼》星土之说也。易氏曰：在诸侯则谓之分星，在九州则谓之星土。九州星土之书亡矣，今其可言者，十二国之分。谓十二次之分，详见下。考之传记，灾祥所应，有可证而不诬者。昭十年，有星出于婺女，郑裨灶曰：今兹岁在颛顼之墟，姜氏、任氏实守其地。释者以颛顼之墟为玄枵。此玄枵为齐之分星，而青州之星土也。昭三十二年，吴伐越。晋史墨曰：越得岁而吴伐之，必受其凶。释者以为岁在星纪，此星纪为越之分星，而扬州之星土也。昭元年，郑子产曰：成王灭唐而封太叔焉。故参为晋星，实沈为参神。此实沈为晋之分星，而并州之星土也。襄九年，晋士弱曰：陶唐氏之火正阏伯，居商丘，相土因之，故商主大火。此大火为宋之分星，而豫州之星土也。昭十七年，星孛及汉。申须曰：汉，水祥也。卫，颛顼之墟也。故为帝丘，其星为大水。此娵訾为卫之分星而冀州之星土也。襄二十八年，春无冰。梓慎曰：岁在星纪而淫于玄枵，蛇乘龙。龙，宋、郑之星，此寿星为郑之分星而亦豫州之星土也。《郑语》：周史曰：楚，重黎之后也。黎为高辛氏火正，此鹑尾为楚之分星而荆州之星土也。《尔雅》曰：析木谓之津。释者谓天汉之津梁为燕，此析木为燕之分，星而幽州之星土也。以至周之鹑火，秦之鹑首，赵之大梁，鲁之降娄，无非以其州之星土而为其国之分星，所占灾祥，其应不差。陈氏曰：先儒谓古者受封之日，岁星所在之辰，其国属焉。观《春秋传》凡言占相之术，以岁之所在为福，岁之所冲为灾。故师旷、梓慎、裨灶之徒，以天道在西北而晋不害，岁在越而吴不利，岁淫玄枵而宋郑饥，岁弃星纪而周楚恶，岁在豕韦而蔡祸，岁及大梁而楚凶。则古之言星次者，未尝不视岁之所在也。又梓慎曰：龙，宋郑之星也。宋，大辰之虚也。陈，太皞之虚也。郑，祝融之虚也。皆火房也。卫，高阳之虚也，其星为大水。以陈为火，则太皞之木为火母故也。以卫为水，则高阳水行故也。子产曰：迁阏伯于商丘，主辰，商人是因，故辰为商星。迁实沈于大夏，主参，唐人是因，故参为晋星。然则十二域之所主，亦若此也。

《史记·天官书》：杓，自华以西南；衡，殷中州河济之间；魁，海岱以东北。

此以中宫斗杓言分野也。《春秋纬文耀钩》因其说而广之。其言曰：布度定纪，分州系象。华、岐以西，龙门、积石，至三危之野，雍州属魁星。太行以东至碣石、王屋、砥柱，冀州属枢星。三河、雷泽东至海岱以北，兖州、青州属机星。蒙山以东至南江、会稽、震泽，徐、扬之州，属权星。大别以东至彭泽、九江，荆州，属衡星。荆山西南至岷山、北岖、鸟鼠，梁州属开星。外方、熊耳，以至泗水，陪尾，豫州属摇星。此九州属北斗。星有七，州有九。但兖、青、徐、扬并属二州，故七星主九州。又《后汉志》注：玉衡九星，主九州。第一星主徐，二主益，三主冀，四主荆，五主兖，六主扬，七主豫，八主幽，九主并。《晋志》则曰：北斗七星：一秦，二楚，三梁，四吴，五燕，六赵，七齐。

角、亢、氐，兖州。房、心，豫州。尾、箕，幽州。斗，江湖。牵牛、婺女，扬州。虚、危，青州。营室至东壁，并州。奎、娄、胃，徐州。昴、毕，冀州。觜觿、参，益州。东井、舆鬼，雍州。柳、七星、张，三河。翼、轸，荆州。又曰：昴、毕间为天街，其阴阴国，其阳阳国。

此以二十八宿言分野也。后班固、皇甫谧诸家之说，大都不出于此。

秦之疆也，候在太白，占于狼、弧。吴、楚之疆，候在荧惑，占于鸟衡。燕、齐之疆，候在辰星，占于虚、危。宋、郑之疆，候在岁星，占于房、心。晋之疆，亦候在辰星，占于参、罚。及秦并吞三晋、燕、代，自河山以南者中国，中国于四海内则在东南，为阳，阳则日。岁星、荧惑、填星占于街南，毕主之。其西北则胡貉、月氏诸裔，旄裘引弓之民，为阴，阴则月。太白、辰星占于街北，昴主之。故中国山川东北流，其维首在陇、蜀，尾没于勃碣。是以秦晋好用兵，复占太白。太白主中国。胡狢数侵掠，独占辰星。辰星出入躁疾，常主夷狄：其大经也。

此以五星占分野也。《星经》曰：岁星主泰山、徐、青、兖；荧惑主霍山、扬、荆、交；镇星主嵩高、豫；太白主华阴、凉、雍、益；辰星主常山、冀、幽、并。其以五星分配五岳、九州，盖亦本于此。而唐一行山河两戒之说，亦由此而推广之。

《汉书·地理志》：秦地，于天官东井、舆鬼之分野也。其界自弘农故关今河南灵宝县废函谷关。以西，京兆今西安府、扶风今凤翔府、冯翊今同州、北地今庆阳以北、上郡今延安以北、西河今汾州府以西北、安定今平凉府、天水今秦州、陇西今韦昌府。南有巴今重庆府、蜀今成都府、广汉今汉州、犍为今叙州府、武都今阶州。西有金城今兰州以西、武威今凉州卫、张掖今甘州卫、酒泉今肃州卫、敦煌今废沙州，又西南有牂牁今遵义府、越嶲今建昌行都司、益州今云南府，皆宜属焉。自井十度，至柳三度，谓之鹑首之次，秦之分也。

魏地，觜觿、参之分野也。其界自高陵今陕西高陵县。以东，尽河东今平阳府、河内今怀庆府，南有陈留今河南有陈留县，及汝南之召陵见河南郾城县、隐强见许州、新汲见洧川县、西华今县、长平见陈州、颍川之舞阳今县，郾即今郾城县、许即许州、鄢陵今县，河南之开封见开封府附郭祥符县，中牟今县、阳武今县、酸枣见延津县、卷见原武县，皆魏分也。

周地，柳、七星、张之分野也。今之河南雒阳、穀城俱见今河南府附郭洛阳县、平阴见今孟津县、偃师今县、巩今县、缑氏见偃师县，是其分也。自柳三度至张十二度，谓之鹑火之次，为周之分。

韩地，角、亢、氐之分野也。韩分晋得南阳郡今府及颍川之父城今见汝州郏县、定陵见舞阳县、襄城今县、颍阳见登封县、颍阴见禹州、长社见长葛县、阳翟今禹州、郑即郏县，东接汝南今汝宁府，西接弘农，得新安今县、宜阳今县，皆韩分也。自东井六度至亢六度，谓之寿星之次。郑之分野与韩同分。

赵地，昴、毕之分野。赵分晋得赵国，北有信都今北直冀州、真定今府、常山今元氏县，故郡治也、中山今定州，又得涿郡之高阳今县、鄚今见任丘县、州乡见河间府附郭河间县，东有广平今府、钜鹿今顺德府境、清河今有清河县、河间今献县是其治也，又得勃海之东平舒今大城县、中邑在沧州境、文安今县、束州见河间县、成平见献县、章武见盐山县，河以北也。南至浮水即浮阳，今沧州治，废清池县也。讹曰浮水、繁阳见内黄县、内黄今县、斥丘见成安县，西有太原今府、定襄见朔州、云中见大同府境、五原见榆林卫、上党今潞安府，皆赵分也。

燕地，尾、箕分野也。东有渔阳今蓟州、右北平今永平府、辽西今广宁等卫、辽东今辽阳等卫，西有上谷今宣府卫境、代郡今蔚州、雁门今代州境，南得涿郡之易今易州、容城今县、范阳见易州、北新城见安肃县、故安见易州、涿县今州、良乡今县、新昌见新城县，及渤海之安次今东安县，皆燕分也。乐浪、玄菟今朝鲜境，亦宜属焉。自危四度至斗六度，谓之析木之次，燕之分也。

齐地，虚、危之分野也。东有菑川今县、东莱今莱州府、琅邪今沂州地、高密今县、胶东今即墨县、泰山今泰安州、城阳今莒州、千乘见高苑县，清河以南，勃海之高乐见北直南皮县、高城见盐山县、重合见沧州、阳信今县，西有济南今府、平原今德州境，皆齐分也。

鲁地，奎、娄之分野也。东至东海，南有泗水，至淮，得临淮之下相见邳州、睢陵见盱眙县、僮见虹县、取虑亦见虹县，皆鲁分也。

宋地，房心之分野也。今之沛宿州境、梁归德府、楚徐州、山阳见山东金乡县、济阴今曹州境、东平今州、东郡之须昌见东平州、寿张今县，皆宋分也。班固又云：东平、须昌、寿张皆在济东，属鲁，非宋分也，当考。盖固本据旧文，不敢以己意刊正。古人之不敢自用类如此。

卫地，营室、东壁之分野也。今之东郡今北直开州及魏郡彰德府境、黎阳见濬县、河内之野王今怀庆府附郭河内县、朝歌见卫辉府淇县，皆卫分也。

楚地，翼、轸之分野也。今之南郡荆州府、江夏武昌府、零陵永州府、桂阳郴州、武陵今常德府、长沙今府，及汉中今府、汝南郡，尽楚分也。

吴地，斗分野也。今之会稽苏州府以南、九江寿州以南、丹阳应天府以西、豫章南昌府以南、庐江庐州府以南、广陵扬州府以北、六安郡治六县，见庐州府舒城县、临淮郡郡治徐县，今见泗州境，尽吴分也。

粤地，牵牛、婺女之分野也。今之苍梧梧州府、郁林今郁林州以西北、合浦今廉州府境、交阯今太平思明等府境、九真今安南境内、南海今广州府、日南今安南境内，皆粤分也。

此十二国分野之详也。本志所载十三国，而曰十二国者，吴粤本同分也。王氏曰：十二国分野，本出于七国甘、石之学。《天官书》：传天数者，在齐甘公、魏石申是也。汉之言天数者，复以当时郡县分配之。班氏志地理，遂从而著其说。其后张衡、蔡邕亦传述焉。郑康成曰：九州诸国中封域，于星亦有分焉。其书亡矣。堪舆虽有郡国所入度，非古数也。后之言分野者，益从而附会之，诞矣。○《山居杂论》曰：分星之说，载之《周礼》，散见于左氏。司马迁世掌天官，亦言曰：天有日月，地有阴阳。天有五星，地有五行。天有列宿，地有州域。二十八舍主十二州，斗秉兼之。北斗秉十二辰，兼十二州也。所从来久矣。然参考诸家，惟班氏所载，庶不大悖于古，亦可兼通于今。因差次其文，以备一家之学。至于《晋志》所载，魏太史令陈卓更定郡国所入宿度，其辞虽详，然大旨不出于《班志》而特为支离穿凿之耳。其尤不经者，牂牁、越巂而概之以魏，酒泉、张掖而系之于卫，济阴、东平而属之于郑，上党、太原而别之为秦。则其术之疏缪，固不必累举而见也。乃后代犹袭其缪而附益之，不亦异乎？

《帝王世纪》：黄帝推分星次，以定律度。自斗十一度至婺女七度，曰星纪之次。今吴、越分野，于辰在丑，律中大吕。斗建在子。自婺女八度至危十六度，曰玄枵之次。今齐分野，于辰在子，律中黄钟，斗建在丑。自危十七度至奎四度，曰豕韦之次，豕韦亦曰娵訾。今卫分野。于辰在亥，律中应钟，斗建在寅。自奎五度至胃六度，曰降娄之次，今鲁分野。于辰在戌，律中无射，斗建在卯。自胃七度至毕十一度，曰大梁之次，今赵分野。于辰在酉，律中南吕，斗建在辰。自毕十二度至东井十五度，曰实沈之次，今晋、魏分野。于辰在申，律中夷则，斗建在巳。自井十六度至柳八度，曰鹑首之次，今秦分野。于辰在未，律中林钟，斗建在午。自柳九度至张十七度，曰鹑火之次，今周分野。于辰在午，律中蕤宾，斗建在未。自张十八度至轸十一度，曰鹑尾之次，今楚分野。于辰在巳，律中仲吕，斗建在申。自轸十二度至氐四度，曰寿星之次，今韩分野。于辰在辰，律中姑洗，斗建在酉。自氐五度至尾九度，曰大火之次，今宋分野。于辰在卯，律中夹钟，斗建在戌。自尾十度至斗十度百三十五分而终，曰析木之次，今燕分野。于辰在寅，律中太簇，斗建在亥。凡天有十二次，日月之所躔也。地有十二分，王侯之所国也。

此皇甫氏谧略言十二国所入宿度也。案蔡氏邕《月令章句》及陈氏卓《郡国宿度》，其所入之数虽微有不同，而大抵相类，故不并著。王氏曰：杜佑谓国之分野，上配天象，始于周季。《世纪》所云，盖以星官之书，自黄帝始也。○又《广雅》云：东方七宿三十三星，积七十五度。《星经》：角四星十二度，亢四星十度，氐四星十七度，房四星五度，心三星六度，尾十星十八度，箕四星九度，是三十三星七十五度也。南方七宿六十四星，积百十有二度。《星经》：井八星三十二度，鬼四星二度，柳八星十三度，星七星七度，张六星十八度，翼二十二星二十一度，轸九星十九度，是六十四，百十有二度也。西方七宿五十一星，积八十度。《星经》：奎十六星十七度，娄四星十二度，胃三星十五度，昴七星十一度，毕八星十五度，觜三星半度，参十星十度，是五十一星八十度也。北方七宿三十二星，积九十八度四分度之一。《星经》：斗七星二十五度，牛六星七度，女四星十一度，虚二星十二度, 危三星十度, 室八星十九度, 壁二星九度, 是三十二星九十八度四分度之一也。四方凡一百有八十星, 三百六十五度四分度之一, 而九州十二国之分野各以类推。

杜佑《分野议》曰:《左传》周敬王、鲁哀公之时, 吴为越所灭。其后六十九年, 至威烈王, 始命韩魏赵为诸侯。后十七年, 安王之时, 三国共灭晋而分其地。后五十六年, 显王之时, 而越为楚所灭。当吴之未亡, 天下列国尚有数十, 其时韩魏赵又未为诸侯, 晋国犹在, 岂得分其土地? 自吴灭至分晋, 凡八十八年。时既不同, 班固《汉书》、皇甫谧《帝王世纪》所列分野, 下分区域, 上配星躔, 固合同时, 不应前后。又考所在封疆, 详辨隶属, 甚为乖互。勾践灭吴称霸时, 未尝有苍梧、郁林之地。越灭后十代, 至闽君摇, 汉复立为越王, 都东瓯。其时秦南海尉赵佗亦称王, 五岭之南皆佗所有也。其于会稽之越, 地分星躔, 皆不相涉。未审二子何所依据, 览者所当察也。○孔氏曰: 星纪在于东北, 吴越实在东南。鲁卫东方诸侯, 遥属戌亥之次。又三卿分晋, 方始有赵, 而韩魏无分, 赵独有之。《汉书·地理志》分郡国以配诸次, 其地分或多或少。鹑首极多, 鹑火极狭。徒以相传为说, 其原不可得闻。其于分野, 或有妖祥, 而为占者多得其效。盖古之圣哲有以度知, 非后人所能测也。易氏曰: 分野之说, 有可疑者。武王伐殷, 岁在鹑火。伶州鸠曰: 岁之所在, 我有周之分野, 盖指鹑火为西周丰、岐之地。今乃以当洛阳之东周, 何也? 周平王以丰、岐之地赐秦襄公, 而其分星乃谓之鹑首, 何也? 又如燕在北, 而配以东方之析木; 鲁在东, 而配以西方降娄; 秦居西北, 而鹑首次于东南; 吴越居东南，而星纪次于东北。贾氏以为古者受封之月，岁星所在之辰，恐不其然。若谓受封之辰，则春秋战国之诸侯，以之占妖祥可也，后世占分野而妖祥亦应，岂皆古者受封之国乎？唐氏曰：子产言封实沈于大夏，主参。封阏伯于商丘，主辰。则分星之说，其来已久，非因封国始有分野。若以封国，岁星所在即为分星，则每封国自有分星，不应相土因阏伯，晋人因实沈矣。又汉魏诸儒，辰次之度，各用当时历数，与岁差迁徙，亦非天象度数之正也。○袁氏黄曰：分野灾祥，应尝不爽。稽之后代，四星聚牛女而晋元主吴，四星聚觜参而高齐王邺。彗扫东井而苻坚亡国，岁见尾箕而慕容复燕，此其最著者。郑康成曰：分野妖祥，主用客星。彗孛之气，为象当矣。又分野之次，于东西南北，有相反而相属者。《三礼义宗》有云：晋属实沈者，高辛主祀；宋属大火者，阏伯当飨；齐属玄枵者，逢公托食。意者五德之后，各有攸主，而五气类应焉。征之传记，可以意通也。或曰：燕属析木，高辛所建。鲁属降娄，少皞始都也。

《唐·天文志》：李淳风次《汉书》度数，而一行以为天下山河之象，存乎两戒。两戒之说，本于《汉志》。武帝元封中，星孛于河戒。占曰：南戒为越门，北戒为胡门。其后汉兵击拔朝鲜，朝鲜傍海，越象也，居北方，胡域也。《天官书》：越之亡，荧惑守斗。朝鲜之拔，星茀于河戒。是也。又《星传》云：月入牵牛南戒。又曰：积薪在北戒西北。积水在北戒东北。南戒、北戒，即南河、北河也。北戒自三危、积石，负终南地络之阴，东及太华，逾河并雷首、底柱、王屋、太行，北抵常山之右，乃东循塞垣，至濊貊、朝鲜。是为北纪，所以限戎翟也。南戒自岷山、嶓冢，负终南地络之阳，东及太华、连商山、熊耳、外方、桐柏，自上洛南逾江汉，携武当、荆山，至于衡阳，乃东循岭徼，达东瓯、闽中。是为南纪，所以限蛮夷也。故《星传》谓北戒为胡门，南戒为越门。河源自北纪之首，循雍州北徼，达华阴而与地络相会，并行而东，至太行之曲，分而东流，与泾、渭、济潆相为表里，谓之北河。江源自南纪之首，循梁州南徼，达华阴而与地络相会，并行而东，及荆山之阳，分而东流，与汉水、淮潆相为表里，谓之南河。故于天象则弘农分陕为两河之会，五服诸侯在焉。自陕而西为秦梁，北纪山河之曲为晋、代，南纪山河之曲为巴、蜀，皆负险用武之国也。自陕而东，三川、中岳，为成周。西距外方、大伾，北至于济，南至于淮，东达巨野，为宋、郑、陈、蔡；河内及济水之阳，为邶、鄘、卫；汉东滨淮水之阴，为申、随：皆四战用武之国也。北纪之东，至北河之北，为邢、赵，南纪之东，至南河之南，为荆、楚。自北河下流，南距岱山，为三齐；夹右碣石，为北燕；自南河下流，北距岱山，为邹、鲁；南涉江汉，为吴、越：皆负海之国，货殖之所阜也。自河源循塞垣北，东及海，为戎翟。自江源循岭徼南，东及海，为蛮越。观两河之象，与云汉之所始终，而分野可知矣。

此以山河两戒言分野也。孔氏曰：南河、北河，三星分夹东井。南河为南戒，一曰阳门，亦曰越门。北河为北戒，一曰阴门，亦曰胡门。两戒间，三光之常道也。史又云：自南正达于西正，得云汉升气，为山河上流。自北正达于东正，得云汉降气，为山河下流。娵訾在云汉升降中，居水行正位，故其分野当中州河、济间。星纪得云汉下流，百川归焉。析木为云汉末派，山河极焉。又曰：斗杓谓之外廷，以治外，故鹑尾为南方负海之国。斗魁谓之会府，以治内，故娵訾为中州四战之国。《星经》：一至四为魁，五至七为杓。其余列舍在云汉之阴者八，为负海之国。在云汉之阳者四，为四战之国。降娄、玄枵负东海，岁星位焉。星纪、鹑尾负南海，荧惑位焉。鹑首、实沈负西海，太白位焉。大梁、析木负北海，辰星位焉。鹑火、大火、寿星、豕韦为中州，镇星位焉。以七宿之中，分四象中位。自上元之首，以度数纪之，而著其分野。其州县虽改隶不同，但据山河以分，可得天象之正。一云：云汉自坤抵艮为地纪。北斗自乾携巽为天纲。乾维内为少昊之墟，外为颛帝之虚。巽维内为太昊之虚，外为列山氏之墟。

徐氏应秋曰：九州十二域，或系之北斗，或系之二十八宿，或系之五星。至唐一行，又为山河两戒之说，而宋世之言分野者多宗之。然而因数推理，验往察来，则经纬分而主客辨，度数定而方位明。如昔人所称，汤王殷而星聚房，房，宋、亳之分。武造周而星聚柳。柳，河、洛之分。三星会而敬仲知齐之必霸，会于虚、危，齐分也。五星会而甘氏知汉之必兴。会于东井，秦分也。火守心而子韦以为宋当其祸，心为大火，宋分也。日食毕而仲舒以为晋大其民。毕为大梁，晋分也。太白蚀昴而赵括长平之事应，昴在赵分。荧惑守斗而吕嘉南越之衅成。斗为越分。自古及今，类皆不爽，固不必为更新之论矣。然而因源溯流，由微察著，所贵通于感召之几，明于天人之际。而拘牵拟议，守象纬之成说而不知变者，无当于知天之学也。

舆图要览

舆地总图

按天下大势莫强于秦，_{陕西。}莫雄于楚，_{湖广。}古今不易也。然而时势所区，各因际会，有未可概论者焉。若言今日咽喉，断以三齐为首。何者？三齐之东固大海也，北足以阚京师，南足以履淮、泗，又饷道所必经，上而德、清，下及济、博，数百里之中，皆足以出奇制胜，为百世之功，秦、楚虽云险会，要其祸患犹未若斯之甚也。若夫大梁一道，地稍平衍，云中之域，又近朔漠，虽曰英雄崛起，未可类推，要以擅东南之财粟，用西北之甲兵，其所举措，必有洞中窾要者，而后可以济，否则不足以厌观望之心而坚草泽之戴也。至于欲放四出之谋，当先根本之计。根本云者，非一域之疆百里之岛也，必足以夺敌之险，捣敌之虚，制敌之命，绝敌之资者也。是故关中既定，乃下成皋，太原既封，爰规龙首，_{长安山。}千百年中所见皆同，所由不异，大约循此必成，违此必败。彼五岭以南，匪我思存矣。是故出溢口可以震武昌，下当阳可以开巴峡，由宛、邓可以控潼关，固邳、徐可以平青、济而通燕、涿，道濠、寿可以靖梁、卫而连韩、赵，经饶、浙可以运闽海而清岭粤，此皆指顾之间，钩连之势也。

更有进於此者，余浅昧不足以知之矣。管子曰：凡主兵者，必先审知地图。轘辕之险，滥车之水，名山通谷，经川陵陆丘阜之所在，苴草林木蒲苇之所茂，道里之远近，城郭之大小，名兴废邑困殖之地，必尽知之，地形之出入相错者尽识之，然后可以行军袭邑，举错知先后，不失地利，此地图之常也。

舆地总图

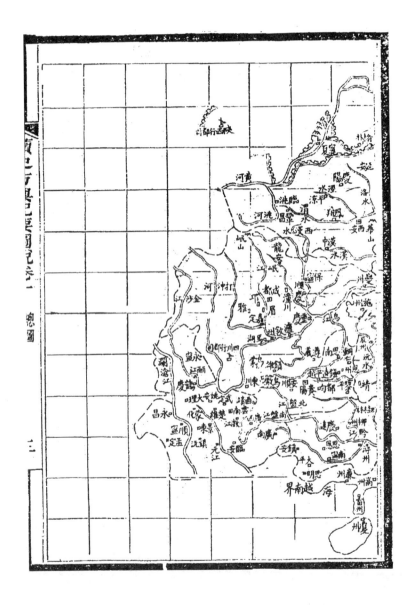

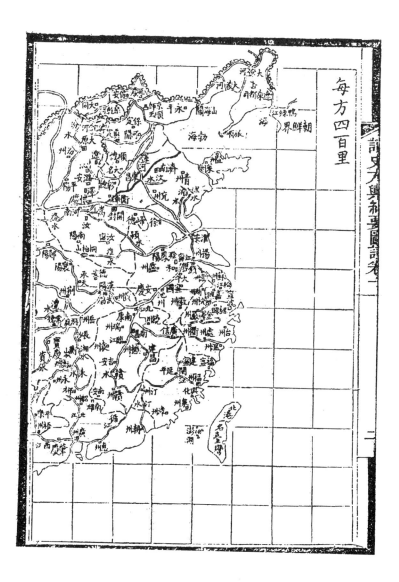

舆地东起朝鲜，西至嘉峪，南滨大海，北连沙漠，道路萦纡，各万馀里。

南、北直隶，府二十二，州六，属府州三十，县二百二十二。承宣布政使司十三，属府一百二十一，羁縻一十五；州一百六十四，羁縻四十七；县九百三十，又羁縻九。总为府一百五十八，州二百四十七，县一千一百五十一。实计里六万九千五百五十六，户九百三十五万二千零一十五，口五千八百五十五万八百零。

夏秋二税，共米麦二千六百零八万五千九百一十六石。

京、通二仓，临、德、徐、淮四仓，每年漕运米四百万石。

南京各仓每年运米。

绢二十万五千五百九十八匹，丝一万七千零三斤，又三百一十六万八千一十七两，绵花二十四万六千五百六十二斤，绵布一十三万八百七十匹，麻布二千七十七匹，洞蛮席布二百五十九条，苧六十五斤。

钞八万一千二十五锭零一百八十四贯。

马草一千四百六十九万五千九百九十一包，又一千一百一十六万二千六百四十三束。

都转运盐使司六，盐课提举司九，盐课司一百六十九。

每岁办盐一百一十七万六千五百二十五引，又盐价并引价银四万六千一百五十八两。

太仓库岁额运银一百四十九万两，内夏税二十五万五百馀两，秋粮九十四万四千八百馀两，马草折银二十三万七千馀两，盐课折银二万馀两, 云南闸办三万馀两。

行太仆寺三, 苑马司二, 监十八, 苑七十七, 马驴骡共二十万二千一百匹, 市舶提举司三, 茶马提举司三, 河渠提举司二。

两京都督府分隶各都指挥使司十六, 行都指挥使司五, 中都留守司一, 所属卫共四百九十三, 属所二千五百九十三, 守御千户所三百一十五, 仪卫司二十九, 牺牲所二。

京营并在外卫所、中都、承天各边马步官军共八十四万五千八百馀员名。

两京文武官吏岁支俸粮共该

各边镇应发年例并新增调集军马等项银四百四十五万两有奇。

王府二十九, 郡王三百五十四, 镇国、辅国将军、中尉以下, 九千四百四十一。郡主、县主、郡君、县君、乡君以下, 共九千七百八十三。

每岁禄米八百五十三万石。

以上系嘉靖三十年十月前数。

各长史司三十四。

夷官宣尉司一十一, 宣抚司一十, 安抚司二十二, 招讨司一, 长官司一百六十九, 蛮夷长官司五。

四夷入贡各国: 东北朝鲜等二, 东日本一, 南安南、占城等六, 西南浡泥等四十九, 西哈剌等四十六, 西北哈密等七, 北朵颜、鞑靼等二。

京师第一

按京师地偏东北，迫近藩篱，自近代以来，言者哑哑然以肩背为忧，故议大宁议开平，更远而议丰、胜。呜乎，孰知灭秦者非胡也。即今日而论，吾姑置其西北而较其东南，则广平、河间之际实首冲也。临清、天津至渔阳，皆海运通衢，而东安、霸州、武清以东，山泽旷野，萑苇弥望，在昔盛时已为逋逃渊薮，今未知其何如也。夫太宗至河西，而关中群盗皆为首功，然耶？否耶？若夫真定居燕、赵之郊，顺德为东西之会，兔园夫子谅能悉知，吾言其切者近者而已。

京师古燕、冀地，有府八，属州一十七，县一百一十五，又州二，属县一。总为里三千二百有零，旧户凡四十一万八千七百八十九，口凡三百四十一万三千一百五十四。夏秋二税共米麦六十万一千一百五十二石，绢四万五千一百三十五匹，绵花一十万三千七百四十八斤，钞九贯，马草八百七十三万七千二百八十四束。

长芦盐运司额办大引折小引盐一十八万八百七引。盐运司一，在沧州。领盐课司二十四。青州十二，沧州十二。

亲军卫三十九，属所二百五十二。守御千户所一。在京属府卫三十八，属所一百三。守御千户所二。在外直隶卫三十九，属所一百二十二。守御千户所九。

大宁都指挥使司领卫十，属所五十四。守御千户所一。永乐时徙大宁都司及属卫所侨置内地，其故墟后为朵颜所据。

万全都指挥使司领卫十五，属所七十六。守御千户所七。

京营见操并外卫马步官军共一十一万七千三百馀员名，巡捕官军五千六百馀员名。

蓟州、保定、宣府三镇马步官军共十万五千八百馀员名。

大仆寺所属顺天等府寄养马三万四千八百馀匹，然嬴缩有时，弗常厥数。

南、北直隶及山东、河南二省种马共十馀万匹，各处苑马寺行大仆寺不与焉。

总督辽、蓟都御史一，驻蓟州。巡抚都御史三，顺天一，驻遵化；保定一，驻保定；宣府一，驻宣府。巡按监察御史十。顺天一，真定一，隆庆一，提学一，印马一，巡仓一，巡盐一，刷卷一，京营一，山海一，顺天巡按兼屯田一，印马御史兼清军一。顺天巡按辖顺天、保定、河间、永平等府，真定巡按辖真宝、顺德、广平、大名等府。

京师舆图补注

一、桑乾河，亦名漯河，出山西大同府桑乾山，白浑源州流至保定州西南四十里，灌溉甚溥，与温河合，流经太行山，入顺天府西南境名卢沟河，俗呼小黄河，亦曰浑河，出卢沟桥东下，南流至看丹口分二派：一流至通州高丽庄入白河，一流经固安至武清小直沽与卫河合流入海。

一、滹沱，出代州泰戏山，自雁门而来，经灵寿境，过真定府城南，趋晋州，过保定府东、束鹿县南，三十里达深州，又东入河间府献县，南至青县而合卫河，由直沽入海。

一、沙河，出山西繁峙县白坡头口，经真定新乐治西南，由定州西入保定祁州，自州西南二十里东流至博野县与唐河合而入易水。

一、卫河，出河南卫辉府，经大名府濬县、内黄境入故城县，过景州东十里及吴桥、东光县境，下至沧州，西流入青县，又东北一百九十里入直沽而达海。又其水与淇、漳、滹沱等河合，亦名御河。

一、沣河，源出顺德府南和县，合漳水，过任县东十五里入真定府隆平界，与沙河合，入胡卢河。

一、漳河有旧漳、新漳二水，俱从魏县西北流至大名府，西入广平府成安、广平、肥乡、曲周四县境，下流入洺河。

京师舆图

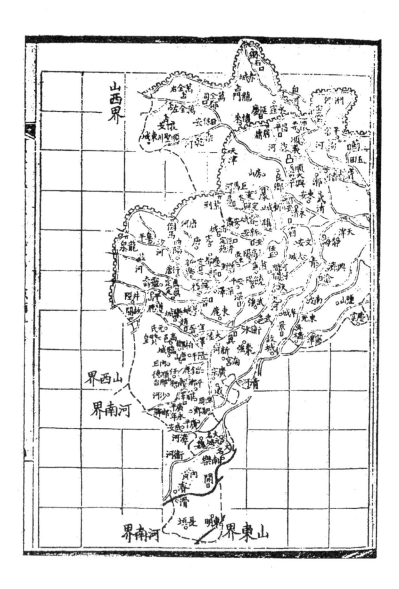

遼東界

海山

海潔河

牛莊

盤山

永平

龍山

礫河

泉興

海

山東界

每方百里

巡按、提学、印马、刷卷。	府八	州十九 附郭	并外县百十六	卫五十	所七
	顺天，古燕、蓟，渔阳，幽州，秦上谷，汉广阳，唐范阳，元燕京大都。路北平府。金中都。南京，金中都，又辽南京。元大都。州五，县二十二。米一万四千石。民衮，烦重，丁少差多，赋重，剧难治。	大兴，秦蓟、渔阳。或析津。唐幽州。造丞二。四十九里。宛平，辽都，又燕京，金中都。同前丞二。县二十一。米一万四千石。	东安，汉安次，元为州。民衮。僻，四十四里。府南七十里。固安，汉方城，或为州。烦，僻，三十八里。府西南百二十里。香河，本武清地。衮，僻，简。裁，十里。府西南百二十里。永清，汉益昌，隋通泽，后武隆，会昌，多衮。三十一里。府南二百里。	兴州中屯，良乡。营州前屯，香河。定边，定州，神武中，通州，通州，	
巡按通州仓。	京师，左环沧海，右拥太行，北枕居庸，南襟河、济，形势雄伟，称都会焉。水道	通，汉潞县，或州。玄州。潞郡，军州。多民少衮，冲，烦。三十二里。府东四十五里。米三千二百石。	三河，汉临泃地。衮，州东三十六里。或作泃阳，泃州。冲，七十里。漷县，汉泉州县，或僻。冲，疲，裁，下，十五里。州南四十五里。		

梁城，宝坻东南。				
通州左、右，河。	宝坻。亦泉州地，或盈州。烦、辟，二十二里。州东南百三十里。	武清，汉雍奴、灸、烦裁。二十里。州南五十里。		玉河，出府西北，经三十里玉泉山，经大内出都城东南为大通河，流至高丽庄入白河。白河，自密云南至顺义北三十里牛栏山与潮河合，流至通州入白河，一名白遂河。黄花镇河，源出塞外，流入镇口，经昌平至怀柔入白河。高梁河，《水经注》云：出井州，黄河别源，东经昌平高梁店人都城海子。未夫未宗与耶
兴州后屯，三河。				
勃海，昌平。	密云，汉渔阳，或安州、檀州、玄州，燕乐郡及顺州、归宁、归化，玄威、横山军。二十七里。米二十七里。州东南九十里。	顺义，秦上谷地，或归德郡及顺州、燕州，归宁、归化，顺兴军。二十七里。府北九十里。米九十里。六千七石。	昌平，汉军都，燕，或县。二十七里。	
营州后屯，三河。	怀柔。本昌平，密云地，或归化，温阳，简。十四里。州东北百里。			
武清。				

巡按河西务。

昌平兵备。密云总兵。

逐鹿，涿州。

涿鹿左、中、逐州。

密云中、后，

营州左屯，顺义。

山险，奉	房山。金万宁、秦上	涿、古邑、秦上	

西山，府西二十里。记曰：大行首始河内，北至幽州，故府境八径在燕，西北数百里层峰叠嶂，形强势巨，峙为险焉。其在府北百里者曰天寿山，气势雄壮，三陵在焉，亦即西山所盘结也。呼奴山，顺义东北二十里，相传邓训，任兴屯兵于此以备匈奴，乌桓、密云山，密云南十三里，亦名横山，昔燕赵兵于此，大获赵

西山，府西二十里。差多、裁、简、秦十六里。州西北西四十里。

房山，府西三十里。自房山北八十里大安山下东南流，与良乡南四十里之流横河同至霸州治南合巨马河，霸水至直沽入海。鲍丘河，《水经注》：自御夷北鉴南流，径密云北三十里之九庄岭，过密云而南，道人溪自县西北来会焉，经通州米庄村，沽水江自东会焉，三河界入沟河，自平谷县界径三河县界北至宝坻坻境，合黎

涿，古邑，秦上谷地，后涿地，涿阳及永清，涿水军。冲。四十六里。府西南四十里。

偉沙战于高梁河，即此河源。龙泉河，

文安，汉县，唐徒丰利城，永清省入。同上。四十四里。州南七十里。

霸，唐永清县。益津关，信安军。多盗，好讼，僻。三十一里。府南二十一里。米

大城，汉东平舒县。后章武郡及平舒县。同上。二十三里。州南二十里。米百石。二千五百石。

霸州道
寄衔山东司分察司。

营州右屯，蓟州。镇朔，蓟州。蓟州。兴州左屯，玉田。兴州前屯，丰润。遵化，东胜右，遵化。遵化。宽河。化。

兵。白檀山，密云南二十里，曹操越白檀破乌桓于柳城，即此。般州山，房山西南四十里，上有房州山，丰润寨。崖儿口山，丰润东北百里，其山连列，东断为崖儿口，西为白霫口，有水自崖而入，故名。碣石，平谷东五里山。平谷二十二山，盗。平谷东南九十里，峰峦峭峻，林木深邃。城山，平谷东六十里，山高耸，中平如城。

保定。本涿州新镇，宋平戎军。裁。州南四十里。又六里。玉田，古无终，宋经州西，烦十九里。丰润，本玉田水济州东，烦二十五里。务。裁。盗。平谷府东二百里。二十二里。遵化，古无终军，唐马监，铁冶，辽景州，清安军，宋涞川。中。三十三里。州东二百二十里。

蓟。古蓟门关，汉渔阳县，为渔阳郡治，广川郡，武清军，武清，烦二十五里。府东二百里。济河，至保定为磁二角淀，武清县南，周二百余里。河入直沽，龙池河，南至直沽。蓟州城南，源自卢儿岭口，或曰即古雍奴水也，合众水而成，东会直沽，武清东南汇卫河，白河，宋涞川字会合流于此。之黎河，经玉田界入白龙港，即潮河也。

水，鲍丘河，五里河，诸水为为潮河入海。按此非白河之潮河也。沙河，在霸州城南，南与唐河合，至入海处呼为飞鱼口。又

总督蓟、辽，保定，粮饷郎中。密云兵备副使，驻蓟州。抚治遵化等处，驻遵化。巡顺天等处，驻遵化。

中，平谷也。

州北也。营州

平谷。

燕山，玉田西北二十五里。丁少，汉。偌，十三里。

忠义中，裁，简，东箱，州西北八十里。关隘

遵化。一带逶迤而东，延袤数百里，直抵海岸。

营州中也。丰润北，东临还乡河，山南有名峰名曰华山，分水岭，山涧诸

陈宫山，丰润北四十里，山南夹峙，府西四十五里，山涧诸水至此分为二，一

居庸关，府北百二十里，两山夹峙，水旁流，关跨南北四十里，悬崖峭拔，最为险要。《淮南子》曰：天下九塞，居庸一也。关南诸山层列，曰居庸叠翠。天津关，良乡县西北八十里，紫曲十八折，青山岭，府西百五十里，四面高峻，中平坦，多产杉漆诸药。

入卢沟，一入房山县。十八盘岭，府西北，其差大者曰天门关。黄崖峪关，黄花镇，昌平东北。

又有通州之白河，即白漷通州南，通州城南，即家湾，一名西潞河，即花岭合九泉水，南经密云东北七十里之安乐故城，西南为西潞河，潞山水合为西潞河，潞又经顺义东北十里孤奴故城，西与鲍丘水合，为东潞河。

清沽港，武清南八十里，西接安沽港，东合丁字沽入海。车箱渠，府城西北，自遵化抵昌平，督所开凿。张家湾，通州城南，龙湾者，旧有香河南四十里，夏秋诸水合，小二龙湾，经宝坻果入七里海，相传辽时海运故道。

按府境川源交错，不可胜详，大约西南之水尽崇卢沟河，而近于东北境者悉达于宝坻之潮河，其连络而为东南诸水之会。

增考

龙门，遵化南十里山
东凡十五口至马兰
关，其间差大者曰大
谷关。马兰谷关，遵
化北，自此而东凡
三十一关口至大喜
峰口，其间差大者
曰沙陂谷口，罗纹谷
北，山峡垫壁绝立，
其中洞开，俗呼石
门，潘家口，昌平西
塞。白杨口，昌平西
凡二十七关口至天
津关。古北口，密云
东北二十里，两崖壁
立，中有路，止容一
车，下有洞，巨石磊
块，凡四十五里，自

山，遵化南十里山
间，上合下开，开处
佃，水自县崖
高六丈馀，倾泻而下，
奔涛之声淼然
若雷。石门，遵化西
山峡垫绝壁立，
龙井，俗呼石
松棚谷口，团亭
几口，潘家口，孟溢
寨，
讨贼于此。除无山
玉田东北二十里，汉
末田畴居此，百姓归
者五千馀家。

蓟北四十里，自此而东至
九十里。自此而东至
古北口，凡四十八
关，其间差大者曰大
水峪关，白马关，陈
家峪关，吊马峪关，
峨眉山寨，密云东
北，又东至黄崖关
凡五口，其间差大者
曰黄松峪关，将军石
关。

溇水，出丰润崖儿口
山，一名还乡河，经丰
润西南而入玉田境，
合梁门河，又抵宝坻
莫头河入海。南海在
子，府南二十里，永
乐时以为游观处，中
有池，汪洋若海，故
名。又府西三里有西
海子。

北而东凡四十二关口
至峡眉山口寨。大喜峰
口，遵化北，凡七十口。
至永平府青山口。

永平，
东胜左，府
卢龙，府
城。
开平中屯，
滦州。
兴州右屯，
迁安。
抚宁，
山海。山海
关城内。

抚宁，汉骊地，或
新安镇、裁，冲。
十七里。府东八十
里。水道

迁安，汉令支，或
喜。裁、简，二十二里。

昌黎，辽西郡，或
昌。广宁、海山省水道
州，土沙薄。
人。民贫，二
十六里。府东南八十
里。

海，府南百六十
里。府南百六十
里，东连辽东，
西接直沽。滦河，
府西门外，源自北
口，入桃林口，南
流至迁安七十里
为青龙河，东为滦河入
河，与滦河合。

乐亭，唐马城，或
滦。近海，二十七里。
府南九十里。

蓟州 永平 古孤竹及山
戎肥子国地，秦辽
道按察司 西右北平二郡，后
分司。 杂盗难治。十
里。

卢龙，汉肥如，
或新昌。烦，冲。
杂盗难治。十
里。

卢龙、北平、乐浪等
郡，又辽兴军及南
京兴平府、平滦路，
府东山海 卫路冲。州一，
关八百差多，路冲。州一，
里，西顺天，米四万五千
天，丰润一
界百二十
里。

滦，汉石城，又
海阳，义丰省滦。
人。民贫，杂盗
六十七里。府南
四十五里。

府地连青、幽，负山
襟水，为东北之屏
障，称形胜云。

巡按山海关兵部主事。

山险

青山，府东南十五里，峰峦高耸，下多溪谷。洞山，府西北，与迁安东北十五里之蟠山俱产铁，有冶。都山，迁安北十五里，高耸秀拔，俱多材木。临渝山，抚宁境，崛起峰峦千仞，下临渝河。

关隘

青山口，迁安西北，西接大蔓峰。府西洞山，共十二口。冷口，迁安东北，东至刘家口关凡三口。其间差大者为流河口。义院口，抚宁北，东差黄家口，其差凡五口。大者为石门寨。抚宁，东至山海关凡十里，其差大者为大毛山口。

榆关，抚宁东二十里，一名临闾关，刘家口关东至桃林口关，凡四口。桃林关，卢龙北，东至界岭口关，凡四口。界岭口关，在昌黎界，至义院口，凡六口，其差大者为箭捍岭口。山海关，抚宁东，其北为山，其南为海，相距百数里，实险要之地。明初徐达移榆关于此，今改名。

附考

卢龙镇，州西北九十里，土色黑，山如龙形，故名卢龙塞。曹操北征，田畴自卢龙塞堑山湮谷五百余里。者为大青山口。

海。滦河，源自北口开平，东流经迁安县至卢龙会漆河，又南至乐亭县入海。渝河，抚宁东二十里，源出古瑞州，南流至连峰山入海。蒲泊，在昌黎境内，有盐场。肥如河。一名濡河，在府东二十里。源出卢龙西入漆河。

真定，神武右，府城。	栾城，汉关县，或栾氏，冲。裁，十三里。府南六十里。	井陉，汉县，或井州，天威军，威州。同上。十三里。府西南百五十里。	真定，古东垣，或中山，亦曰常山，岌，烦，冲。裁。十八里。	真定，并州，秦钜鹿，后恒山，常山，镇州，恒州，成德，武胜等军。州五，冲。县二十七。裁，冲。精兵。米十一万七千石。
		无极，汉毋极。裁。十二里。府东南八十里。		东河间献县界三百二十里，北保定府庆府界二百七十里。
		获鹿，旧石邑，或鹿泉，镇宁，十二里。府西南五十里。宁州。同上。十一里。府东南八十里。		府面临滹沱，背倚恒山，左接瀛海，右抵太行，当燕，赵之交，为都会之地。
		元氏，汉县，同上。十七里。府南九十里。		水道
		平山，古蒲邑，或蒲吾，房山，岳州。同上。二十一里。府西九十里。		滋河，府北三十里，出山西枚回山，经行唐县而伏，至府境复出，
				巡按。

倒马关
中。定州西倒马关城内,属真定卫。

定州。

灵寿,古中山国地,或浦吾、燕州,金北镇。隋行唐、阜平。裁。十一里。府西北二百五十里。

藁城,或高城、廉州、襄平、永安州。同上。十三里。府东南六十里。

行唐,秦南行唐,或玉城、沵州。

新乐,汉新市、章武、彰武、永昌。地碱,中下。十一里。州中。二十二里。州西五十里。州西南九十里。

定,汉中山郡、博陵、文、定武军、安喜县。冲。中。三十里。府东北三十里。米二十五里。百三十里。五千四百石。

曲阳,汉上曲阳、恒阳。

东南流至河间入旬水。绵蔓河,井陉南,其东南十五里又有甘陶河,出平定州,至县界而合,东南经平山县入滹沱河。汉河,栾城西北十二里,自平山流经县境,至赵州南入大陆泽。

按州境诸水大流于滹沱,其众水之会则入于胡卢河而已。滹河,冀州西北三十里,自山西界东南流经宁晋,过州境武邑,达滹沱。

武强，汉武隆地，元东武州。裁。十四里。州东北百六十里。	安平，汉县，后博陵郡，深州，南平州。十二里。州东南百二十里。 饶阳，汉县，同前。裁。十七里。州东南百二十里。	南宫，汉县，堂阳，新河省入。裁。十二里。州南六十里。 新河，汉堂阳。裁。十二里。州西六十里。	枣强，汉县，州东。广川，魏津。裁。二十七里。三十里。 武邑，汉县，观津省入。裁。州东北九十里。
	晋，汉下曲阳，或昔阳，鼓城。沣水，隆平东十里，自中。十九里。府东北九十里。米三千三百六十石。	冀，古东阳，汉信都县，广州，又安平国，后长乐，魏州，中。军。裁，无司，中。十七里。府东南二百八十里。米五千二百石。	胡卢河，宁晋东南，自顺德府过任县，流至此汇为泽，即大陆泽，水名广阿泽。倒马关水，行唐东二十五里，源发灵丘山谷间，经定州北合滱水。索卢水，枣强西北，即卫河支流，经县界入阜城，流冷河达海。沣水，隆平东十里，自漳河分流，经县与沙河合入胡卢水。定州北八里有滱水，出恒山，北流至州境。冀州治北有泽水，俗呼

赞皇，汉房子地。裁，下。十二里。州西九十里。

宁晋，旧杨氏，后庆陶，又庆遥。中，裁。十里。州东四十里。

临城，汉房子。裁。十三里。州西南九十里。

关隘

倒马关，定州西。自是而东凡三关口，至保定东五十堡，自此而西凡五关口，至金龙洞。

土门关，获鹿西十

柏乡，汉鄗县，或柏乡县。冲。十里。州南七十里。

隆平，汉广阿，后象城，大陆，昭庆。下，裁。十一里。府南百里。

高邑，汉房子。裁。十二里。州西南五十里。

衡水。汉下博地。中。七里。州南五十里。

敦舆山，一名幽淮山，临城西约七十里，南抵大行，北接恒山。五马山，赞皇东十里，宋马扩奉信王榛聚兵于此。

赵，秦钜鹿地。后赵国，赵郡，栾州，平棘，或陆，昭庆。下，裁。十一里。府南百里。

深。汉下博地。中。省，静，安。中。十七里。府东二百五十里。米七千三百石。山险

柏泽水。泜水，临城西北二十五里，出元氏，经高邑，栾城达宁晋胡卢河，即韩信斩龙且处。卫水，出灵寿安君处，入滹沱。恒水，出行唐恒山，北注行唐县。

附考

沥城，宁晋东，城乃小堡，其教泽周回百馀里，中有鱼藕菱芡之利，金末王义率众保此。

……里，唐置，一名井陉关。龙泉关，曲阳西，自此而东北凡二十一关口至金龙口，自此而西南凡十五关口至白羊口。白羊，灵寿西，自此而西南凡二关至恶石口。恶石，真定西北，自此而西南凡十五关至故关。故关西接山西平定界。

割须岭，元氏西北七十里，中有井陉，光武北伐元氏，尤来、大枪之徒皆割须变貌即此地。又县西北五十里有封龙山，峰峦极胜。十八盘岭，赞皇西六十馀里，高崖茂林，中有小径，萦纡上下，有十八盘。

抱犊山，获鹿西北八里，本名苇山，韩信伐赵，使人持赤帜从间道登苇山而望，即此。西屏山，获鹿西三十里，高数百丈，峰峦列巨如屏。嘉山，定州西四十里，郭子仪败史思明处。恒山，曲阳西北百四十里，五岳之一也。

保定左、右、中、前、后。

庆都，汉望都，裁，冲，烦，中，九十里。

定县，秦曲逆，汉北平，后燕平，永平等县，僻，中。

安肃，本遂城地，汉郡或城，梁门口寨，静戎军，徐州，安肃军及州。十六里。府北六十一里。

容城，汉名，或全忠，裁，僻，下。六十一里。府东北九十里。

定兴，隋范阳地，冲，烦，难，二十里。府北百二十里。

新城，汉新昌国，又北新城，元新秦州，冲。二十五里。府东北百五十里。

雄县，汉易县，或归义，归信，易阳郡，永定军，雄州，水，冲，下。府东北百五十里。

满城，汉北平地，或永乐，乐浪郡。裁。二十里。府西北四十里。

清苑，汉樊舆，汉乡，或乐乡。烦，冲，中。二十四里。

保定，秦、汉上谷，涿郡，后清苑县，秦州、保州、保塞军。土城。冲，难治。州三，县十七。秋米六万一千石。府控幽、冀之交，为边关重地。

水道
徐河，出五回岭，其下流滩石满急，名曰雷溪，经满城北十里曰大册河，又经府北十五里曰徐河，入安州境。温义河，新安县南八里，源出安肃南三十里曰曹河，一

巡抚，大宁都司。东河间府静海界三百里。西山西大同广昌界三百里。

北
十四里。府东北百二十里。
鬵县。汉蠡吾，或蠡
州，永宁军、宁州。
俘，中。二十七里。
博野，汉蠡吾县
地，又伐郡之涞
俘，简。二十三
里。府南九十
里。
郎山，亦名狼山，
府北五十里，峰峦
尖锐，如削玉然。
五回岭。易州西南
百二十里，曲折五
回，望之如叙蛭。易州
易州旧有武夫关，武
西旧有武夫关，即此。紫荆
水所出，易州西百里
岭，易州西百里

唐县，古鲜虞，尧封
或中山县，尧封
邑。二十二里。
府西百十里。
博野，汉博陵
县，又博陵县
地。俘，中。
俘。二十三
里。府南九十
里。
深泽，汉县，或
义安国，汉安国，
立节，蒲阴。裁，
中。十一里。州
南二十里。
祁，汉义丰，立
节，或义丰，
蒲阴。裁，中。
十里。府南二十里。
州上。十一里。州
南二十里。
东鹿。汉鄗县。后
或改为鄗，鹿
城，中。俘十七
里。府南百二十
里。

出安肃西十里曰徐
河，至县南而合曰
温义河，又南流与
至雄县入瓦济河。曰
马河，出代郡之涞
水县北，又东南至
定兴治西合易州白
沟等河，晋刘琨守
此以拒石勒处，东
至新城南三十里
至白沟河，为宋、辽
南分界，又东至霸州
合直沽而达海。唐
河，唐县西南三十
里，出大同灵丘南，
经飞狐口、倒马关至
县东南入祁州，与

紫荆关 中。易州
西八十里，紫荆关城
内，隶大宁都司。

茂山，易州。真武，神武，阉马卫俱在易州城内。

鸿州。

上有关通山西大同。束鹿岩，束鹿县北门外，隘内广可容千人，又名三古洞。

关隘

紫荆关，易州西八十里，历代为扼塞之所，本朝衡而新之。城高池深，足为戍守之固。鸿山关，唐县西北七十里，名鸿城。二鸿武关，唐县西北，汉卫俱在易州东北置，以山路险峻而名。八渡关，唐县西北五十里，有水屈曲八渡，汉置关于水

高阳，或高阳郡，满城。裁，水，冲。十四里。州南四十里。新安。本容城地，或涿泽，水，佥，同前。十七里。州东二十里。

涞水。汉逎县，或承阳，故安，易县。水。水患二十五里。州东四十里。

附考

中山城，唐县西北十三里峭岭之上，慕容垂

安，武定，又唐兴，顺沙河合。其分流曰深河，土尾河，俱过府境，至安州入。易水。滋河，祁州西南三十里，自无极县流入深泽，至州境合沙河。此与真定所列小异。易水，安州坡北，府境内沙河，曹河，徐河，桥儿河，一亩泉水，鸦儿河，唐河等山西流于此名河。易水记曰：易水合而成也，至雄县南名瓦济河，入顺天，过保定以合滋河。

工部侍郎，易州广易州道寄衔山西名按察司分司。

河间,沈阳中屯、大同中屯府城。府城。

青县,旧芦台军。宁州,永安,清州,乾宁等军。人荒,冲,僻。十七里。府东百五十里。

献县,汉乐成,或乐陵,广城,乐寿,献二州。又寿,献二州。讼。二十七里。府南六十里。

兴济,宋范桥镇。裁,冲,僻,难治。中。十九里。府东百八十里。

阜城,汉县,或汉阜。冲,烦,差多。二十六里。府西南百四十里。

武垣,乡侯国,又唐敕封邑。路冲,差多,中下。二十七里。

河间,古瀛阳,或瀛州,瀛海军。近京,冲,烦,地瘠,赋重,多盗轻生。米六万五千石。

上。高阳关,在高阳县,五代时置。瓦桥关,在雄县,三关之一。西水寨,易州西南百里。

都此。废遂城县,安南西二十五里,昔以为雁门关冲要。

直沽入海。

东山东济南海丰界三百里,北保定府界二百里,西雄县界二百二十里。

天津钞厂。

府东濒沧海,西丽大行,地势广阔,为水陆冲要之路。山险天津，天津，左，右。俱在静海小直沽城内。

肃宁，戎城戎镇，始曰平虏寨。简，僻，易治。十四里。府西五十里。

静海，宋涡口寨，冲，靖海县。贫，僻，中。十九里。府东百八十里。

任丘，汉鄚县，莫州，安省入。冲，讼。二十三里。府北九十里。宁津。本保镇地。僻，难治，丁差，与冲。南

交河，旧中水、浮沱、高河支流处。二十五里。府东南二百九十里。

故城。历亭，戎镇。丁多，僻，烦，府南八十里。差重，栽，烦，易治。八里，州南

吴桥，隋将陵。栽，僻，易治。十五里。州东五十里。

东光，汉县，安陵省入。中上，同上。十九里。州东北九里。

景，汉 渤州界。又东北入海。澜水，在任丘西北五十里，东合易水。水，任丘西十六里，源出代州，流经献县五里铺合滹沱入海。庆云有明月洁，西接省马谷，山东溪海煮盐处也。

郡，后观弓高，定远，永静军，循县。东，同上。十九南二百米四千四百九十石。

天津道寄衔山东按察司分司。

西山，青县西南五里，高峻而顶平。

水道

海，盐山东七十里，潮汐所及，其土盐卤可煮为盐。浮河，沧州南五十里，自东北流经济渠分出，东北流经

沧州。	庆云。汉阳信，赋重，中下。九栽，简，易治，下中。十一里。州南百六十里。	南皮，僻，赋重，中下。州南七十里。盐山，古无棣，汉高城，或浮阳，东盐州，简，僻，中下。二十七里。州东九十里。	沧。渤海、清池、长芦，景城郡，义昌，顺化，横海，临海等州。水路，冲，烦。差重。二十八里。府东百五十里。米四千六百石。	长芦盐运司，巡盐。
顺德。	钜鹿，汉南栾，或起州，栽，僻，好讼，烦。中。十四里。府东北百二十里。唐山，旧柏人，后柏仁，东龙州，尧山。中。十五里。府东北九十里。内丘，汉中丘，或赵安。	沙河，或温州，冲，烦。地沙石，下。二十九里。南和，或和州，栽，简。十八里。府东四十五里。邢台，或老冈，冲，或烦。二十二里。水道洺漳河，平乡西南二十里，源出山西游州发鸠山，流经此，下入南和，即《禹贡》漳水也。真定所载之区漳水出山西，其分合俟考。	顺德，古邢国，襄国，邢州，钜鹿，京师要地。汉和惠水。县九。米九万二千石。北柏乡，果安。西山西辽州，顺县界。百五十里。真定府，四百五十里。府镇以太行，萦以漳水，依山冯险，四冲之会，形胜之区也。山险。	

栽，冲，中。九十里。府北五十里。
任县，旧张县，或苑乡，清苑。栽，简，恩。十九里。府东北四十里。

平乡，汉庆陶，或封州简，栽。十三里。府东百里。
广宗，汉堂阳，或宗城，栽，简，下。十二里。府东北二十里。
广阿泽，钜鹿北五里，亦名大陆，中有泉，可煮为盐。

派水，唐山县西二十里，上接赵州临城县，下流入任县及内丘。

百岩山，府西北，其山极峻，共有百岩。夷仪山，府西北百七十里。石门山在府境。石勒遣石季龙进据石门，即此。

成安，古乾侯，汉斥丘。军民杂。二十七里。府南六十里。
邯郸，赵都，汉郡。烦，冲，中下。三十里。府西南五里。

曲周，汉县，或曲安，平恩。省入。僻，中。二十二里。府东北四十五里。
肥乡，古蒲县，清漳省入。四十八里。府南四十里。

永年，旧曲梁，临洺，重。省入。民贫赋重。三十二里。
洺河，府北三十五里。源出辽州太行山，经安成东北，至府境鸡泽与沙河合。

东山 东平，广平，汉名，武安郡、邢洺州界。路。土城。地僻。府北二十里，米五万九千石。
德和北通兖、卫，南连襄，南至郑、卫，亦都会之区也。
东昌，清顺，南界六十里。

大名等道寄衔
山东按察司分司。
东山东东昌冠县东九十里，北东昌馆陶界一百里。

大名，商都，后阳平，贵乡、魏州，或天雄军，东京、兴唐府、邺都，广晋府、北京、安武军，河间使。差烦。县六、县同一，州一。米十四万八千石。府界东西之会，有山河之固。
附考

元城，古沙鹿地，略冲。中。亦曰襄州。中，三十八里。

山险狗山，府西七十里，世讨刘黑闼，民讨刘黑闼，建垒于此。

沙河，府西北五十里，从沙河，至鸡泽合洺。

鸡泽，古名。俙，广平，或武安，魏县并入。裁，俙，中，府西北十一里。

威县，汉乐平，或武安。裁，广平，武安、魏平，或武安，魏县并入。中，府北七十里。

或威州。裁，沙矿。府北百三十五里。

清河。周甘泉市，秦厝县，汉信成，后贝州、永清军、恩州。裁，下。中十九里。府东南七十里。府东九十里。

南乐，或贵乡。府南中。十九里。府南七十里。

南乐，汉乐昌及东昌，繁水。中。府东南四十二里。四十里。

柯，繁阳，古相，汉黎重，民地，汉置县。府南税。三十四里。百里。

内黄，古相，繁阳，柯州。府南百里。

濮县，卫邑，汉黎阳，后黎州、濮州、通利军、澶州、平川等军。土广民稠，五十里。府西南二百里。

清县。古豕韦、晋州、杞州、兖州、东郡、灵昌、武昌。或清阳，或濮阳，同省入。白马省入，同前。府南八十九里。二百三十里。及成义、宣义、武成军，白马军。

魏县。古洹水，或漳阴。中。府西四十八里。府西四十里。

东明。河迫，多盗。府东南二百里。十九里。

长垣。古匡邑，或匡城，汉顿丘，东郡，漳水，澶州，澶渊，镇，宁，开德府，秦开，旧澶渊，阳省入。中上。州南百五十里。七十八里。

山险

善化山，澶县北三十里，去内黄西南六十里，三峰鼎峙，南北连跨。

水道

御河，自魏县经府境东北，流经馆陶界。

卫河，旧名白沟水。清河，渭县境。旧志云：河经北而东清最大，自洛以西百水皆合于此。淇水，开州。

黎阳津，澶县西二里废黎阳县，一名白马津，郦食其所云守白马之津是也。灵昌津，在清县境，旧名延津，石勒济此。马陵道，在府东南十里，即孙子伏弩处。黄河故道，开州治南，正统时河决阳武，复循此东抵濮州，道张秋入海，声闻数十里，俗名响子口。黎阳仓，大伾山北麓，隋置，李密据以赈民，唐、宋河北粮储皆置此，河徙后遂废。

隆庆，隆庆左，俱在州东南五十里居庸关。

西境，自林虑山发源，绵历大行而东，至潽县枋头东流入卫河，其合流处曰黎河，亦曰潽河。高鸡泊，府境内，唐乐寿训伏兵害宰相王铎处。长丰泊，潽县西二十里。忘云：天下名泊二，陈家山，石壁险立，下临淇水。

冈峦溪涧，不啻数百。大伾山，潽县东二里，峰峦秀拔，即《禹贡》所载者。黑山，其西八十里，一名墨山，形如展箕，岩石奇特，东汉末黑山贼众十万据魏郡即此地。其西南连巨者曰二十嵁水。

伾山，潽县西境，博望关，洪水之北，即洪水口也，曹操以枋木筑堰通淇水入白沟以通饷，桓温破慕容垂于此。

氎子口，开州西南二十五里，即汉武所塞处。枋头，潽县西南十二里，曹操以枋接河内汲县

关隘
金堤，潽县境，已废。博

直隶
东至四海冶百三十里，西至保安州沙城果百里。

隆庆。汉广宁，或北燕、妫州、儒州，绶阳、龙庆州。十四里。去京师北百八十里。米四千六

山险
红门山，州东二三里。东螺山，州西北三里。高七里。

永宁。辽凉山，州东三十里。
山险

水道
妫川，自州果流怀来至城东南，又西流合桑乾河，俗名清水河。

永宁。永宁。

美峪。

附考

岔道，州南二十里，出居庸关东西路由是两分。又州南三十里有八达岭，为居庸关北口。

水道

洋河，出宣府界，经州南十五里，又东南入桑乾河。清水河，州西北六十里。涿河，州西南九十里，在州西南安三十里，即隆庆南之岣水也，合流洋河而达桑乾河。

保安。隆庆左，永宁，保安三卫。永宁、保安属万全都司。

美峪。州城，属万全都司。

百石。

州南扼居庸之冲，北距龙门之险，为京师要害之会焉。

山险

磨笄山，州西北二十里，代王夫人自杀处。保宁寺山，州西北六十里。涿鹿山，州西南九十里，鹿山，州西南九十里，古涿水出焉，黄帝胜蚩尤于此。

保安。汉涿鹿，或永兴、新州，辽奉圣州，武定军，后德兴府，古名上谷，险阻。七里，去京师西北三百里。米千八百石。

直隶

东至隆庆州土木驿四十里，南至山西蔚州界美峪百里，北至宣府界泥河七十里。州山险川环，控扼之所也。

口北道。	万全都司领	卫十五。其蔚州、隆庆左、四卫及广昌、美峪二所散建于各州县而属于都司。	所	堡以上俱表都司。	城
	万全都司驻宣府卫城。巡抚、巡按、总兵、管粮郎中。	都司驻宣府卫城。宣府左、右、前，泰、上谷，汉下落，后文德，毅州，归化，宣德，顺宁，又宣化，去京师西北三百五十里。怀安，汉夷舆县，宣府西百二十里。保安右，永乐十五年建于顺圣川，二十年移于怀安卫城内。怀来，汉潘县，或曰怀戎，汉潘县，来县，宣府东南一百十里。万全左、右，宣府西六十里。隆庆右，初建于居庸关，宣德五年徙于怀来卫城内。开平，旧在元之上都，宣德五年移独石，宣府东北三百里。	兴和，初置卫于怀安，永乐二十年移入宣府城中。武安，怀安卫北之高原废县，去宣府西余二百七十里。长安，旧名枪竿岭，又丰峪驿，宣府东北百四十里。		顺圣川，东城，宣府西南百四十里。隆庆冶，宣府西二百二十里。雕鹗，宣府东百七十里。顺圣川，西城。东城西百里。两城别辖于南路参将。四海冶，宣府东城。赤城，宣府东北二百里。

		五军都督府属	中府，属卫四，所二，府治在长安右门南。	左府，属卫六，府治在中府南。	右府，属卫三，府治在左府南。	
所						
云州，宣府东北二百十里。龙门。宣府东北二百四十里。 马营。宣府东北二百六十里。	龙门。唐县名，元省入宣德县，宣府东百二十里。	卫四十。亲军指挥使司上直卫二十六，番上宿卫各亲军，以护宫禁不隶五都督府。长陵等卫及永清、彭城、武功六卫非亲军，亦不隶五都督府。	留守中、神策、利阳、应天。	留守左、沈阳左、右、骁骑右、镇南、龙虎。	留守右、虎贲右、武德。	牧马，蕃牧。

前府，属卫三，府治在右府南。	留守前，龙骧，豹韬。	
后府，属卫二十四，府治在中府后。以上五军都督府所属皆京卫。	留守后，武成，中，前，后，神武，左，右，忠义，左，右，前，后，义勇，左，右，前，中，后，大宁，前，中，蔚州左，会川，富峪，宽河，兴武，鹰扬。	
亲军指挥使司。上直卫二十六。	锦衣，旂手，府军，府军左、右、前、后，府军左、前、后，虎贲左、金吾左、右、前、后，羽林左、右、前，燕山左、右、前，大兴，济阳，济州，通州，腾骧左、武骧左、右。	

长陵、献陵、景陵、裕陵、茂陵、泰陵、康陵。以上七卫俱在昌平州天寿山。永清左、右，彭城，武功左、右、中。以上六卫俱在京师。

南直第二

　　按金陵自古有帝王气，所云龙蟠虎踞之都也。夫长江固天险矣，而昔之论者，谓守江莫先守淮，岂不然乎？是故邳、徐、淮、泗之右臂也，濠、寿，全淮之左臂也，而扬州，而滁、和，而太平，而合肥，皆所以联江、淮，咽喉表里者也。是故守江之要，其上流则在横江、采石间，其下流则在仪真、京口间，前事可鉴，斯其概也。乃吾观安庆一区，当长江委流，束约全楚，为东西门户，所以制江表而祸中国者，必由於此。何也？江之上流在楚、蜀之际，而洞庭合湘、沅之流，鄱阳为章、贡之委，大川宏敞，溢口为都会，故论九江者，谓所以接武昌而蔽金陵，则安庆之为要，从可识矣。若夫徐、颍诸州，雄跨齐、梁，苏、常诸郡，饶於财赋，宣、歙而下，富有山溪，上有以清河、洛，下可以靖岭、海，惟运之得而已。王导有言：经营四方，此为根本。盖未尝不三复乎斯言也。

　　南直，古扬州地，秦为鄣郡，汉丹阳郡，孙吴以后多建都於金陵。明初定鼎於此，后为南直隶。府十四，州一十三，县八十八。又州四，属县八。总为里一万三千七百四十三，旧有户一百九十六万二千八百十八，口九百九十六万七千四百三十九。夏秋二税共米麦五百九十九万五千三十四石，丝一十万九千九百十两，绢三万八千四百五十二匹，麻布二千七十七匹，钞八千七百七十锭，马草五百八万四千二百一十七包。

两淮盐运司额办小引盐七十万五千一百八十引。盐运司一，在扬州。领盐课司十三。淮安五，苏州四，通州四。

亲军卫一十七，属所一百一十二。守御千户所一。在京属府卫三十二，属所一百九十六。守御千户所一。在外直隶卫二十八，属所一百四十五。守御千户所十五。

中都留守司领卫八，属所四十。守御千户所一。京营马步官军舍馀夷人共一十二万有奇，在外卫所，除中都留守司，南直、北直、山东、河南各二班。

京操外马步官军舍馀共四万四千八百。南京太仆寺所属应天等府种马凡数万匹。

南直舆图

一、泗水，出山东泗水县，至徐州东北而合汴水，至下邳西南而入淮。

一、清河，出淮安清河县治西，即泗水下流也，源自山东泗水县，流经徐州，至邳州分为大、小二清河，南流达淮。

一、官河，即邗沟也，亦名邗江，东北通射阳湖，经宝应县北，过山阳县治东入淮。

一、太湖，在苏州府南五十里，常州府东南百里，连武进、宜兴、吴县界，纵横三百八十里，周三万六千顷。

一、练湖，志云在丹阳北。

一、滁河，出庐州府，经全椒县北，襄水东南流合焉，至滁州东南三汊河，州西清流水来会焉，经六合县境至瓜步入大江。

一、淮水，出河南桐柏县桐柏山，自汝宁府境入颍上县界，至寿州西北合肥水，至怀远县合涡水东流，经凤阳府北境，又东入泗州，至清河口合泗水，过淮安府城北五里，萦回于城东，又东而入海。

一、睢水，自河南夏邑县入徐州南境，经宿州北二十里，亦名小河，自灵壁县东流，经睢宁县治北，至宿迁县而入泗。

一、大江自九江府来，合洞庭、彭蠡诸水东北流，绕安庆府东西南三面，自东流县入池州府界，北折而东，过府城北，下合府境诸水，历太平、应天，东抵常州府北五十里，西接丹阳，东接江阴、靖江，与泰州、泰兴分居南北岸，又东而至苏州常熟县境，县北四十里有福山港，与通州对岸，大江入大海，在通州、海门间也。

南直舆图

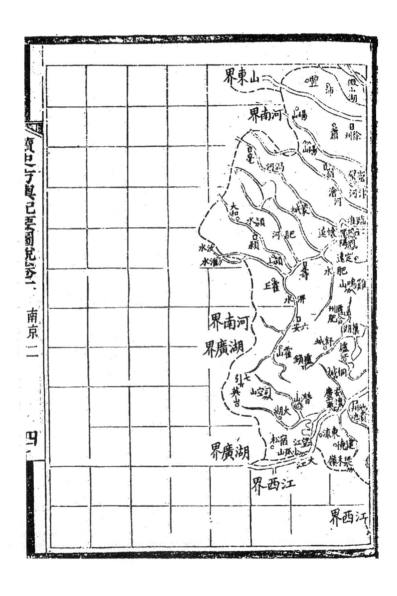

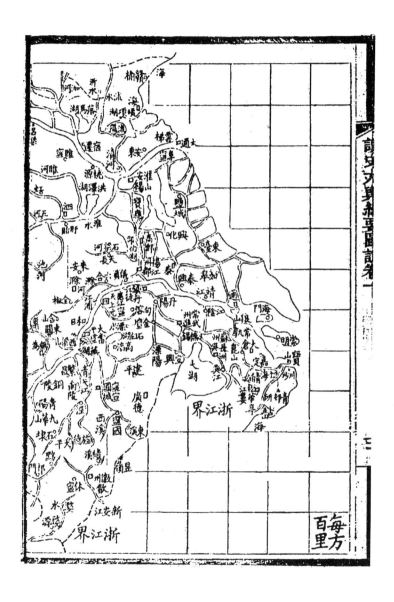

府十四	州十七附郭	并外县九十六	卫八十五	所
应天京，楚金陵，秦秣陵，吴建业。县八。米二十万千六百石。 江宁，晋建都，冶铸归化，自下。 府三吴为东门，荆、蜀为西户，形势莫重于此。 伍牙山，溧阳西六十七里。 山险 钟山，府东北，周六十里，比诸山特高。石头山，府西二里许。龙蟠，此二山也。覆舟山，府北七里。方山，府东南四十里。望山，府西北十里。三山，府西南五十里，下临大江。 附考 石头城，府西二里。	句容，汉名，冲、烦。茅州，冲。烦。下。二百五十二里。府东九十里。 溧阳，汉县，或路，或烦、颇烦。讼。或州。三百三十五里。府东二百二十里。 溧水，今溧阳地。讼，烦。二百五十五里。府东八十五里。水道 中江，在溧阳西，今名永阳江，北下流入宜兴界。 长荡湖，溧阳北五十三里。胭脂	江浦，本六合地，或冲、烦，下。二十里。府西西四十里。 六合，楚棠邑，或秦郡，雄州。府西北十七里。府西北二十里。 高淳，析溧水置。简，难治，下中，十三里。丹阳，溧水西七十里。固城湖，高淳西南五里，分四派，中流与太平接界，东经官家堰，高淳南七十五里。余家堰，高淳南七十五里。大湖。		
府治至京师三千四百四十五百四十里。				

關隘		
雁門山，府北六十里。慈姥山，府西南百十里。絳巖山，本名赤山，絕高。竹里山，句容北六十里。	又金城，府北三十五里。浦子渡，句容東二十里。江浦東二十里。	溧水西，北通大江，西通丹陽湖。	大勝關，府北十里。石灰山關，府西北二十里，本名幕府山，龍江關。儀鳳門外。

| 中都留守，西河南開封項城果五百九十里。 | 鳳陽，鍾離郡，或北州。徐州，沖。縣十三。其屬半渡。米二十萬五千百石。府東連三關，南引荆汝，外有江、湖之阻，內保淮、肥之固。 | 鳳陽，析臨淮置。沖，煩。本鍾離郡地。三十四里。 | 臨淮，古鍾離地。塗山省入。煩，沖。四十里。府東北二十里。 | 五河，宋臨口屯田，又安淮軍，煩。下。府東北十五里。 |
| | | | 懷遠，曹魏蘄城，或晉陵郡，又墩鎮淮軍，沖。四十八里。府南七里。 | 虹縣，漢夏丘。訟，煩。十九里。府東北百五十里。 |

	水道		山险
英武，定远。 飞熊，定远。	府南涡水，自河南东流经蒙城北，径怀远至与淮合。肥水，出宿州老龙山湖，东流至怀远入淮。颍水，在颍州境。汝水，在颍州西二百二十里，详见汝宁府。 涡河，出河南永城县马长河，东流历宿州南境，至宿州西北入淮。西河，此五河之一也。沂河，自宿州流入虹县，至泗州东西二城同入淮。池河，自庐州府境历定远府入淮。 寿州，	定远，秦曲阳，后东南城。三十三里。府南九十里。 霍丘，汉安丰，松滋二县地。冲，繁。州西南二十七里。米万二千二百八十石。 寿，古六国，寿春。冲，繁。州西北二十八里。米万二千二百八十石。 蒙城。汉山桑，或涡阳、肥水。减，州北三十八里。州在府西一百八十里。	韭山，定远东北四十里。横涧山，定远西北七十里。八公山，寿州东北之北，淝水之南，即苻坚望此草木皆兵处。紫金山，寿州东北十里，周世宗拒南唐兵于此。峡石山，寿州西北二十五里，淝水相对，两崖相对，尝立土城其中，尝立土城以防津要。长围城，藏阴盱眙北七里，魏自盱眙质守盱眙，魏自都府八十里。

泗州，

盱眙，古善道，汉县，或郡或军，又昭信军，安州，下邳军。天长。汉广陵地，或建泾州，石梁，永福，建武军。讼，简，裁，二十里。州南百五十七里。

泗，古徐国，即汉泗水国，东徐州，安州，东楚州，下邳。水陆冲。又盱眙西南。又县东五里有盱眙都梁山，与此连，当淮水险处。盱眙青山，盱眙西八十五里，宋刘纲保此，金人不敢近。三台山，盱眙南百五十里，山有三峰，鼎立，可容十万众。横山，天长东南五里，山形四平，望之若屏，宋刘纲保聚于此以拒金人。梁山筑长围围城，即造浮桥绝水路，此也。其南一里有军山，亦其故址。斗山，盱眙西南。

附考

铜城镇，天长西北四十五里，吴王濞即大铜山铸钱处。后因名镇。连珠寨，寿州北四里。山腰有石龊大路，周世宗攻寿州屯兵于此。邵阳洲，府东北淮水中，魏元英围钟离，梁韦叡救之，夜趋于此，截洲为城，梁趣青冈城，寿州西二十五里，谢玄御秦时筑此。涡口城，怀远东北十五

宿州，

灵璧。隋虹州，或灵璧。颍，冲。四十一里。州东南百二十里。

宿，古国，或睢阳郡，睢阳郡。冲，颍。七十里。府西北二百二十里。米三万八千一百八十石。

颍上。

颍川，

颍上，汉慎县，或下里，今名拖城，唐槌城，阴，信州。颍，烦，冲，裁，时于涡口对岸筑两城，置两城使。两州。

武平。亳州。

颍，古胡国，或汝阴，信州，顺昌。冲，烦。五百五十里。府西北四十五里。米五十万石零。

蔡郡。顺州，烦，冲，裁。中。十三里。州东南百二十里。

大和。汉细阳，或万寿。裁，烦，中。三十里。州西北八十里。

亳。古谯邑，或县或国，南兖州，亳郡，集庆军。盗。四十一里。府西北四百五十里。米五十万石。

金河颍州兵备兼辖河事，兼辖河南。

庐州，	舒城。古舒国，舒，老舒二县。四十五里。	庐江，汉老舒，或相裁，僻，州，古灊城。府南百八十里。	合肥，汉县，或汝，阴县，金斗。颍，冲，近淳。五十四里。
六安。	水道 巢湖，巢县西里，一名焦湖，周四百余里，港汉大小百六十，占合肥、舒城、庐江、巢县四县境，有姥山最高峻，有孤山在其中。白湖，庐江东北三十里，周七十余里，与巢湖相接，流入于大江。裕溪河，无为东北百二十里，源出巢湖，东	巢县。南巢，秦居巢，或鄢县，盗，裁，巢州，巢镇，三十里。州东。米南一百八十里。米三万三千七百石。 英山，本蕲州罗田地，宋鹰山寨，山险。三十七里。州西盗，七十里。府西百八十里。霍山，新析。山险。裁，二里。关隘冷水	无为，或镇或军，襄安入。临湖，有盗。四十九湖，府东。米南一百八十里。米三万三千七百石。 黄山，府东百三十里，接巢县界。有三百六十峰，周二百余里，泉出不涸，俗名龙泉山。春秋山，舒城南三

庐州，古庐子国，汉庐江，又合肥或庐豫州、合州，北陈郡，保信军。

西河南南汝宁国始界五百五十里。

淳，山险。州二，县六。米七万七千三百石零。

府腹巢湖，控临颍瀕淮，枕潜、皖，诚淮右之襟喉，江北之唇齿也。山险。

一万四千二十七名。

巢湖河，柘皋河，巢湖，源出合肥浮槎山，入巢县，刘锜败兀术于此。源水，一名白沙河，出霍山，北流入淮。肥水，本出寿州境南七十五里之鸡鸣山，府西北之鸡鸣山，本出北流十里分为二，其一东南流入巢湖，其一西南流入淮水。《尔雅》：归异出同曰肥。谢玄破符坚，韦睿堰水合肥，皆于此。

入大江。庐江西三十里大关，庐江西二十里，形势高阔；冶父山，庐江东北十里，峰峦森密，自南百四十里；二山皆南宋时避兵处。明麓至顶凡五里。

祖家山，六安西南十里，顶有洞可容数千人。冶父山，庐江东北，文家山，六安西南六十里，峰峦森密，皆南宋时避兵处。明

县西南，两山夹道如门，相传曹魏没沟处。北峡关，舒城南四十里，石径崎岖，为入安庆大路。

陶成忠山，无为西三十里，旧名孤猿山，宋绍兴初郡人王之道保此，寇不能破。

林菁捲翳，相传有陶穴铁枪岭，绍兴初郡人王之道保此，寇不能破。

巢县东南七宝山，巢县东南三十里，英山东南于此。天人山，英山北三十里，曹魏时濡须山为峻岭。英山，县南山为雉屿山，此为峻岭。英山东南五里，峰岭崎岖，上有井。楼子峰岭崎岖，上有井。楼子拔，东五十里，陈荀山，陈荀朗破郭元建于此。

《左传》楚子观兵于坻箕山，即此。

井镇，桃花镇俱在舒城北二十五里。舒城北二十五里。英山东北七十清水镇，府东北十里，英山东北七十里，有寨。多云寨，英山西北百里，有寨。多云寨，英山西北百里，即此。

府东北清水镇，府东北百三十里，增考

濡须水，出巢湖，名马尾沟，流经县东北八十里至亚父山，又北而入大江，即孙、曹相拒处。夹浦，左右依山，夹筑两城，使全端守之。滁阳城在废梁县东北四十里，孙吴断涂作堰以淹北道。或曰魏人筑此守之。废梁县，在府东北七十里。藏舟浦，府城西北，张辽置此以藏战舰。

濡须坞，无为州东北五十里，接巢湖，湖之东南有石梁，凿山通水，名东关，一名东兴，其地高峻险隘，诸葛恪增筑。

偃月坞，无为州东北五里，即濡须坞也。孙权闻曹操将来，夹水立坞，状如偃月，吕蒙尝与魏兵相持于此。

三洄山，无为州百里，亦名三曲，中有小港，通故步镇，山随水势，萦回三湾。东北二十里名梅子岭，可容数十万众。董靖原山，六安西南百二十里，有寨，山原平敞，周有小径。

洪家山，六安东南八十里，接罗田界，上有九寨，四面石壁险峻，南宋有洪姓率民保此。龙眠山寨、石索山寨俱在舒城西境，有山峡可容数千人。霍山，六安西南九十四里，或名天柱山，高险，上有泉池。

安庆。

宿松，汉松滋，高府。四十六里。府西南二百七十里。

桐城，古桐县，汉枞阳，或同安。冲，繁。五十九里。府东北百五十里。

怀宁汉皖县。烦，冲，上中，民浇半。四十六里。

安庆，皖城，古舒，或晋熙，固安，东安州，舒州，又盛唐郡、德庆军。东。烦、冲。县六、十三万一千八百石。

望江。晋大雷戍，或新冶，又高州、智州。裁，繁，冲。烦。二十二里。府西南百四十里。

潜山，本怀宁地。百三十里，相传关羽屯兵处。灊山，潜山县西北二十里，一名皖伯台，有皖池洞之胜，与皖公、天柱山连属鼎峙，层峦叠嶂，为长

摩旗山，桐城东南百二十里，桐城东南府淮阳之屏蔽，江介之要冲，控中原而引三楚，形势在斯，此争之地也。

山险

浮山，桐城东九十里，一名浮渡山，有淮浒蔽，小孤山、三百五十岩，七十二峰，其中有可居可游之处三十六，西南有

大湖，或龙安。府八十五里。府西二百二十里。

皖水，出潜山北西南百三十里。

水道

大湖 西南有沙河，自寿州界来，东南五里，又合此，下流又与潜水会，经府城西南入江、桑落洲，宿松南百九

龙南莲若湖，宿松南五十里，里为白荆、涝池，又东五十里为大伯游东五里为张富池，下流入望江县

西湖 黄州界 梅二百一十里。

盐城，

独峰直上千仞，大江险可畏。烽火山，环绕，望之若浮，故名。

十里九江口，刘毅与卢循战于此。石子港，望江北二十里，合慈湖诸涧谷水入武隘。

宿西四十里之泊湖，又东而出雷港及大江。漳里，会上流青草，武昌诸湖水东入漢沟至山口镇入江。

松东北六十里，北齐及陈分界处。司空山，太湖西北百九十里，极高峻，半山有洗马池。

关隘

海门第一关，在小孤山上，元立铁柱于此，长二丈馀。山口镇，府西十里，即皖口也。

淮安　大河。府城。

桃源，本宿迁之桃源，本淮渎。或淮滨，冲。贫。四十八里。府西北百六十里。沭阳，汉厚丘。汉潼县，怀文。

盐城，汉盐渎。或射阳郡及射州。八十五里。南二百三十里。清河，宋清河口，清河军，冲，

山阳，汉射阳。繁。县二。米九。里二百三十里，北山东

淮安，山阳，淮阴，楚州，北兖、顺化、两京军。四通八达，要路。冲、繁、剧，疲甚。州二，县九。米二百三十四十一万二千二百八十五十里，东海岸二百三十

总督漕运，理刑，管闸，船厂。

海州中、前、东海中、左。海州。

府。下。八十一里。北百七十里。

水道

射阳湖、山阳东南七十里、与宝应、盐城分界。桑墟湖、海州西北九十里、上接沭河、下流入海。又其东与硕项湖相接。亦达淮。沭水、自山东沂水县流经郯城、合马背固诸洞会流至沭阳县界分为五道，一入桑墟湖，三入硕项湖，一入连水。洪泽湖，在山阳界，旧

烦。四十六里。府西五十里。

安东、襄贲县。东海郡、滨海。烦。贫、五十五里。府东北九十里。

赣榆、秦郁洲、汉东海县、或怀仁、滨海。贫、烦。州北百里。

海、古郯子国、汉郯郡、或郯郡、郯县、又青、冀二州、北海、西海郡、又宁海州。滨海。烦。府北三百七十里。米一万五千九百九十石零。

莒州 界四百五十里。

曹州 界石零。

淮安府临淮、海、控制山东、襟喉南北、而海州连山阻海、北接齐、鲁、南蔽江、淮、亦冲要之所也。

山险

峒晤山、宿迁北七十里、有石洞、水泉不竭、宋据此以拒金人。金牛冈、山阳西北十里、周世宗屯兵处。

邳州。

有闸，宋魏胜守海州，调发兵粮由运河至洪泽出闸入淮，即此。白水塘，山阳南九十里。邓艾伐吴，修以灌田、捍海堰，自盐城南接泰州海陵，范仲淹筑。老鹳河，府城西北七十里，周世宗至北神堰，舟大不能进，开此以通舟。明时复于此开陈瑄闸，名清江浦，旁置仓积粮以备漕运焉。

邳，古国，秦下邳，汉，徐州，淮阳军。汊冲。西北四十里。府西北二十五里。米三千三百七十名零。

宿迁，古钟吾，汊，秦下相、烦，汊。下。五十九里。府南二十里。睢宁、睢陵、临睢、僻，下。州南二十六里。州南六十里。沙河，府西北十里，宋人开此以湮淮河之漕，通洪泽之险。

		兴化，				泰州，
扬州，仪真，	泰兴。旧海陵。弓。俭。州东南百四十里。	仪真，唐扬子，或建安军，迎銮镇、白沙镇。冲，真州，累。府西七十四里。	江都，或江阴。冲，烦。百六十里。	高邮。	兴化，亦海陵地。俭，烦。七十二里。府北百二十里。米三万六千百石。	高邮，古邗沟，或军，承州。冲，烦。八十六里。府北百二十里。米三万六千百石。
高邮。	宝应。汉平安，又安宜，或阳平郡，仓。州东二十里。州北百二十里。	泰兴。旧名，俭。云。四十二里。州东南百四十里。府东百二十里。米一千五百四十三。	泰，汉海陵，或呈陵，吴州。俭，烦。百七十二里。州东南百二十里。米一千五百四十三。			

巡盐、两淮运盐司，钞关，仪真厂。府东至海三百六十里，南至江南，而高邮至江淮，为东南要会，而高邮一州尤要会，而高邮管河主事。

扬州，汉江都、广陵，或南兖州、东广州、海州、吴州、淮海府。水临冲，烦，疲甚。州三，县七。府东至海三十六万二千六百石。

山险　得胜山，府西北三十里，韩世忠大败金人于此，故名。瓜步山，即魏太武南伐诸军同临江处，山有盘道。

水道　三湖，《系年录》云：承、楚之交有樊梁等三湖，连亘三百里，宋张荣聚军于此以拒金人，金人陷扬州，荣又于鼍潭湖称荣为……

通州。

城。又有五湖，皆在高邮境。得胜湖，兴化东十里，宋张荣、贾虎率山东义军，由梁山泊至金人转战至承、楚间，荣以舟舰设伏于缩头湖，大败挞懒之众，因改是名。伊娄河，唐时开通。

海门。东洲镇。僻。十九里。州东百里。

瓜州镇，府东四十里，江之沙渍也。民商毕集，有渡通镇江。五十八里。

宜陵镇，府北六十里，地势高阜，民居稠密。北阿镇，在高邮州西九十里，晋名三阿，即谢玄破苻秦将彭超处。

通、静海军、崇州。僻，烦。近海。府东四百里。里。府东四百里。米二万四千四百石。

附考

料角觜，海门治东，素号形势，控扼之所，其沙豚坍涨不常，非熟于舟楫者不能辨也。皂角林，江都南三十里，金人掠扬州，刘锜遣将大败金人于此。

新安。府城。

黟县，旧名，烦。府西中十四里，北百五十里。
或梁安。又北野，中二十五里。北野，中二十五里。府东北六十里。

休宁，吴休阳、海阳，后海宁、黎阳，省入。讼，烦。
婺源，本休宁地，或州。讼，烦。府西百六十四里。府西南二百里。
祁门，本黟县地。中，四十六里。府西百八十里。
水道

歙县，秦名歙浦。

徽州，秦鄣郡，汉丹阳，后新都、新安、新宁、歙州、兴安府，烦。
东浙江杭州昌化界二百二十里，西江西浮梁界三百七十里。

黄山，府西北百二三十里，一名黟山，高十万零五百石。府峰峦层叠，与府峰岱纡，与道萦纤，险要之区也。山险。
洞十八，岩八，泉石幽异，不可尽记。林历山，黟西南百十里。

乌聊山，在府东南隅，一名富山，东汉末贼毛甘据此，吴贺齐讨平之。
飞布山，府北二十里，一名主簿山，昔寇乱，县主簿率众保此。

山势孤峻，中新安江，一出歙县黄山，一出休宁东南四十里之率山，东南四十里，东一出绩溪东六十里，一出婺源东七十五里岭，一出婺源之大鄣界，一出婺源岭。

徽溪，在府城外，源自绩溪县来，与黄山诸水合，西流经府城西，会众水入鄱阳界，休宁港入于钱塘江。婺源西北山谷中，合众水入鄱界，凡百里，至阊门滩，祁门西南十三里，有山对峙如门，名。

里，志云：婺有五岭，而此岭尤为峻峗。武陵岭，祁门西四十里。唐县令路受为滩三百六十。婺源出婺源西北之齐五十里之大广山，下流合斜水入江西乐平县界。

阊门，其水下流入鄱阳界，昔时石壁流迅，唐县令路受开斗门以平其险，亦曰路公溪。

源北七十里浙安山，合流至新安

宁国，南徐、歙州。盗。中。六十里。府东南百五十里。

雍德，安吴，沙城。山。俙，盗。府东南四十一里。二百四十里。

宣城，汉宛陵，或怀安。刁。剧。三百十七里。水道青弋江，府西五十里，源出泾县，及宁国州埭，流注大江。句溪，府东五里，出歙

宁国，南徐、歙州。盗。中。六十四里。府南二百五十里。

南陵。汉春榖，或阳榖，北江州。泾县，汉名，或南陵县，及众，合溪，冲，六十四里。府南百五十里。

宣州。府城。府南一百四十一里。府南二百四十里。

宁国，汉丹阳，又或淮南及南豫州，宣州。县六。水道米十万三千三百石。府阻重山，控大江，吴、越之交，屏藩之重。

东浙江湖州府三百五十七里。

山险		附考
陵阳山，府城内，为郡之冈峦盘屈。黄山，太平南三十里，即徽州所载者，盖此山实盘亘宣、歙之间也。	太平，本泾县中裁。盖水入地。县之丛山，北流二百里合众水入江。绥溪，出广德建平，即桐汭也，至府北四十里合北崎湖，句溪入江。赏溪，泾县西，一名泾溪，源出石埭，支流出大平县，流至泾县，南陵，宣城，逾芜湖入江。南陵南六十里，吕山所出，至县东合大江，吴楮折屯戍所中港、西港等水，至西流入小淮河，沼石硊西，出鲁港达大江。	桓公城，旌德北五十五里，地名兰石，晋桓彝当泾县之乱，进屯兰石，即遭俞纵守兰石，历此。楮折城，南陵北百三十里，西临大江，吴楮折屯戍所也。桓温入朝，沼止之，遂城此。

石埭，汉彭泽，石城，唐至德。民圻，裁，僻。十九里。府西南百三十里。

建德，汉彭泽地。东流。本彭泽地。土薄民寡，下七里。府西百八十里。水道

青阳，本泾县地。或临城。十六里。府东八十里。

铜陵，溧南陵地。或义安，铜官冶。栗，汊，冲，烦，十六里。府东北百二十里。

贵池。江。烦，冲。二十七里。府东八十里。

滨秋浦。石壁，石壁。石埭，召埭场。栗，僻，朴，下。十二里。府东南百六十里。附考

池口河，即贵池，源出栋山，流为管公明溪，历龙须河，会于府西七十里之秀山苍隼潭，过白面渡，江为秋浦，长八十里，阔三十里，北入大江。大通河，南陵南四十里舜鸯乡，即秀山下池口河会处也，行李往来，俱济此。桃源，建德南四十

苍隼潭，府西七十

池州。吴石城，或康化军。冲。县六。米六万一千八百石。府江山襟带，景物清夷，地多饶沃。

齐山，府南三里，山有三峰连亘，东接宣州栋山，石埭数峰，高皆齐等，岩洞奇胜，称名岫焉。灵山，府西南二百里，山颇有田百亩，水泉四时不竭。城山，铜陵东五十里，四围石壁峭拔，惟西南一径可通如城门，山顶平坦可数十亩，名曰塞塘，有

陵阳山，石埭治北，自西北迤逦而来，三峰连亘，东接宣州栋山，石埭西百六十里，石壁峭拔，上有池水。石龙矶，铜陵北五里，石壁北五里，濒大江，有石门，水洞可出入，容数十人，亦名仙霞洞。

西江西九江彭泽界百四十里。

井，亦灵异，乡人避兵于此。

里，水源深邃，人、异源而合流至里，旱源至，五季之大通镇入江。府境乱，罕至，土民避此者俱免于难。

迹罕至，五季至。府境之水悉入江，已见前。

建阳。府城。

繁昌。亦春秋地。俯，简，中。府西南百六十五里。

西接芜湖水、南至官城，北至官城，西南接芜湖镇、出府南丹阳湖、西北繁荻港、与昌西南二十里，西对无为州，乃江流险。

芜湖，古鸠兹，即祝兹，又饻上党郡，襄垣县、冲、累，府颂三十八里。府西南百二十五里。

黄池河，府南六十五里，东接固城湖，西接芜湖、南至官城，芜湖水果。芜湖南丹阳湖、西北，行东南丹阳湖、西北繁荻港，与大信河，府西南二十里，江曰无为州，乃江流险。

鲁明江，芜湖西南三十里，与繁昌分界。亦名鲁港，杨物果。

物果，亦名鲁港与孙儒战，行东南密将合濠于此作军五堰以轻舟给军食。大信河，府西南二十里相距，西对楮折城相属，西对南二十里，江曰无为州，乃江流险。

当涂，晋於湖、南豫州、新和州，丹阳县省入。冲、累，米。县省入，百六十九里。

采石山，府北二十五里，西南六十五里。府据天门之胜，挟牛渚之险，为东南相水陆冲要，京畿门户之地。

金山，府北里，临江有矶，一里有牛渚矶，去一里渚险要。天门山，府西南三十里，二山夹大江，东曰博望，西曰梁山，对峙如门。褐山，府西南二十里，与西梁山，府西南百三十里。

太平，汉丹阳、姑熟，或雄远，平南军。县三。米一十二万九千石。

出铜如金。又繁昌西南五十里有铜山，府南十里有铜，产铜。石城山，府东二十里，有石。

巡按，芜湖、芜湖钞关。东应天溧水果一百十里，西和州果三十里。

要处。青青堆沙，府南二十里，周文育克额嗣徽战于此。虎额嗣徽与冯弘铎战于此。灵山，芜湖西南五里大江中，旧名孤圻山。相去二里有螺圻，亦在大江中。七圻，芜湖西北十五里，亦名碛圻矶，梁末周文育袭

天门山酾为夹河，曰大信，下达采石入大江。新河，采石东牛渚圻江流湍激，宋人开此，千圻后以避其险。南接夹河，北连大江。慈湖，府北六十五里，吴筦融也此。晋陶侃战苏峻于此。又至慈湖，之乱，兵至慈湖，七圻断其归路，即此路是也。

繁昌东五十里，宋沈攸之，王休仁也此以破孙冲之，拔褚圻。又侯琪进军与王琳合战于此。

环绕如城，上有池及井。

苏州，								太仓，		吴淞江， 嘉定 东南。 崇明 沙。 崇明东。 定 东南。
吴江，本吴县地，或信义县。冲，烦。四百五十里。府南四十里。嘉定。府南四十里。常熟。宋县。俯中。九百五十里。府东四十里。昆山，秦娄县地，或信义县。冲，烦。四百五十里。府东七十里。常熟。古堂熟地。冲，中。七百七十里。米。府西北十里。								大仓。 镇海。大仓。		

附考

沪渎垒，府城东百里，晋袁山松筑恳于此以御孙恩。

崇明。古沙地，盐场。多，民烦。二百三十里。府东百里。古三沙，崇明末北，北通娄墟，福，南通娄墟，西接旧前沙，为江南江北数郡唇齿，为关键。吴江，在吴江县东，分太湖之流，古名笠泽，亦曰松陵江。由此出，刘河，七鸦二口，州境之要防也。倭自海来，信海，大仓州东七十里，海，大仓。

大仓。近海，古沙场。仓场。一百二十里。府东百里。七十二万七千石零。水道

吴县，冲，烦。五百二里。长洲，本吴县地。冲，中。七百七十七里。米二万六十石零。

苏州，秦会稽，吴郡，吴州或长洲军，或中吴，平江。冲，繁，疲，难。县一，中，七。至京师三千四百二十里，南浙

府枕江倚湖，控临大海，为浙西之都会，居财赋之渊薮。山险

黄山，府西南十五里，俗称笔格山，堕刘元进退保黄山，即此。

巡按，浙江秀水界。墅钞关，漕厂。东海岸三百四十里，南浙江秀水界九十里。

松江，秦會稽地，元華亭府，苦重，繁，沖。縣三。水道。	華亭，唐縣。繁，沖。八百零四里。水道。	上海，宋上海市。繁。沖。八百三十里。府東北九十二里。	青浦。增。中。府西北六十里。	金山。府東南。	松江。青村，府東。
東至海岸一百七十里，南至海岸七十里。	青龍江，府北七十九千石零。 府襟帶江湖，樯航溝浹，滬瀆，孫權造青龍戰艦于此，與淞江互為形援。吳松江，一名松江。府北七十四里。	古上海之水直通大海，歲久沙積，常致淤塞，明夏原吉導青龍江，下通松江，上接松江、吳淞江口歧艘于此之下流也。	三泖，府西三十里，有上、中、下三泖，上承淀湖之水，凡嘉湖以東，大湖以南諸水多匯入焉，下流合黃浦入海。		府南匯瑞、上海東南。

常、鎮兵備。西鎮丹陽。米七十六萬二千石零。	武進，古武進、晉姑蔑，又毗陵、延陵、晉丹陽。縣五。米七十六萬二千石零。	無錫，古勾吳。沖，上上。四百零二里。府東九十里。	江陰，沖，繁。四百二十九里。府東北五里。西接得勝新河，東通澡港入大江，北注江五十五里，府東	宜興，盜，中。三百四十里。府南二百二十里。
			白龙河，在府西北五里。府江、淮下流，濱湖上源，金陵之翼蔽，東南之襟要也。	靖江。盜。中。府東十四里。府東北五百里。
		馬迹山，府東南六十里，大湖之內，山麓周		國山，宜興西南五十里，高百二十五里，延袤三十六里。錫

镇江。

金坛。本县之阿，曲之金山乡，或茅邪琅邪，上。州。烦，

丹阳，本楚之云阳邑，又曲阿，简曰阿，云州，二百十里。府东南六十里。
水道

丹徒，古朱方，南徐州治。冲，中。二百七十里。
山险。

北固山，府治北，下临长江，势最险固，因名。金山，府西北七里大江中，一名浮玉山。焦山，府东北九

润浦，府东一里，北三十六里三百。隋以此名南里，丹阳城北，丹阳城北，名练湖，丹阳城北，一名练塘，

江，一名射贵湖。又阳湖，府东五十里，北通麦饶，临淳二湖，共为三湖，荆溪，宜兴城南，会诸山涧水入太湖，即百渎上源。

百二十里，其西麓地

山，无锡西五里，与慧山连麓而别为一峰。名西青，石壁屹立，下有马迹，因名。黄山，府西北七十里，俯瞰大江，山东北有小山入江，谓之吴尾。

镇江，吴京口，係徐、兖二州，延陵、润州、镇江，海平。沿江。县三。米三十一万五千石零。府内控江湖，北拒淮、泗，山川形势，六朝以来，代为重镇。

北至扬州子江二里，东常州宜兴界七十里。

里江中，山之脉峰东出，有二峰对峙江中，流曰海门山，亦名海门关。圌山，滨大江，府东北六十里，山西里许曰大港口，为控扼要地。夹冈，丹阳县北二十五里，下临运河。

九曲河，丹阳县北，南接漕渠，北达大江，委蛇七十里，亦谓之新河。长荡湖，金坛县南三十里，与宜兴、溧阳接界，即洮湖也。

建平。郎步镇地。

广德，古桐汭，或石封，广德路。僻，中。县一。一百二十里一。二百二十七里，一千八百石零。州山谷盘纡，襟带吴、越。

山险
横山，州西五里，高出群山，岳武穆尝驻军于此。

水道
桐水，州西北二十五里，出州南白石山，亦曰桐川，桐

直隶
东浙 江湖 州府一百六十里。

兵备副使。

直隶东应天府江界六十里。浦县界南豫州、历阳路。冲。米石十八千二百五石。	和，晋历阳，江南豫州，历阳路。冲。米石十五里。州西六十里。山险石。含山。晋侨龙亢、武寿。十七里。 梁山，州南六十里，俯瞰江流，与太平府梁山相对，亦曰西梁山。岩夹山，州北五里，昔夹山嶂环峙，为历阳之门。一方厄塞，中有夹山。州南要冲、江淮南要冲、江表藩蔽，昔人以历阳为建康、姑熟之门户，谅哉。	碛头山，州西北四十里，两山屹立如关，中夹一溪，州境南山之水皆会于此而入建平县界。 湳之名因此。南湖，县西南十里，承桐川下流入丹阳湖，俗谓之南湖。
	水道横江，州东南二十五里，直江南采石渡处，自昔济江之津要也。栅江，州西南百五十里，即濡须水入江之口，乌江浦，在故乌江县境，即亭长舣船待	沈阳右。州城。

关。小岘山，含山北二十里，一名昭关，稍西曰城山，两山屹峙，为庐、濠往来冲要。石门山，含山南二十里，两山夹峙，石壁峭立如门，为往来之径。

项羽处。濡须水，含山县西南七十里，自巢湖为东流，经亚父山，出东关口为海子口河，又东南经黄洛河，运漕河，过新裕口，至栅江口注于大江。

滁州。

全椒，齐嘉平县，北谯，临滁。滁水，源。十二里。州西南五十里。

来安。本清流县地，或来阳。裁。烦、冲。下。七里。州东北三十五里。

滁河，州东南七十里，源出庐州府废梁县，流经全椒与襄水合流，至州东南清流关，周师败皇甫晖于此。

直隶东应天府六合县界七十里。山险。

滁，新昌郡，顿丘郡，南谯，州，清流，裁入。烦，中。二。十二里。

琅邪山，州东南十里，晋伐吴，命琅邪王伷出涂中时尝驻此。下有溪。清流山，

琅邪山，州南十里，源伐二千一百石零。

州山川环统，江、淮之间，号为冲要。下有琅邪清流山，溪。

州西北二十二里，水
曰清流关，又西北
曰石驼山，其上有关
北关口，颇险阨。南冈
山，全椒县南二里，山
势自西来，连亘数十
里，至此益高峻，环绕
县治，为县形胜。

五湖山，来安县东北
十八里，下有五湖，
因名，山高险，控扼
南北，至为险要。石
固山，来安北二十五
里，群山绵亘，此山
最高峻。

三汊河与清流水会，入
应天府六合县界，下流注
大江。汤河，来安县东南
三十五里，县北山涧诸水
并流会焉，南入滁河。范
庄河，来安县北七十里，东
北会常店水，流入天长，
为石梁河之上源。

徐州，徐州左。
沛县，古偪阳国，小沛。烦，冲，剧。三十六里。州西北百四十里；
丰县，古邑。十七里。州西北百八十里。
徐。古大彭国，古彭城，唐武宁军，或武宁军。强好讼，冲，烦。一百五里。县四。米一十四万八千二百石零。

兵
備
副
使，
管洪，
管闸，
管泉。

直隶
东淮安府邳州界百十
里。
山险
定国山，州城东四里。
鸡鸣山，州东北十三
里，吕梁山，州东南六

萧县。古萧国，或龙城，临沛。州西四十三里。州西南四十五里。黄河，州城东北，地皆扫湾急溜，而州东郭家嘴、魁山堤尤为要害。鸿沟、萧县西北四十里，今堙废。泡河，沛县城西，其上流即丰水也。夹河，砀山县西南五十里，大河支分处也。

砀山，汉梁国，或安阳，鲁之辉州。十八里。州西北百七十里。

水道

汴水，自河南开封界，流过萧县，自州北与泗水合。睢水，州南六十里。泗水至州北亦谓之鼎伏。昔周显王时九鼎沦没于泗水，即此处。

州沂、泗交流，山冈四合，接齐、鲁之疆，通梁、楚之道，诚南北之咽喉，攻守之要区也。

十里，其下即吕梁洪也。爬头山，州东北，连徐、邵、滕、峄之境。七山，沛县西南三十里，县之镇山也。砀山，在砀山县东南七十里，其北八里曰芒山，汉高崇隐芒、砀山泽间是也。

五军都督府属	卫三十二	所
中府，属卫五，所一。府治在长安右门南。	留守中，神策，应天，广洋，和阳。	牧马。
左府，属卫十。府治在中府南。	留守左，骁骑右，龙虎，沈阳左、右，水军左、镇南，龙江右，英武，龙虎左。	
右府。属卫五。府治在左府南。	留守右，虎贲右，武德，广武，水军右。	
前府，属卫七。府治在右府南。	留守前，龙骧，豹韬，天策，飞熊，龙江左，豹韬左。	
后府。属卫五。府治在前府南。	留守后，兴武，鹰扬，江阴，横海。	
亲军指挥使司，亲军卫十七，孝陵	锦衣，旗手，府军，府军左、前、右、后，羽林左、前、右，金吾左、前、右、后，虎贲左，江淮，济川。	

卫与左、右、前、后四府所属卫并听中府节制。			
孝陵卫，朝阳门外。			
	中都留守司，属卫七。○皇陵卫亦隶留守司。	留守中、左，凤阳，凤阳，洪塘。中、右，怀远，长淮。	
		皇陵卫。中都西南十二里。	

海防 附见

江北

海防之法，御之于海口易，御之于江中难。御之于江中犹易，御之于陆路尤难。而江南、江北，同险而共患者也。论江北大势，东起瞭角觜、大河口及吕四、卢家等场，沿海门、里河，通州等境渐近扬州矣。逾海门而北，则为徐步营，又北为掘港，又东为插港，转而西北则金沙、盐城、庙湾、刘庄、姚家荡，再而西北则蛤蜊、麻线等港，而至大海口矣。刘庄东北为安东、海州、赣榆，泰州、通州西北为高邮、宝应，宝应以北则淮安也。贼入海之道有三：其一为新港，即所谓三江口，盖由南江狼山越仪真、瓜州而入，稍东即扬州矣。此可以登岸，亦可出海之便道也。其二则蛤蜊、麻线等港为一道，北则大海口，有水陆道通庙湾，贼若据此，则屯姚家荡以扼之，贼必寻大海口而出矣。盖安东、海州之东北，其海迂远而多沙碛，不能重载，可入而不可出之道也，故贼出海之途有二。若其登岸之处，东则瞭角觜、吕四场、杨树港，又西则狼山，北则新插港是也。若贼登狼山，窥通州，或于瞭角觜、吕四场等进，则徐东、徐西之要害既得，扬州可以无患矣。又淮扬之地，类多沙冈，东南抵吕四场，西北抵姚荡，贼若登岸，不伺淮安，则出刘庄、庙湾之境，我若据险待之，可一战而擒也。是故江北险要，除安丰等三十六场俱在腹内，而通州，而狼山，以及杨树港等，皆要害也，向有堡戍守之矣。其要之尤者曰新港，逼近扬州，出入最便者也；曰北海，可以通新港者也；曰庙湾巨镇而通大海口者也。至海安镇，在如皋、泰州之间，东可以控扼狼山、通州、海门之入，而西可以捍卫扬州，其要亦均也。要以狼山当江、海之吭，而瞭角觜等皆扬州东境，胸山据淮、海之首，郁洲嘤游山皆淮安东北境，中包泰兴之周家桥，盐城之射阳湖，山阳之云梯关、庙湾等处，皆沿海冲要之区，盗寇出没之所也。夫海口、江、淮之际，运道所经，可不重哉？

江南

江南海患，苏、松为要，常、镇次之。自金山卫之南汇所各有官军守御之汛地，而议者谓于金山、青村适中柘林地方，南汇、吴松适中有七、八团地方，皆宜添设兵，相为应援。此海塘设备之大略也。沿海港口，金山以东有翁家港、柘林等处，南汇所有五六七团、洪口、川沙、清水等处，皆宜多设战船，结为水寨，严明查守。此海港设备之大略也。若夫内地守御，则黄浦一带，实为苏、松要害，今吴淞江口即为黄浦口，此门户之地。至上海之南跄渡等处，华亭叶谢镇等处，则亦登岸渡浦甚易，所宜分布水军巡逻把截以备之。此内地设备之大略也。议者又谓羊山为松江所属，为定海、吴淞二处兵船会哨处，总兵水寨，往来游击，外则为定海、吴淞之羽翼，内则为海港把守之捍蔽。此又海洋设备之大略也。苏、松沿海一带，险隘甚多，其大者如常熟之福山港，太仓之刘家河，嘉定之吴淞江，皆海之通衢，而东吴之门户也。长洲有沇湖浩荡，吴江有莺湖相属，吴县有太湖交通。此又贼之径道而腹里之关隘也。其次则福山以西有三丈浦，东有许浦，刘河以北有新塘、浪港、茜泾，吴淞以南有宝山港、老鸦嘴，则皆险要之次者也。故刘河、福山、七鸦等处，守备皆不可单弱。又如贼自东南来，必由宝山、吴淞，宜于吴家沙堵截；贼自东北来，必由三沙、刘家河，宜于营前沙堵截，而三丈浦、老鸦嘴则皆掎角声援处也。此苏之外防也。至于风汛时越，吴江水兵统发胜墩、平望以防嘉兴突犯之寇，吴县水兵统发太湖以防其突犯之寇，长洲水兵统发周庄以防沇湖突犯之寇，则苏之内防也。或曰海防之备，常熟福山为最，腹里之备，吴江胜墩为最，亦大略也。若夫常、镇之备，则沿海一带皆要冲也。议者谓崇明、靖江、江阴，守御所必先，而三沙、圌山、孟河尤为要害，故昔人谓海贼入江，由江两岸登陆处。瞭角觜、营前沙南北对峙，海面约百四十五里，为二重门户。周家桥与圌山对峙，为三重门户。失此三门而守金、焦两岸则无策矣。此常、镇内外设备之要略也。要之，吴淞实水陆之要冲，吴淞之喉舌，南可援金山之急，北可扼长江之险，自此而北为刘河、七鸦，又东为崇明，七鸦而西为白泖、福山，又折而西为杨舍、江阴、靖江，又西为孟河、圌山，皆水战处也。圌山官兵驻营前沙以会哨江北，吴松官兵驻竹白沙以会哨羊山，常、镇官兵据江、海之交，镇守杨舍，亦云密乎？又吴淞而南为川沙堡，为南汇所，又南为青村所，青村而东南为柘林堡，皆不远六十里，声援易及矣。金山西连乍浦，东接柘林而北护松江，防维或疏，发之祸烈矣。此平时所宜究心，而寇至所宜加意者也。

山东第三

按山东之地，南临淮、泗，北走冀、燕，西控中原，东连辽海，诚形势之区，而用武之地也。且其境为馈运通衢，下自邳、徐，上溯天津，则兖州、东昌皆其冲也。乃吾观其大要，则德州一隅，尤为川陆之要会，畿辅之咽喉，而临清、济宁之间，犹为次焉，当事者不可不尽心于此地也。青、济诸墟，山泽纠纷，号多横贼，而兖州河患亦犹剧焉。志称其人多雄武，疾贫约，故自古祸乱恒必由之，说非诬也。若登、莱海道，可以直走襄平，又乌可以忽略耶？

山东古青、兖二州地，汉置青、兖二部刺史，唐以诸郡属河南、河北道，宋分京东东路、京东西路及河北东路二司，元分山东东西道，今为山东等处承宣布政使司，治济南。左右参政二，粮储一，分守一。左右参议二，分守二。领府六，属州十五，县八十九。总为里六千四百，旧户七十七万五百五十五，口六百七十五万九千六百七十五，夏秋二税共米麦二百八十五万一千一百一十九石，丝二千一百一十一斤，绢五万四千九百九十四，棉花五万二千四百四十九斤，马草三百八十一万四千二百九十束。

山东都转运盐使司，在济南。领盐课司十九，胶、莱七，滨州十二。岁额办盐一十四万五千六百一十四引。

山东都指挥使司，隶左军都督府。都指挥三，掌印一，佥事二。领卫一十七，守御千户所十二，本都司所属旧除二班京操外有马步官军六万三千八百馀员名，仪卫司三。

山东提刑按察使司按察使一，副使十四，清军，驿传，提学，兵备临清，曹濮，海右，徐州，密云，天津，霸州，大名，登莱，太仓，辽海。佥事六。分巡东兖，沂州，颍州，海州，武定，济南。分道三。

王府：三。鲁府，高十，封兖州。郡，十四：安丘，邹平，钜野，东阿，乐陵，东瓯，新蔡，郯城，馆陶，翼城，滋阳，阳信，高密，归善。德府，英四，封济南。郡，八：泰安，济宁，东平，历城，临朐，高唐，临清，宁海。衡府。宪六，封青州。郡，十：玉田，汉阳，新乐，高唐，齐东，邵陵，武定，平度，宁阳，高河。

山东舆图补注

一、大清河，古济河也，从兖州汶上县北流入济南府，经长清、齐河、历城、济阳、齐东、武定、青城、滨州、蒲台、利津等境入海。又小清河，亦曰泺水，发源府境西趵突泉，东北经章丘、邹平、新城等境入海，盖济州之南也。又《青州志》：小清河在高苑西五里，转而东入博兴、乐安界，合时水入海。

一、会通河，在兖州府北、济宁州南，元人开此以通漕运。自济宁分水闸至东昌府临水闸，凡四百馀里。明朝于开河闸至沙湾北，重为疏凿，皆修其故道，则引泗、洸及徂徕诸山谷水注之，经流则引黄河支流自金隆口者合之，由阳穀县经东昌府东南至临清界合于卫河。

一、卫河，在馆陶西二里，汉曰白沟，隋名永济渠，亦曰御河，自河南辉县东北流入临清州，合会通河，自武城界经德州城西，又北经河间府入海。此东南漕运、商贾宾旅必由之道也。

一、汶河，出泰安州西南，流入兖州府宁阳、平阴、汶上县界，又西至东平界入济。志曰：汶有三源，一发泰山北仙台岭，一发莱芜原山阳，一发莱芜寨子村，至泰安静封镇合焉，曰堑汶，西南流与徂徕山阳之小汶河合，又西南至洸河入济。《水经》有五汶：曰北汶、瀛汶、紫汶、浯汶、牟汶，其实一流也。

山东舆图

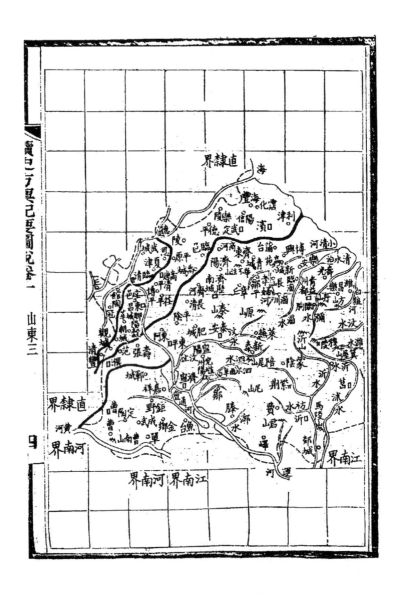

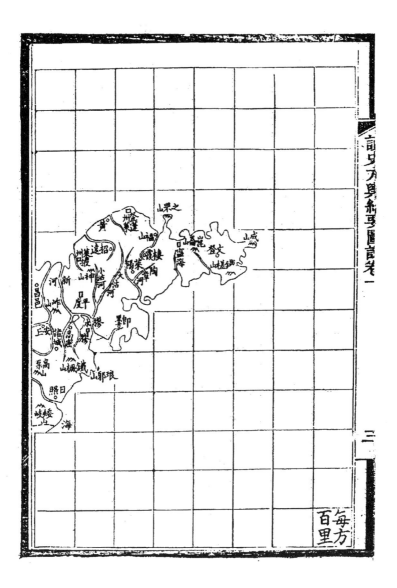

道三	府六	州十五 附郭	并外县八十九		卫十七	所十二
济南道，	巡抚、巡按、盐运司。北直隶、河间、景州界。至京师九百里。济南，汉名，或齐州、青州、齐郡、临淄郡、德平军。州、上。冲。州县四，县二十六。米麦桥县八十五万一千六百石。府三百八十里，至京师八百九十里。府冯负山海，擅利鱼盐，而德州北枕南津，西临漳水，亦冲要处也。山险。华不注山，府东北十五里，一名金舆山，虎牙桀立，孤峰	历城，古平陵，历下，平陵，省入。烦，冲，上。州，冲。九十八里。	章丘，古高唐，汉阳丘，或清平军。烦，中，百三十里。府东百十里。邹平，古邹国，或邹县，济阳城。烦，中，五十七冲，中，五十六里。府东北百八十里。淄川，汉般阳，或东清河郡，贝丘县，淄州，淄莱路。冗，中。八十里。府东北二百里。	济阳，长乐，或高苑。烦，冲，中。五十八里。府北九十里。禹城，周祝国，汉祝阿。烦，中，五十六里。府西北百二十里。临邑，汉名。或归化，孙耿镇。中。三十二里。府北百五十里。	济南，	

肥城，

长清，汉卢县，山茌省入。烦。冲，上。四十四里。府西南七十里。

长山，汉於陵、武强、东平原郡。冗，中。府东六十五里。府东北二百里。

肥城。或碻磝戍。中，讼。三十三里。府西南百六十里。

新城，本长山地。附，下，四十五里。府东北二百二十里。

齐河，汉祝阿，或镇。烦，冲，中。二十七里。府西五里。

青城。本临邑，宁津地，或青平。冗，中。三十二里。府东北二百三十里。

齐东，本邹平地。冗，中。五十五里。府东北二百八十里。

特起，下有黄泉。黄山，府西南六十里，山周如城，西有池，岱阴诸水所汇也。

大岭山，邹平西南十五里，中广而深。

长白山，章丘东三十里，跨邹平西南十里，一名会仙山，峰峦盘崿，高六千九百丈，周六十里，乃泰山副岳也，绣江源发此。陶唐山，肥城西三十里，连平阴界，范蠡居此。

泰山，泰安州北五里，即岱宗也，屈曲盘行，至绝顶高四十里，东有日观峰，鸡鸣时见日，西有秦观，可望长安，又西曰越观峰，可望会稽，其馀岩石溪壑之胜，不可殚述。

泰安，汉泰山、博县，隋岱山。汉阳，又博城，或泰符、乾封、奉符，泰宁军。烦，上。九十三里。府南一百八十里。

新泰，汉东平阳，简、泰山。简，泰符、乾封、奉符，泰宁军。下，二十八里。东南百八十里。

莱芜。古夹谷，又巁县，下。州东四十二里。州东百二十里。

宫山，新泰西北四十里，旧名小泰山，即泰山左翼也，山连莱芜界，岩岫溪洞之

陵县，汉安德县，或安陵，又陵州。冗，中。府州三十二里。府北二百四十里。

武定。

德州。

	德州。		
管仓主事，分巡金事。	德州，秦齐郡地，或安德郡，颂，冲，上。汉平原郡，颂。莱芜北三十三十四里。府西北二百八十里。	德平，汉平昌，般县省入。颂。中。四十一里。州东百六十里。	平原，汉名。或东青州。冗里，中。四十六里。州东南百二十里。
兵备金事。	武定，汉平阳，渤海郡地，或乐陵，乐安，棣州，滨棣路。颂。上。九十八里。府东北七十里。 海丰，隋无棣，广武，保顺军。简，下。里。	阳信，古厌次。僻，简，下。百二十里。州北四十里。 商河，汉县，或湿沃。僻，冗。下。四十二里。州东北六十里。	乐陵，汉县，咸平。僻，下。中。五十六里。州西北九十里。

胜为多。大石山，莱芜东南十三里，出铁。阴凉山，莱芜北三十里，有铜矿。原山，莱芜东五十里，连淄川界，今名岳阳山，淄水出其阴，汶水出其阳。

滨州。汉千乘地，或榷盐务，赡国军，渤海县省入。烦。府东南三百五十里。

利津，本永利镇。简。古济河入海处。州东南七十八里。

沾化，或招简。州东南四十一里。重民疲。赋。府东南一里。西北六十里。

蒲台。汉湿沃，西北二里。望海台。台。州南三十里，六十九里。

鹿角关，临邑角关，唐置。

水道

清河，即绣江也，会章丘南脉等泉，至县西北汇为白云湖，俗名刘郎中泊，周六十里。又北而入小清河。

孝妇河，淄川西门外，源出益都县龙溪水，合泷萌等水，北流径长山城西，至城西北入黄河。伏流至源县涌黄河，过黄马岩，出为此泉。孝泉入城为大明湖，周十余里。由北水门出与济水合，弥漫无际，遥望华不注山，宛在水中。

东兖道，

西北至广平府界五百十里，北至博州，南至冀州，南至博平郡。旧河同贯，州故城三，县十五，界二百五里三十二万八千五百里。师，京九百四十里。

府南接济、兖，府南北连德、景、漕河所经，乃要冲处也。

聊城，秦名，博武或水省入，固，烦，中，上。二十三里。

堂邑，汉发干，或清河。裁。

清平，汉清阳，隋贝丘。裁。

在平，秦旧县，兴利镇。冲，中，中，十六里。府北九十里。

博平，古博陵，宽，河镇。裁，俜，冗，中，十六里。府东四十五里。

莘县，汉阳平，或乐平，武阳郡，又清邑。民冲、中、十八里。府西南九十里。

平山，府治东。东昌。

山、新城界入小清河。

在水中，历城最胜处也。济南名泉七十二，以瀑流为最。

冠县。古冠氏，或冠州。淳、简、僻，中。二十七里。府西南百五十里。

府东北七十里。

馆陶，汉名，或简，中。州西二百三十里。府西三十里。

丘县，汉置，或平，恩。僻，中。三十八里。州西二百里。

武城。汉东武城，或阳乡，简，中。二十一里。州西二百五十里。

恩县，古贝丘，或清河郡，或贝州、永清，军，恩州、烦，冲，中。三十七里。州西七十里。

临清，堕贝州，或永济临清闻。淳、烦、冲，上。三十五里。府西北二百二十里。

高唐，古邑，或南清河郡，鱼丘，齐城、民笈，冲、烦，上。三十九里。府东北二百十里。

临清关 钞关厂 山险砖厂，在山，府东五十三里，汉在平县治此，山之平地曰在，故以名县。历山、濮州东七十里，相传虞舜耕田之所。陶山、馆陶淳。陶山，馆陶南，微有土阜，《禹贡》道沇水东至于陶丘北，即此。西山，恩县西四十里。莘山，莘县北四十五里。

濮州。

观城，古国，汉畔裁。观，又卫国。僻，简，下。州西北七十里。
朝城。汉东武阳，武定圣。冲，烦，中。二十里。州北九十里。

范县，古邑，或州，裁，僻，简。中。十三里。州东北六十里。

夏津，汉鄃县。贫。二十一里。州西五十里。

濮州，古帝丘，又昆吾，自河南辉县东北流经馆陶，至临清与会通河合。鸣犊河，高唐州南，汉时河决鸣犊口，即此。

卫河，自河南辉县南经郓城、濮阳、濮州、兖州、临清与会通河合。鸣犊河，高唐州南，汉时河决鸣犊口，即此。

黄河，濮州东南，永乐时疏入会通河。漯河、高唐州西。溢涸无常。雷泽，濮州东南。

水道
会通河，府城东南，自兖州阳穀南，北入境，北至临清入卫河，永乐九年疏以通漕。

兖州，省护，戴

金乡，古缗国，汉东缗县，入，又金州，州。中。中。三十二里。府西南

曲阜，古名，或汉阳，仙源、阙里、泗水，裁，下。十六里。府东四十五里。

宁阳，古阐邑，或平原、龚丘、龚县，烦。百八里。冲，中，三十五里。府北五里。

邹县，古邾国，邹县，下。二十七里。冲，下，二十九里。府南东五里。

泗水，古卞国，鲁卞邑，汉卞县。简，下。府东六里。

单县，古单父，或北济阳郡、戴州、单州。中。旧悉河。府南二百九十里。

兖州，鲁国、沛郡地，及泰山郡地，任城、鲁郡、兖庆郡、泰宁郡界，南至徐州沛县界。州。冲，烦，上。米，县二十三。州四，县二十二。至京师与南京俱千二百三十里。兖州当河、济之要，直南北之冲。管泉主事驻宁阳。

滋阳，汉瑕丘，负瑕，瑕丘县，冲，上。二十四里。

东至淮安府赣榆界四百九十里，南至徐州沛县界百五十里，至南京与北京俱千二百三十里。

山险。九龙山，邹县东北三十里，山起伏凡九，上有灵泉。君山，峄县北六十里，上有池及平田数顷，一名抱椟。

滕县、

城武。汉名，或戴州。永昌郡，简，下。旧悉河。二十二里。府西南二百九十里。	滕县，古滕国，或蕃县、滕阳军、滕州。冲，烦，上。八十七里。府东南百四十里。峄县，古鄫国，汉兰陵、丞县、鄫州、峄州。简，下。四十五里。府东南二百六十里。	山。金乡山，钜野南十五里，山北有石洞曰清凉，其间有堂阁石道，甚宽敞，相传秦时避暑宫。碣山，东阿南七里、檀道济与魏交兵处，今城南三土堆即唱筹量沙所也。嶰山，东阿高南三十里，其山之冠大，实群山之冠大嵼洙山，费县西南六十里，壁立云霄，盘根二十里，县境诸山多名岳，是其尤者。
定陶。古名，或裁，广济军。十八里。州东南五里。	曹县，古楚丘，隋济阴县。旧悉河。中，六十八里。州东南五里。曹州，古国，汉济阴郡，晋济阳，或西彰，宛、威信、信军、兴仁府，中。二十八里。府西三百里。	兵备副使。分巡、管闸主事。

东平。

济宁、

郓城。汉寿良、高地，或清泽、平安，又万安、平郡，郓州，盘丘、蘖山、僻，庾丘、栽、僻，沟村。栽、僻，下。二十二里。州西北百六十里。

嘉祥，本钜野、鲁获麟于此。栽、简，中。二十四里。州西五十里。

钜野，古大野泽，唐麟州，或济州。简，下。三十五里。州西北百里。

济宁、晋高平、或济北郡，任城地，四泉川，碻磝城。民贫差重，冲、烦。府城下。

阳穀，古名，巡镇。僻，烦，中。二十九里。州西北四十里。

寿张。古良邑，汉寿良，或寿张。栽、僻，下。州西十五里。州西二百二十里。

汶上，古须句国，汉名改济东平陆，汉乐平，或阳，或大河郡，鲁州，郓州，天平军，须城县省平军，须城县省平阳，冲、上。三十三里。府西北百五十里。

东阿，古厥国，汉东阿邑，齐阿邑，汉东平陆，或乐平，冲，中。四十八里。州东南六十里。

水道

泗水，出泗水县东五十里陪尾山，四泉俱发，经县北八里而合，过曲阜县，夹府城下。至济宁分南北流，南入徐州境。

沂水。沂水，源发曲阜东南五十里尼山之麓，西入泗水，浴沂之沂也；其一出青州沂水县西雕崖山，经县南二里入沂州，与费县西南一百二里之邿水合，流郯城入邳州，此《禹贡》所载者也。

管河郎中驻东阿镇。安平镇。

沂州。

费县。古国，又鲁邑，仿城。同上。八十二里。州西南九十里。

平阴，古名，汉卢县地，隋榆山。中。十九里。州北百二十里。

郯城，古郯子国，汉郯县。渡。州南百二十八里。

沂州，秦、汉琅邪地，或北徐州，临沂县，琅邪郡。中。百二十八里。府东三百六十里。

东平州西十五里有积水湖，在会通河南，周百馀里，四面有堤，正统初于近河处置减水闸。又南旺湖在汶上西南三十里，每岁引湖水济会通河。

黄水即黄河支流，自开封府流至本府曹县界分为二派，一东流至徐州入泗，一东北流入会通河。

兵备。金事。

海右道，	分巡副使。	青州，秦齐郡，益都，汉北海，或平卢，镇广县地。冲，上。海军，益都府。广固城。烦，上。二百六十七里。一，县十三。米。至京师千六十七万石零。府冯负山海，封壤饶沃，古曰东秦，盖四塞之雄，用武之地也。山险。云门山，府南五里，上有通穴。如门，可容百余人，傍有黑龙洞及石井。	临淄，古营丘，营陵，齐国。烦。博兴，古博姑，汉博昌，或乐安，安平。烦，中。四十里。府北二十里。高苑，古苑墙，或长乐，会城。僻。三十八里。乐安，汉广饶，或乐乘，乘州。府西北百五十里。	昌乐，本营陵，或营丘。安仁。冲，烦，中。九十八里。上。五百六十里。府西二十里。蒙阴，古颛臾，汉县。僻，下。五十里。府西南三百五十里。临朐，古骈邑，或东莞，蓬山。百十里。府东南四十五里。安丘，古渠丘，或牟山，辅唐。冲，烦，上。百七十四里。府东二百里。	青州左。
	东南至东海五百里，东北至海五百八十里，至京师千六百五十里，至南府千五百里。				

诸城。

诸城。鲁诸邑，汉诸县，或高密郡，密州，安化军。冲，烦，上，二十八里。府东三百里。

硕，烦，中。九十九里。府北九十里。寿光，古斟灌地，汉斟亭省入。烦，闾丘省入。烦，上。百三十三里。府东北七十里。

日照。汉海曲，又日照镇。僻，烦。八十三里。东去海二十里。关隘。紫金关，蒙阴东南五里。穆陵关，蒙阴东，在大岘山，有巡检司。

莒州，古国，汉城阳国及莒县，僻，下。二百七十里。府南三百里。水道。

沂水，周郓邑，或新莞，东泰，东安。冲，下。百四十三里。州西北七十里。

淄水，临淄西五十里，源出莱芜县之原山，流达临淄，至寿光而入济

大岘山，临朐东南百有五里，刘裕伐南燕过此。沂水县西北九十里里有大弁山，与雕崖山相连，顶平山八九十里，俗名太平菌。

河。潍水，出莒州西北九十里箕屋山，东北抵诸城界，韩信败龙且于此，其下流经境，州高密境，至昌邑，潍县界，东北入海，俗呼为淮水。沂水，出沂县东北达莒州，下入沂州，此青州之浸也。

福山，奇山，福山东北三十里。

登州，大嵩，莱阳。东南百二十里。宁海，靖海，文登南百廿里。

招远，汉掖县地，后罗峰镇。简，下。五十四里。府南百五十里。

莱阳。汉昌阳地，户乡省入。冲，中。百四十一里。府南二百五十里。

水道　原瞳河，出莱州府境，经招远东北合东良，平南二河入海。按府境南北诸水悉入海，不尽载。

福山，汉腄县。简，中。二十九里。府东四十里。

黄县，旧名。冲。烦，中。五十里。府东南六十里。

栖霞。汉昌阳地，杨疃镇。简，中。五十二里。府东百五十里。

蓬莱，汉置。烦。中。六十七里。

文登。古不夜城，汉不夜县。简，中。七十四里。州东南百二十里。

宁海，汉牟平，后侨牟平。简，中。八十四里。府东二百二十里。

登州，古嵎夷及倭，北至海五十里，东至海七十里，由海道二十四万七千至辽阳旅顺口五百里，至京师六百里。

分巡副使，备倭都司。东西广。地薄赋重，民顽。米二十四万七千石。府三面距海，为东垂要地。

山险	附考	关隘	成山
丹崖山，府北三里，产铁。又县西五十里有百洞崖，东西二面石壁，上有蓬莱阁，其西田横山，下临大海。大昆仑山，海东南四十里，与此对峙。老山，府西四十里，常产铁。之罘山，福山县东北三十里，连文登界，周十里，三面濒海，秦、汉时名山也。北曲山，府北三十里，产铁。又县东五十里有百洞崖，水泉至多，旧亦产铁。昆仑连，秀拔为群山冠，本名始除山。之罘山，福山县东北三十里，连文登界，又有大白峰，中有烟霞洞。沙门岛，府西北六十里，渡辽者必泊此避风。	莱子城，黄县东南二十五里，地名龙门，山峡之间，宁小凿石通道，为险隘。俗名莱子朝。繇城，府东南三十里羽山上，相传魏将田须领兵筑城御吴将周贺于此。	新开海口，在府城北，宋时浚池引海水，置刀鱼寨以备虏，明初缘以砖城，建帅府于中。	成山，文登二百里。威海。文登北九十里。

莱州，

胶州，浮山，即墨南九十里。即墨东北九十里。

灵山，胶州东南九十里。鳌山。即墨东四十里。雄崖。即墨东北九十里。

即墨。古名，汉不其城，故城，冗，中。府东百二十五里。

高密，汉县，又黔陬，或胶西国。烦，中。州西八十里。

胶州，古介国，后胶西，或临胶。多盗，中。府南二百二十里。

小沽河，出府东南。水道。

昌邑。汉都昌，冲，上。九十五里。

潍县，汉下密，或北海，潍州。又北海军，烦，重。上。州西二百二十五里。府西百八十里。

平度，汉县，又胶东，或胶水。民贫，赋重，烦，上。府西百二十五里。

掖县，汉名曲城，当利省，贫瘠，冲，下。八十三里。

山险。大豁山，平度城西二十里。平度西城有豁口，即此也，与小豁山相峙，中通驿路。石臼岛，胶州南百里，李宝大破金人于此。

海道分巡佥事。北至海九十里，东南至海二百五十里。

东夷，海滨至海二百五十里。米三十万石。

莱州，古莱夷，或光州，定海军。地瘠，赋重，民顽，中。州南至京师千四百里。盐课。

辽海东宁道。	辽东			附考

三十里马鞍山，胶水，出胶州
经平度州界，与西南百三十里
黄县东至界之大铁橛山，过高密
沽河合，过胶州与潴泽、张奴等
即墨境入海。水合，北入新
河，经平度州昌
邑界入海。

辽东行都司领
巡抚、
副总兵、
兵备佥事、
行太仆寺、
苑马寺、
盐课提举司。东至鸭渌江
五百六十里，西至山海关
千五百里，南至旅顺海口
七百三十里，至京师千七百
里。

卫二十五
定辽中、左、右、前、
后，俱在都司辽阳城内，
汉襄平或东平郡。
东宁，司城内。
海州、沙卑、南海、临溪、
澄州，司南百二十里。

所俱隶卫，守州二。 御以据要害。

州二，守州二。
治在，
初治卫
三万卫
开元
城内，
后徙司
城内。

附考
辽东，古幽州、营州地，
秦以幽州为辽西郡，今
辽宁广宁州以西即是，以营州以东辽
辽东郡，今宁州以东是。真
汉武置乐浪、玄菟、
番、临屯四郡，
后魏置司徒于襄平，又分辽
东、昌黎五郡，辽二州及安东，
唐置平郡盖，
都护，辽曰东平郡，南

京、东京在焉。平壤城、鸭渌江东，箕子封国也，汉乐浪治此。开元置城，三万卫西门外，西南曰宁远县，又西南曰南京，又南曰合兰府，直抵高丽上都。正西曰谷州，西北曰上京、金会宁府也。京南曰建州，西曰滨州，黄龙府，又昌州，延州，东曰永州，昌州，延州，东北曰哈州，皆渤海国及金州县也。五国头城，三万卫北七十里。大宁城，都司北，漠水南，

盖州，盖牟城、辰州、奉国军、建安县。司南一百四十里。

复州，迁民，怀德军，永宁，永康。司南四百二十里。

金州地。司南六百里。

广宁，无虑，巫闾守捉城、显州，奉先军、望平、闾阳，钟秀等县。司西四百二十里。

广宁中、左、右，俱在广宁城内。

义州，汉絫县、宜州、崇义军，弘政县。司西北五百四十里。

唐为饶乐郡、辽中京、大定府、金北京、元大宁路，领和众、富庶、武平、龙山等七县。

广宁后屯，在义州卫城内。	
广宁中屯，西乐郡、临海里、大宁路，锦州，永乐县。司西北六百里。	松山中、左，卫南二十里。
广宁左屯，与中屯同城。	大凌河中、左，卫东四十里。
广宁右屯，司西五百四十里。	
广宁前屯，辽西郡，瑞州，营州县，集宁县，来宾。司西九百六十里。	急水河中、前，卫西五十里。
	杏林中、后，卫东五十里。
宁远，司西七百七十里。	塔山中、左，卫东五十里。
	小沙河中、右，卫西四十里。

抚顺，卫东北
八十里。

蒲河，卫北四十里。

懿路中，卫南
六十里。

汎河中，左。卫
南三十里。

安乐。
在三万卫
内，即开
元城。

沈阳中，汉辽东郡，
或挹娄地，沈州、兴
辽军，昭德、显德，辽
阳故地。司北百二十
里。

铁岭，寿州故地。司
北一百四十里。

三万，古肃慎、挹娄、
勿吉、黑水靺鞨、燕
州、黑水府，或龙泉
府、会宁府、上京、开
元路。司北三百二十
里。

辽海。初治牛家庄，
洪武二十六年徙三万
卫城。志云：辽海在
开元城内。

海防 附见

登州营（每营各有把总二员。）

登、莱二郡，东南北三面距海，故设营连络，每营当一面之寄，登州营则扼北海之险者也。登、莱二卫及青州诸卫皆属焉。其策应地方，则有奇山、福山、黄河口、刘家汪、灶河、马埠诸塞，杨家店、高山、海仓、鱼儿铺诸巡司，海外则有空峒、半洋、长山、蓬莱以及三山、芙蓉诸岛，皆登州北门之护也。然而取岛中之利者皆辽阳之编户，故诸岛之在登州恒可畏而不可恃焉。国家既于新开海口置城，而又有本营之建，所系诚不轻也。营以东抹直、石落湾子、刘家汪、平阳、卢洋诸处，营以西西王庄、西山、栾家、孙家、海洋山、后八角城、后之罘、莒岛等处，皆番舶之道也。严外户以绥堂闼，必出于此也。

文登营

文登逼近东海，设营所以扼其险也，宁海、威海、成山、靖海四卫隶焉。其策应地方则有宁峰、海洋、百尺崖、寻山等所，清泉、赤山等寨，辛汪、温泉诸巡司，而成山以东若旱门山、九峰、赤山、白蓬头诸岛皆纵横沙碛，联络潮势，势若难近，而明初倭寇固从此入矣，不可忽视之也。夫建营之意，北所以援登州，南所以应即墨，掎角之雄，实在于此，可不重欤？

即墨营

山东与南直连壤，即墨南望淮安、安东、东海诸卫所城，左右相错，咽喉关锁，倭若犯淮，其渐必犯莱矣。即墨所系，视二营为重。大嵩、鳌山、灵山、安东一带海南之险，皆本营控御处也。其策应地方则有雄崖、胶州、大山、浮山、夏河、石臼等所，乳山、行村、虎跨、古镇、信阳、夹仓诸巡司，其海口若唐家湾、大任、陈家湾、鹅儿、栲栳、天井湾、颜武、周疃、金家湾、青岛、徐家庄诸处皆冲要处。夫山东地高阜而民强悍，非倭所能患，所可虑者惟登、莱一途耳。国家特设备倭都司一员、巡海副使一员分置郡县，岂不壮欤？又闻宋以前日本入贡，自新冈趋山东，此亦今日内寇之路也。但莱、登之海，危礁暗沙，不可胜测，其略可辨者，则安东以北若劳山、赤山、竹竿、旱门、刘公岛、八角、沙门、三山诸岛皆倭所必陷而吾所当备者也，若白蓬头、槐子口、鸡鸣屿、金觜、石仓庙浅滩乱矶，乃倭所必避而吾所当远者也。此固御备之先资而海运之机谋也。

山西第四

按山西表里河山，纲维华夏，古今之都会也。志称其俗勤俭，民强勇有虞夏之遗风，三晋之馀习。但以北倚危边，近代以来，雁门南北皆为寇冲，致财力皆殚，当事者蒿目而筹，犹恐不赡，至转而忧屯卒，忧逋民，何其衰也。

山西古冀州地，汉分置并州部，唐置河东道，宋为路，元山西河东道，今为山西等处承宣布政使司，治太原。左右布政二，左右参政三，左右参议四，粮储一，分守三。领府四，属州十六，县六十六，州四，县十一。总为里四千四百四十零，旧户五十八万九千九百九十九，口五百八万四千十五。夏秋二税共米麦二百二十七万四千二十二石，丝五十斤，绢四千七百七十七匹，草三百五十四万四千八百五十束。

山西都转运盐使司在河东。岁额办盐四十二万引。

山西都指挥使司，隶后军都督府。指挥三，掌印一，金书二。领卫九，属所四十。所七。本都司所属旧有马步官军舍馀夷人等万九千五百馀员名，仪卫司三。

行都指挥使司，分府大同。领卫十四，属所七十。所三。本都司所属马步官军四万六千馀名。

行太仆寺旧有马驴骡三万二千九百馀匹。

山西提刑按察使司，按察使一，副使十二，清军一，兵备，易州，口北，昌平，提学一，岢岚，潞安，雁门，井陉。佥事六，分道四。

总督宣、大都御史一，驻阳和。巡抚都御史二，太原一，或代州、大同一。巡按御史一，太原。巡盐御史一。河东。

王府：三。晋府，高三，封太原。郡，二十二：宁化，广昌，方山，临泉，云丘，宁河，徐沟，义宁，河中，襄阴，新化，荥泽，靖安，安溪，河东，太谷，旌德等府，庆成，永和，俱分封汾州；交城，阳曲，西河，俱分平阳。代府，高十三，封大同，六千石。郡，二十四：广灵，潞城，昌化，饶阳，定安，枣强，吉阳，溧阳，博野，和川，宁津，乐昌，进贤，河内，富川，砀山，宝丰，泰兴，山阴，襄垣，俱分封蒲州；灵丘，分封绛州；宣灵，隰川，分封泽州；怀仁，分封霍州。沸府，高二十一，封潞安。郡，二十：武乡，陵川，平遥，黎城，沁水，沁源，清源，辽山，稷山，唐山，西阳，宜山，吴江，云和，内丘，永年，灵川，宿迁，定陶，福山。查嘉靖二十年前，每年禄米三百一十三万石。

山西舆图补注

一、桑乾河，在大同府南六十里，源出洪涛山，初曰漯水，下流与金龙池合，东南入卢沟河。

一、滹沱河，源出太原繁峙东北三十里泰戏山，历代州崞县、忻州定襄、五台、盂县入真定府平山县界。

一、清漳水，出乐平沾岭，北流折而西南入辽州和顺县，分二流，一自县西流经州南一里而东，一自县西北石埑岭经州东七十里而南，至交漳村而合入潞州黎城界。

一、浊漳水，出长子西五十里之发鸠山，经州西南二十里，东北经襄垣、黎城，下流合清漳水。

一、沁河出沁州沁源北百里之绵山，过本县，经平阳界流入**泽州**沁水县东五十里，至怀庆府入黄河。

一、黄河自古东胜州界历大同府废武州西北二百五十里，南流入太原府保德州，经兴县西南入平阳府石楼县界，过永和、大宁、吉州等境，至蒲州西门，东历芮城、平陆、垣曲入河南府。

一、汾水河，在太原府西二里，源出静乐之管涔山，经太原、清源、交城、文水、祁县等境，入汾州，历平遥、介休南入平阳府灵石、赵城、洪洞等境，又西历襄陵、太平、绛州、荣河而注于河。

山西舆图

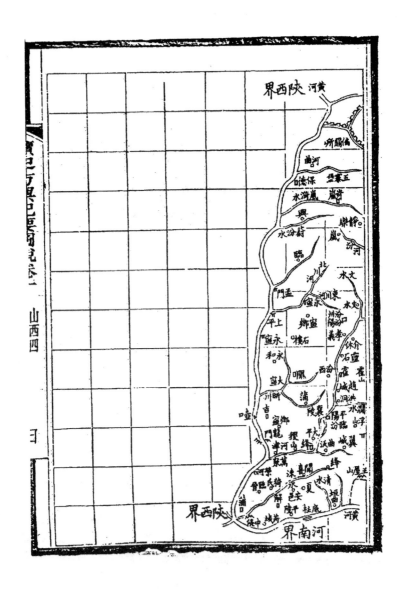

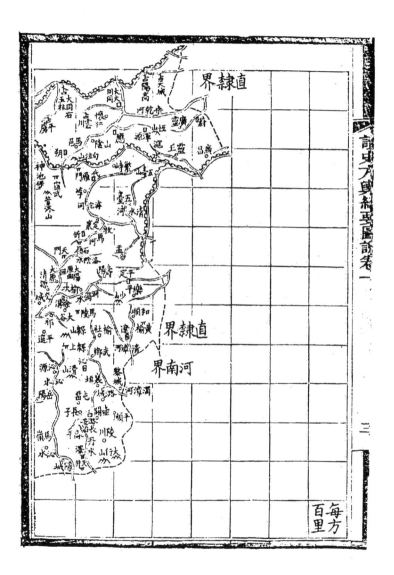

道	府四	州二十 附郭	并外县七十七	卫二十三	所十
冀宁道，	太原府，古并州，真隶直隶界，井陉兵备。东至真隶定州界二百七十里，西至西京河东、冀宁军、延安五百五十里，南至南京二千四百里，北至京师一千二百里。府左有恒山，右有大河，句注险阻，称为雄镇。山险。帻山，祁县东南六十里，东接太谷，南接武乡、句注山，代州西二十五里，上有大和岩，一名	阳曲，秦狼孟，或汾阳、孟，阳直。烦，上，剧。八十六里。	太原，古晋阳，或平晋军。唐叔封此。府西南四十五里。榆次，古涂水。烦，上，百七里。府东南六十里。太谷，汉阳邑。或受州。俙，中。八十三里。府东南六十里。临县，汉离石，或乌突、修化，大和州、临泉、北和州、临州。俙，烦，下。十五里。府西南五百里。	文水，晋平陵邑。赵大陵，或受阳。武兴。俙，烦，中。府西南百六十九里。府南百六十里。寿阳，古马首邑，或受州，晋州。冲，烦，中。二十里。府东百六十里。	太原左、右、前，	

宁化，

静乐
北八十
里。

偏头，
河曲北
百十
偏
关。

盂县，古仇犹国，
又原百五十里。孟
州。僻、简、下。
二十三里。府东北
二百四十里。

静乐，汉汾阳地，
楼烦郡。裁、下。
二十八里。府西北
二百二十里。

河曲，雄勇镇，火
山军、火山县，僻、
州。近边，裁、僻，
下。七里。府西北
百八十里。
关隘
天门关，府西北四

祁县，古邑。烦、
中。四十五里。
府南百五十里。
徐沟，旧镇，
冲、烦、裁、下。府南
十九里。府南
八十里。

清源，古名，
又梗阳，或晋
州，僻、烦、中。
二十八里。府西
南八十里。

西陉。雁门山，代
州北三十五里，即
雁门寨也。茹越
山，繁峙北十里，
有谷，路通大同。
五台山，五台东北
百四十里，山分五
峰，高出云表，周
五百里。石楼山，
兴县东北五十里，
孤峰削拔，高不可
登，惟北向盘曲可
上。岢岚山，岢岚州
北百里，高二千除
丈。

平，
定，

十里。隆州谷北关，祁县东北九十里，有巡司。伏马关，盂县东北九十里，旧名白马，路通真定。苇泽关，平定东北八十里，隋于此置苇泽县。井陉关，平定东九十里，韩信击赵，东下井陉，即此。今置巡司。雁门关，代州北三十里。郎岭关，繁峙东百四十里，路通应州。

交城，牧官，灵川，交口城，大通监。僻，简中。四十二里，府西南百二十里。

乐平。汉沽县，或曰晋平军，桑支，广阳，石艾，冲。中，州。僻，下。十里。州东南六十里。府东三十里。府东二百八十里。

定襄。本阳曲地。僻，简，下。二十五里，州东二十五里。

忻州，新兴，晋昌，肆州，定，阳襄，九原府，冲要，中。六十三里。府北百三十里。

马岭，太谷东七十里，路通顺德府。

水道

泽发水，平定州东九十里，平地突起，下注绝洞，悬流千尺，即井陉河。洞涡水，洞涡水河源也。洞涡水，乐平西四十里陵泉岭，至平定合浮化水。沽水。沽水，平定南二十里沽岭，东合鸣水，小松水，过平定州西八十里，东流入冶河。昔人以州得冶水之利，谓此沽水也。本志云水过乐雁门，代州北三十五里。

武宁，崞县西北。

振武，代州。

镇西，岢岚。

两岭关，静乐东百里，又县东八十里，有婆岭，二监保监，俱设巡检，岢岚州北五里，路通大同。州西八十里有千坑保监，东又有洪谷俱通保德州。

附考

武林堡、大谷东南，临象谷水，二里。州南六十里。

代州，雁门郡，汉县，广武阴馆，二县治雁门，灵州。秦繁峙，汉县，又武州，坚州。武军，震武下。五台，汉虑，近上。四十一里。四十里。俯东北府南百四十里。崞县，汉石名，或近石寇。城及平冲，烦，下。三十九里。州南六十里。岚县，汉汾阳，或会州，波，县。二十二中上，近边，烦，俯城，中，府西二百八十里。

岢岚，古楼烦，或岚谷县。县东北九十里。定州东南百四十里。唐于此置承天军，戊以兵，恒山之界关也。有戍守，董卓垒，平唐置。面石崖，

巡抚，雁门平东五十里昔平定城入沱河，非也。此误。

岢岚兵备副使。

德
保州。

德
保州。

石州。离石、石、西河、昌永、怀化，改化郡，汾州。简、僻，中。四十里。府西南四百四十里。	保德，宋定羌军。临边，简，下。五里。府西北五百里。	兴县。蔚汾、临津、兴州。裁。僻、简、下。十二里。州西百五十里。
宁乡。平夷，下。石、西河、十五里。州西南五十里。		

						平阳。

河东道。

沁水，泽州界水，百五十里，南至黄河三百六十五里，西至黄河岸三百三十里。

平阳，古名，晋州、唐州、汾、临汾、定昌、建雄军。上。米。县六，县二十九。一百五十一里。一百一十一万九千石零。

临汾，汉，西县，或河。烦。冲，上。

襄陵，汉名，或禽，上。曩。烦。七十二里，府南三十里。

洪洞，汉杨县。上。一百五十一里。八十八里，府北五十里。

浮山，神山。裁，烦。十七里，府东九十里。

赵城，汉彘县，或霍邑。僻，上。三十七里。府北九十里。

岳阳，汉穀远，或简，僻，府北八十八里。

翼城，古绛邑，或北绛，浍州、翼州。冲，烦，上。八十里。府南百二十里。

汾西，东汉永安。下。五十五里，府西北百八十里。

大行东岭，黄河南阻，北接汾、晋，西通涁、陇，故山带河，形势萃焉。山险。三磴山，襄陵西南十五里，长九十除里。紫金山，曲沃南十三里，产铜。山半有泉。乔山，曲沃北四十五里，蒲州。隶潼关卫。

太平，汉临汾地。上。五十四里。府西南九里。

蒲县。古蒲坂，或蒲子、名城、简。熙川、裁。下。九里。府四百四十里。

临晋，汉解县。解、温泉、冲、沨。上。六十三里。州北九十里。

万泉、唐名，旧桑泉、或北解、温泉、虞乡地。六十三里。州东九百九十里。

荣河，古纶地，汉汾阴，荣州。僻，下。二十八里。州北二十里。

河津、古耿国，秦皮氏县，后龙门，僻，泰州。门，泰州。中。三十六里。州东北二百四十里。州

猗氏，古郇国，汉桑泉县，或桑泉，冲、沨。上。五十一里。州东北百二十里。

蒲州，古蒲坂，或河东，秦州东府境，跨解州东十五里，河夏及及中府、护国军，唐中都，玄二洞、有桃花、女二洞、檀道山、与中解州南五里，条相接，通河南宝县窦津渡，灵中有泉。汤山，闻喜县南三十里，出铜。稷神山、稷山县南五十里，

形陵峻，下有泉。翼城东南翔山，产银、铁，十五里，产铁，下有泉。汾西山，县南六十里，产铁，一名青山。万姑射山之连阜也。中条山、蒲州东南，

平陆，古虞国，又吴坡。解，颍，中。五十二里。州东南九十里。

芮城。古芮伯地，永乐郡。解，颍，中。四十四里。州西南九十里。

关隘

大庆关，蒲州西门外，旧名蒲津关，即孟明焚舟处。

安邑，古名，或虞州，虞邑。冲，颍，上。九十五里。州东五十里。

夏县，禹都此，或南安邑。冲，中。九十五里。州东北百里。

闻喜，古曲沃地，秦左邑。冲，上。六十二里。州东北百二十里。

稷山，古稷州，为河东郡，蒲州，上。又高凉。冲，上。七十三里。

解州，古解梁，接汉解县，后南解，安定，虞乡，又保昌。解，颍，中。三十一里。府西南三百四十里。

绛州，古绛，新田，后正平郡，东雍州，绛郡，绛阳军，正平县，晋安

稷播谷处也，接万泉，安邑界。太阴山，绛县东南十五里。四面不到绝，阳景不到西绛山，绛县西北二十五里，产铁。大行山，绛县东二十里，西北诸山皆其支脉。西折腰山，垣曲西北七十里，有铜冶。霍山，霍州东南三十里，接赵城界，乃霿楼之镇山也。妙山，隰州北七十

风陵关，蒲州南六十里，乌仁关，吉州西七十里。上平关，石楼西北九十里。有巡司。磨龙关，石楼东北六十里。永宁关，永和西十五里。通陕西绥德州。兴德关，永和西六十里。大平关，襄陵南三十五里。武平关，绛州西二十五里，北齐屯兵于此。茅津渡，平陆东南渡，平陆东南

州西五十五里。绛县，晋都，或南绛。俳，中。四十里。州东南百里。垣曲。汉垣县，后白水、邵郡、俳、烦，中。二十七里。州东南二百三十里。

灵石。本介休地。冲，烦。二十五里。州北百里。

府。冲，烦，上。五十一里。府南百五十里。

里。岩石池泉板胜。孔山，大宁西北七十里，唐于其西置马关。秦王岭，浮山东北四十里，太宗为秦王时，南破宋老生，自霍州潜行至此以扼前锋，因名。铜山，州东南百二十里，极险峻，四面陡绝，惟南面可行，产铜如金，因名。峨嵋坂，临晋北五里，东连猗氏，闻喜，西抵黄河，南首，即首阳

霍州，古岳阳，汉彘县，又永安郡。冲，烦，上。三十里。府北四十里。

二十里黄河上。吴王渡，临晋西三十里，与陕西郃阳渡相对，韩信渡河袭魏豹，由此。

乡宁。太平，昌宁。同上，下，十六里。州东南六十里。

吉州，晋屈邑，晋居屈，又文成郡，简，下。二十二里。府西二百七十一里。

中。大宁，汉北屈地。州。龙州，下，十里。州西南九十里。

石楼，古屈产，泉建，后土军，古屈，同前，难治。十三里。州北九十五里。

隰州，晋蒲地，又蒲州，西河，或长寿，大宁郡，泉州，下。三十一里。府西北二百八十里。

永和。汉狐讘，或临河郡，僻，下，十一里。州西百五十里。

第一河，出蒲县。西入河，山溪众水所宗，故名。涑水，自绛县至蒲州入河，其出闻喜间者曰绛水，智伯言

山，在蒲州西南二十里。龙门，在河津西北三十里，一名孟门，壶口，在吉州西七十一里。解州南有白径岭，通陕州大阳。津渡，鸣条冈，安邑北二十里，汤伐桀处也。又平陆东三十五里有厗咨，其东出十里大河中有砥柱峰。

冀北道，				
巡抚，行都司，总督，大同阳和兵备。东直隶保安深井界石零。三百六十余十里。	大同，秦云中，雁门，代郡，北恒州，西京，大同路。近边，贫困，中。州四县七。米十二万六千府京师屏蔽，边城要冲，蔚州东连上谷，南达井、恒，险隘所聚，尤称重地云。	可灌安邑者也。盐池，解州西，产盐。安邑亦有盐池，生乳盐。	大同，古大同川，汉平城，定襄。中，同上。三十六里。怀仁。汉沙南，或大利。裁，下。九里。府南七十里。浑源，汉平舒地，或恒阴。裁，烦，冲，中。府东四十里。府东南百三十里。	关隘。雁门关，马邑东削南七十里，东西岩嶂崎峻，中有路盘礴崎岖，绝顶置关，有兵戍守，倒马关，通广昌南七十里，有戍兵。乱保定，有戍兵。乱岭关，浑源东南四十里，有巡司。同大前，同大俱府城。

中 山阴，马邑，井坪，朔州，西北。
安东北 应州，蔚州

开山口，府东北四十里，自此而西有大石、小石二口，折而南有黑口，尖峪二口。茹越、应州南四十里。

接阴峪口，有宁武巡司。朔州南百二十里。偏岭南连静乐。偏岭南连静乐。怀仁西南五十里，过此有阿毛口。龙湾谷口，山阴西南四十里。过东有沙家、人谷口，西有东、水南寨，与顺城，牛栏等寨。

山阴。或平阳郡，神武，河阴。裁。七。州西六十里。

马邑，五代。或唐襄州，又大同上。州东四十里。

广宁，汉延陵，或安边。裁，俾，下。八里。州西六十里。

应州，秦阴馆县，或阴城。裁。中。三十里。

朔州，新兴，新昌郡、神武郡、广宁郡，朔宁府、马邑郡，鄯阳省入。冲，疲，难，下。府下。有二百八十里。

蔚州，秦代县，汉代国，或灵丘郡、忠顺军。冲，疲，难，上。二十六里。

山险白登山，府东七里。冒顿台，即冒顿困汉高处。黑山，府西北四百五十里，与夹山相连，昔辽王奔天柞进女真兵，营山，即此。营山，府西北五百余里，上有九十九泉，为黑河。七宝山，府西北四百余里，上有金城，或云汉五原郡，或云金人屯兵处也。

广昌。

大同左，云川，俱在府南。

飞狐道，广昌北，入怀仁界。

大同右，玉林，俱在府西北。

阳和，俱府

高山，东北。

天城，俱府

镇房，东北。

俱在广灵，对节寨与楼栳、慢头等寨俱在广昌。

飞狐口。大胜寨飞狐口。郫食其言塞飞狐口。大胜六十里，灵丘东六百五十里。

水道

无胜金于此。

广昌，古飞狐口。汉置县，冲，烦，中。四百里，州南百五十里。蔚州灵丘，或成州。冲，下。十里。州西百五十里。

水道

胡卢河，在蔚州北，源自广宁丰水，下流入安定界。如浑水，一名衔河，有两源合为一，历州川东而南，武州川自府西来会焉，下流入桑乾河。

翠峰山，朔州西南七十里，东连石碣，北接马骏山。九官山，蔚州东三十二里，金章宗建暑处，上有九宫。襄山，蔚州北八十里。白石山，广昌东南三十五里，应州西上有白石口。隘门山，灵丘东南二十里，壁立直上，极北魏于此置险，设关以禁行旅。双化岭，府西三十里。

清凉山，怀仁北二十里，有铁冶。恒山，浑源南二十里，即北岳也，高侵云霄，有天峰、望仙岭、泉谷岩洞，不能遍述。宗遜暑处。汉县，或其相连柏山、翠屏等山，亦极秀拔。龙首山，应州北，山之南雁门山，应州西南四十五里，北与龙首相望，故州以应名。

威远。府西。

牛皮岭，府东六十里，上有关。大和岭，马邑东南六十里，有佳吉寨。

潞州，府东。沈阳，护，府城。中，府。

壶关，汉名。中。九十六里。府东二十五里。黎城，古国，中。府南五里。屯留，古余吾邑，中。又纯留邑，中。府东百十里。平顺，僻，烦，下。三十一里。关隘。襄垣，或。韩县，烦，上。长平关，长子南四十里，即府北起坑长平卒处。

长治，百七十里。水道。绛水，屯留西南，出盘秀山，经本县北流东村流，入府境，至潞城。西二十里交漳村之交漳城，冲。六十里。与浊漳合，名交漳。水，又东流百八十里至彰德府林县界漳水。

长子，古名，或。乐阳，襄氏，烦。上。九十一里。府西南五里。府西南北流入府境，至潞城。又纯留邑，冲。六十里。府西北下。三十一里。襄垣，或。府北九十里。

潞安，古黎国，后安义，隆德军，德府。附京，洛而履蒲津，倚太原而跨河朔，居天下之脊，为雄胜之方。山险。壶关山，府东十三里，昔人于此置关。

副使。河东林界七百里。南县，上。县八，米八。二十二万三千八百石有零。

兵备副使。

冀南道。

沁州。

吾峪关，黎城北二十八里，有巡司。十八盘隘，壶关东南八十五里。正梯关，壶关东北十里。欐林关，壶关东南二百二十里。

潞城。或潞子国，秦潞县。或刘陵。中。九十里。府东北四十里。

柏谷山，府东北十三里，与太行、王屋二山相连，山多柏。三垂山，潞城西二十里，晋将王广、赵柔败刘聪将乔乘于此。

武乡。汉武乡郡，又乡县，南亭川。颇烦，中。四十八里。州东北六十里。
附考

沁源。汉谷远地。下。栽，州北八十里。州北二百里。
关隘
柴店关、昂车关，在沁源县，昂车关，皆唐置。

沁，本上党地，又义宁、阳城郡，威胜军，冲、烦，中。县二。六十二里。米四万八千二百石零。
水道
漳河有二，一出州西三十里之伏牛山

直隶
东潞安府界二百里，北太原府界三百三十里，西霍州界二百五十里。

乌苏村。断梁城，州东北，下临深壑，三面绝涧，广袤二里。		宁山。泽州。
西谷，经州城西南流，一出州西南护甲岭，经武乡东南入潞州界。亦水出护甲岭，经武乡境，东入襄垣西北六十里合漳水，至县南合浊漳水。	高平，本长平，又地，汉泫氏，烦、中，上。盖州。又晋城，烦、剧，上。县四。百六十七里。阳城，汉濩泽，米四万六千六百石，中。九十四里。州西六百里。	陵川，本泫氏地，烦、中，僻。州东九十三里。州北百四十里。沁水。汉县，或广宁郡，又东永安，端氏省入。中，州西五十五里。
直隶东河南卫辉辉县界四百四十里。南怀庆河内界百四十里。	泽，秦高都，建兴郡、建州、长平郡，又高平，晋城，烦、剧，上。县四。百六十七里。	

州北二百里。

附考

马邑城，沁水东二十里，白起与赵括战时牧马处。

地险峻，南极山洞，北距大川。

王离城，沁水东北五十六里，秦王离击赵，据险筑此，四面悬绝。巴公镇，州北三十五里，五代周世宗自将兵御汉主，阵于巴公，来犯矢石，以败汉兵。即此。

关隘

天井关，州南，在平顶。大行山顶。长平关，高平北，隋置。

州据大行之山，为东路之藩，山高洞深，道路板窄。

水道

丹水，州东北三十里，旧名泫水，出高平西北四十五里仙公山，南流合州南三里之白水入沁河。

山险

大行山，州西南三十里，乃郡山之宗也。五门山，州西二十里，形如城，有五门。王屋山，阳城南，有仙宫洞，宽广三十里，此即《禹贡》所载之王屋也。又县西南七十里有析城山。马武山，陵川东三十里，汉马武尝屯此。

直隶东河南磁州武安界四百四十里，西大原府大谷界百九十里。

辽，亦上党地，或辽阳、仪州、乐平郡。下。县二。二十七里。米二千六百石零。州山川险峻，居大行绝顶。

山险

合山，和顺东四十里，其山盘踞富于

和顺。古榆城，汉沾县。僻，下。三十二里。州北九十里。

关隘

黄泽关，州东南，元置。马陵关，榆社县西北，相传即庞涓自刎处。

榆社，本涅县地，或榆州。僻，中。二十二里。州西百里。

水道

千亩泉，州南三十里，地广平可千亩，名曰千亩原，中有泉。泜麻池，和顺东北三十里以上关俱有巡司。

李阳村，即石阳，西即李阳阴所勒与李阳阴争者。

林泉。松子岭，和顺北三十里。孙膝坡，和顺西南百二十里，山势盘曲，西即马陵关道，相传孙子伏兵处。

汾州。隶行都司。

介休。古邬邑，或定阳郡。冲、简，中。烦，中。四十六里。州东七十里。里。关隘。金锁关，州西三十五里。子岭五十八里。州东八十里，介休南六十里，温泉关，孝义西九里。

孝义，汉兹氏，或中阳。县，中。简，中。三十里。州南三十五里。平遥、中都、烦，代国。烦，五里。

汾。西河郡，南朔州，介子县，中。烦，中。三十里。州南二十里。州东五里。

直隶东。大原府祁县界百四十里，西石州界山险六十里，南平阳灵石界百里，阳灵石界百里。

陕西第五

按陕西山川四塞，形胜甲于天下，为历代建都第一重地，雄长于兹者，诚足挥斥中原矣。然延、绥以及平、固，皆要冲也；西宁以及岷、洮，多羌患矣；一旦窃发其间，连壤于西北者，未免于骚扰也。且夫阴平有道可入蜀，必可入秦、阶、成、秦、凤之间，当究心矣。延安以东，逼近山西，一苇杭之，非不可也，吴堡县有菜园渡。何必蒲津。若夫潼关制全陕之命，汉中实楚、蜀之冲，不必言矣。逴哉秦岭，其中盖难治矣。

陕西古雍州地，汉置三辅及凉州部，唐分京畿、关内、陇西、山南为四道，宋为永兴、鄜延、秦凤、环庆、泾原、熙河六路，元置陕西省及甘肃等处行中书省，今为陕西等处承宣布政使司，治西安。左右布政使二，左右参政六，分守二，管粮一，管册一，西宁一，凉州一。左右参议七，分守三，商洛一，花马池一。领府八，属州二十一，县九十四。总为里三千五百九十七，旧户三十六万三千二十七，口三百九十三万四千一百七十六。夏秋二税共米麦一百九十二万九千五十七石，丝绵三百六斤，绢九千二百十八匹，棉花一万七千二百七十二斤，布五十八万八千九百九十匹，京运年例并盐课银共四十六万四千五百二十三两有零，草一千八百四十三万六千七百馀束。

茶马司三，洮州、河州、西宁各一。课茶共五万一千三百八十四斤。河渠提举司一。在西宁。

陕西都指挥使司，隶右军都督府。都指挥三，掌印一，佥书二。领卫二十有六，属所一百三十四。守御千户所一十有二。

行都指挥使司，在甘肃。领卫一十有三，属所五十六。守御千户所四。总延绥、宁夏、甘肃三镇旧有马步官军舍馀土达十三万九百馀员名。

行太仆二，陕西一，在平凉。甘肃一，在甘州。苑马寺二，监十二，平凉六，甘州六。苑四十八，平凉二十四，甘肃二十四。旧有所属马五万七千七百八十馀匹，洮河、西宁二卫番茶易马四千八百馀匹。

提刑按察司按察使一，副使十二，清军一，提学一，粮斛一，分巡兼兵备抚治一，巩昌一，金州一，延安一，又岷州一，肃州一，西宁一，固原一，甘州一。佥事八，邠泾一，分巡凤翔一，屯田一，榆林二，宁夏二，兰州一。分道六。

总督陕西三边都御史一，驻固原，防秋驻花马池。巡抚都御史四，陕西一，驻西安，防秋驻固原；延绥一，驻榆林；宁夏一，驻宁夏；甘肃一，驻甘州。巡按御史二，一驻西安，一驻巩昌。巡茶御史一。驻汉中、巩昌。

王府：四。秦府，高二，封西安，护卫一。郡，十一：永兴，保安，兴平，永寿，渭南，富平，宜川，临潼，邠阳，汧阳，安定。

肃府，高十四，封甘州，徙兰州，二千石，护卫一。**郡**，七：洵阳，汾川，淳化，铅山，金坛，会宁，延长。

庆府，高十六，封庆阳，改韦州，徙宁夏，护卫一。**郡**，十三：真宁，靖宁，岐山，安塞，平凉，岐阳，丰林，洛南，巩昌，弘农，寿阳，桐乡，延川。

韩府，高二十，封开原，改平凉，一千石，护卫一。**郡**，二十四：襄陵，临汾，乐安，开城，西乡，平利，褒城，通渭，高陵，汉阳，广安，彰化，高平，西德，陇西，宁远，长泰，永福，建宁，长洲，昆山，长乐，高淳，休宁。

陕西舆图补注

一、黄河，源出西域，自积石山流至河州，北经兰州，洮、湟水皆入焉，又东北越乱山中，经宁夏中卫过峡口山而至宁夏，东南流，溉田凡数万顷，又东北过东胜州，折而南，经绥德境，与山西分界，又南经延安之延川、宜川二邑境，过龙门，入西安之韩城、郃阳境，又历朝邑境，折而东入蒲州界。此黄河在陕境之始末也。

一、渭河，发源临洮府渭源县西二十五里之南谷山，东流五里而经鸟鼠山，过渭源县，北去城二里，又东入巩昌府之北，去城三里，转入凤翔府，经宝鸡治南，汧水入焉，又东过扶风、岐山等县，漆水、斜水皆入焉，流入西安府，西经鄠屋、兴平、咸阳、渭南诸县，泾水、沮水、沣水、汭水皆入焉，郡省水入此者甚多，至华阴而入黄河。此渭河之本末也。淮南子曰：渭水多力，宜黍。

一、泾河，自平凉府城西南白石山发源，至泾州东南入邠州界，历醴泉、泾阳至高陵入渭。

一、沣水，出终南山，合太平、高观谷水，东至咸阳入渭。诗、书所载者，此也。沮水，源详左。

一、漆河，发源凤翔扶风古漆县地，经西安府同官县至耀州，合沮水。

沮水自延安府宜君县东南流，至耀州富平县合漆河，至同州朝邑县东南而入渭。

一、汭水，出凤翔府陇州西四十里之弦蒲薮，流入平凉府崇信、华亭二邑，至泾州之东合泾水同入渭。

一、终南山，在西安府南五十里，亦曰南山，东西连亘蓝田、咸宁、长安、鄠屋之境，又西接凤翔府之岐山、扶风诸县境，直抵大散关，所云南山连太散也，产金银玉石。

罗氏曰：关中虽称四塞，然南山通接商、洛、汝、邓、汉、凤、襄、沔，山深谷密，绵邈辽旷，萦纡盘亘将数千里，内多岩洞窟穴，恒为强梁逋逃薮焉。又诸郡皆称沃壤，延、庆少瘠矣，故榆林粮运，视诸边倍焉。

一、嘉陵江，出凤县东大散关，历两当，至略阳西南会东谷等水而入保宁。按嶓冢有二，一在巩昌西南六十里，西汉水出焉，经西和西南与马池水合，有武侯垒在焉。

一、洮水，出洮州西南之西倾山，经州南东入岷州，北流入临洮府，经府之西南，又北直兰州而入黄河。

一、浩亹河，一名阁门，源出塞外，由山峡中流出，东入湟水。

一、洛河，出庆阳府合水县，东北流经废洛源县，至甘泉西而合沮水。此延安所载之洛河也。

一、汉水，出沔县西百二十里之嶓冢山，曰漾水，南合沔水，东流经汉中府城南洋县、汉阴等境，至湖广汉阳府入于江。

按沮水发源庆阳之子午山，南流至中部城南而东入洛，历宜君县至西安境内。

附考

羊膊山，沙州城南，山多岩石，草木不生，北有一岩若羊膊。三陇山、流沙碛，在玉关外，有二断石极大。白龙堆，《郡国记》：敦煌玉关外有白龙堆。渥洼水，沙州境，即产天马处。

陕西舆图

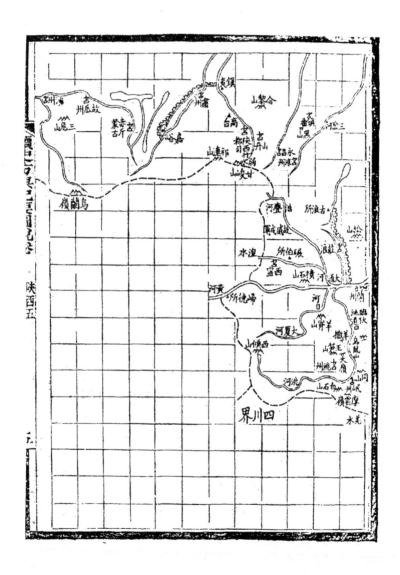

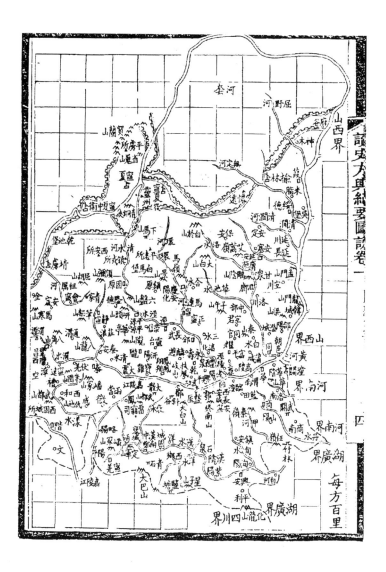

道	府八	州二十一附郭	并外县九十四	卫三十九	所十六
关内道，巡按。至北京二千六百五十里，至南京二千四百三十里。府被山带河，所云金城天府之国也。若夫华州前据，大华后临，泾、渭左控，桃林之塞，右阻蓝田之固，于境内尤为险要云。	西安，秦内史，汉京兆，或曰雍州，及佑国、永平军，元永兴，晋昌，又安西路，又改西安路，宋永兴。	长安，古名。烦，上。五十五里。咸宁，汉万年，改曰咸宁。烦，上。八十一里。	咸阳，秦县，汉新城，又渭城。烦，中，二十三里。兴平，周大丘，秦废丘，汉槐里。烦，或始平郡。中，十七里。府西百里。临潼，古骊戎国，汉新丰，或庆山，栎阳省入。烦，冲，上。中，五十二里。府东五十里。鄠县，古扈国，又崇国。简，中。府南七十里。蓝田，秦县，玉山，白鹿省入。中，二十九里。府东九十里。盩厔，旧名，或曰恒州。烦，俙，刁，上。四十四里。府西南百六十里。	西安左，西安前，西安后，西安右，护。	

三原。本池阳地，三原护军。唐曰华池。烦，冲，上。三十四里。

泾阳，秦县，白公渠在西北。刁，僻，中。四十四里。府北七十里。

高陵，秦县，或鹿苑。中。中十四里。府北八十里。

山阳，近，僻，下。祐，八里。州西南十二里。州东南一百四十里。

商南。同上。

洛南，古上洛地，或拒阳。裁，刁。十五里。州西北八十里。

镇安，本丰阳地，又乾元，或乾祐。里。

山险

七盘山，蓝田南二十里，近北又有级坡。《通典云》：七盘十二级，蓝夫险路也。唐李西华自蓝田至内乡开新道七百余里，回山取途，人不病陟，旅行便之偏路，行便之。太华山，华阴南十里，即西岳也。太白山，武功南九十里，极高，恒积雪，军行其下，不得鸣鼓角，鸣则风雨两立至。

商，契封地，汉上洛县。北魏洛州。简，僻，中。二十八里。府东南二百六十里。

分巡兼兵备抚治商洛副使，

韩城，古少梁，秦夏阳，或西韩州、桢州。五十里。东北二百二十里。	朝邑，古临晋，或夏阳，僻，简，烦，简，下，六十五里。州东三十里。	同，古大荔国，秦内史地，汉河上郡及左内史，又匡国，冯翊军，武…
白水，古彭衙，后秦粟邑，又衙县，奉先。僻，简，中。二十九里。州西北百二十里。	郃阳，古莘国，夏阳省入。简，中。七十里。州东北百二十里。	府东南六十里，有武…路至归安镇合义谷，通汉中府。子午谷，府西南百里，故…里，路通南北，故名。
澄城，古北徵地，或长宁、奉先。僻，中。六十四里。州北百二十里。		

沈岭，鏊屋南五十里。横岭，蓝田北二十五里，自骊山东入县界。锡谷，府东南六十里，有武…

水道

敷水，华州东南十五里，流经华阴，合渭，昔人尝阴，合渭，此以通渭漕。

潼关。直隶府。中

泉。汉重泉，又南白水，或南先县。上。州北六十七里。百二十里。

蒲城。

秦。仙，或潼津，大阴县。冲，中。二十四里。州东七十里。

华阴，古晋阴地，或宁秦，汉太阴，弘农，又兴德府，金安军，郑州。县省入。简，冲，上。四十九里。府东二百里。

渭南，汉新丰，冲，烦。十六里。嘉靖二十八年改属府，府东北四十里。

富平。汉县，唐徙治。僻，简，中。上。四十里。州东南七十五里。万历三十八年改属府，府北九十里。

同官，汉改祤地，晋频阳，或铜官，静，烦。中。二十二里。州北七十五里。府北百八十里。

耀。汉改祤地，或北雍州，或宜铜，又宜州及义胜，胜等军，县省入。简，中。十八里。府北八十里。

灞水，府东南二十里，本名滋水，源出秦岭，合蓝谷水，入于渭。

补遗

龙首山，府北十里，首入渭水，尾达樊川，长六里。

土赤不毛。按府南二十里有樊川。

洛南县北五十里有洛河，发源冢岭，东流入河南户氏县。蓝田南二十里有峣山，东南二十五里有蒉山。

潼关兵备。

州			附考
永寿。古豳州地，汉漆县，或广寿、栽、冲，中。二十一里。州北九十里。	醴泉，汉谷口地，冲，渡，中。二十一里。嘉靖三十八年改属府。	乾，秦内史地，唐奉天县，或胜威军，宋醴州，武功，冲，烦，中。府西北百八十里。	白鹿原，蓝田西五里，符雄与桓冲战于此。五丈原，武功南七十里，鸿门坂，临潼东十七里。马嵬坡，兴平西二十五里。曕浮渡，朝邑东北六十里，韩信渡此以虏魏王豹。
潼关，华阴东渡地，历代为要地。子午关。在子午谷中，汉要地。子午关。	武功，古邰国，稷封此，或武亭，冲，烦，中十六里。州西南六十里。		
邠州，古西戎地，汉右扶风、北地，安定三郡地，又新平郡，豳州，宜禄省入，烦，冲，中。	淳化，本汉之云阳地，黎阳镇，僻，简，中。州东一百里。		分巡金事。
蓝田关，置。蓝田关，本田东九十里。秦岭关，沛公逾黄山击秦军，即此。武关，商南县东百八十里。			

西安，府西北二百三十里。

镇戎，固原北二百二十里。

平凉，

固原，

镇原。汉高平，或太平郡，泾原军、平凉郡，原州省入。刁，僻，府北百三十里。关塞通稍关，府东五里，卫军戍守。木峡关，镇原西北百四十里，汉以来为重地，所

崇信。唐崇信军。裁，简，僻，下。五里。府东南八十里。

华亭。秦陇西地，或神策军，又义州，化平省入。中，二十里。

二十七里。府西北二百五十里。

三水，石门。裁，僻，简，下。十一里。州东四十里。

长武。州西八十里。万历十一年置。

平凉，汉安定郡，宋泾原路，或武州，冲，中，县七。米脂，僻。二十三州，万二千石零。南凤翔、陇州界，府山川秀拔，控制二百四十里。西垂，实为要地。而镇戎、固原，并高平县地，称险要云。

行大仆寺。苑马寺。东西安郊州界二百二十里。

固原，本宋开远。边，烦，中。九里。府北百三十里。

总督，兵备副使，

关西道，

平虏，固原北二百里。

原二百里。

瓦亭关。华亭西北百里，陇器使牛邸守此。

灵武。牧马于此，唐肃宗幸灵武，今巡司守之。

静边寨。静宁州西七十里。得胜寨，静宁南八十里。定川寨，镇原西北三十里。治平寨，静宁南八十里。吴璘遣王中正破金人于此。新城镇，镇原西五十里。柳泉镇，镇原西北七十里。

以禁带灵、西凉，咽喉之地也。

灵台。古密须国，汉鹑觚县地，良原省入。近山，俦，烦，中。裁，烦，二十里。州东九十里。

庄浪，元庄浪路，或州。近边，裁，俦，简，下。近边，七里。州东南九十里。

隆德。宋羊牧隆城寨。近边，冲，中。五里。州东九十里。

泾州，汉安定郡，或保定县及泾川县。裁，烦，中。裁，烦，二十七里。府东北五十里。

静宁。本渭州陇干地，宋德顺军，即此。元改六盘，固原西三十里，曲折高峻，元西冲十一里。府西八十里。

三川，镇原西北三十里，源本一，流为晋阳水，在西番界。东流至镇原县，又东流入泾，固，流三，东入黑水，固，宋于此筑威雄，静宁东。原西北百五十里，流通渭川，堡。通渭川，静宁东。

可蓝山，府西南二十里，亦名都户山，赫连据平凉，尝屯兵于此。雄头山，镇原西三十里，陇器使将王孟塞鸡头山遁以扼汉兵，六盘山，即此。山势削拔，回磴百尺，上有经台，下常有云雾。

甘州郡牧所。

山险

凤翔。

入黄河，旁有小黑水流入焉。

百五十里，以道路四通而名。水洛川，静宁南百五十里，源出陇山西南，流合犊奴水，又经石门峡流入秦州界。

郿县，秦名，或平阳，郿城及郿州。简，中、十八里，中。府东百四十里。麟游。汉杜阳地，近唐麟州。栽，简，中。山，僻，简、中。

岐山，本雍县地，或三龙。烦，中、十七里。府东五十里。宝鸡，秦陈仓，或苑川，显州，冲、简、简。下。四十九里。府西栽。

凤翔，秦雍县，或天兴县。烦，上。四十里。

凤翔，古岐州地，汉右扶风，秦平郡，雍城镇。烦，中，州一，县七。安西果，中，县功，武功果，西巩米十五百五十五里，清水界三百十里，北平昌陇关阳西，益门扼南，地势

分巡金事。东西

十七里。府东北
二百二十里。

关隘

陇关、州西七十
里，有旧故关。
新故关，俱属故
关大寨巡检司。
二里关、宝鸡西
南四十里、有益
门镇。二里关、
散关俱设巡司。
斜谷关、郿县西
南三十里，谷之
南曰褒，北曰斜，
即武侯帅师处。
石鼻寨、宝鸡东
四十里，武侯筑

南九十里。

扶风，古岐阳镇，冲、
美阳地。烦、冲，
中。二十九里。府
东百二十里。

沂阳。汉隃麋地，
近山，简，中。十五
里。州东九十里。

水道

沂河，出陇州西
四十里之沂山，经
沂阳至宝鸡东入
渭。岐水，出麟游

险阻，土肥物饶，
五方之会，三秦之
雄也。

山险

益门山，宝鸡南
十五里，古益州境
由此而入。陇山，
州西北六十里，顶
有泉，其坂九回，
登者七日乃得越。
金门山，陇州南
百四十里，其山如
门，渭水经焉。小陇
山，陇山西，高险不
通辙迹。和尚原，
宝鸡西南三十五
里，大散关东，吴

陇州。周岐陇
地。汉沂县，或
东秦州，陇东
郡，沂县省入。
门，清水经焉。
沂河，出陇州西
四十里之沂山，
府西南百八十
里。

凉灵台合界，
二百二十里。

此以拒郝昭，亦名石鼻城，自蜀入秦者至此以出山，自秦趋蜀者至此亦入山矣。

西百二十里，南入漆水。雍水，出府北三十里之雍山，东流扶风界，又历中牟溪谷，号中牟水。按五水，汧、渭、漆、雍也。磻溪，宝鸡东南八十里。磻谷即太公钓鱼处。

岐山，岐山县东北十里，亦名天柱山。岐山北将山，岐山北三十里，亦名武将，连巨扶风，长安县界。按醴泉县北武十八里，当即此。将山，陇州南百四十里，今为西镇山，有五峰最秀异。

补遗

孙破金处。方山原，陇州西南二百里，吴玠于此破金人。杨政知方山军，储刍粮其中。龙尾坡，岐山东二十里，郑畋破黄巢处。

| 关道,
南道,
兵备副使。 | 汉中,秦郡,古梁州,汉川,兴元府及路,东湖广上津界四千四百十里,西川保宁广元界三百七十里,南巴县界四百四十里。

府东连南郡,西接阴平,南通广汉,北达秦川,盖不啻吴头楚尾,称为都会也。

山险。
汉山,府南二十里,顶有池,四时不竭。金华山,府南七十里,峰峦环绕,旁有数泉合为一池。 | 南郑,古县,或裁,冲,中。二十里。 | 褒城,古褒国,裁。城,冲,中下。七里。府西北四十五里。

城固,汉县,后乐城,汉县,冗,上。二十三里。府东七十里。

洋县,本城固地,或州,武康军,真符省入。俌,冗,上。三十六里。府东二百里。 | 西乡,亦城固地,或南乡、丰宁、烦。洋,洋川郡,中。府东南二百二十里。

凤县。秦陇西地,或河池、梁泉县,武兴军。近山,裁,下。九里。府西北三百八十里。 | 汉中, |

沔县，

金州。

宁羌。

汉河阳，汉沮，汉兴州，

汉河阳。或皤冢，驿水。县地，戎。

裁。近山，僻，下。近山，僻，下。

十五里。府西百十里。四里。府西南百

二百十里。

青石关，南南九十馀里。汉阳关，自成州经天关，襄城西北二十里，汉置，昭烈守此。马岭关，凤县西三十五里。仙人关，在凤县，路分左右，自成州堡直抵水出皂郊堡直抵秦州，此左出之路；自两当趋凤县直抵凤翔大散关，

平利，汉长利，近地，戎上廉。近山，下。八里。州西九十里。石泉，永乐，晋昌，武置，裁。简，下。八里。洵阳，汉县，汉阳，略阳省入。下。唐道济守十七里。州十里，此东出之百二十里。

宁羌，近山，府西南简，下。四里。府西府西南三百里。

天台山，府西南七十里，顶平如台，大巴山，府南一百里，南接巴，梁，积雪不消。

金州山，古庸国地。汉末西城郡，或魏兴、东梁州、昭信、昭化等军。近山，僻，颂。西南连城山，襄城北百八十里，山有百八十里，四面皆高，中三十里甚平，古梁州治此。百八十里，山有上。四里。府东南六百四十里。定军山，沔县东南，两峰对峙。青泥岭，略阳西北五里，武侯使赵云等据箕谷，即此也。

鸡翁山，襄城北，入斜谷十里，箕山，襄城北十五里，古梁州甚十二堡连亘，故名。

抚民参议。

此右出之路。土门隘，自青冈平墙过武休山寨至此，甚险峻。元主取蜀过此。又《汉中野录》云：斜谷、榆林、窦家、石楼、西谷、梁州山、土地坦、羊城，凡八隘，皆险处也。铁城戍，在黄金谷东、城在山半，极险峻，萧祖拔杨难当于此。

汉阴，汉安阳，或安康。新店，州东二十里。白河，本洵阳县地，成化十二年析置。多山，长四百余里，褒水经其中，八里。州东三百八十里。紫阳。近山。裁，下。州南二百十五里。水道。犀牛江，略阳西北百二十里，自阶州东流入嘉陵江。红崖河，凤县西四十里，唐德宗幸兴元，由此。黄金谷，洋县东八十五

兴势山，洋县北二十里，山形如金，外甚险，武侯屯兵于此。铁山，洋县北五里产铁，姚仲于此置寨以拒金人。岭，紫阳西北百二十里，吴玠于此筑垒。遮要以逼临汉中。武侯由斜谷取郿，皆此道也。傥谷，洋县北三十里，南口曰傥，北口曰骆，中间路屈曲八十里，四十八盘，唐德宗幸兴元，由此。黄金谷，洋县东八十五

里,蜀将王平拒曹爽处。和尚原,凤县源出巩昌。褒水,一附考

东。县南流入褒谷,入汉水,源出大白,经凤州要地有三,褒谷紫金江,又名龙江,又名黑《洋州志》曰:褒

江。沔水,源出古金牛县,南谷置佛堡,子午里,源出古金牛县,南谷置佛堡,子午谷也。宋于骆

邦入汉水。按沔水,分流合沮水,又东至南城置杨渭门寨,西谷置杨寨,西

也。汉水,一水而异名者,皆备御要地,分

地。

| 环县。 | | | | | |
| 庆阳。 | | | | | |

环县。会州、安、乐州，极边。通远军，下、冲、烦。四裁，府东北二百四十里。

真宁。汉阳周地，或泥阳。裁，僻。关隘。简，下。二十里。州东百里。

合水。或薪州。裁，僻。简，下。十八里。府东七十里。

安化，汉郁郅县，后合，冲、中。后义渠，汉义渠县，或朔州，安化，或定。顺宁，武定军，或定安军，静宁，郡。镇原，凉州界。

庆阳，分守，参政，驻焉。东延安界二百五十里，西郇州界二百五十里，南固易界，西安邠州界五百里。

宁州。秦义渠县，汉泥阳，或华州，彭原郡，安定。冲，中。定省入。冲，中。府南百五里。

九龙川，宁州东一百里，亦名九陵川，自横岭流至州西南，奢延川自东来会马，南流入泾河。建水，源出子午山，西南流至合水县，与府东来之北金河合，故曰合水。黑水，府西八十

子午山，府西百五十里，府山高水深，险要。南连固易守，控制羌胡，为关辅之保障焉。山险。子午山，合水东五十里，一名桥山，南连耀州，北抵盐州，东接延安，亘百里，乌仑山，环县北三十

环水，出环县北七十里，经县西委曲环抱河。集涧水，谷沟，下马汀诸水，由西而南，会于东北。安化寨，府西南二十

水道。

清平关，九十里。驿马关，府西关。清平关。横山寨，在府境，北接宁羌，西接边军。柔远。新置通寨堡。柔远寨，府西北百四十里，来置承吉戌夏人处。平戌寨，合水东北八十里，环县东七

里，甚高峻，顶平阔，根狭小，难于登陟，宋于此立寨，今有兵防守。安化有马岭，汉牧马边地，旧有民居，有果实，猿鸟，洞穴幽邃，莫测所止。

十里。又有安边、大拢、方渠等寨，罗沟、河原、朱台、流井、归德、木瓜、麟香、通归、惠丁等堡，俱在县境。

水。洛水，出府南北经上郡雕阴望山，过宁州州东六十里之废安乐县。按此与延安所记洛河不同，俟考。

红柳池，府北府西南五百里，周二十六里，石沟池在西，莲花池在东。

天固堡，府北境，隋筑，极险固。荔原堡，府东北二百五十里。在府境者又有通寨、麦川、威宁、称戎、定戎等村、胜羌、金堡等，皆宋置。

里。盐池，府北百里。有二：大盐池，周回八十里；小盐池，周回四十三里。花马池，与马槽、锅底等池相近。

里，与马岭、孛罗、温泥，

塞门	延安	保安、古榾栳城、保安镇	安塞	肤施	延安、古白翟地	分巡副使
塞门，塞北百五十里。 保安， 安定，	延安，	保安，古榾栳城，保安镇，或永康城。简，下。及军。府西北八十里。 宜川，本上郡地，或丹阳，丹州。冲，简，中。三十四里。 安定，唐延川县地，宋为堡，元以数省入。裁，僻，简，下。府西南九十里。 延川，秦临河地，或延水县。裁，冲，烦，中。九里。 关隘 卢关，安塞北百七十里，有东西二城遗址。	安塞，汉高奴县地，元以数改省入。裁，僻，中。二十里。府西北百八十里。 甘泉，汉雕阴地，或伏陆。裁，冲，烦，中。二十三里。府西南九十里。 安定，宋末为堡，元以数省入。裁，僻，简，下。九里。丹头县省入。府东南二百八十里。	肤施，秦县，金以金明、林二县并入。宋以金明、忠义、延义，州二，县二十七里。	延安，古白翟地，或统万郡，明郡。东山西黄河界四百五十里，西庆阳界四百五十里，合水界二百十，北沙漠界二百里，沙漠界五百里。东北山西岢岚州、彰义阳，西延州、忠义、县军二、州六，县十六。米二百十六万石。府据山带河，西土沙漠之要地。山险重复山，府东南境，峰峦层叠，故名。独战山，延长东北六十里，山险峻，一人独战可以当千。野猪峡，	分巡副使。

永宁关，在延川境，通绥德、米脂置。银州关，上有古城。乌仁关，宜川境。金置。安定寨，在县中。又有白洛城、龙州二寨，在西北。李广寨，绥德东门外，昔李广屯兵处。孤山寨，绥德北。又有伯颜、双山、拜堂、鱼儿河，

延长，本肤施地，或北连州。栽，烦、冲、下。十一里。府东百五十里。

洛川，汉左冯翊鄜郡地，或曰鄜郡。简，中。二十四里。州东六十里。

中部，汉翟道地，又渠搜、中部，或内部、坊州。栽，烦、冲、中。二十四里。州东百四十里。

鄜州，本上郡地，或曰秦仁镇，东秦州，北华州，洛鄜成郡，其云：唐立银州，无定河即延川水也。后人因渍沙急流，深浅不测，故名。吃莫河，在保安境，源出蕃部吃莫川，南流入洛河，不胜船筏。

甘泉北四十五里，山峡险窄。

水道

黄河，府东北，流经延川、宜川境，孟门山扼其中境。古延水。古志名番延河，一名黄河，一南入黄河。无定河，青涧东六十里，名曰石槽。无定河即延川水

				绥德、榆林、德北三百里。
	榆林庄五寨，俱在州北。柏林寨，绥德东北。又有高家、柳树、东村、神木、府谷五寨，在绥德东北。土门寨，绥德西。又有响水、麻河、大兔鹘、波罗等四寨，俱在西境。自李广以下十八寨，皆有戍兵，隶绥德卫。义合寨，绥德东四十里；暖泉寨，米脂东四十里；神泉寨，葭州	宜君。汉袯稠地，或宜君郡及宜州。烦、冲、中。二十八里。州南二百二十里。		
		青涧，故宽州地，绥平、怀宁省入。冲、烦、中。十里。府东北二百二十里。靖四十一年改属府。	绥德，本上郡地，雕阴，或为军。赫连所居。烦。十里。府东北三百六十里。	葭芦河，葭州西五里，多葭苇，宋人于此立寨。延水，源出安塞县北芦关岭，东南流入肤施县，经府城东，流经延安县入河。汾川，宜川西北八十里，源出甘泉界，东流入黄河。
		米脂。本延川之米脂川，克戎县省入。裁、僻、中。十二里。州北八十里。		巡抚、榆林中路兵备，金备事。

镇羌。

神木。

西二十五里;榆木川又有乌飞寨,在州西五十里;皆宋置。怀宁寨,青涧北七十里。绥平寨,青涧西百里,李显忠破红巾寇乞即罗义子此。宁寨营,保安东北;靖边营,保安东北;俱有兵戍宁。黑松堡,安定北百里,金以李显忠为护尾九族都巡检使,驻兵黑水。

吴堡,本石州定胡地。板边,裁,简,下。州南八十里。

葭州。汉西河郡之圜阴县,或中乡,晋宁军及州,板边,裁,简,中,八十里。玉沮水,合沮水,宜川境,池莲池,宜川境,池有万顷,为一方之胜。大理水,夜渡大理水,即此。三川水,以华州南六十里,脂西,洛池水,黑源水,因谓之三川,旧为县,或为镇,今有三川驿。

子午水,宜君西南百三十里,源出子午岭,南流入中部县,南八十里。

绥德州西六十里有克戎城,亦名细浮图寨,九十里有临夏城,百三十里有威戎城,皆险要地也。永乐城,米脂西,重冈复岭,仅容单马,中无泉井,惟城边无定河可以给食耳。金汤城,保安西北,宋

康军。板边,裁,或为镇,永安,靖

神木。本银州地,新秦郡,宋移其儿堡,建宁,镇西于云州,或云州,同上。裁,简,下,五里。州东北三百里

榆林东路备兵事。

补遗

金

备

事。

堡，即此。开光堡，绥德北三十里，宋置。又海木窟儿、临川、定远等十八堡，皆在境内。园林堡，保安东四十里，北与平戎堡接。菜园渡，吴堡南二十里，东过黄河，通山西永宁。

筑招安、万安二寨，今有巡司。五原城，在神木。

巡抚	直隶	水道	营寨	宁夏卫	武
巡抚，河西备兵事。河东备兵粮事。	宁夏背山面河，形势险固，为西陲之屏蔽，且地多湖渠，便于灌溉，可耕牧焉。贺兰山，南百里，南庆阳府界三百六十里。贺兰山，卫西六十里。峻秀盘数百里，宁夏恃以为固。峡口山，卫西南二百六十里，两山相夹，黄河经其中，一名青铜峡，上有塔，名金积山。卫南二百里，山色如金，日照皆如金。	黑水河，卫东，流注黄河，卫南。清水河，卫东南，流卫南城南，即古鸣沙州城南，自古胡卢河，流甚猛，自平凉州来，注于河。盐池有二，大盐池，卫北百里；小盐池，卫东南百里，宁夏恃以为固。观音湖，卫西九十里贺兰山大水口；汉延渠，王瓦渠，卫城东南；唐来渠，皆引黄河水绕南，皆引黄河水绕南。	灵武营，卫北百里。黑山营，卫北二百二十里。清水营，卫东南百五十里黄河东南。花马池营，卫南。花马池营卫东南三百五十里。守备参将分居于河西寨，河东寨，河西岸。河东寨，河东岸。潘昶堡。卫东二十五里。自是而东南有金贵等八堡，属宁夏卫。王瓦渠堡，卫西四十里。	宁夏卫，秦上郡，汉朔方，或统万，夏州，弘化，兴州，怀远等郡，兴州府，兴庆府，中兴府，隶都司。宁夏前卫，附宁夏卫城。左屯卫，同上。右屯卫，同上。中屯卫，花马池。后卫。汉北地郡昫衍县，或大兴郡，盐州，五原郡，环州，正统九年置花马池营，	武兴所，宁夏镇东三百二十里。灵州所，宁夏镇南九十里。韦州所，宁夏镇东南二百六十里。

平房所。镇北百六十里。

成化中为守御所，正德初改卫。西北至宁夏镇三百六十里。自是而西南有李俊等六堡，俱属宁夏左卫。王澄堡，卫东北三十五里。自是而东南又有张政、魏政改二堡，属左卫。杨显堡，卫治西南八十里，自此而西北又有陶容等镇，隋为县，元废，今屯居焉。保静城，西南三十五里，自比而西北又有陶等七堡，属右卫。谢保堡，卫北十五里。又有张亮、李信、丁义、周澄四堡，属前卫。详见边图。

城废源田，岁无旱涝之虞。外有数渠，其功皆不及此之溥。

附考

蠡山，卫南二百六十里，层峰叠嶂，其峰如蠡。又东北有小溥。又东北有蠡山。卫东南三百五十余里，豹所居，人迹罕到，出樟子木，故名。

中卫，本灵应，元州地，卫东北理州。至宁夏镇东北三百六十五里。

营堡　广武营，卫东北五百里。五百户堡，卫南三十里。羚羊堡，卫南六十里。回回墓堡，卫南百三十里。鸣沙州城，卫东南百五十里，旧鸣沙镇，因大佛寺北人马行沙有声，故名。

关隘　黑山嘴，卫北二十五里。观音口，卫东北百四十里。大佛口有二，一名大佛寺北沙山，卫西十里。

中卫倚大河之固，左接宁夏，右通庄浪，亦边陲要地也。

山水险要　沙山，卫西五十里，因沙所积而名。黄河，西南自靖房卫末，分流入城，其正河则在城南，东北流至宁夏。

陇道，右巡按。

巩昌，秦陇西地，或南安、安阳、渭、秦、古渭寨、巩昌、翔界。东界凤州五百五十里，西界临洮、渭源十四万五千石。渭源界七十五府诸山雄峙，秦地重镇也。而接道，通羌、戎，山道尤推险阻。若夫成县，即成州也，背山面池，为秦、陇之襟带，昔称用武要地，夫岂爽哉？

陇西，渭州，古渭寨、通远军。州西五百五十里，县十四。米洮、渭源十四万五千石。武。烦，冲，中。三十二里。

汉襄

安定，唐西市买马地也。或定西，西安省入。近边，冲，中，裁，十九里。府北二百八十里。

宁远，本旧寨，元以来还省入。裁，冲，下。十七里。府东九十里。

伏羌，本冀戎地，汉汉阳郡，伏州，伏羌寨及里。

会宁，陇西地，城。简，中，裁，或会州下。十二里。府东郡，元徙会宁州于百八十里。二百八十里。

西宁县，以县并入。近边，裁，冗，中。府北二里。中。府北七里。府东八十里。

通渭，本陇西县。古西戎地，宋置县，元以甘谷、鸡川二县省入。

巩昌，

成县，本陇西县，元武都，汉以仇池郡，或同庆府，天水县省入。

安边，成县。

礼店，秦州南百二十里。

秦州。

水县省入。裁，僻，简，中，十六里。府东北六十里。

漳县，汉旧县，或盐川。裁，僻，简，下，六里。府南七十里。

秦安，宋为纳甲坻城，裁，陇安省入，烦，下，六，州西北九十里。

秦州，秦始封地，汉天水郡，上邽县、平襄，汉阳郡，唐末移治成纪，宋天水县，元以成纪军及县，金镇远军，元以成纪省入，冲，烦，上。四十九里。府东三百里。

礼县。漩水。裁，僻，简，中，十九里。州西南一百二十里。

关隘 石榴关，秦州南九十里。又南十里。对陇州有现子关，吴山路，大震关。

清水，汉县，或清水，后唐治上邽镇，治坊省入，裁，冲，烦，冲，八里。州东五十里。清水东五里。府北，来羊寨，府东十里。熟五十里。

山险 马鹿山，府南八十里，四面石壁甚险。祁山，西和北七里，上有坞，武侯尝攻此。通灵山，西和东南三百余里，四山环合，二水中流，有清泉自岩窦飞落如玉绳。金山有二，一在成县城内，一在徽州北三十里，有水入汉中，为山河堰。方山，成县东四十里，武都氐尝据此。

分巡副使。

阶州。

阶州，汉武都郡，或武都，元移阶、武州，太祖治柳树城，将利省入。僻，中上。十三里。府南八百里。

文县。阴平道，近。西番，僻，下。三里。州南二百十里。

两当。汉故道县地，宋徙治广乡镇。裁，僻。十六里。州东八十里。

徽州。汉河池县，或广化郡。汉河池州，永宁州省入。裁，僻，简，下。广里。府东四百八十里。

置。三杨寨，秦州北四十里，领十四堡。三垒堡，府北二十五里。铁城堡，西和东十八里，长西十里有谷藏堡俱宋置。白环堡，成县北一百三十里，后废。皂郊堡，秦州西北三十里，宋置。

黑谷山，成县北，大山乔林跨数郡。上有黑谷关。岩岔山，成县东南，岩岔峰，林麓邃深，下瞰数州，历历可辨。仇池山，成县西北百里，四壁峭立，坚固自然，有楼橹却敌状，上有平地，羊肠方二十余里。山盘道三十六回，山上丰水泉，煮土成盐。瓦亭山，秦州东北，魄嚣使牛邯所守处。

白水峡，贴峡，在阶州西北，秦州东相连。杨家崖，徽州北

附考

地网，秦州西南，地势平衍，骑兵纵横无碍，宋吴璘乃创地网于平田间，纵横为渠，阔八尺，深丈余，经阶州，下文县、龙州，至保宁府连绵不断如网，金人来犯，骑兵不

得肆。诸葛垒，秦州东三里，俗名下募城，旁有司马懿垒，俗名上募城，武侯攻天水，懿拒之，此其垒也。木门，秦州西九十里，张郃追武侯中飞矢之处。仇池城，西和北仇城山，古白马氐羌国。晋时杨难当三世据此，魏为仇池郡。志云：仇池城天生斗绝，壁立千仞，石角外向如雉堞然，惟有一门可通，上有田千顷，泉九十九眼。

昭化县北合嘉陵江。漳水，漳县南三百里，自县西木塞坡发源，会西倾水入渭。泥阳水，成县东五十里。西汉水，出秦州嶓冢山，流经西和北，以县境旧置盐官，谓之盐官水。西和东北盐官水，八十里有盐井水，与岸齐，盐极甘美，食之破气。段谷水，清水东南山下，邓艾败姜维于断谷，即此。

宋吴玠兄弟继为大将军，保蜀于此，控扼险阻，又寇素有积栗水泉之利，至不破。木皮岭，州西南，路艰险，黄巢之乱，王铎于此置关以遏秦、陇。雷洞，成县南十里龙峡之南半山上。宋郭执中募乡豪守此以拒金人。三都谷，秦州境，曹玮破确厮啰十万众于此。

盐堤城，旧志：邓艾与姜维相持于此，置葭芦城。铁堂峡，秦州东南七十余里，峡有石笋，长丈余。屏风峡，西和北四十里，宋郭思谓此为正祁山。飞龙峡，仇池山下，杨飞龙据此，因名。

临洮、
兰州。

关隘
南关，府城南；北关，府城北；宋于此置堡。三岔关，府西三十里。打壁峪关，府北三十五里，下有打壁河。结河关，府北六十里，三水交结处。八角关，府南百十里。以上俱临洮卫卒戍守。分水岭关，渭源西四十里。金城关，兰州北二里，山要黄河西北，宋时据河险处，宋时筑城，山筑城。

渭源，汉首阳。近边。宋通谷堡，府东百二十里。安边，近边。

金县，兔谷，定远城，金置为县，近边。金州，浩亹。近边。州东十里。中、州东九十里。水道

洮河，府西南，出番界，流入本境，束峡中，奔放声如万雷。浩亹河，金县南，一名阁门河，出

秋道，汉县，唐析置临川、安乐，烦，冲，中，二十五里。

兰州，汉金城郡，或武始郡，或武城郡，烦，冲，下，十里。府北二百里。府北二里。

河州。秦名，或枹罕郡，安乡城。近西番，刁马，烦，冲，中，府西北六十里。

临洮，秦陇道，武始，金城郡，临洮军，镇洮军。简，胜，中。州二、县三。

米四万石。府界接羌、戎，山川险厄，亦边陲重地。山险。

常家山，府西南六十里，与西倾相连，宋时夏人怒南边，羌酋鬼章，等驻兵于此，马寒山，府北九十里，其山绵亘数里，

西河州卫界八十里。兵备佥事。

今于河南置巡司。京玉关，本名把拶桥，元废。阿拶桥，兰州南干镇关，兰州南四十五里，元置。为堡，元置县。以上二关，兰州卒防守。棐兰堡，兰州西南九十里，宋置。质蛄堡，兰州西百六十里。东关堡，兰州东十八里，本名巩哥关。永宁桥，府西二里，有关焉。

阿干河，县东南入黄河，其水自此分流，东流者入渭。干河，兰州西三里，源出马寒山，水岭分为二，南流入金县为闇门河，入兰州阿干谷，始为阿干河，自峡流至利甚溥，灌田之利甚溥。

马寒山峡中，流经兰州城，黄河至峡谷入，西流者入洮。锁林峡，两岸陵绝，林木森茂。

南，一名洮水，源出西，自恒山，经府界西，州西八十里，名金城河，源出大，小二榆谷之北。兰之恒水，恒水，兰之湟水，宋土人以此灌田。府西六十里此置，宋末尝逾此，绥伐西夏尝逾此境，统南牟屯。

分水岭，渭源西十五里，其水自此分流，东流者入渭，西流者入洮。渭源西，阿干县东南入黄河，洮水所经，两岸陵绝，林木森茂。

百里，势极高峻，炎夏积雪不消。乱山，金县东北八十里，其山相连数百里，参差如列戟。

兰县主山，为境之主山，府南六十里，府南五十里，山下地势平夷，可屯百万兵，霍去病曾驻此。九州台，兰州黄河北，其形峭拔，直上如台，可以望远。天都山，兰州南三十里，宋苗。

镇远浮桥，兰州西十里，明初移珪城西北二里金城关下，用巨航二十四横亘黄河中，路入甘肃，通西域。

与洮水、浩亹河合。邦金川，府南六十里，宋神谊击鬼章，夜济邦金川，即此。

至胡卢河而还。积石山，河州西北七十里，即禹贡导河处。雪山，河州西南百五十里，四时积雪，亦名雪岭。石门山，兰州西南，滴水自鑒外来，经此。嶂嵬山，亦名可狼山，旧名热薄汗山，西秦太子炽盘筑城于此。

出入，上有窍可见天日，中可容数百人。女遮谷，兰州西三十五里，宋苗绶城兰州，破贼于此。李麻关，兰州西四十里，通甘州路。

榆谷，兰州西百里，有大、小二榆谷，汉西羌居此，缘山滨水，以广田畜，故致强大，常雄诸种。

茶马司	直隶	关隘	水道	洮州卫。旧
茶马司。西控番、东蔽湟、陇，险要之地也。	洮州府界。北临洮府界百四十里，西生番界九百里。山险。东陇山，卫城东，番人耕种地。石岭山，卫北五十里，山势峭拔，草木不生，石岭关在焉。西倾山，卫西南三百五十里，桓水出此。	石岭关，卫北十五里。松岭关，卫东三十里，以黑松岭而名。洮州关，卫西南二十里。旧桥关，卫东南三十里。新关，卫西南四十里。卫西南黑石关，卫东四十里。岔口关，卫东四十五里。高桥关，卫东五十里。羊撒关，卫北六十里。以上俱有兵防守。	洮河，卫南二十五里，源出西倾山，东流州卫界，纳的河自西北入焉。岭河，卫西七百里，出哈藏族，西北流入黄河。朵的河，卫西三百里，出川撒儿朵的族，南入洮河。	出谷浑地，或羌阳郡及美相，临潭等县，又临洮，临洮郡、洮州、叠州。

边备副使	直隶	山水险要	关隘	岷州卫	西固所
边备副使。东巩昌府界百四十里，西洮州卫界七十里，北临洮府界四百里。	直隶岷州，东连巩、熙，西井洮、叠，山川险阻，为西陲之要地。	岷山，卫北，山黑无树木，洮水经其下。冷落山，卫东五里。冷落川，卫东又有积雪，因名。山，卫东百五十里，顶平可耕种。鲁鲁岭，卫东七十五里，为岷巩冲要之地。摩云岭，在卫西南，去岩昌寨三十里，下临白水江，洮州在北，见前。	茶埠谷寨，卫东五十里。自是而东又有冷落川山寨、永宁堡、夏弄松堡三寨、贵清堡三寨。梅川寨，卫东三十里。自是而东北又有酒店子寨、鸦山寨，卫东南三十里。曹家寨，卫西十五里。自是而西又有中寨、野狐桥、冷地峪三寨。木昔寨，卫西南十五里。	岷州卫。古西羌地，秦临洮郡，唐和政川，或治祐川、或治长道，今治故城，所一。	西固所。卫西南四百里。

又南而西又有吴麻沟、鹿儿镇、柏木植、三岔五寨。羌栗林寨，卫南十五里。自是而西又有哈荅川、贲家族、脚力、高楼铺等十寨。水磨沟寨，卫北五十里。又北有马崖子寨。以上皆官军防守。

叠藏河，在卫城东门外，源出分水岭。洮河，自洮州来，经卫北流入临洮府界。

直隶 河州	山水险要	关隘	河州卫 本	归德所
河州，山川盘之束，有四塞之固。东临洮府界百六十里，西番界七百里，生番界七百里，北界宁夏，卫西宁界七百里，卫界百七十里。	牛脊山，卫南二十里，以形似名。积石山，卫西北九十里，即大禹导河积石，此。雪山，卫西南，接洮州番境，详见临洮府。大夏河，卫西南三里，一名白水。黄河，卫北八十里。牛脊河，卫南二十里。	老鸦关，卫北九十里。土门关，卫西北九十里。石关，卫西北百二十里，东去积石山五十里。以上三关，俱有兵戍守。杀马关，卫西南百二十里。	河州卫。本西羌地，或杞罕，安乡郡及宁河寨。卫在河州治西。	归德所。卫西七百里。

靖虏卫。亦西羌地，或粟州、敷文县、保川县、会川城。

关隘
乌兰关，在乌兰山上，下临黄河，有乌兰桥在焉。会宁关，在卫境，旧名颠耳。迭烈孙堡，卫城北。

山水险要
乌兰山，卫南百二十里，唐乌兰县以此山名。雪山，卫北，山高峻，积雪不消。祖厉河，卫西南，北流经祖厉城入河。黄河堰，卫北九十里，有巡司，每岁冬增戍兵。虎豹口，卫西四十里，有戍兵。

直隶
北至黄河五里，东北至宁夏中卫二百十五里。

县	关隘	山险	直隶
古羌氏地。或平阴，或文郡、文州、武州，洪武四年改为县，为后所。文所。	玉垒关，所东百二十里。铁炉寨，所南四十里。阴平寨，所西八十里。又西有镇羌寨，又西有镇平寨，又西南有哈南坝寨。临江寨，所北百二十里，临江渡在焉。	天牟山，所西北二里，上有羌里城，相传为文王被拘处。大白山，所南二百五十里，山谷高深，常多霜雪。	文县所左山右江，边陲之控要，西蜀之襟喉也。

阶州

北至阶州二百十里。

西宁道。	陕西行都司	水道	领	卫，十二。	守御千户	所，四。
西宁道。	陕西行都司，司，驻甘州卫城。巡抚，甘肃之境，河山环抱，土地沃饶，西陲之要地也。行大小寺，苑马寺，分巡副使。东临洮河，兰州黄河一百二十里，西肃州七十五里，西肃州嘉峪关五百七十里。	西海，西宁西三百里，王莽时曾立西海郡，一名卑禾羌海。张掖河，司城西十里，源出删提山，经祁连山西，凡二十里，合黎水，流入马支山，山丹牧。东西二十里，天梯山，凉州卫南八十里，山路崎岖如梯，青岩山，下甚广，东北，触之风雹立至。	关隘，嘉峪关，肃州西南七十里，其城，南有文殊山，硫黄山，东有寒水，红石山，观音山，黑山，凡五口。黑山口，镇番西南六十里，名关，杂木口关，凉府。讨来河，又西东三十里，南有俺公山，南有北百简哥儿山，东山，乾沟山，归，东南有黄羊川，下古城口。水磨川关，永昌，人此下流入黑河，约三百里。西宁	甘州左卫，附郭。本月支国地，汉酒泉、武威、张掖等郡，西凉州皆治此。按左卫为张掖地，或曰镇夷，或曰宣德卫。甘州右，卫俱附郭。甘州中，甘州前，甘州后，本名甘肃卫，明初分置。		所，四。

镇夷，司西北三百里，故张掖县地。

肃州卫，都司城西三十里，又西二百五十里，南与甘州山连，其顶板峻，本酒泉儿泉地也，亦古瓜州地。

有白石崖山，有平羌山，都山、鸾鸟山，西有一颗树山，东南有土鲁千山，长城山，凡以上关口，卫分兵戍守。

山丹卫，司东北百二十里，或甘肃军，山丹州。

永昌卫，司东南三百里，汉武威郡，或凉州，小西宁。

凉州卫，司东南五百里，古休屠王城，汉武威，或西凉。

南有大磁窑，磁窑一口，通远驿二口，司南八十里。又南有大慕化、小慕化等口，红寺山口，山丹口二十里。

昆仑山，肃州卫河，西宁北，源出卫南之热水山，经伯颜川，又合那海川，流五百里入黄河。峡口，西宁东，涅水、都住末咽喉也。

黑河，西宁北，源出卫南之热水山，经伯颜川，又合那海川，流五百里入黄河。

镇夷所城西四里，即古之张掖，经名城西，东北入居延泽。

沙州城，一名沙鸣山，西宁城南七里，峰峦危峻，沙如干糟，天气清朗时闻沙鸣，或有沙随人足，经宿复还于堕。

弱水：《西域传》：弱水在条支，去长安万里，疑别一水也。

三危山，沙州东二十里，三峰峭绝，即三苗窜处。

红水，肃州南二十里，源出白水，山丹北十五里。

边备副使。

分守参政。

古浪，司东南六百四十里，本武威地。

碾伯，西宁北百二十里。

镇番卫，司东北五百五十里，汉武威界，元小河滩城。

西宁东石峡口，西宁东又七十里。其西又有氏铁沟山，西宁城北山之阴。《汉书》：湟水出金城郡临羌县西北，至允吾县北有罕开松林，鲁川山。又《集韵》：湟水，疑蘉，经卓苏羌水也。以上口皆戌兵守。沙河堡，司西。又西有甘浚、高台、黑城等堡，一名浩亹水，即此水也，西宁北，源出塞外，东至吾界入湟水。宗水，在西北，来自青海，过卫境入湟水。

庄浪卫，司东南九百四十里，亦武威地，元为庄浪县。

西宁卫，司东南十三百里，古湟中地，破羌县，又西平郡、鄯州、乐都郡、湟水县，唐西宁州，属西凉府。右卫、镇平堡，司城东。其东又有安乐堡、镇番西，西乐堡、伯颜川堡。长乐堡、司西堡，南有大满、平凉等堡，唐西宁州。

分水岭，庄浪西百五十里，有泉分流，南为庄浪河，北为古浪河。

高台。司西百六十里，唐建康军地。

西宁城西。又东北有石峡、平戎、鲁川等堡。诸堡皆本卫戊守，护卫堡有二，俱在镇番卫南，旧属中护卫。红水寨，凉州城东北。暖泉寨，在凉州城东。

朋脂等堡，属中卫。柳树堡，司西北。又东南有古城、洪水，共三堡，属前卫。乐善堡，永昌东。又东南有永安、永定等，共五堡。新河堡，山丹城东。其东南又有永兴、暖泉，西南又有三洪、水店等堡。怀安堡，甘州东北，本匈奴地，汉武帝使路博德于此筑城。

凉州西。又北有旧永昌、东北有杂木口、靖边，共四堡。

附考

水之南有宗各，西北有平川、红水口。红盐池，山丹产盐池，北五百里。又居延泽旁亦有池，产白盐，红盐，采之不竭。

河南第六

按河南居道里之中，舟车辐辏，便于转输，大梁其都会矣。然语夫形势之胜，则嵩、华峙于左右，河、洛环其表里，蔽山南而扼河北，殆不及洛阳之险要焉。汝宁山川环互，民物殷阜，接连淮、泗，控扼蕲、黄，昔人曾用心于此。汉之南阳，实光武中兴地，北阻成皋，西连商阪，据宛、穰之沃野，通郧、襄之咽喉，李文定尝欲宋高宗都之矣，岂非图中原之本耶？若夫彰、卫、孟、怀跨越燕、冀，归德、睢、陈犬牙畿省，谈形势者又乌可略于斯哉？

河南古豫州地，东汉时置司隶校尉于洛阳，别置豫州于谯郡，唐初置河南、河北、都畿三道，宋都汴，置京东、京西二路，元设河南江北等省及道，今为河南等处承宣布政使司，治开封。左右布政二，左右参政三，左右参议三，京师管粮一。领府八，属州十二，县九十七。总为里三千八百八十里半，旧户五十八万九千二百九十六，口五百十万六千百十七。夏秋二税共米麦二百四十一万四千四百七十七石，内除起运外，正该存留米麦并枣子枣株木共八十六万八千八百六石零。每岁禄米该用粟麦一百四万六千二百零，除王府并合省文武官吏师生旗校官军俸银六十九万三千馀石不计外，丝三十五万三千六百四十三两，绢九千九百五十九匹，绵花三百四十二斤，马草二百二十八万八千七百五十四束。

卫河提举司一。

河南都指挥使司，隶中军都督府。都指挥三，掌印一，佥书二。领卫一十四，属所四十九。守御千户所七。本都司所属除二班京操外，马步官军一万五千九百馀员名。备用马匹数具在直隶兵马项下。仪卫司八。

提刑按察使司，按察使一，副使六，分道四。

巡抚都御史，巡按一，或清军一。俱驻开封。

王府：八。周府，高五，原封杭州，改开封，护卫一。郡，五十四：顺阳，祥符，新安，永宁，镇平，遂平，封丘，内乡，胙城，通许，原武，鄢陵，河阴，颍川，义阳，临汝，沈丘，上洛，鲁阳，临湍，堵阳，河清，新会，义宁，崇善，海阳，曲江，博平，汾西，鲁山，信陵，莱阳，东会，富阳，会稽，浦江，应城，益阳，奉新，南陵，京山，华亭，宝坻，汤谿，瑞金，商城，柘城，修武，安吉，汝宁，彰德，顺庆，保宁等府。唐府，高二十三，封南阳，禄五千石，有护卫。郡，十一：新野，舞阳，三城，新城，承休，汤阴，颍昌，文城，淅阳，郾城，卫辉。伊府，高二十五，封河南，禄二千石，护卫一。郡，七：洛阳，光阳，郏城，方城，西鄂，济源，万安。赵府，成三，封彰德。郡，十二：临漳，洛川，南乐，平乡，汤阴，襄邑，汝源，昆阳，秀水，光山，获嘉，成皋。郑府，仁二，封凤翔，改怀庆。郡，九：泾阳，朝邑，东垣，宜章，繁昌，庐江，丹阳，真丘，盟津。崇府，英六，封汝宁。郡，三：庆元，怀安，瑞安。徽府，英九，封钧州，今除。郡，十六：兴化，遂昌，阳城，景宁，太和，建德，嘉定，新昌，庆云，隆平，伍城，浦城，太康，阳夏，德平，荥阳。**汝府**。宪十，封卫辉，今绝。

河南舆图补注

一、大河，从潼关界流入阌乡境，经灵宝、陕州、渑池、新安、洛阳、孟津等境流入开封府西、汜水县东，六十里至府城北，又东至虞城县，下达山东济宁州界。按河自洪武以来迁决不一，或决原武，或决荥阳，其东南出项城境而入淮者，自昔然矣。详见后《河图》中。

一、颍水，源出河南府登封县颍谷，东经郑州，至襄城为颍河，又东经临颍县，西合沙河入淮。志云：颍水有三源，一出登封东二十五里之阳乾山，一出少室山，一出少室南溪，分左、右、中三源。

一、睢水有二，一在陈留东北四十里，东经睢州达宁陵县；一在夏邑南二十里，经永城县，合沙泉达宿州。

一、淮水，出南阳唐县东南桐柏山，潜流二十里始出，趋东北，经大复山，从信阳州北，东过新息，南与汝水合，又东过安丰、寿春合溱水、颍水，又合肥水、涡水，东北至下邳、淮阴与泗水合而入海，今清河口是也。顷又汇于河，以河浊不可复辨矣。

一、汝水，源出鲁山县分水岭，或云出天息山，经郏县合扈涧、长桥等水东入汝宁府，经汝阳、上蔡、西平等境入淮水。志云：汝水屈曲，形若垂瓠然。

一、济水，《舆图》云：济出河东垣曲县王屋山，曰沇水，东过温县西北始名济，又东南流经巩县之北入河，与河并流过成皋，溢为荥，东过阳武、封丘北，又东北过曹州定陶南，至东阿北会河水，东至乘氏县分为二，其一东北流经齐郡千乘入海，其一东南流，过金乡南，至方与为沛水，过沛、下邳入淮。其流常伏，故时若绝云。

一、洛水，出陕西商南县冢岭山，东流经卢氏、永宁、宜阳、洛阳、偃师、巩县入河。伊水，出卢氏东南百六十里之闷顿岭，经嵩县、洛阳、偃师界入洛。瀍水，出河南府西北五十里穀城山；涧水，出渑池东北二十三里之白石山，经新安、洛阳；二水入洛。

一、淯水，在南阳府东三里，俗名白河，源出嵩县双鸡岭，经南阳、新野，会梅溪、洱、灌、湍水、留山、黄渠、栗、鸦、泗、潦、刁等河，与泌水合流，南至襄阳入汉水，有上石谷、马渡港、蜈蜙、沙堰四堰，溉田六千顷。王莽末诸将立更始于淯水上，即此。

一、滍水，即滍川，从鲁山县流至叶县入沙河。

河南舆图

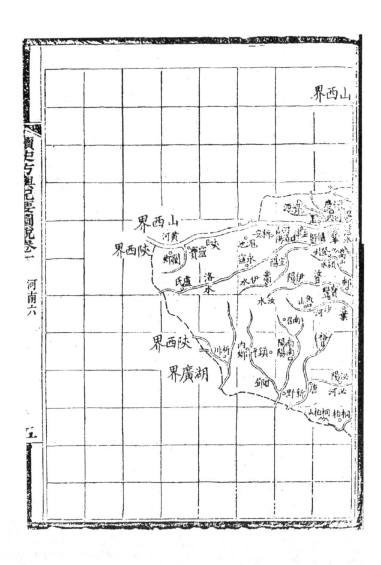

道	四	府八	州十二 附郭	并外县九十六	卫	所
大梁道，	巡抚，巡按。东直隶凤阳府，东至南京五百十五里，西至河南陕州界五百四十里，西南至南阳府界三百七十里，南至河南汝宁府界二百六十里，北至山西泽州界三百二十里。至京师三千五十里，至南京一千一百七十五里。	开封，古大梁，秦三川，汉陈留，泲州，东京，南京。宋改南京，西京河南观元县界三百六十里。府为天下要冲，四通千五百八十里，至南京虎牢一关，诚所以喉九州，闾域中夏者也。山险 黑山，封丘北三里，曹操断袁术粮道处。广武山，三皇山俱在河阴北十里，二山相	祥符，汉浚仪，浚仪，冲，上。附郭。	陈留，古莘城，浚仪，冲。府东五十里。杞县，古杞国，汉雍丘，或杞州，冗，上。府东一百二十里。通许，汉扶沟地，或咸平，裁，中。府东南九十里。太康，汉阳夏，或匡城，僻，中。府东南一百五十里。 中牟，古名，或广武郡，古管渡，冲。中。府西三十七里。阳武，秦博浪沙，又武疆城。府东北五十四里。原武，汉，或广武，原陵，僻，中。府西北二十二里。封丘，汉名，或平丘，冗，中。四十三里。府北七十里。	宣武，府城。	

延津，古廪延，秦酸枣。裁，冲，冗，下。二十七里。府西北九十里。

兰阳，秦东明镇，汉东昏，僻，中。三十八里。府东北九十里。

仪封。古名，汉东昏地，通安堡。中。十二里。府东北一百五十里。

尉氏，古名。裁，中。二十五里冲，中。二十五里半。府南九十里半。

洧川，古曲洧，或洧州，汉洧简，中。二十八里。府西南一百五里。

鄢陵，古邑，或安陵，僻，简，中。二十九里。府南一百六十里。

扶沟，古名，裁，冗，中。二十九里。府南二百里。

连，上有东、西广武二城，即楚、汉相拒处。河阴西北二十里，秦时敖氏筑仓于上，萧何据之，沂水出焉。

水道

沂河，出荥阳大周山，合京、荥等水及郑州东之郑水，东南至中牟县北入河。按此与古沂河异。洧水，源出密县，东至新郑会溱水为双洎河，至西华入黄河。

陈州。

项城，汉项县，陈州或北扬州。裁，僻，中。十七里。州东南九十里。

沈丘。弘治十年添置。十三里。州东南百十里。

商水，汉汝阳地，或潕水。裁，简，下。二十四里。州西九十里。

西华，汉长平，或鸿沟，武城。僻，简，下。二十六里。州西北九十里。

陈，古国，秦颍川郡，汉淮阳国。或豫州，宛丘，淮阳郡，镇安州及淮宁府。颍，上。六十二里。府东南三百五十里。

圃田泽，中牟西北七十里，今为陂者三十六焉。鸿沟，河阴东，即蒗，汉分睢水，北接广武，南与荥泽连。至千乘海口，历代筑此以御河患。中牟城北，即荥，曹操官渡口，战处。

许，古国，后许昌，颍川郡，匡国，忠武军，上颍昌府。冲，颍，中。府西南百二十里。

临颍，古名，冲。颍，中。二十二里。州南六十里。

襄城，汝州，冲，中。州南百二十里。

郾城，颍，中。三十二里。州西南九十里。

郾城，古国，或临颍郡，道州。冲，颍，中。二十五里。州北六十里。

长葛，古邑，简。三十五里。州北六十里。

钧州。

密县。古国，或
州。简、僻，中。
二十七里。州西北
百二十里。

新郑，古郐国，
邑名。冲，中。州东北
二十八里。
九十里。

钧，夏禹封地，秦
阳翟县，颍川郡，或颍
州，阳翟郡，颍顺州，
阳翟县省入。府西南二百二十
里。府西南三百二十
里。

河阴，秦平阴，
裁。简、僻，下。
十一里。州西北
五十里。

荥阳，古京城，
秦敖仓。成皋，
武，又践土，官
渡。颍烦，冲，中。
十五里。州西七十
里。

郑，古国，东汉荥阳
郡，或荥州管城县，管
州，秦宁年，管城县
省入。三十三里。府
西百四十里。

汜水。郑岩邑，又
虎牢，或司州，北
豫州。冲，下。十四
里。州西百里。钧州。

荥泽，古泽名，隋
广武。同前。十六
里。州北五十里。

关隘
古崤关，汜水西二
里，即虎牢也，唐武
年。武牢。

归德，古宋国，或宋名，砀郡、梁郡、唐睢阳，归德，后宣武、归德郡，北山东界、兖州曹县界四十里。东直隶凤阳宿州界二百十里。上。州一，县八。

米七万七千六百石。府据江、淮之上游，为沂、洛之后劲，襟带河、济，屏蔽淮、徐，舟车之所会，争中原者之所必资，未有不以睢阳为腰膂者也。

睢东东兵备。

商丘，归德，古宋国，或宋城，砀郡，宋。鹿邑，古鸣鹿，汉鹿邑，古鸣鹿，汉宋。上。州一，县八。

永城，古芒邑，又大丘，后临睢。河患，冲，下。二十四里。府东百八十里。

宁陵，古葛国，又宁城，冲，上。七里。府南百二十里。

虞城。古国，或东城、榖熟，又武平、简，僻，下。三十四里。府东南百二十里。

夏邑，汉下邑，榖熟省入。秦。裁、僻、熟。简，中，十四里。府西六十里。府西六十里。

考城，古戴国，又榖城、留县，考阳、成安、简，裁、僻、下。十一里。东北九十里。

睢州，古葛、襄邑，汉襄邑，秦省入。又拱州，僻，中，六十里。府西七十里。

柘城。古株野，汉柘县。下。九里。州东南九十里。

州城。中。八里。府东北六十里。

睢阳。

嵩县。

河南，洛阳护，中阳，

永宁，汉渑池，或熊耳，又移鹿桥，僻，中。府东十六里。

偃师，古西亳，缑氏。冲，中。三十六里。府东七十里。

巩县，古邑，东周，洛口。冲，中。二十九里。府东百三十里。

孟津，古名，或河阳，河清。冗，冲，中。二十五里。府东北七十里。

新安，古西周，汉县，或东垣，中州。裁，冲，烦，下。十八里。府西七十里。

宜阳，甘棠，阳州，福昌，福庆。僻，福昌，简。上中。六十八里。府西南七十里。

渑池，汉县，或徙甗城，又徙大坞城。冗，冲，中。二十八里。府西百六十里。

嵩县，古伊阙，伊川郡，又陆浑、简，上。僻，简，上。府西南六十里。七十里。

洛阳，秦三河川郡，汉河南郡治，东京，宜，汉南都治，永昌。阳，神都，又西阳，冲，上。

河南，古郏鄏，东汉都此，魏司州，或豫州，东京，开封界四百九十里，东水界百六十里，南南阳县界二百六十里，西陕西华阴界四百九十里，西陕西安界二百六十里。县十三。米二万三千五百六十石零。

府大河绕北，洛水贯中，左连函谷，右据成皋，川流伊、涧，允为名都矣。若夫崤山以西，州则崤山以东，潼关以东，皆函谷也，尤称天险云。

河南道，

弘农。陕州。

关隘　白杨关、嵩县东。有兵戍守。大阳关、陕州城西，即大阳津地。雁翎关、州城东，峡石关。置军石关，州东，即古崤陵关，东通渑池，西通函谷，今设巡司。

五十六里。府南百六十里。卢氏，古莘地，或洛安郡、虢、僻州。上，郡。十四里。州西西南二百四十里。

灵宝，秦函谷关地，汉弘农、隋桃林。冗，冲，上中。州西九十九里。保五十六十里。阌乡，汉湖县地，或鼎州，或湖城，省入。冗，冲，下。州西二十五里。州西南百三十里。

登封，古阳城。又崇高、堙阳。僻。中。四十四里。府东二百四十里。

陕，古虢国，为周、召分治处。弘农郡，汉陕县、唐兴府，保平、保义、连孟津。等军。烦，冲。上。二十五里。府西三百里。

山险　北邙山，府北十里，山连偃师、孟津、巩县境，亘四百馀里。八将山，府西三十里，尉迟敬德与单雄信八将战处。万安山，府东南四十里，北接登封。穀城山，府西北五十里，连孟津。旧名函亭，灌水出焉。寒战。巩县南五十里，府西三百里。临底柱山，州东四十里黄河中，其山陵峻，经者战栗焉。玉仙河、经著有三形如柱，有三栗焉。

	水道	
潼关，阌乡西六十里，与华阴分界。大谷关，阌乡西南，上有秦山谷，故名。白华关，通陕西戊。户氏西，今弘农卫戊守。桃林塞，灵宝西，自此至潼关皆武王放牛处。秦门关，府东旧洛城内。	按府境诸水，不等也。下数十，阌乡东南入河者什之九，其入洛者什之一。永宁东六十里，自洛南流经巩县入河。回溪，永宁北十里，俗名回坑，即冯异战赤眉处。弘农涧，灵宝治西，会晴、渑诸水北入河。通山沟，偃师西北十里，深二丈，阔八尺，南起邙山，北通孟津。洛诇，在巩县洛水入河。	轘辕山，巩县西七十里，其坂有人门，南鬼门，北中神门，凡十二，曲道将去，禹所凿也。故名。又云轘辕关。鹿蹄山，宜阳西南，俗名非山，上产玉，下产金，甘水出焉，西北注洛。慕容垂曾驻此。嵩山，容垂南九十里，即中岳也，东曰大室，西曰少室，总名曰嵩。大熊山，禹导洛水处也。抱椟山，户氏南九十里，极高峻，昔人避兵处。邢公山，户氏北九十里，盛彦师杀李密、王伯当处，下有断

宝丰　春秋郏
地，汉父城，唐
龙兴，宋改今
名，成化十一年
置。倚。中。四十
里。州东南八十
里。

汝。汉梁
或北荆州，和
州，汉阳省入。
承休县，陆海
军，上。倚。中。四十
里。州西南南
九十二里。府北
三百七十里。

直隶　县
南阳府三百七十
里，东许州襄城界
七十里。
山险
鲁山，鲁山东百八十
里，亦名露山，高出
群山，为一邑巨镇。
水道

处，亦名什谷，
张仪败下兵三川，塞
王，即
什谷之口，
此。

谷涧。铁岭，户
民北四十里，极
高峻，古设关于
此。

山，登封南五十里，
上可避兵，近有小
熊山。熊耳山，登封
东南五十里，接宁西
界。铁门山，新安西
三十里，一名扼山。

分巡副
使。

汝南道，	南阳府，古申、邓、襄阳二国，秦郡，后阳界八十里，北河，登封界一南登封界一万四千二百名。四百三十里，府西二十里，西郡界二十里。阳郡县界二百里。 南阳，古宛邑，秦郡，后宛，申州、邓州，或上米十一，县十二，县十四百名。南屏襄、汉，土壤沃衍，称形胜焉。而邓州为南

大盂山，鲁山南七十里，山顶甚众，四面若城，俗名大团城山，小团城山。

郏县，汉县，源出鲁山，流至叶县入沙河，春秋楚、晋夹潩而军，汉光武破王寻于昆阳，士卒溺死，潩水为之不流。

伊阳。秦新城，汉伊阙，唐伊阳。僻，中。省入。简，上。州东南九十里。四十六里。州西五十里。成化十一年置。

镇平，汉安众，后安昌。裁。僻，中。简，僻。府西四十里。府西七十里。

泌阳，汉舞阴，或临舞、期城阴。郡。裁。中。府东二百二十里。

桐柏，汉复阳，唐比阳，后东荆州，淮安。裁。简，僻。化中置。府东南二百二十里。

南阳，中护，府城。

南阳，府东一百二十里。

期城阴，汉筑阳，唐

府城。

唐县，

				邓州。
要冲，舟车辏泊，允为陆海云。山险。豫山，府东北十五里，孤峰峭立，俗名独山，下有三十六陂。百重山，府北七十里，山峦重复，可记者武阳、乱石、柘禽、鲤鱼、鹿鸣五山而已。丹霞山，府东北百四十里，中峰高秀，有朝拱之奇。遮山，镇平东三十里，峦岫。	邓，古国，秦穰邑，汉穰县，或荆州、南阳、武郡、宣仁、胜武军。倧，简，中。二十七里。南百二十里。	内乡，楚白羽地，秦置中乡县。中。州西三十五里。北百三十里。新野，汉县，或义阳，裁，中。二十二里。州东南七十里。	淅川。汉析县，成化中置。中。十八里。西南州二百二十里。	
南召，本南阳地，成化中置。裁，简，中。府北二十里。				

襄城，南阳，或襄州。冲。中。州北二十三里。

叶县，古应乡，或为郡，简。僻，州中。四十四里。州东北百四十里。

舞阳，汉县，或

裕，古方城，汉县。方城县省入鲁州。

邓州，南府东北百二十里。

岩峣，沟洞深阻，莽兵造光武处。桐柏山，唐县东南八十里，东南接随州，西接枣阳，峰峦秀拔，上有玉女、卧龙、紫霄、翠微、莲花诸峰。淮水出此。铜山，淡阳东四十里，其地有分水处，东流为淮，西流为淡。太白山，内乡西北百三十里，顺阳、淅川二县分界。峡岭山，淅川西北三百里，山极高峻，登者必怠莘萃，否则风雨暴至。

水道

丁河，自内乡十五里，流至新野，东入清水。沙河，出鲁山，经舞阳，会澧水，绵封灰、绵封河等河东入淮河，即行人往来西洛之便路也。石川为第一鹆路口，分水岭为第二鹆路口，今在汝州界者为第三。

满水，邓州北三十里，南流经内乡，源出熊耳山，绕州城北合清水。唐县境，本出淡阳铜山。

关隘

鲁阳关，府城北，即鲁阳择戈处。昆阳关，在叶县昆阳镇上。

一关 南阳卫戍守。西峡口关，内乡西北，有巡司。花园头关，在亦在内乡西北，荆子口关、党子口关，俱在内乡西南，上三关。

汝宁。

南阳卫卒戍守。府西南
而马尾镇。内乡顺阳堡
北，后魏置。北齐将陈显
达攻将尉迟洞不能下，即
此。

戍而龙冈。卧龙冈也。经唐县北，转而
西，下流入汉江。
七里，起自嵩山
南，绵亘数百里，至此截然而
止，回环如巢，中有草庐，即孔
明躬耕处也。

里，出陕西商南县，入沙河。西南丹水，

西平、古柏
国，或襄城、
文城郡。僻、
简、下。中。
二十七
里。府西北
二百三十里。

真阳，汉滇阳，后
淮阳，成化中置。
裁、僻、简、下。二十五
里。府南八十里。

汝阳，汉县
名，武溆水，
州，平舆省入。
三十三里。

东直隶颍
州界二百三十
里。

汝宁，古沈、蔡
二国地，汉汝南
郡，后悬瓠城、
豫州，淮康
等军。颍。
州二，县十二。上。
米十二万一千七

古吴房国，汉房陵，或遂宁。俾、简、中。府西二十八里。

确山。古江国，汉安昌，又朗山。简。府东五十里。

遂平。古吴房，或裁。武津。下，三十六里。

信阳。中。二十二里。州北一百七十里。

上蔡，古蔡国，或临汝，或裁颍。府北四十五里。

新蔡，汉县，或郡，又蔡州，汝、舒州，汝。俾、简。十二里。

罗山，古蔡地，汉鄳县，或高安，南罗州。俾、简，中。二十一里。州东七十里。

信阳，汉平氏县，或义阳郡，申州，信阳军。俾、简，中。十七里。府西南二百七十里。

百石堰。府水回曲而地平舒。其襟带长淮，控扼颍、蔡者，则光州也；连接陈、汝、洛者，则信阳也。二者皆称要地。

山险 石城山，信阳东南，与州治东义阳山相接。史记魏攻石城，即此。土雅山，信阳南十里，魏将元英曾筑垒于此。

分巡副使。

息县，本息国，或新息，西豫州。汝南郡。裁，简，中。三十八里。州西北九十里。

商城，成化十六年置。俯，简，中。二十二里。州东南百九十里。

关隘

冥厄塞，信阳东九十里，古平靖关也，有大小石门，凿山通道。《淮南子》曰：天下九塞，冥厄其一。

光山，古弦国，汉西阳，或光城，期思。中。三十八里。州西四十五里。

固始，固始东安阳山，固始东五十里。极高，一名大山，上有池。

寝县，古蓼国，北建州，新蔡郡，涂州。殷城省入。颍，冲。七十二里。州东百四十里。

水道

小黄河，光州治前，为光山境，万安山，旧有寨。源出湖广麻城县分水岭，北流注淮，渡河，光山南五里，至光州出分水岭。

光。弋阳郡，光山，俯，简，裁。军。上。十二里。

贤首山，信阳西南七里，魏攻义阳，萧衍救之上贤首，即此，一名贤隐山。

金山，信阳西五十里，连环二十里。一名大蹉峡，嵯呀山，一名蹉峡，在逢平西七十里，金刚台山，固始南百八十里，双峰高峻，一名额山，上百四里。其中有六可深与天元入，唐李观山此。济战于此。牢山，罗山东南九十里，有龙井，宋时曾筑石城千山，为光山境治。万安山，旧有寨。层峦叠嶂，势极险峻。灵山，罗山西南百四十里，固始县西南百四十里，高出群山之表，亦名霸山，会龙山，光山南四十里，如二山并峙，平常关，信阳南。武胜关，信阳南。九重关，罗山南百二十里。破关，罗山南百二十里。大胜关，罗山南百四十里。五关，光山县西南。木陵关，光山南三十里。定城关，固始南。二关关，陈接境时置，隋时废。五水关，固始西百三十里，古有监口。

西阳山，罗山南。……为小黄河，北流合梅林、张师河等蒋沟、磨子港入淮。以上诸水，北者入淮，近者入汝。狮水，自随州流入信阳治南，湍流为一境之奇。潢水，出黄土、白沙两关间，东流至光州南，绕城而东，与淮合。柴潭，府城外，唐李愬、宋孟珙建绩之处。

白鹿崖，在固始县，与光山分，三旧有峻险，寨。罗山县西南十里，峰峦环抱，县以此名。蟠山，确山南二里，环绕县城，形如两龙相会。浮光山，光山北八十里，一名浮弋，即浮阳山也，奇形伟观，产名玉。四面山，光山南八十里，峰四面相向，流水萦回。石盘山，光山南八十里，盘旋险峻，其顶平正有寨。

河北道。	彰德	安阳	汤阴	林县	县 林中，彰德。
	彰德，古相地，又东阳及邺地，秦上党、邯郸，汉魏郡，后魏邺，司州，相州，彰德等军，分德，彰德府。上。州一，县六。米二十五万七千六百石零。副使。巡。府地势平广，旁暧燕、赵，险要之区也。韩陵山，府东北十七里，高欢破尔朱荣处。太行山，林县西二十里。府北七十里。群山一带，形势崔嵬，峰谷岩洞，景物万	安阳，约郡，古东阳，又新中邑，或相县。烦，上。八十四里。	汤阴，古羑里，后古羑里，荡阴，或汤源。烦。下。四十三里。府南四十五里。临漳。魏邺地，或灵芝省入。僻，简，中。三十五里。府西百二十里。	林县。汉林虑，又林州。僻，中。府西二十五里。府西一百二十里。	
	粟山，武安南十二里，白起拒廉颇。洹河，出辽州大行山，至武定伏而又出，响水河而又出	磁。本邯郸地，后武安、滏阳及成安郡，惠州，又滏阳军。烦，冲，上。四十里。府北七十里。水道。	武安。汉县，僻，中。三十里。州北二百二十里。水道。安阳河，一名洹水，源出安阳县西，经安阳境伏见无常，至永和镇入卫河。漳河有二：	涉县。古沙侯国，汉沙县，或崇州，又临水。裁。僻，下。二十八里。州西二百里。洛河，出辽州大行山，至武定伏而又出，响水河	磁州。

入焉，东经钜鹿界入滹沱河。汤水，汤阴西五十里西牟山，本名荡水，流经县东五十里，过内黄入卫河。浙水，一名三阳河，自泽州陵川县南合洹水。

一出山西潞州长子县，名浊漳，自林县西北入境；一出平定州乐平县，名清漳，自涉县西南入境；俱东至林县合流，经临漳、馆陶入卫河。

状，总曰太行，为中州巨镇。黄华山，林县西二十里，峰谷极胜。隆虑山，一名林虑，林县西北二十五里，南负太行，北接恒岳。倚阳山，林县西北三十里，势突拿而绝顶平。

积栗处。流沙岭，林县西南三十里，一名飞沙，暴风至飞走如流。愁思冈，林县西二十五里，魏陈思王植不为文帝所容，于此悲吟，故名。

卫辉前。

修，简。殷州，或殷州。府西北
武，古宁邑，
获嘉，古宁邑，
中。十八里。
下。二十五
百里。

淇县，古沫国，汉
朝歌，元淇州，冗，
冲，中，二十六里。
府北十里。

辉县，古共国，汉
共县，隋共城，唐
共州。辉，濒，上。
五十二里。府西
六十里。

延津关，府东南
二十五里。临清关，
新乡北，唐置。

胙城，古胙国，又
南燕国，或胙州。
裁，简，下。二十五
里。府东二十五
里。

新乡，古鄘国，隋
新乐城，烦，冲，
上。五十里。府东
五十五里。

清水，出辉县西南
七十里，东南流
经获嘉县界，又
东北入大名浚县
界。

淇水，出林县西，经
淇县三十里合
清水入卫河。

汲县，古牧野，卫
汉汲县，北齐改
伍城郡，烦，中。
四十里。水道

黄河，自新乡西
南入境，南经胙
西城入开封原武
界。卫河，出辉
县西北七十里之
苏门山，东北流
经府城北一里。
东入大名浚县
界。

大行山，辉县西
五十里。南连怀
庆，一带群山虽
多，大行其总名
也。

卫辉，古朝歌
邶、鄘、卫
及邶。北齐改
地，汉汲县，又
卫州，和平年。
县六。米道川
陵

北直大名界大
名，魏县界大
七十里。西
西山西泽川
界二百七十五百
里。

怀庆。

孟县，古孟津，又三州，孟州，孟阳关、河阳关。冗，冲，城节度。府南三十一里。中。府西七十一里。府南六十里。

温县。古名，或平州。古名。僻，简，中。三十二里。府南五十里。里。

济源，古原邑，或西济州，原州。固僻，中。府西七十六里。府西七十里。里。

武陟，怀邑，或陟州。僻，冗，中。七十四里。府东百里。

修武，古宁县，秦南阳，或广宁郡，南阳。后魏分为南、北修武二县。冗，冲，府北二十里。中。府东二十一里。府东二十里。

水道

沁河，府北二里，沁河，府北二里。

淇水三源，一出济源县西北十里琮山，俗称白涧水，一出县西二十里阳阳城西南山，一出阳阳城南溪，俱东南流，合洮水，又东流至温县入河。

河内，汉野王，隋河内郡，唐怀州。颇。温州，颇，冲，二百十六里。里。

修武山，修武北五十里，北二十里，里有石峡，峭壁千仞，悬瀑下注，为黑、白二龙潭、紫金山，丹河而引沁水，舟孟县西八里，宜麦，亦名麦山。

大行山，府北二十里，一名丹连山中断曰陉，可径，太行首始河内，北至幽州，十有八陉，此其一也。

西山西绛，怀庆。古覃怀，汉河内郡，或怀州垣曲界五十二百五十里，里，北泽州，界六。界六十里。米三十万一千一百陌石。

府北通上党，南迤洛阳，据虎牢而倚大行，接黄河而引沁水，舟车都会，号曰陆海。

山险

方山，府北四十里，四周方正，可容数百人。碗子城山，府北十五里，极险峻，上

关隘

关隘　大武关，府北，唐置。碗子
城关，府北太行山
畔，羊肠所经，最险
隘。轵关，孤岭关，
俱在济源西。河阳
河，孟县西南。黄
河关，孟县南，黄河
北岸。

源出沁州，穿太
行，达济源，经武
陟入黄河。丹河，
府东二十五里，出
泽州界，穿太行，
名丹口，南流三十
里入沁。南流，自
山西垣曲东流，经
府境济源、孟、温
县入河南巩县。
枋口，济源东三十
里，两山之间，沁
水经焉，亦名沁
口。

有石城。熊山，济
源东北五十里，
三面距沁河，惟
西向一峰突出。
天坛山，济源西
百二十里。王屋
山，济源西，山
峰突兀，灵异最
多。

浙江第七

按浙江之地，为江、淮之藩屏，东南之冲要，山川连络，物产丰饶，得其境足以联络岛夷，招徕闽、粤，非浅鲜也。吾即而论之，浙东之险在乎宁、绍，而温、台非所计焉。何也？宁、绍去海近者三四十里，远者亦不过百里，而钱塘入海乃在其间，一旦风驱电掣，破竹之势成矣。临安不可都，同甫之说，岂不其然？若夫浙西之患，吾又以为不在三衢，而在吴兴也。盖三衢左出常山，实接江右，南越宣岭，足控福清，而不知湖郡亦水陆之险也，震泽汇其西北，天目崎其东南，安吉、长兴以西，山谷绵渺，勾连数郡，宜留意焉。

浙江古扬州地，汉会稽郡，兼统二浙，隶扬州部，唐初隶江南道，后增置江南东道，宋初以两浙为一路，后分隶浙东、西两路，元置省及江南浙西道、浙东海右道，今为浙江等处承宣布政使司。治杭州。左右布政使二，左右参政五，管粮一、杭、嘉、湖一，金、衢、严一。左右参议二，宁、绍、台一，温、处一。领府十一，州一，县七十五。总为里一万八百九十九，旧户一百二十四万二千一百三十五，口四百五十二万五千四百七十一。夏秋二税共米麦二百五十一万二百九十九石，丝棉共二百七十万四千二百七十两，绢九万八千匹零，钞五万一千二百九十三锭，草八十七万四千四百九十一束。

浙江都指挥使司，隶左军都督府。都指挥三，掌印一，佥书二。领卫一十六，属所百三。守御千户所三十五，本都司所属马步官军三万九千九百馀员名。

提刑按察使司，按察使一，副使七，清军一，提学一，协堂一，巡海一，温、嘉、处、湖、宁、绍各兵备一。佥事六，水利一，杭严一，台州一，兵备一，金衢一，宁绍一，嘉湖一。分道五。

两浙都转运盐使司一，在杭州。领盐课司二十六，杭州二，松江八，温、台八，嘉兴五，宁、绍二。岁办盐四十四万四千七百六十九引，市舶提举司一。在宁波。

总督南直、浙、福都御史一，暂设，驻浙江。巡按御史一，巡盐一，或清军一。俱驻杭州。

浙江舆图 补注 防海事宜

一、嘉兴逼近海口，其祸与杭州同之，而海宁一卫，最要之处也。海岸之备则有澉浦、金家澳、石墩、黄湾等处，而赭山一寨，东南逼海，面对萧山，与钱塘江口相连，最冲处也。若夫海港之备，则龙王塘直抵嘉兴，实为切患，而西海口南通大洋，北近平湖，亦浙西门户也。

一、宁、绍海道之备，一曰昌国卫，对冲大海，倭夷出没必由之处也。其设备之口，则有旦门、三门、大佛头、牛栏基、坛头、鸡笼屿等处，不下数十寨，而韭山对冲日本，山外俱辽东大洋，夷船往来必望此为准。又昌国之咽喉,一曰定海卫,南临大浃港口,为要害无穷,沿海之备则小浃港、黄崎、梅山、嵩港等处,海外之备则有舟山、螺峰、浒江、天同岙、沈家门寨等要害,易于冲突,难于守御也;一曰临山、观海二卫,其海岸之备则有历海、龙山等处,而三江所界临、观之间,相为声援,龙山等所北对金山苏州大洋,东对烈港,伏龙山独为两卫之咽喉也。若夫海港之备,则有蛏浦、胜山等港,而泗门港为馀姚东北之襟带,古窑港为慈溪咽喉,金墩浦为定海、慈溪相连界,烈港为临、观门户,而三江港为大洋之口,若从宋家娄、陡门一带竟至绍兴,越港而北即赭山,又省城第一关锁处也。

一、温州备则有金乡、盘石二卫。其设备于海岸者,舥艚、炎亭以下凡二十二寨,皆海舟登望之要也;其设备于海外者,大岩头海岛以下五屿等隩,皆海舟经泊之所也;而海港口当备者,黄华府城之咽喉也,江口平阳之门户,飞云各境之外户也,镇下门、烽火门门户会哨处,而白岩塘实蒲岐所之外户也,故有五水寨焉。

一、台州守海之要,松门卫、海门卫也。松门外即大海,直抵日本,而港内迂曲难以拒贼,必出大陈山而迎战于海中,乃为得之。若海门,浙东温、台门户也,三面阻水,无险可恃,故贼之犯台,恒必由此。健跳所面山距海,亦冲突处也。自此而下为中州、临门等港,凡七焉。若夫陆路之备,则两卫以下又有六所:海门前所与卫等峙;中隔大港,为椒江、新河所,去两卫各五十里,去太平县三十里,水陆可恃也;隘顽、桃渚,或险或易;而楚门南隔小港,为玉环山,周百里,则海舟往来停泊之渊薮,温、台二境所宜深虑也。

浙江舆图

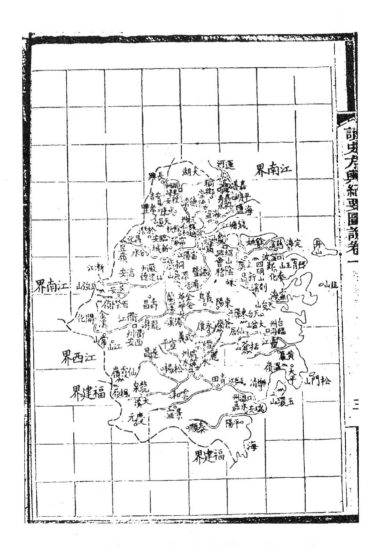

道	五	府十一	州一　附郭	并外县七十五	卫十六	所
杭严道	巡抚，巡按，浙江都转运盐使司。	杭州，秦会稽郡，后东安，钱塘，吴越国，临安府。东南差东。海口六十二万四千石。府外带江海，内抱湖山，水陆都会。西严州桐庐界三百二十五里，至京师四千二百里。亦名胥山，府治东南，左临大江，右瞰西湖。	钱塘，汉钱唐，冲，烦，稽西部。剧，上。三百七十里。仁和，本盐官地，剧，烦，或钱江，冲，烦，上。三百七十里。天柱山，馀杭西南十八里，四隅崚，峯峦参天，绝，名山也。黄山，杭城西南二十五里，左大涤，右天柱，伏虎岩高出众山，	海宁，汉海盐县，又盐官。冲，烦，四百八十里。府东二百二十里。富阳，汉富春县，后东安郡治。冲，下，三百七十里。府西九十里。馀杭，汉县，僻，简，中，七十三里。古府西西里。临安，本汉临水，或安国，衣锦军，顺化军。於潜，汉县，或僻，潜川。栽，下。府西二百七十里。新城，本富春地，或新城，下。府西百四十里。昌化，唐紫溪，又武隆，横山，唐山，金昌，吴昌。简，下。十里。府西三百三十里。	杭州前，杭州右。	海宁，

苕溪，馀杭诒南。《图经》云：源出天目山，由於潜、临安流至馀杭，经钱塘入湖州，汇于太湖，相传夹岸多苕花，故曰苕溪。紫溪，源出潜南三十里，通昌化目山之湫，源两溪，合流入分水县界，溉田甚广。

天目山，左有两湖若左右目，顶各一，杭郡名山以此，其东北峰曰为冠。其径山，以有径可通也，五峰回抱，奇胜特异。西菩山，於潜西三十里，九岭交陈，双峰对峙。千顷山，昌化西北六十里，其近千顷，其势上陵霄汉，有龙池，三百亩。

府西百里。水道海宁南十里，东连海盐西境，浙江潮汐往来，旧有捍海塘，后又添筑咸塘。浙江，府西三里。志云：出歙县，其水经建德合菱溪，过富春而为浙江入海，居江中，口有山，潮水上陵，流折而曲，故云浙江也。西湖，府西十五里，川原秀丽，三百亩。

为一郡之胜。凤凰山，府治南二里，下瞰大江，下有海门，山势若凤凰之飞。杲亭山，府北二十五里，高百馀丈，云出则雨，元伯颜入临安，驻兵于此。浮山，府东南四十里。苏轼云：潮白海门东来，势若雷霆，而浮山峙于江中，与渔浦诸山犬牙相错，回伏激射，其怒百倍，砂碛转移，为至险处。

严州。

寿昌，古新昌，新安、新定、雄山。山多田少，简。二十九里。府西南九十里。

分水，本桐庐西乡地，或武盛。山多地少，栽、下、十八里。

淳安，汉歙县地，吴始新、新安、雄山，还淳、青溪、淳化。八十一里。府西南百六十里。

淳安东北金紫峰，淳安东二十里，高二十馀里，峰峦泉石，极为奇胜。灵岩洞，

建德，本富春县地。冲、烦、下。八十六里。

严州，吴新都郡，或新安、新定、睦州、建德。山多田少，淳硕相半。简、中、下、县五。米一万一千一石。

西徽州界二百三十里，东杭州富阳界二百里。

景物鲜华，东南名胜。临平湖，府东北六十里，旧名鼎湖。

定山，府西南四十里，突出浙江中，高数百丈，潮至此辄抑，过之则复吼怒。

府东北五十里。

府据浙江上游，当瓯、歙数道之冲，山川宏伟，道路险巇。

淳安，东五十里，上桐庐，本汉富春县桐溪乡。山多田，仙、冲、下。五十三里，府东百里。

遂安，吴新定。地连接十五十里。

簰民顽，简、下。五十八里，府西南百八十里。

山险。

万寿山，府东南二十里，与明山岩山相连属，为郡中佳山。

蔗山，淳安西北四十二里，山分八面，水分十派。并桃山、淳安西北六十里，高出众山，一望绝顶，歙、衢、婺之山，依稀在目，桐庐西四十里，歙人钱岊败金……

数洞，皆有窍可通，任来，一洞泉石珠昇。

威平洞，淳安西七十里，一名清溪洞，又名稀源洞，宋时方腊据岩屋为三窟，韩世忠穷追至此禽之。

垂云洞，桐庐南西五十里，中有石门，又有石室，可容百馀人。

新安江，淳安南，一名水道，一名青溪，自徽州歙县经淳安县界，至府城南合婺港，桐庐南入浙江。

东阳江，府东南，来自歙金华府，至此与歙……

嘉兴，

港合，东入浙江。桐江，桐庐北三里，一名桐溪，源出天目山，流入浙江。七里滩，一名严陵濑，即严陵濑也，其险易以凤为候。

人于此，淳熙中邑令向演置石柱栏杆于此，以便行者。富春山，一名严陵山，清秀奇绝，号锦峰绣岭，前临大江，有东、西二钓台。

崇德，义和市。淳、烦、冲、下。府南三百二十一里。九十里。

嘉善，亦嘉兴。地、烦、冲、上。府东三百四十里。三十六里。

嘉兴，秦由拳地。多水、烦、冲、上。三百八十里。

嘉兴，古长水，又名槜李，后嘉禾，秀州。北苏州吴江界七十二里，东松江七十里。米六十万八千七石。

兵备副使。

嘉湖道，

澉浦，海盐东三十里。仵浦。海盐东北三十六里。	海宁。海盐。	桐乡。本崇德之梧桐八乡。府西六十四里。上。百七十八里。	海盐，汉武原故地。沿海，僻，中。二百七十里。府南八十里。 平湖，汉故邑地。沿湖，烦，中。百二十里。府东五十里。	秀水，本嘉兴地。土同上。 仵浦，海盐东北三十六里，水旧自南八十里。会。 官河入海，元时蕃舶皆萃此，今置城，周四十里。平湖县治东，平湖东三十里，接松江界。穆溪，接松江界。 上接海盐西六十里，置千户所。湖之上谷湖入太十里，府东松江者皆由此。	当湖，平湖县东。 泖，平湖东三十里也。 巨海，东南贸易之所，昔有城，置千户所。 独山，海盐东北四十五里，不与众峰接，昔置峰堠于湖。 双溪，府东十里之双溪，舟之达于松江上防寇。	江界五十里，南至海八十里。 华亭。府大海环于东南，土同上。震泽汇其西北，苏，杭冲沃，田腴膏沃，苏、南至海八十三里会。

湖州。	德清、武康	长兴、孝丰	乌程、安吉	湖州	
湖州。	德清，唐武原，多陂，戓临溪。烦，上中。三百五十七里。府南九十里。武康。吴永安。戓武州，安州。山僻，下。六十三里。府南百七十里。霅溪，府南三里，水出天目之阳，汪注百顷，此汇为湖，郡有七十二溇，	长兴，晋长城，绥州，雄州。山多水广，冗。二百六十七里。府南九十里。孝丰，阻山多盗。二十五里。州南六十五里。水道 玉湖，府南三里，水出天目之阳，此汇为湖，汪洋百顷，中有长流北 东主山，德清西北三里，沈恪拒戈侯景处。苍云岭，长兴六十里，有兴北六十里。	乌程，古名菰。上。百六十里。归安，宋置县。冗，上。三百零九里。安吉。汉故鄣地。烦，冲。二十五里。卞山，府北十八里，高六千丈，非晴天霁日不见其顶，其别峰曰西陵山。白鹤山，府西北二十六里，连亘长兴东南。	湖州，古菰城，后吴兴，震州，昭庆军，宣德、德清等县，州一、县六，米四十七万石。府居山泽之间，舟车所会，为南国之雄。山险	东苏州界六十里，北苏州界十八里，西广德州界三十里。

曰溇泾，导苕、霅之流入太湖。

入城中，至东北合苕水入太湖。

有茗溪，府治西，溪发天目有两源，一发松岭，山，一出独松岭，合浮玉山水至安吉，合流至府城西，又分二派，一自清源门入霅溪，一自临湖门外合霅溪入太湖。

松林及合溪之胜。其南十里又有啄戍此，池子二岭。长兴西三十里，一名夫概山，因夫概于此筑城戍守也。梁张嵊保景于此筑城择险，明朝耿秉文点军于此，名点军山。

石城山，府南二十里，严白虎垒石为城，与吕蒙战于此。吕山，长兴东南二十里，吕蒙屯兵处也。四安山，长兴南八十四里，四面平广，有水流为茗溪，亦名四安水。天目山，安吉西南七十五里，跨杭州界，极高峻，有泉水。亦见杭州。

宁绍道	巡海副使，市舶提举司，定海盐课司。	宁波，鄞州，明州，郡，望海军，庆元府。定海近海。县北，上。米十七万石零。东海岸百四十里。	鄞县，句章，冲，上。滨海，四百五十四里。定海东四十里，一名嘉门山，出此即大洋。古称蛟门，虎蹲，东南控闽，广，接倭番，海道所会，东南要冲也。北慈溪海岸六十二里。	慈溪，古句章地。负山滨海，烦。三百八十里。府西北九十里。奉化，本鄞县地。乃，府南四十九里。府南水道。	定海，静海军，昌国省入。海县，滨海，中。府东六十里。象山。或宁海。下，三十二里。府南三百七十里。	宁波，定海，观海，府。西，百五十里。府东百五十里。昌国。府南二十里。府南三百五十里。	定南，东，东，裴衢，大嵩海，海观，南百二十里，俱隶定海卫。二百三十里。龙山，府北七十里，隶海卫。

虎蹲山，定海西东五里，屹立海中流，望之如人拱立，形如虎蹲。伏龙山，府西北四十里，壁立千仞，下瞰流水。四明山，府西南百五十二里，周八百里，跨绍兴，台州境，元有巡检司以天设之险，即此也。灌门海，故昌国境，屹立海中，有砥柱屹立海门，内有千丈岩龙，及海眼诸山。公山，定海西六十里，水汇于此旋涌若沸，舟行必投物以杀其势而后过，风雨将作，有声如雷。

石浦前、后，俱府南三百七十里。

爵溪，府南。钱仓，府南，俱表昌国。

峰，其顶五峰绝高，有石窗四周通明，其他奇异，不可尽述。太白山，府东六十里，高千仞，周三里，与天童山相接。戍溪，慈溪西南三十五里，刘牢之屯兵处，下有溪。桃花坑山，奉化西北六十里，山色红白相映，中有平田数百亩。

拒海寇，今设烽火于上。普陀落迦山，定海东北故昌国县海中，乃海崖孤绝处也。候风信，一名梅岑山。

鄞江，有二源，一出奉化北四十里之奉化江，合府东五十里它山之水东流，往时高丽、日本、新罗诸国皆由此取道以港口会，东至定海县大浃江入于海。一出上虞县，经慈溪、慈溪境。

大浃江，定海南，刘裕与孙恩战，退还浃口，即此也。又有小浃江。

三江、山阴,隶绍兴。沥海,会稽,隶临山。三山,馀姚,隶临山。

绍兴,临山。馀姚。

上虞,古名,始兴。或负山滨海,冲、烦、中。府西百四十二里。百四十三里。

嵊县,汉剡县,或义安、诸全州,冲。剡城后。百七十五里,剡城县,下、烦,冲、府东百二十里。府南百二十里。九十九里。府东百二十里。

新昌,石牛镇。颇烦,中。三十二里。府东三百零一里。府东二十一里。百八十里。

萧山,汉馀暨,后、中。永兴。百四十二里,府西北四十三里。

诸暨,秦县,或义乌安,诸全州,冲。僻,百九十三里。

嵊县,汉剡县,里,百剡马池,句践保此以拒吴师。峡山,萧山南六十里,前后有二山相夹。龙门山,萧山西南八十里,一山对立,上有龙泓。黄罕岭,新昌南境海,山阴北三十里。府西南五十五里有钱清江,东南七

山阴,古於越,上、冲。旧名。二百三十一里。会稽,讼、烦,中。负山滨海,米三十一万九千石零。

府带江襟海,为东南都会,而二千岩万壑,尤称胜地云。山险。稽山,府东南会稽山,府东南八十里,扬州之镇山也。越王纵横周三百五十里,府西南百二十里,上有夫马冈,

绍兴,郡,东扬州、越州、镇东军,讼弓、烦,中。

海道副使。北海口海西三十里。杭州西富阳果三十五里。

新河，海门南五十里。

台州，海门，府东北九十里。

桃渚，海平门东北五十里。

新河，晋县。沿海，中。百六十里。府东北百八十里。

松门，太平。成化五年。滨海，下。府东南百四十里。

伏兵路、洗马池、支更楼故址。

浙东，或曰催黄平，岭可入，甬从之，剡兵遂败。

十里有曹娥江，与浙江皆会此，名三江海口。鉴湖，府西南三十里，古称南湖，其北有若耶溪，皆古来名胜处也。

黄岩，汉永宁，或永嘉。下，沿海，颇冲。八十六里。府东南六十里。

临海，烦、冲、海，滨。百七十里。苍山，天台西北十里，接宁海界。天台山有八重，台山，天台西百四十里，周一万八千丈，八百馀里，丹梯石桥，神仙窟宅也。

宁海，晋县。沿海，中，百六里。府东北百八十里。

天台，吴南始平，或唐兴，渡，或山瀑，冲，三十八里，高简，周，烦，冲，三十八里，一万八千丈，周回，八百馀里，丹梯石桥，神仙窟宅也。

太平，成化五年。割黄岩之南三乡置，滨海，下。府东南五十六里。

台州，汉回浦县，后章安，临海郡、临海州、赤城，海州城，德化。上，中，县六。府山海环富，川泽沃衍。

东海岸百八十里，西处缙云界云二百十九里。

健跳，东门一百一十里，海北。俱海门。

隘顽、松门南六十里。

楚门。松门南三十里。俱松门。

水道

三江，府西十里，天台水与永安、仙居一溪合，至府城南为灵江，环绕府郭，潮至此而止。又黄岩县西北有永宁江，二源合流，东入海。

仙居，晋乐安，或

大金山，天台西百八十里，西接东阳南界，遥望形如覆盆，乃婺江之发源也。韦羌山，天台西九十里，仙居南为灵江。华顶峰，天台东北六十里，周百馀里，高万丈，绝顶东望沧海，俗称望海尖，草木丛郁，夏有积雪。苍岭，仙居西北九十里，与处州缙云岩，绕三百馀里，与仙居、韦羌山相接，旧名韦羌山。缙云岩，与天台县接界。双柏香峰，府南十五里，峻峭为阴崖，垂磴万仞。

大固山，府城内西北，宛然如堵，延袤休，无异屏障，晋辛景休据堑守此，贼孙恩不能犯。又城内东南有小固山，相连。又有巾子山，皆形胜处。靖江山，府东七里，辛景休据破贼三十里，有三十六屿。孙恩处。真隐山，府西南四十里，周一万六千丈，高与嵊山，盖此山从岭北九十里入海，与仙居、韦羌三百馀里相接，旧名韦羌山，宜兴山，括苍山，府西北六十里，四壁阴崖，垂磴万仞，其颠平西六十里。

				金华。

金衢道，兵备。东台天台界九百八十三里，金州台天界西三百九十八十里，

金华，汉乌伤县，后东阳郡，后婺州，或缙州，婺州，武胜，保宁军。山多田少，俗好讼，烦，上。县人。

金华，长山，或吴宁，金山，冲，烦，淳，上。二百五十里。淳顽半。

兰溪，冲，元为州。健讼，冲，烦，剧，上。二百四十里。府西五十里。

武义，或武成。山多精，刁，冗，下。府西南九十五里。府西南八十五里。

众山冠。马蹄岩，府南二十里，险绝处也。紫溪洞，宁海西北四十里，路极幽阻，唐李光弼击衰晃，破之，晃弟瑛从五百骑道于此，光弼驻兵，绝其饷道，其徒竟饿死。

衍，有田千顷，潭溪沾溉，旱不能灾。东刊山，府东九十里，极高远，一名天柱。海门山，府东南一百二十里，琼台山，天台西北三十里。又有双阙山，两峰万仞，屹然相向。

浦江，倚山为县，土薄民野。府东北百二十里。

东阳，山多，顽，简，上。二百二十里。府东百三十里。

汤溪。成化六年置。多山，冗，中。府东二十五里。

义乌，唐绸州。田瘠民贫，下，乙，八十五里。府西六十里。

永康，晋丽州。

水道

浦阳江，源出浦江之深袤山，吴越三江之一也。

白沙溪，府西南，源出处州遂昌，流入永康。湖溪，浦江北二十里，源出县西五十里之岩坑山，北流抵富阳县法。

金华洞，府北三十

歌山，东阳东七十里，有石室五里，山下淳庞。

铜山，府南二十里，一名白沙山。产铜。

兰阴山，兰溪西七里，亦名横山，横截一江，周二十里。南住山，兰溪南十五里，山自闽中逶迤而来，至此截然而住。

石室山，永康东北三十里，南北帝对。青岩山，义乌东南十二里，其中高者曰齐山。下有双洞，南曰前溪，北曰梅溪。铁岩山，义乌南二十里，俗名郭公山。

石楼山，义乌东二十八里，两山相对，四面陵绝，顶有水帝丈，级高下如重楼复阁，形胜处也。

北 严州 建德，界百一十里。

米十七万石零。府山水特胜，风俗淳庞。

衢州。

入于浙江之钱塘江。

里，洞有冰壶之名。鸡冠山，浦江东二十五里，重峦复嶂，高低不齐，前后相属者三十六。

三峰山，永康东北四十里，三峰削拿，异于众山。复山，东阳东南四十五里，四面陡绝，顶有池。

江山，本信安县之南川，或礼贤。多山，中。百二十七里。府西南七十五里。

龙游，吴丰安，丘。中下，田少，颇冲。百九十三里。府东七十里。

开化。旧场名。多山，民野，烦，百六十里。府西北二百里。

常山，吴定阳，或信安，吴多，颇冲。西八十里，周三百里，连亘婺源，德兴二县界。仙霞岭，江山南百里，末史浩帅闽过。

西安，烦，冲，上。百六十里。三衢山，常山北二十五里，山分三道，有名室洞在焉。石耳山，开化，西八十里。

衢州，古姑蔑，秦末末，后新安，信安郡。烦，冲，上。东金华兰溪县五十里，西江广信玉山百五十里，北严州严二百二十二里。山多，田上。米九万石零。府四通八达，江、闽、广之所辐辏，而山川蔽深，东南称胜。

水道	山险
金溪，开化北四十里，北流绕县治，名金溪，又转而东流，经常山，名金川，下流合江山南之文溪而为信安溪。	此，募人以石砌路三百六十级。芹岭，开化西南三十里，与遂岭相连并峙，其高切云。湖山，常山北二十五里，山半有石城。
信溪，府西三十里，一名西溪，环城西北入龙游界，至县东又东与游阳江合，达杭入定阳溪，府海。	山险。岩山，府西，四面平旷可绝顶，四面平旷可数十里。响谷山，府南三十里，崖壁削立，水环其址。乌石山，府西四十里，巨石周匝，有如城壁，有门可入，中有水田。鹅笼山，府东五十里，上有绣峰及一池，三坞。
源出遂昌周公岭，东北流入本府界，至龙游南三里之鸡鸣山下与信安溪合。	
源出遂昌周公东，东北流入本府	
仙霞关，江山南百里，浙，闽咽喉也，有巡司。	九十里。

温处道。	兵备副使。	温州，汉初东瓯国，后临海地，又东嘉郡，靖安、应道等军。沿海、僻、烦、上，海、僻、烦、上，南福建宁界，淳头半。县五。米八万一千石。	永嘉，汉回浦，上。烦。山险。	瑞安，吴罗阳，或安阳，安固。僻。	平阳，本安国，中。僻、疲、地。僻。	温州，金乡，平	平阳，瑞安、海安、温
	东海，东南界大海，西界处州府九十里，西南界福建福宁州界四百九十里，东北界台州府山。	东界大海，西界处州府四百九十里。	大罗山，府南四十里，亦曰泉山，米买言越王居泉山，一夫守险，万人莫进，即此。	上，百四十里。府南六十里。	二百一十里。南西安，南百二十里。	乡。 阳。海安、瑞安。温州。
		劳山，山形如甑，有十二峰环立先后。玉环山后，平阳西清东二百里海中，西北有峡如门，楚门，海航由此出入。	天王苍山，平阳西南十八里，一名八面山，跨峙八面，独东自虎山，高诸峰，昔称其高。玉环山，乐清东南百里海中，东北有峡如门，海航由此出入。	乐清，晋乐成，讼、刁、僻、中。百六十八里。府西南三百七十里。府东北百二十里。万北一夫守险。	泰顺。栽、僻、简，里。下，十八里。府西磐石。	平阳，府西南七十里。 俱泰，温州。 蒲门、磐石。 平阳、乐清
					水道。永宁江，旧名永宁江，又名嘉江，东自大海，西通处州青田溪，昔称其险。阳江，平阳西南十五里，与瑞安南之永宁江及府北之永嘉江皆入海，亦名三江云。	西六十里。平阳。 瑞安。 金乡。 沙园、瑞安。 俱泰安。 金乡。 蒲岐、乐清。 宁村。永嘉、 俱泰磐石。

处州。

四溪山，平阳西南
百里。

庆元，本龙泉
之松源乡，僻，
微、岚，僻，中。
五十九里。府西南
四百七十里。
云和，本丽水地，
多山，僻，微、岚，
下。五十九里。府
西百四十里。
宣平，本丽水地，
中下。六十里。府
北百二十里。

青田，本括苍
地。少田，僻，下。
百十六里。府东南
百五十四里。
缙云，本金华
地，颇烦，冲，中。
遂昌北六十百九十里。府东北
九十里。
松阳，本章安之南
乡地，烦，冲，刁。
百六十里。府西北
百二十里。

丽水，松阳，括
苍。烦，冲，中。
百五十四里。
龙泉，本县
东，县界少，烦，冲，中。
七十里。米五万七千石
饶，龙池在焉。赤
城，龙池北六十
津岭，遂昌北六十
里，抵金华境。
东岩，宣平南六十
里，四面陡绝，惟
一面可上，一名赤
石楼峰，下青青凤
峡，桃花洞，乱时
人多避此。

处州。本永嘉地。
隋括州，旧括苍
郡。民悍，山多田
少，冲，中。县
管溪营山，缙云东
七十里。米五万七千石
零。
永康府石磴盘纡，湍流
津岭，山川扼塞处
二十险阻，山川扼塞处
也。
小括山，府西，旧
府治在其上。相连
有括苍山，一名连
城山，路曲岖屈，名

东台州仙
居界百十
里，西衢
州江山界
百六十五
里，北金
华永康
百二十
里。

景宁。本青田地，多山，僻，下上。南六十六里。府西北百九十里。好溪，府东五里，源出缙云大盆山，南过洞溪，东入海，旧名恶江。记云：两岸逢云，高崖壁立。松溪，松阳西三十里，发源遂昌县，东南流至

遂昌，吴平昌。僻，中。七十四里。府西北百九十里。龙泉，唐县名，或剑川。僻，刁，烦，或难治。百六十五里。府西南一百四十里。水道大溪，府南二里，一名清溪，源自龙泉，南合秦溪，浆溪，至府界合松溪，至遂昌南，又至青田南，东南至温州入水海。

九盘岭。大溪山。府南二十里，登其顶，俯看城郭，俱在目前。石门山，青田西七十里，两峰壁立如门，中有溪洞瀑布，皆奇胜。南田山，青田南百五十里，上有田，旱则大熟，唐袁晁乱时，人多避此。

又有西岩，其高并之。